“十四五”国家重点出版物出版规划项目

国家社科基金抗日战争研究专项工程项目“满铁资料整理与研究”（项目编号：17KZD001）成果

满铁与关东军

王铁军 著

满铁研究丛书

主编 邵汉明
副主编 武向平

中国社会科学出版社

图书在版编目（CIP）数据

满铁与关东军 / 王铁军著. -- 北京 ：中国社会科学出版社，2025. 8. --（满铁研究丛书）. -- ISBN 978-7-5227-5272-3

Ⅰ. K265.606

中国国家版本馆 CIP 数据核字第 2025WB5727 号

出 版 人　季为民
责任编辑　靳明伦
责任校对　李　莉
责任印制　李寡寡

出　　版　中国社会科学出版社
社　　址　北京鼓楼西大街甲 158 号
邮　　编　100720
网　　址　http://www.csspw.cn
发 行 部　010-84083685
门 市 部　010-84029450
经　　销　新华书店及其他书店

印刷装订　北京君升印刷有限公司
版　　次　2025 年 8 月第 1 版
印　　次　2025 年 8 月第 1 次印刷

开　　本　710×1000　1/16
印　　张　20. 25
字　　数　315 千字
定　　价　78. 00 元

“满铁研究丛书”编委会

总　序

南满洲铁道株式会社，简称“满铁”，一个名称上看似专营铁路业务的民营企业，在日本侵华史上是一个特殊的存在，它实际上是一个集殖民统治、经济掠夺、情报搜集等活动于一体的巨无霸企业，不仅在日本史上独一无二，在世界史上也是罕见的。

满铁在近代中日关系史上占有重要地位。它成立于日俄战争后的1906年，是根据日本特殊立法而设立的“国策会社”，首任总裁是曾经担任中国台湾民政长官的有着“殖民地经营家”之称的后藤新平。他主张“举王道之旗行霸道之术”，提出“文装的武备”的殖民主义统治政策。九一八事变前，满铁是近代日本推行大陆扩张政策的中枢机构；九一八事变后，满铁更是凭借其雄厚的实力以及在中国东北特殊的地位，积极地配合关东军侵略东北。可以说，九一八事变是关东军与满铁共同作用的结果。

此后，伴随着日本侵略范围的扩大，满铁经营的范围也迅速向中国华北、华东、华南地区扩张，几乎控制了中国东北、华北的主要经济命脉，广泛涉及铁路、水运、煤炭、钢铁、森林、农牧、金融、学校、医院、旅馆等各个领域。满铁垄断了中国东北铁路网，掠夺了中国东北及华北大量的国防能源和经济资源，将中国东北变成了日本工业原料供应地，是日本对华经济掠夺和经济侵略的中心组织。

满铁在中国东北盘踞40年，发展规模达40亿日元，从业人员近50万人，其直接统治的满铁附属地近500平方公里。从九一八事变到1945年日本战败投降，满铁几乎参与了日本全部侵华活动。它是日本对中国进行全面侵略的重要工具，是在华时间最长、侵害最大的侵略会社。

情报搜集是满铁的一项重要职能，满铁调查部直属专业调查人员有2500余人。数十年间，满铁对中国的地质、矿产、土地、森林、港湾、农业、海运等展开了全面调查，并形成了庞大的调查报告书，广泛涉及当时中国的政治、经济、军事、法律、历史、文化、教育、民族、宗教、地理、自然科学等各个领域。1945年日本战败投降后，满铁档案资料除了部分被焚烧以外，绝大部分留在了中国东北。这些满铁资料包括文书档案、往复电报、调查报告、指令、命令等，涉及日本侵华的各种机密文件。这些资料分散于十几家档案馆、图书馆及研究机构中，其中，吉林省社会科学院所藏满铁资料最为丰富。这些当年服务于日本侵华的资料，成为今日确证日本侵略行为的罪证，成为历史研究的珍贵的第一手资料。

吉林省社会科学院长期以来致力于满铁资料的整理与研究。20世纪50年代末，满铁研究作为经济学重大课题被纳入国家科学发展规划。其后历经曲折，直到改革开放后的1987年，八卷本1000万字的《满铁史资料》终于面世。20世纪90年代，吉林省社会科学院正式建立满铁资料馆，该馆收藏满铁资料总计3万余册，大幅图表近3000幅。2016年，在吉林省社会科学院和中国社会科学院近代史研究所的共同主导下，满铁研究中心成立了，这是国内首个满铁研究实体机构。此后，满铁研究中心在满铁资料抢救、整理、研究方面发挥了重要的推动作用。为便利学界研究，满铁研究中心出版了大量馆藏的满铁对华“调查”资料，其中，由时任院长邵汉明发起并亲任主编的《近代日本对华调查档案资料丛刊》迄今已陆续有六辑出版面世，多达490册。

吉林省社会科学院不仅是国内的满铁资料中心，也是满铁研究重镇。前辈解学诗是中国满铁研究的重要奠基人，他先后出版了《满铁与中国劳工》《评满铁调查部》《满铁与华北经济》，并主编了《满铁内密文书》（30卷）、《满洲交通史稿》（20卷）。在他的带领下，满铁研究的后起之秀纷纷崛起。近年来，武向平著《满铁与国联调查团研究》、李娜著《满铁对中国东北的文化侵略》、王玉芹著《日本对中国东北医疗卫生殖民统制研究》等陆续面世，进一步丰富了满铁研究。

此次，吉林省社会科学院集结了满铁研究的精兵强将，以本院研究骨干为主体，吸纳东北相关高校和研究机构的研究者参与，组成了强有力的项目团队。该丛书对满铁展开了系统研究，涵盖满铁活动的众多面相，内容包括满铁对附属地的统治、满铁与日本关东军、满铁与“满洲”扩张论，满铁对东北矿产资源林业资源的调查与掠夺、满铁对铁路煤矿的垄断经营，以及对满铁重要人物、战后满铁会的研究等。通过这些研究，丛书比较完整地描绘出满铁的基本面貌，揭示了满铁在日本向中国东北扩张中的急先锋作用，与日本军方的紧密关系及其在日本对华各类资源掠夺中的重要作用。

依托吉林省社会科学院得天独厚的满铁资料收藏，这些研究建立在丰富而扎实的史料基础上。大量的第一手史料的发掘与使用，使得这些著作体现出浓郁的原创性。这一系统性的研究，将满铁研究又推向了一个新的阶段，在满铁研究的学术史上必将留下浓重的一笔。

祝贺丛书的出版，期待有更多的优秀成果面世，将满铁研究推向新的高峰，将日本侵华史研究推向新的高峰。

王建朗

2025 年 6 月 6 日

目　　录

绪　论

南满洲铁道株式会社（以下简称挤满铁或满铁公司）和关东军的前身“关东都督府”成立于1905年日俄战后，系日本在我国东北地区设立的殖民统治机构之一。满铁公司和关东军通过交通铁路运输、资源掠夺和军事入侵，逐渐控制了我国东北的经济、交通和军事命脉。进而，通过1931年九一八事变，满铁公司和关东军成为日本发动十四年侵华战争的罪魁祸首。由此，满铁公司和关东军在某种程度上成为了日军发动侵华战争的重要原点之一。

一　有关满铁和关东军的学术研究情况

有关满铁和关东军的研究始于战后，学者们偏重于对满铁的研究①，而对于关东军的研究成果不多。现分述如下。

（一）有关满铁公司的研究

相对于关东军的研究，满铁的研究议题广泛，涉及内容多，有以下几个方面。

第一，对满铁相关资料文献的整理和刊行。满铁公司自1906年成立起至1945年日本战败投降后解散，其存续时期为40年。其间，满铁公司、满铁公司调查部、满铁公司附属公司内部保存了大量往来公文、经营数据、人事任命、公司内部刊行物。此外，满铁公司还成立了图书

① 中日两国学术界有关满铁研究的详细情况可参见武向平《三十年来日本满铁研究现状述评》（《日本问题研究》2012年第3期）、武向平《三十年来我国满铁研究现状述评》（《日本问题研究》2009年第2期）以及［日］岗部牧夫《日本战后满铁研究状况》（上、下）（《东北史地》2010年第11期和2011年第1期）。

馆，购买了海内外的大量中外文图书资料。满铁公司下设的满铁调查部也采购了大量中外文图书、调查报告、当时各新闻报刊剪报等资料。这些文献资料庞大，除现存于中国黑龙江省图书馆档案馆、吉林省图书馆档案馆、吉林省社会科学院、辽宁省图书馆档案馆外，中国社会科学院近代史研究所、中国社会科学院经济研究所、大连图书馆档案馆、辽宁大学日本研究所日文图书资料中心，日本国内国立公文书馆、外交史料馆、各地县立公文书馆，苏联、美国等图书馆也有收藏。这样，从战后开始至今，中日两国学术界就一直在收集整理并刊行相关文献资料。

其中，这方面的主要代表性文献有《旧殖民地关系机关刊行物综合目录——南满洲铁道株式会社编》（日本亚洲经济研究所，1979）、《满铁调查部——关系者的证言》（日本亚洲经济研究所，1995）、《美国国会图书馆所藏战前亚洲关系日语逐次刊行物目录》（日本亚洲经济研究所，1995）、《满铁中国人劳动者生活费调查报告》（日本龙溪书舍，1989）、吉林省社会科学院《满铁史资料》编辑组《满铁史资料》[①]、解学诗等《满铁调查部期刊载文目录》（吉林文史出版社，2005）、解学诗等《满铁调查报告目录》（吉林文史出版社，2007）、辽宁省档案馆《满铁档案选译——九一八前后的日本和中国》（辽宁人民出版社，1991）、中国社会科学院近代史研究所《满铁剪报类编》（国家图书出版社，2016）、黑龙江省档案馆《满铁调查报告》（广西师范大学出版社，2005）等。

上述满铁相关资料文献的整理和刊行，为满铁研究提供了资料文献上的便利，极大地促进了满铁的相关研究。

第二，有关满铁与日本国内政治关联性的研究。满铁公司作为日本在东北地区设立的国策殖民公司，无论在人事上，还是在经营政策上、东北当地的利权取得上以及同中国中央政府和当地中国官宪交涉上，都离不开日本政府在政治外交政策等方面的支持和影响。有关这一方面的研究大多集中于日本国内的学者中。主要代表性的研究成果有小林英夫

---

① 截至目前，《满铁史资料》共计出版 8 卷。其中第 1 卷开始依次为《综合卷》《路权篇》《交通运输篇》《煤炭篇》《农工商篇》《华北篇》《附属地 · 调查篇》和《资金篇》，由中华书局自 1979 年陆续出版。

主编的《近代日本与满铁》（吉川弘文馆，2000）、安藤彦太郎《满铁——日本帝国主义与中国》（日本御茶水书房，1965）等。其中，小林英夫主编的《近代日本与满铁》一书中，收录了小林英夫、加藤圣文、田中隆一以及佐藤元英等日本满铁研究问题的专家的相关论文。在这些论文中，几位日本满铁史研究者主要探讨了日本内阁首相原敬、田中义一任期内，币原外交体制下以及日本发动侵华战争等各个时期的日本国内政局、日本外交政策以及日本对外发动侵华战争中有关满铁以及满铁调查部的动向和交通经营政策的调整问题。安藤彦太郎的《满铁——日本帝国主义与中国》一书中，则以日本帝国主义和军国主义发展的视角探讨了围绕满铁的经营利权问题同中国历届政府的外交折冲和交涉问题，以及满铁在日军侵华战争中的作用问题。我国学者有关这一方面的研究论述也不少。其中，有王鹏飞的《试论 1914 年满铁内斗事件与日本政情》（2014 年东北师范大学硕士学位论文）、伊藤健《满铁创立时期后藤新平与日本政府的对立》（2008 年吉林大学硕士学位论文）等。

第三，从日本殖民地史的视角对满铁的研究。近代以来，日本通过武力威胁和对外发动侵略战争等形式，先后攫取了琉球、台湾岛、朝鲜半岛、辽东半岛、库页岛南部和南洋群岛等地。从目前所能收集到的文献看，最早从日本海外殖民地史的研究视角研究满铁公司的是山崎丹照的《外地统治机构研究》（高山书院，1933）。战后相关研究则在中日韩等国的学者中广泛进行。由于这方面的研究成果较多，因篇幅所限不能一一列举。其中比较具有代表性的论述有高桥泰隆的《殖民地铁道史论》（日本经济评论社，1995）、丁英顺《试论满铁在朝鲜的铁路经营及影响》（《日本研究》1994 年第 4 期）、杨云黔《满铁与东北经济的殖民地化》（《曲靖师专学报》1995 年第 3 期）、房忠婧《满铁与东北殖民化研究》（大连理工大学 2004 年硕士学位论文）、解学诗《满铁综合调查与日本战争国策》（《社会科学战线》2007 年第 9 期）、浅田乔二《日本殖民地史论》（日本未来社，1990）以及李辉《从满铁旅馆看日本在东北的殖民统治》（《兰台世界》2014 年第 7 期）等。上述这些研究大多从日本殖民地史论的研究视角探讨了满铁在日本殖民统治政策下所发挥的作用问题。

殖民地史视野中的满铁的另一个研究议题为日本发动侵华战争中的满铁问题。比较有代表性的研究成果不少，如杨韶明《满铁参与七七事变述略》（《抗日战争研究》1997 年第 3 期）、祁建民《满铁经济调查会：日本统治中国东北的智囊》（《社会科学辑刊》1998 年第 5 期）、解学诗《“九一八”事变与满铁》（《社会科学战线》1991 年第 4 期）、郭洪茂《“九一八”事变中的满铁》（《社会科学战线》2005 年第 5 期）、安藤彦太郎《满铁—日本帝国主义与中国》（日本御茶水书房，1965）、解学诗的《满铁与华北经济（1935—1945）》（社会科学文献出版社，2007）以及浅田乔二等《日本帝国主义的满洲支配》（日本时潮社，1986）等。这些论述中均以九一八事变以来日本发动的侵华战争为研究线索，探讨了在日本发动的 14 年侵华战争中，满铁公司所扮演的角色问题。

第四，从东亚国际关系视野对满铁进行的研究。有关这一议题虽然目前的研究成果并不是很多，但这些研究也为今后的满铁研究提供了方向性的研究议题。

近代以来，铁路交通作为工业革命的产物，不仅改变了传统的亚洲政治格局和生产方式，而且改变了工农业生产布局。铁路交通作为重要的物流工具成为国家经济主权的象征。满铁作为日本资本和势力的象征渗透到东北地区后，不仅与俄（苏）国在东北北部经营的中东铁路存在竞争关系，而且也与有着美英资金背景的京奉铁路形成了对抗关系。由此，美英日俄（苏）在东北的铁路关系的背后折射或反映了当时英美俄（苏）在东亚地区的国际关系。一些学者认为，1941 年日美间的太平洋战争爆发，其矛盾可以追溯到 1905 年美国铁路大王哈里曼来日，同当时的首相桂太郎签署的《哈里曼—桂太郎备忘录》。虽然这一说法尚有待于做进一步的深化研究，但有一点是可以肯定的，就是日美的矛盾争执点始于日本在东北设立的满铁公司。同样，日俄（苏）关系中从一开始很大程度上是当时俄国修建了横跨西伯利亚的大铁路线，进而在 1905 年日俄战后，日本通过满铁的经营一直将“北上”抗苏作为日本国家的战略。由此可以看出，满铁在某种程度上关联着当时东亚的国际关系。

日本学者井上勇一《东亚铁路国际关系史——日英同盟的成立及变质过程的研究》（日本庆应通信，1989）一书则是通过日英同盟的成立背景来探讨日本满铁公司在东北经营中所引发的东亚铁路国际关系变化过程。

第五，满铁通史研究。满铁通史研究除满铁公司在当时出版史志外，战后出版的满铁通史当属苏崇民的《满铁史》（中华书局，1990）[①]和日本学者加藤圣文的《满铁全史》（日本讲谈社，2006）、岗部牧夫《南满洲铁路会社研究》（日本经济新闻社，2008）、满铁编撰的《南满洲铁道会社十年史》（1974）、满铁《南满洲铁道会社二十年史略》（1927）等。其中，苏崇民的《满铁史》以1905年日俄战争结束后的日俄媾和条约至1945年日本战败投降后的满铁公司解散为研究线索，分期探讨了满铁公司自设立以来的历史。该书大量引用了原始的满铁档案文献，以中国学者特有的研究方法探讨和分析了满铁公司自成立以来的历史沿革，是一部不可多得的权威的满铁通史研究著作。

第六，满铁调查部专题研究。满铁调查部作为满铁公司的“智库”，自设立以来开始对东北、内蒙古及周边地区的水文、地质、矿藏、道路交通、工农业生产、物价、风俗人情、历史沿革、军事政治、教育、卫生、森林资源等进行了多方面全方位的调查。尤其是在日本侵华战争爆发后，满铁公司调查部还协助日本军部对华北、华中乃至华南等地进行了经济资源调查，并配合日军撰写了中国抗战力调查报告，成为日军侵华的帮凶。

有关满铁调查部的研究成果有小林英夫的《满铁调查部》（日本讲谈社，2015）[②]、草柳大藏《实录满铁调查部》（朝日文库，1983）、山田豪一《满铁调查部——光荣与挫败的四十年》（日本经济新闻社，1977）和满铁会编写的《回想满铁调查部》（劲草书房，1986）、解学诗《隔世遗思——评满铁调查部》（人民出版社，2003）、崔明艳《满铁调查与日本侵华战争》（《民国档案》1998年第1期）、沈克尼《日本

① 日文版为山下睦男翻译的《满铁史》，日本苇书房1999年版。

② 小林英夫在2005年和2006年分别出版了《满铁调查部》（日本平凡社）和《满铁调查部的轨迹（1907—1945）》（日本藤原书房）。

满铁调查部的兵要地志调查及情报收集》（《保密工作》2012 年第 6 期）、王贵忠《关于满铁调查部》（《历史教学》1984 年第 7 期）等。这些研究中由于研究满铁调查部的视野不同，故其在结论上也不尽相同。其中如小林英夫在其系列的满铁调查部的研究中，一方面探讨了满铁调查部的历史沿革，另一方面又认为满铁调查部是现代智库的“元祖”，为日本提供了各种决策上的政策咨询。而在我国学者的研究评述中，在探讨了满铁调查部的各种调查报告后认为满铁调查部不单单是日本满铁公司的调查部，也是日本发动侵华战争的帮凶。

第七，满铁附属地研究。近年来，满铁附属地研究作为满铁相关研究中的一个议题在中日两国学者之间引起了重视。日本学者的研究论述主要为论文。其代表性论文有大野太干《满铁附属地华商商务会》（《现代中国研究》2008 年第 23 期）、大野太干《20 世纪 20 年代满铁附属地行政与中国人社会》（《现代中国研究》2007 年第 21 期）等。[①] 有关这一议题的研究中国学者的论述比较多。按照研究领域分类，大体上可以分为以下几个方面。

（1）满铁附属地特权地位研究。有关这方面的研究论述主要有赵焕林《满铁附属地盘踞东北 30 年成“国中之国”》[②]、安生《满铁附属地与日本帝国主义的经济侵略》（《现代日本经济》1990 年第 5 期）、迟延玲《满铁附属地对中国东北的影响》（2008 年吉林大学硕士学位论文）、迟延玲《满铁附属地及其非法行政权之由来》（《呼伦贝尔学院学报》2009 年第 1 期）、董婕《日本对南满铁路附属地的经营及影响》（2006 年辽宁大学硕士学位论文）以及赵朗《日本在满铁附属地的鸦片贩毒罪行》（《理论学刊》2013 年第 7 期）等。上述研究主要从日本殖民地史的研究视角探讨了日本满铁附属地利用不平等条约在满铁附属地内所享有的种种特权问题，以及对当地的经济、政治等方面的影响。

（2）满铁附属地建筑研究。有关这一议题的研究论述主要有何璇《长春满铁附属地建筑风格特色与保护研究》（2016 年吉林建筑大学硕

---

① 引自武向平《三十年来日本满铁研究现状述评》，《日本问题研究》2012 年第 3 期。

② 《中国档案报》2014 年 3 月 21、24、27 日。

士学位论文)、赵妍《长春满铁附属地东南区块建筑空间形态研究》(2012 年吉林建筑工程学院硕士学位论文)、雷家玥《南满铁路附属地历史建筑研究》(2012 年哈尔滨工业大学硕士学位论文)。上述研究论述中主要探讨了满铁沿线各附属地所形成的各种建筑风格问题。

(3) 满铁附属地文化教育研究。有关这一议题的主要论述包括武向平《日本在关东州及满铁附属地殖民教育设施之考察》(《东北史地》2010 年第 1 期)、冷绣锦《满铁的满洲经营与附属地各图书馆》(《外国问题研究》2009 年第 2 期)、李润泽《满铁附属地的中国人实业教育创办的历史沿革及特点》(《大连大学学报》2011 年第 2 期)、曹桓铭《满铁附属地青年学校研究》(2014 年东北师范大学硕士学位论文)、谢忠宇《满铁附属地学校教育研究》(2009 年东北师范大学博士学位论文)、王爽《满铁附属地日语殖民教育研究(1907—1937)》(2015 年吉林大学硕士学位论文)等。上述这些研究论述主要探讨了满铁附属地中的文化教育问题，从一个侧面反映了满铁在通过满铁附属地的文化教育对东北地区进行文化渗透的活动情况。

(4) 满铁附属地的城市文化空间议题。有关这一议题的研究主要包括曲晓范《满铁附属地与近代东北城市空间即社会结构的演变》(《社会科学战线》2013 年第 1 期)、莫畏等《长春满铁附属地的城市规划活动研究》(《长春工程学院学报》2011 年第 1 期)、胥琳《近代沈阳满铁附属地城市与建筑的现代化进程》(《建筑与文化》2013 年第 10 期)、吴鹏《近代沈阳满铁附属地城市空间与建筑特征研究》(2015 年沈阳建筑大学硕士学位论文)、李之吉等《日本影响下的近代长春满铁附属地建筑文化》(《重庆建筑》2016 年第 12 期)、李百浩《满铁附属地的城市规划历程及其特征分析》(《同济大学学报》(人文社会科学版) 1997 年第 1 期) 以及江厚《铁路满铁附属地的市街规划》(《铁岭日报》2010 年 10 月 9 日) 等。上述这些研究论述的基本特点就是以满铁附属地的城市规划为研究线索，探讨了近代满铁附属地的城市文化空间变化，以及由此带动的城市社会结构的变化活动。

(二) 有关关东军的专题研究

1905 年日俄战争结束前夕，日本的“满洲军”就在辽东半岛各占领地成立了“大连民政署”“金州民政署”以及“安东民政署”等军政机构，负责占领地的户籍人口、警察治安、卫生等民政事务，以保证日本占领军维持当地治安、确保日军粮草、军用物资的供给以及伤病员的后方运输等问题。其后，日本计划在归并各地民政署后成立关东总督府，以统一各地军政机构。该机构计划提出后，清政府外务部就向日本外务部提出了严正抗议，抗议日本在辽东半岛设立属于主权领土管辖的殖民行政机构。

在清政府的抗议下，1905 年日俄战后，《朴茨茅斯条约》签订和中日北京会议后，日本在改组拟定成立的关东总督府后，成立了“关东都督府”。“关东都督府”的都督由日本现役军人出任，下设民政部和陆军部。其中陆军部在关东都督的指挥监督下，负责管辖大连旅顺内的炮台部队和满铁沿线驻防的铁道守备队及两个常备师团。1919 年，在日本内阁首相原敬的主持下，日本政府对殖民地朝鲜半岛、中国台湾岛和租借地的“关东都督府”进行了“官制”改革，规定了朝鲜和中国台湾总督府总督以及“关东都督府”的都督可以由文官担任，原总督府和都督府下设的陆军部分别独立出来组建独立于总督或都督的军司令部。“关东都督府”下辖的陆军部也是在这一时期从“关东都督府”中独立出来，组建了关东军司令部。

有关关东军的研究中，由于战后日本学术界在反省战争犯罪，反对军国主义和战后和平主义思潮下对战前日本军事史研究的限制，相关专题研究论述并不是很多。其中除有关关东军相关“战友会”组织编写的私家版“联队史”“大队史”以及回忆录外，有关关东军的研究大多集中在对原关东军所辖的 731 部队等细菌战部队的史料挖掘和整理上。从目前日本出版和刊行的相关研究论述看，有关关东军的研究主要有以下几个方面。

（1）有关关东军文献史料的出版和发行。有关关东军综合的文献资料不多，从目前所能收集到的文献资料看，主要有长尾和郎《关东军军队日记》（日本经济往来社，1968）和吉林省档案馆等编《关东军文件集》（吉林大学，1995），属于有关关东军综合文献资料。

在战前内地调防编入关东军的旧日本师团联队“战友会”编写的

“联队史”“大队史”以及回忆录等这一类的文献资料比较多。其中，有《步兵第87联队史》（1987）[①]、《回顾第12联队史》（1975）[②]、《电信第17联队史》（1980）[③]、《野战高射炮第26联队史》（1985）[④]、《工兵第23联队史》[⑤]（内部刊行日期不详）、《满洲搜索107联队史》（1983）、《步兵第18联队史》（1964）等。

由于日本内地师团调防编入关东军的时间一般为两年，驻防期满后需要调防内地和其他战场，故此，虽然日本东北及关东地区驻防的师团联队可能在侵华战争期间数次调防编入了关东军，但并不是某一个师团和联队一直归属关东军，这样在战后旧日军相关联队士兵组织的“战友会”编写的各种联队、师团通史中，涉及关东军的内容并不是很多。

另外，曾担任关东军高级职务的军官的个人日记、手记和传记也有出版发行，是研究日本关东军的重要资料。其中，有《本庄日记》（日本原书房，1967）、横山臣平《秘录石原莞尔》（日本芙蓉书房，1971）[⑥]、板垣征四郎《满洲事变舞台里》（《文艺春秋》1955年第33号）、《秘录板垣征四郎》（日本芙蓉书房，1979）、《秘录土肥原贤二》（日本芙蓉书房，1979）、土肥原贤二《战斗在新时代的日本》（日本青年外交协会出版部，1939）、草地贞吾《关东军作战参谋的证言》（芙蓉书房，1979）、松村知胜《关东军参谋副长的手记》（日本芙蓉书房，1977）、中野雅夫《桥本大佐的手记》（日本MISUZU书房，1963）以及岗崎哲夫《我的青春关东军》（私家版，1990）等。

原日本关东军高级军官的个人日记和传记虽然公开出版不多，但在日本国会图书馆的宪政资料室以及日本各都道府县的公立图书馆中多有收藏，公开出版的原关东军高级军官的日记对于解密日本关东军起到了

---

① 步兵第87联队调防东北后，为保护联队军事机密，对外称“满洲第835部队”。按照关东军的规定，内地联队调防东北后，对外称呼按照关东军编组的部队番号，一旦驻防任务结束调回国内或其他地区后，对外称呼就废止。以下同。

② 对外称“满洲第936部队”。

③ 对外称“满洲第7589部队”。

④ 对外称“满洲第2687部队”。

⑤ 对外称“满洲第197部队”。

⑥ 该书自出版后增印21次，1995年该书在原文的基础上进行修订后再版发行。

非常大的作用。

（2）有关关东军所辖细菌战部队的资料整理和研究。这方面的研究有叙述关东军731部队的森村诚一的《恶魔的饱食》[①]（光文社，1982）、青木富贵子《731部队》（新潮社，2005）、松村高夫《731部队》（晚声社，1994）、日本15年战争与日本医学医疗研究会《731：日军细菌战部队》（文理阁，2015）、西里扶甬子译《731部队生物武器和美国》（鸭川出版社，2003）、西里扶甬子《生物战部队731：美国免罪的日军战争犯罪》（草根出版社，2002）[②]、常石敬一《消失的细菌战部队》（海鸣社，1981）、常石敬一《731部队》（讲谈社，1995）、李树泉《地狱恶魔731部队》（中国友谊出版社，2001）、黑龙江省档案馆《侵华日军731部队罪证》（黑龙江人民出版社，2015）以及吉林省档案馆《731部队罪行铁证》（吉林人民出版社，2003）等。这些研究和资料文献集不仅揭露了关东军731部队打着"防疫给水"的名义对中国人进行残酷的活体解剖，然后做化学和细菌武器试验，而且还将其研究成果运用到了侵华战争的实战中。进而揭露了在日本战败投降后，美军占领军为了得到日军731部队的试验成果，进行了战犯免责的交易等历史事实。

（3）关东军与九一八事变研究。诚如所知，1931年日军发动的九一八事变系日本关东军的高级参谋一手策划的，并在发动九一八事变后得到了关东军的支持和默许，由此才使得日本关东军在不到半年的时间里就占领了东北大部地区，并扶植建立了伪满洲国。日本关东军发动九一八事变也成为日军发动十四年侵华战争的起点。这样，从关东军的历史看，虽然关东军发动九一八事变只是关东军的战史中的一个部分，但是，在学者中，九一八事变史的研究作为既与关东军相关联，又与中国东北乃至近代中国抗日战争相关联的一个重要起点问题，成为研究领域的一个单独议题。

有关九一八事变的研究可能是近几年来中日学者的又一个热点问

---

① 中文版由黑龙江人民出版社于1991年出版。

② 中文版和英文版由沈阳出版社于2017年出版发行。

题。尤其是2017年1月，在国家教育部基础教育司通令全国中小学教材将“八年抗战”改为“十四年抗战”后，九一八事变的抗日战争起点问题的研究也再次成为九一八事变研究的另一个热点议题。

九一八事变成为中日两国学者的研究热点的背景不言而喻。另外，不能否认的是，从九一八事变研究的历史看，自九一八事变爆发后，九一八事变的研究又太多地嵌入了因日本长达十四年的侵华战争所带来的中日两国民族对立的情感，这也是直到今天九一八事变仍然是中日两国学者一直在持续进行研究的一个重要原因。

九一八事变发生后，日本内阁于同月21日举行了内阁会议。日本内阁将“九月十八日因支那兵爆破满铁而引起的事件定为事变”①。该项日本内阁阁议虽然内容非常简单，但是有两个情况值得注意。第一，日本内阁采用了日本陆军省、陆军参谋本部透过关东军所传递的相关信息，判断本月18日夜在沈阳北大营发生的中日军事冲突的挑起者为中国东北军；第二，基于关东军上呈的信息中的东北军挑起了冲突，因此将该事件定性为事变。

我们从这一时期的日本出版物中可以看到，日本官民在这一时期刻意“塑造”了张作霖父子统治东北期间的种种“罪恶”的同时，还编列了不少东北地方当局限制日本人购买土地、虐待朝鲜人等排日言论集。与此同时，日本关东军还唆使当地的民族败类，举行集会游行，进行报刊舆论上的宣传，伪造民意，成立自治指导部，打出了“满洲民族自治”的旗号，脱离南京政府成立了伪满洲国。这一时期，日本扶植伪满洲国，鼓吹“满洲民族自治”的理论基础就是早在20世纪初期日本学者稻叶君山等人在出版的《满洲历史地理》和《朝鲜历史地理》中鼓吹的“东北在历史上不属于中国领土”的论断。这一理论在这一时期被日本学者升华为“满洲是满清入主中原的嫁妆”的理论。② 日本政府的“满洲事变”论契合了在此前后日本学者所提出的“满洲非支那领土

① 1931年9月21日付、内閣閣議案『昭和六年九月十八日夜発生スル事件ガ事件トナルベシ』。日本国立公文書館蔵『公文類聚』、文書請求番号：類01758100。

② 有关九一八事变后日本学者鼓吹的侵华言论参见焦润明《九一八后中国知识界驳斥日本侵华谬论考》，《学术交流》2015年第9期。

论”，也为其后日本学者的“满洲事变”史论提供了理论基础。

日本政府和当时的新闻舆论以及在此前后日本学者的言论也为其后的日本“满洲事变”史论提供了“极好的研究素材”。在1931年九一八事变后的相当一段时间里，日本学者的“满洲事变”史论占据了日本战败投降前的学术主流，也为战后日本右翼军国主义分子的“满洲事变”史论提供了理论前提。

这一时期日本在“满洲事变”史论中，除日本陆军参谋本部的《满洲事变经过概要》（1934）、日本陆军省报道班的《满洲事变写真集》（1932）、日本外务省情报局《满洲事变关系发表集》（1931）等为“满洲事变”提供史实上的歪曲外，其主要代表作就是三井实雄于1942年出版的《满洲事变》（亚洲社，1942）一书。在该书中，三井实雄以“满洲历史上非支那领土”论作为日军发动九一八事变的理论基础，歪曲历史事实，为日本关东军发动的九一八事变和其后制造的伪满洲国进行辩护。

与“满洲事变”史论一脉相承的就是在1937年卢沟桥事变后，日本内阁将1937年7月7日发生在北平卢沟桥的日军武装挑衅定性为“支那事变”，以及其后日本学者们将“支那事变”与“满洲事变”分割所进行的学术研究。在这里我们先暂且不论日本学者们的“满洲事变”史论和“支那事变”史论中的具体内容，只是从这样的一个历史分期就可以看出，无论是“满洲事变”史论还是“支那事变”史论，其实质是将中国东北的“满洲”与卢沟桥事变后的日军发动的全面侵华战争的“支那”人为地区分出了一个“满洲”和一个“支那”，实际上都是建立在日本学者“满洲非支那领土”论基础上的论断。在这种历史观下所衍生出来的日军侵华战争就堂而皇之地变成了八年侵华战争，从而肆意地将“满洲事变”后日军对东北的奴役变成了政治上的他者。日本学者的“满洲非支那领土”论，不仅为日本侵略东北提供了历史上的理论基础，也为日军侵华的时期进行了辩护。

1945年日本战败投降后，战前一些日本学者的“满洲事变”史观也为战后日本右翼军国主义学者所沿袭和利用。其中，服部卓四郎的《大东亚战争史》和中村菊男《满洲事变》（日本教文社，国史丛书2，

1965）最具代表性。作为战争期间大本营作战课课长的服部卓四郎虽然利用在日本战败投降后窃得了一部分第二次世界大战期间日军的军事作战资料，撰写了比较具有说服力的《大东亚战争史》，但其战争史中不乏有为日本军国主义进行辩护的理论支撑。其中，战前日本学者们的“满洲事变”史观在该书中得到了“弘扬和光大”。在该书中，服部卓四郎一直认为日本关东军发动“满洲事变”其中不乏“民众对中国军阀政权暴政的反抗，有想从中国本土分离出来以摆脱政权苦恼的民众保障安民运动”，“这些暗流酿成了独立的气氛”。[①] 和服部卓四郎的比较委婉地继承战前一些日本学者的“满洲事变”史论相比，中村菊男的《满洲事变》一书则以为日本国民专门撰写的日本史为名，继续沿袭了战前一些日本学者的论调，提出了“满洲非支那领土”论和基于满洲民族自决的伪满洲国“建国”论，继续为日本侵略东北进行辩护。

战后日本学者中，最先否定“满洲非支那领土”论，将日军的“满洲事变”纳入日军侵华系统史论，并提出日军侵华十五年战争的是鹤见俊辅。该论于1956年发表在《中央公论》第1号的《知识分子的战争责任》中。鹤见俊辅原本为英美派学者，1941年太平洋战争爆发后，作为敌国侨民被拘禁于美国，其后通过日美交换船回到了日本。鹤见俊辅的这篇论文在将日军侵华战争从1931年九一八事变算起至1945年8月止，并按照日本传统的计数方法，将日本侵华的时间算为十五年。鹤见俊辅的论文发表后，得到了日本大部分学者的支持。与此同时，日本新闻媒体也采用了鹤见俊辅的这种计算日本侵华年限，将日本侵华战争统一称为“日军侵华十五年战争”。

受到鹤见俊辅的日军十五年侵华战争理论的影响，日本学者藤原彰、江口圭一、家永三郎等人均将1931年九一八事变后的日军军事行动纳入了日军侵华战争史去考察。其中在藤原彰的《昭和天皇的十五年战争》（青木书店，2003）中，从日本天皇的战争责任的角度探讨了1931年九一八事变以来日军在华的一系列军事行动。此外，在江口圭一《十五年战争》和家永三郎的《战争责任》等著述中也有类似的表述。

---

① 服部卓四郎『大東亜戦争』（第一巻）、原書房、1971年、第4頁。

当然，这些日本进步学者的论述也并不是没有历史的局限和不足。其中，在上述这些论述中，日本学者仍然按照日军侵华的历史阶段，将日军侵华分成了“满洲事变”“支那事变”和太平洋战争（大东亚战争）的三个阶段，沿袭了以往的说法。进而，在“满洲事变”的研究中，将“满洲事变”的起始点定为了从 1931 年 9 月至 1935 年塘沽协定止，而“支那事变”从 1937 年 7 月开始。这些研究中实际上忽视了东北地区中国东北义勇军、抗日联军在东北地区的持续不断的反抗斗争。换而言之，日本学者仅仅从军事作战、战役的角度来诠释十五年战争，从而忽视了中国民众的抗日活动。

尽管日本学者在这些议题的研究上存在不足，但可以肯定的一点是在今天的日本仍然坚持“满洲事变”史观学者中大多为顽固的日本右翼军国主义分子，而将日本侵华史从 1931 年九一八事变算起，并将日本侵华史统称为“十五年侵华史”的学者大多是日本进步左翼学者。

与之相对应的是我国的学者关于九一八事变的研究。1931 年九一八事变爆发后，以傅斯年和胡适等人为代表的我国学者一边用理论和史实来批驳日本学者为九一八事变所进行的种种辩护，并从史学的高度论证了“满洲”不仅是我国固有的领土，而且批驳了日本在东北伪造民族自决论制造的伪满洲国。

新中国成立以来，我国学者有关九一八事变的研究论述可谓汗牛充栋。既有对九一八事变前关东军对东北进行军事调查、军事势力渗透的研究，也有对九一八事变前后日本关东军的军事行动方面的研究，还有九一八事变后，日本关东军扶持溥仪制造伪满洲国，进而控制伪满洲国，对抗战军民进行“治安肃正”，讨伐抗日义勇军、东北抗日联军的军事行动研究。

我国研究九一八事变的学者的另一个学术贡献就是一直坚持 1931 年九一八事变是日军侵华战争的起点，即中华民族十四年抗战的学术观点。将 1931 年九一八事变视为十四年抗战起点的观点早在 20 世纪 80 年代提出后，就得到了从事九一八事变研究的我国学者的广泛认同。为此，学者们从各自的视野和研究角度进行了多方论述，从而为我国十四年抗战学说的成立奠定了坚实的基础。

(4) 有关关东军战史的研究

与上述有关关东军的各个领域研究相比较，有关关东军战史的研究论述中，除一部分关东军通史研究外，大多集中在日军侵华战史的研究中。从目前的研究成果看，有关关东军通史的研究论述研究成果有日本原防卫厅战史研修所编辑整理的战史丛书中的上下两册本的《关东军》(日本朝云新闻社，1969、1974)、楳本捨三《全史关东军》(日本经济往来社，1978)、岛田俊彦《关东军》(日本讲谈社，2005)、中山俊志《关东军》(日本讲谈社，2000)、史丁(张劲松)《日本关东军侵华罪恶史》(社会科学文献出版社，2005) 以及专门研究关东军所辖 731 部队的《关东军军火工厂史》(辽阳樱丘会，1977)、完仓寿郎《关东军参谋部》(日本 PHP，1985) 等。

除有关关东军的通史研究外，专门研究关东军战史的研究论述主要集中在关东军在东北地区的军事作战行动。其中除前面提及的九一八事变研究外，尚有《关东军终战始末》(日本新国民出版社，1974)、北川正夫《关东军的倒台》(大日本出版社，1949)、石门子会《关东军东宁战记》(1995) 等。

(三) 有关满铁与关东军关系研究

1905 年日俄战争结束后，日本先后在东北设立了满铁公司和“关东都督府”，连同日本在奉天设立的总领事馆，被学者们称为日本在东北实行殖民统治的“三驾马车”。1919 年日本政府实行海外殖民地统治制度改革后，“关东都督府”一分为二，被分成了专门管理大连、旅顺以及金州等地辽东半岛租借地的行政机关——关东厅和专门负责驻防南满铁路沿线的驻军的关东军司令部，由此，日本在东北的殖民机构从“三头政治”变成了“四头政治”。日本在东北地区的殖民机构变革中，满铁和关东军一直占据着日本在东北进行殖民统治的经济和军事的核心地位。满铁和关东军在近现代中国史、日本史尤其是近现代东北地区史中扮演了两个重要角色。在学者们看来，满铁和关东军是日本在东北设立的“文装武备”机构，两者之间既有不同的分工，也有“一文一武”式的合作。由此，满铁和关东军之间的相互联系成为学者们满铁、关东军研究中的一个重要议题。

从目前我国学术界的研究情况看，有关满铁和关东军相互关系的研究主要体现在以下方面。

（1）相关文献资料的整理和出版。有关这一方面的成果有辽宁省档案馆编《满铁密档：满铁与侵华日军》（21册，广西师范大学出版社，1999）、解学诗《满铁档案资料汇编：满铁附属地与"九一八"事变》（社会科学文献出版社，2011）、辽宁省档案馆《"九一八"事变满铁档案资料汇编》（辽宁人民出版社，1991）等。

（2）满铁在日本关东军发动九一八事变前后，协助日本关东军发动侵华战争研究。有关这一研究的论述比较多。其中主要代表性论述有解学诗《关东军满铁与伪满洲国的建立》（社会科学文献出版社，2015）、解学诗《满铁与华北经济（1935—1945）》（社会科学文献出版社，2007）、武向平《"九一八"事变前满铁与关东军的东北参谋旅行》（《东北史地》2014年第5期）、张劲松《"九一八"事变前后关东军与满铁关系述评》（《日本研究》1999年第3期）、郭铁樁《满铁与九一八》（《抗日战争研究》2007年第2期）等。

其中，武向平的《"九一八"事变前满铁与关东军的东北参谋旅行》一文中，以九一八事变前关东军与满铁的5次东北腹地"参谋旅行"为研究线索，探讨了满铁公司与关东军早在九一八事变前，就密谋武装占领东北的史实，从一个侧面反映了九一八事变不仅是日本关东军蓄谋已久的武装占领东北计划，其中满铁公司早已参与其中。解学诗的《关东军满铁与伪满洲国的建立》一书以关东军策划和发动九一八事变，武装占领东北扶植伪满洲国为研究线索，探讨了在这一过程中，满铁公司并不是关东军的配角，而是在关东军发动九一八事变前，就开始同关东军密切配合，并在事变后，不仅协助关东军进行铁路运送兵器给养，而且通过满铁公司与日本中央政府的特有渠道支持关东军在东北的行动，其后满铁又动员"满洲青年联盟"等所辖团体配合关东军，协助组织自治指导部，参与了关东军扶植伪满洲国的活动。郭铁樁在《满铁与九一八事变》一文中，则以九一八事变期间满铁公司所存档案文献为研究线索，探讨了满铁公司在日本关东军发动九一八事变前后，不仅为关东军提供了铁路运输上的便利条件，而且组织了满铁社员中的在乡军人会，组织自卫团或自警团参与了关东军进攻沈阳城的军事行动等的活动情况。郭铁椿的论文以九一八事变为历史节点，论述了满铁公司与关东军的相互关系问题。解学诗的《满铁与华北经济（1935—1945）》一书，则集中探讨了满铁在关东军的保护下，随着关东军武装占领华北广大地区后，满铁公司不仅委托经营了华北地区的铁路运输，而且开设了不少矿山、企业，攫取巨额利润，大发战争财的历史过程。由此，该书以1935年至1945年为历史节点，探讨了在这一时期满铁作为国策殖民公司，接受军方保护掠夺华北工农业资源的历史过程。

张劲松在其《“九一八”事变前后关东军与满铁关系述评》一文中，则从满铁公司和关东军的成立至九一八事变前后的这一时期的满铁和关东军之间的历史关系进行了概述，在此基础上，集中探讨了关东军发动九一八事变前后满铁与关东军之间的关系发展变化过程，以及变化形式。

由此我们可以看出，在这一议题的相关研究中，我国国内的学者大多以九一八事变作为历史研究的坐标点，探讨了九一八事变前后的关东军与满铁之间的关系问题。作为近现代东北地区史中重要的历史事件，九一八事变前后的满铁和关东军的相互合作关系也确实折射了两者在进行东北殖民统治上的利益趋同关系。

二 有待深入的满铁与关东军研究议题

满铁公司和关东军不仅盘踞东北近40年，而且其势力还随着全面侵华战争的爆发，扩大到华北甚至华东广大地区。在长达十四年的侵华战争中，关东军和满铁在军事侵略和经济资源掠夺上都起到了重要作用。由此，关东军和满铁也成为“十四年抗战”史研究中的重要研究对象。显然，从这一点看，尽管有关满铁公司和关东军的研究已经取得了如此丰硕的研究成果，但仍然有许多议题有待于在今后的学术研究中做进一步的深入的细化研究。

从目前的相关学术研究成果看，有关满铁和关东军的研究至少有以下几个方面的议题尚需要在今后的研究中做进一步的深化。

第一，有关满铁公司和关东军文献资料的整理和收集。诚如所知，满铁公司和关东军的相关文献资料在辽吉黑三省各地的档案馆图书馆、北京中国社会科学院、我国台湾地区的“国史馆”、日本国立公文书馆、国会图书馆、防卫省防卫研究所、各省厅各都道府县的公文书馆图书馆、英美俄等地的档案馆和战争纪念馆等均有不同收藏。其中，仅原关东军所辖的731部队相关文献资料，现已判明的相关资料文献就分别收藏在辽吉黑三省的档案馆、美国的国家图书馆、战争博物馆以及俄罗斯国家档案馆中。此外，如满铁公司下辖的满铁调查部的调查报告和出差复命书等相关文献资料也分别收藏于前述的档案馆图书馆中。而从目前的相关文献整理和收集情况看，以黑龙江省侵华日军731遗址陈列馆研究中心目前正在进行的全世界范围内的相关文献资料的收集和整理，以吉林省社会科学院满铁资料研究中心目前正在进行的相关文献资料收集和整理，以及辽宁省档案馆目前正在收集整理的有关满铁公司调查报告和同时期报纸剪报的收集和整理工程，也只是目前有关满铁公司原藏档案文献中的一部分。由此，满铁和关东军的相关文献整理和收集尚有做进一步努力的空间。

第二，就有关满铁的学术研究情况看，日方学者偏重于满铁经营史和围绕满铁的日本国内外政治关系以及满铁调查部的研究，而中方的学者则偏重于满铁调查部、满铁附属地以及满铁在殖民统治和侵华战争中的作用的研究。

满铁公司虽然以经营东北铁路运输为主，与英国的东印度公司在经营主业上有所区别，但是在其公司性质以及所担负的使命上两者存在着许多相同之处。换而言之，满铁公司作为日本在东北的国策性殖民公司，是集交通运输、综合贸易、工矿企业、商业金融、旅馆商店以及殖民调查等于一体的综合性海外殖民公司，其所经营的形式无论是在经营的业务范围还是公司性质、规模上均与英国在东南亚所开设的东印度公司有着相似性。这样，作为对于满铁公司的综合性和全面性的研究，在研究满铁公司的纵向沿革史的同时，横向上与同时期的英国东印度公司进行比对，不仅可以在纵横的时间轴上进一步探讨满铁公司的经营和沿革历史，而且可以立体还原满铁公司在日本殖民地统治史的地位、作用。

由此，作为今后满铁研究的一个方向性议题就是在同诸如英国东印度公司、日本东洋拓殖株式会社、南方拓殖株式会社等同时期担负着海外经济殖民公司的历史比对基础上的满铁研究。

此外，在有关满铁公司的附属地、满铁调查部等相关研究中也存在着有待于进一步深化研究的议题。其中，如中日两国学者均进行深入研究的满铁调查部中，由于众所周知的原因，满铁调查部的相关文献档案资料庞大，除一部分文献资料经过档案馆文献馆的收集刊行外，目前许多相关文献资料尚处于收集和整理中。这样，随着相关文献资料的出版还会有许多议题尚需要做进一步地深入探讨和研究。

第三，由于关东军涉及近代日本军事制度、近现代日本政局、中日关系、日苏关系以及近现代东北地区史等多方面领域，故此，有关关东军的研究需要近代日本军制、近代日本政治、近代东亚国际关系以及近代医学和近现代中日战争史等多方面的综合性研究。在以往的关东军研究中，中日两国学者的研究既有共同关注的议题，也有各自的侧重点。其中，中日两国学者共同关注的话题是关东军细菌部队 731 部队等的研究。就研究论述的数量而言，日本学者比较注重关东军通史以及关东军与日本国内政局的关联研究。而我国的学者则比较注重关东军与九一八事变、关东军扶植伪满洲国等日军侵华方面的研究。

由此我们可以看出，无论是日本学者有意或无意地回避关东军侵华历史的研究，还是我国学者在选择侧重点，比较集中研究关东军侵华历史，都没有深入探讨同样是日本海外殖民地军的“台湾军”“朝鲜军”甚至在“桦太厅”驻防的日军，都没有像关东军那样，越过日本军部，甚至牵制日本中央政府“独走”，进而发动了侵华战争。

换而言之，同样是远离日本政治中心的“台湾军”“朝鲜军”甚至是驻防“南洋厅”和“桦太厅”的日军，为何唯有日本关东军能够不受军部和日本内阁的控制，支持和扶植“满蒙独立运动”、暗杀张作霖，进而发动九一八事变？显然，关东军的这些“独走”行动绝不是通过探讨关东军与日本国内政局的关联，或关东军执行日本的大陆政策等几句“政治正确”的判断性结论就能够解释清楚的。

第四，有关满铁与关东军相互关系的研究。作为日本的以控制东北铁路交通运输的经济殖民性质的国策公司的满铁公司，和起初作为负责满铁公司铁路运输的铁路护路军，以及后来发展成为具有军事侵略性质的关东军之间存在联系是必然的，但是围绕铁路护路的满铁和关东军的内在关联与关东军发动侵华战争时期的满铁关联则属于不同性质的关联关系。从满铁和关东军的关联关系发展看，满铁和关东军的相互关联关系经历了满铁护路军、成立关东军司令部后的重新定位、关东军与满铁关系对等下的争夺东北主导权以及主导满铁等几个历史时期。显然，目前的学术研究中所探讨的满铁与关东军的关系研究中，尚没有注意到这一关系变化过程中，两者之间的内在属性、两者之间关系变动后衍生的权益争夺动因、两者之间同日本中央政权的关联性以及政策影响等。

三　满铁和关东军研究视野与本书的研究议题

（一）满铁和关东军议题的研究视野

实际上，有关满铁、关东军以及两者之间的相互关联的研究中，尚有许多议题有待于今后我们做进一步的研究和厘清。即使是前面所列举的目前学术界研究中所存在的不足也只是今后需要继续进行研究的议题中的一部分。

本书之所以将满铁与关东军作为探讨对象，系基于以下几点思路和考虑。

第一，从制度上看，在东北的日本“三头政治”和“四头政治”的政治框架下，满铁和关东军一直是日本在东北的权力和利益的核心。其中，1919 年成立的关东厅以及其前身“关东都督府”主要负责旅顺、大连等辽东半岛租借地内的行政、卫生和治安。在奉天日本总领事馆则是在日本外务省的指挥监督下，负责处理外交事务和保护侨民。相对于关东厅和奉天日本总领事馆的行政和外交权力和权限，关东军则负责防卫辽东半岛租借地和保护满铁公司经营的沿线铁路。按照 1919 年日本公布的《关东军司令部条例》和战前日本军制的规定，关东军司令官由日本陆军大将或中将担任，直属于天皇。其中军令部分受命于日本陆军参谋本部的参谋总长，军政部分则受命于日本内阁中设立的陆军省陆军大臣。这样，在军事上关东军不受制于日本在东北地区设置的其他机构，从而成为在东北地区军事方面的权力核心。另外，满铁公司作为日本在东北的“东印度公司”，几乎垄断了日本在东北的所有经济权益，由此，满铁公司的经营也从最初的长（春）大（连）、安奉等几条铁路线迅速扩张到矿山、煤矿、港口、仓库、森林、冶金、旅馆、贸易、电力、物流、医院、学校乃至附属地内的行政、卫生等行业，至 1931 年九一八事变爆发前，满铁几乎垄断了东北的重要经济命脉，其规模和业务范围远远超过了英国在东南亚地区设立的东印度公司。

第二，从实际上看，关东军作为日本派驻东北地区的海外殖民军，同台湾总督府管辖范围内的台湾军、朝鲜总督府下辖范围内驻守的朝鲜军、南洋厅管辖范围内驻防的南洋日军守备队以及桦太厅管辖范围内的桦太日本守备队，虽然从表面上看来有许多相同之处，但实际上由于近代国际法意义上的殖民地的领有过程并不相同，因此日本海外殖民军在日本政治结构中地位也不相同。

其中，经过 1919 年原敬内阁的殖民地官制改革，像台湾总督府管辖的台湾岛内驻防的台湾军和朝鲜总督府管辖下的朝鲜半岛内驻防的朝鲜军，与岛内的总督府总督虽然在隶属关系上互无从属，总督府总督和军司令官分别向日本中央政府和日本军部负责，但在台湾岛内和朝鲜半岛内的军事设施布防及布防政策、戒严令发布等方面，台湾总督府总督和朝鲜总督府总督在某种程度上对于岛内驻军以及军司令官尚有政策上的牵制作用。相比较而言，关东军以及关东厅所辖区域是带有租借期限的租借地，并不是近代国际法意义上的日本领土，因此，无论关东军还是关东厅在近代日本诸多海外殖民地体系中是区别于朝鲜总督府“朝鲜军”、台湾总督府“台湾军”的一个特殊机构。关东军与关东厅的特殊性还在于关东厅所管辖的区域仅限于旅顺、大连等辽东半岛的租借地内，而关东军除防卫关东厅所辖租借地外，还附有保护满铁公司沿线铁路的任务。实际上，远离日本政治中心的关东军既不受奉天日本总领事馆的牵制，也在满铁沿线的军事布防中不受关东厅的指挥和监督。

另外，日俄战后，深恐俄（苏）进行战争报复的日本中央军部又搭上了欧美列强“反共反赤化”的政治意识形态上的战车，在日俄战后一直将俄（苏）设定为假想敌，制定了以防俄（苏），甚至北进西伯利亚的“国防”战略。自然，以长春宽城子以北的苏联势力一线之隔的关东军就成了护卫“满蒙生命线”，防止苏联和“赤化”势力南下的前沿部队。日本关东军在附加了这样一种防苏防“赤化”的战略使命后，关东军调查和收集的关于苏联的战略情报、信息自然成了日本中央军部掌握的为数不多的最接近苏联真实信息的一线报告的渠道之一。由此，关东军通过对苏的调查和情报收集成了左右中央军部乃至日本中央政府制定对苏军事战略和对苏外交政策的重要机构。

第三，满铁公司在掌握了日本在东北攫取的重要经济权益后，不仅成了凌驾于同时期日本在海外设立的东洋拓殖株式会社、台湾拓殖株式会社等诸多日本海外的“巨人型”“国有中央企业”中的龙头老大，与同时期英国在东南亚设立的东印度公司规模相当，而且通过在日本国内发行股票和互持股份，与战前日本的三井、三菱、住友、安田、古河、浅野、大仓、中岛、野村鲇川等十大日本财阀形成了利益共同体和政商军相互勾结的命运共同体，并左右着日本经济产业、殖民政策的制定和日本政局。

满铁公司的历史上计有四次大规模的资本金募集或增资活动。第一次为1906年满铁公司成立前。按照满铁公司章程规定，满铁公司作为股份公司注册资金为2亿日元，其中1亿日元为日本政府以沙皇俄国手中攫取的长春至大连铁路线等实物估价入股，剩余1亿日元则面向日本国内募集。满铁公司第二次增资为1920年，资本金从2亿日元增资为4.4亿日元。第三次为1933年，增资金额为8亿日元。第四次为1940年，增资金额为14亿日元。满铁公司的上述四次大规模增资中，出资购买满铁股份的主要是前述的三井、三菱、住友、安田、大仓、中岛等日本当时的十大财阀公司及附属关联企业。此外，满铁还通过发行社债和购买股票，合作投资实现了满铁与日本国内财阀的相互持股。其中，像满铁公司经营的抚顺煤矿、满铁在东北投资的电力公司、大连港以及在侵华战争中日本在东北设立的“满洲重工业株式会社”（简称“满重”）均为满铁与三菱、三井等日本国内财阀相互投资兴建的。

满铁公司同日本国内十大财阀的密切联系还表现在满铁公司历任总

裁和理事等人事制度上。在满铁公司历任总裁和满铁理事中，如总裁松冈洋右、理事犬塚信太郎等人均与日本国内的十大财阀有着千丝万缕的联系。不仅如此，满铁的历任总裁中，除首任总裁后藤新平和第二任总裁中村是公是从台湾总督府调任之外，其他历任总裁要么是有日本财界背景的商界头面人物，要么是政党政治下的政治家或官僚。

由此，满铁公司在通过面向日本国内募集股份、相互持股、相互投资以及总裁和理事人事任命制度，与日本国内的政军商、财阀构筑了“共存共荣”的利益共同体，从而通过经济利益构筑和人事渗透开始左右日本的经济政策、外交政策以及日本政局。

第四，在上述关东军和满铁的独具近代日本海外殖民政策特色的两大东北特殊利益机构形成的同时，满铁与关东军两者的关系越发引人注目。从根本上讲，作为对外发动侵略战争的日本来说，获得海外产品倾销市场、进行海外投资和攫取海外殖民地的终极目的是获取日本国家利益。其中，获得经济利益是日本发动对外侵略战争的根本。从这个角度看，关东军从最开始以满铁护路军来保卫日本海外殖民地的投资安全，到1931年发动九一八事变后，将占领地的铁路运输“委托”给满铁经营等，都可以从关东军保护满铁，充当满铁护路军的研究视野去解析和探讨。

当我们按照这样一种近代日本海外殖民地统治构造体系去探讨满铁和关东军之间的内在关联时，我们就会发现，在满铁和关东军的关系图谱中，由于满铁公司一直处于日本在东北利益的核心地位，故此关东军无论如何“暴走”和独断专行，关东军也一直将满铁的利益视为其所追求的核心利益。按照这样一种思路，我们还会发现，无论是关东军的“暴走”和独断专行，还是关东军同满铁争夺东北利权，都没有触及关东军和满铁共有的核心利益。

（二）本书的主要研究议题

基于目前学术界的学术研究状况以及上述的研究视野，本书主要探讨的议题由以下几个方面构成。

第一，作为满铁公司和关东军前身“关东都督府”的设立背景，探讨日俄战后日俄和中日会议条约中关于日本满铁经营的铁路线、附属权益以及铁路守备队等相关规定。在此基础上探讨满铁和“关东都督府”的设立过程。

第二，探讨1919年关东军成立后，满铁与关东军的地位变化及相互间权力争斗的背后原因。

第三，探讨九一八事变前后满铁与关东军的关系变化过程及背景。

第四，探讨1937年日军发动卢沟桥事变前后，关东军与满铁相互关系变化及背景。

第五，透过满铁与关东军的相互关系变化过程，探讨近代日本资本主义发展中日本政商军的相互关联关系，从而从一个侧面试图深入探讨近代以来日本对外发动侵略战争的动机和本质，进而批驳战后日本右翼分子的“大东亚解放战争”“自存自卫”的所谓战争“大义名分”言论。

诚如前面所述，本书在研究内容和议题上，一方面试图吸收和借鉴目前学术界的最新研究成果；另一方面也在目前现有文献资料的基础上，试图深入挖掘新史料新文献，以期最大程度地还原近代以来的满铁和关东军及两者相互关系的本质。与此同时，在研究方式方法上，也试图运用近代日本明治宪法体制下所运营的政治体制、军事体制以及文官官僚制度原理，进一步阐明满铁和关东军在战前日本海外殖民政策尤其是东北殖民政策制定中的相互关联性。其次，本书也试图通过近代东北亚国际关系理论来进一步探讨是何种原因使得满铁和关东军在众多的日本海外殖民军和海外殖民公司中能够脱颖而出，成为日本海外殖民和侵略扩张的急先锋。

当然，在研究满铁和关东军的研究方法中，前述的这样一个研究思路和视野也并不是研究和探讨满铁和关东军研究中的唯一研究方法。此外，如将满铁和关东军放入近代东北亚或东亚交通运输和社会变迁的研究视野，尤其是作为近代东北亚和东亚国际关系视野下的社会文化变迁视野下的满铁和关东军研究，可能在研究视野和研究方法上将会有更多突破。只是限于本书的体例和篇幅，有关这一议题的探讨容日后他稿进行探讨。

（三）本书的研究意义

2016年年底，国家教育部基础教育司行文各地，要求中小学教科书将现行表述的“八年抗战”统一称为“十四年抗战”，将迄今为止学术界关于“八年抗战”和“十四年抗战”的争论做了一个国家层面的权威解读。

“十四年抗战”的国家层面的定位引起了国内学者们的热烈反响。学者们普遍认为，“十四年抗战”和“八年抗战”之争虽然落下了帷幕，但围绕“十四年抗战”的周边学术议题有待于做学术上的进一步厘清和梳理。

实际上，无论是“八年抗战”还是“十四年抗战”学说都绕不开日俄战后日本在东北地区先后设立的满铁公司和关东军。关东军所一手策划的九一八事变是日本侵华战争的开始，也是中华民族长达“十四年抗战”的起点。此外，关东军所策划的九一八事变和武装占领东北，其最大的受益者也是满铁公司。满铁公司随着关东军的侵略步伐，其铁路运输的经营范围也从东北地区扩大到河北、京津地区甚至到华东地区。由此，本书的研究也是透过满铁和关东军的相互关联性的一个侧面，来探讨日军发动九一八事变，进而武装占领东北，扶植伪满政权，策动“华北事变”的历史成因。这对于进一步深化“十四年抗战”的研究，并在深入探讨“十四年抗战”条件下，东北民众在抗击日本经济、政治和军事侵略中的作用和地位，具有一定的学术意义。

从另一个角度看，1931 年九一八事变，是近代以来东北地区民众争取国权、反抗外来经济政治侵略，与日俄等国日益严重地攫取东北各种经济政治利权之间的矛盾的爆发点。从这个意义上看，探讨满铁和关东军在东北地区的政治、经济和军事渗透，对于探讨九一八事变爆发和中国十四年抗战历史的远因将会起到进一步的作用。

近代以来，以满铁和关东军为代表的日本在东北的海外殖民机构，不仅通过铁路运输线和军事威胁几乎控制了东北的经济和军事命脉，而且还策动了满蒙王公贵族的“满蒙独立运动”，利用张作霖等东北军政人员派遣赴日留学生，扶植亲日势力，培养亲日派，将日本的政治、经济和军事影响渗透到东北各个阶层。关东军发动九一八事变后，熙洽、于芷山等一大批原东北军政人员不仅没有积极组织民众抵抗，反而降日附日，参加了日军在东北各地组织的“维持会”、“地方自治执行委员会”、伪县政府乃至伪满洲国，成为千夫所指的背叛国家和民族的汉奸就很好地说明了这一问题。

上述问题也说明，当我们站在“十四年抗战”的历史高度去研究抗战史时，无论是深入探讨日本侵华的历史背景，还是探讨和研究“十四年抗战”史、日军侵华史，满铁和关东军都是这些研究中无法回避的历史议题。由此，研究满铁和关东军在学术上的意义越发重要。

另外，作为近代以来日本海外殖民地中最具典型的两大海外殖民机构，满铁和关东军研究，尤其是满铁和关东军相互关联关系研究也能够从一个侧面反映出近代以来，日本政治军事历史中的政商关系、军政关系和军商关系。

自明治维新以来，日本就一直在“殖产兴业”的政策下，鼓励投资设厂发展资本主义。在这一过程中，日本政府先是投资兴建或入股了各地的制丝、纺织、矿山、造船等“官营模范企业”，其后又将这些“国家企业”出售给私人或民营企业。与当时欧美的资本主义发展模式相比较，学者们将日本的这种资本主义发展模式称为“日本式的国家资本主义”发展模式。与此同时，在日本导入西方宪政体系后所进行的选举中，地方议员和国会议员的当选资格被限定为每年须缴纳若干“国税”的有资格者，当选者大多是地主和资本家。这样，日本资本主义从一开始就注定了其政商、军政、军商之间相互依靠的密切发展关系。在这样一种背景下，作为海外侵略扩张急先锋的满铁与关东军自然延续了日本国内的这种政商、军政和军商之间的相互关系。关东军保护满铁利益、满铁为关东军提供利益输送的保护和被保护、利用和被利用的军商关系。由此，探讨满铁和关东军之间的关系演变也是从一个侧面深入探讨近代以来日本政商、军政、军商之间相互利用的关系实质。这一问题的研究对于研究近代日本政治史、军事史以及日本海外殖民地史均有着重要的学术意义。

需要说明的是，“南满”“满铁”“满蒙”等历史词汇本身就具有一定的殖民色彩，学界在使用时一般直接改写为“东北南部”等。本书因涉及特定语境且数量庞大，文中并未逐一加以改写，此系历史范畴的特定用语，不代表作者立场。此外，东北地区历来属于中国的领土，即便某些历史阶段被侵略者暂时占领，也不能改变这一事实。请读者在阅读或引用时特别加以注意。

第一章

满铁与“关东都督府”的成立

满铁公司和关东军的前身“关东都督府”，系日俄战争后，日本通过日俄朴茨茅斯谈判和中日北京会议，分别签署了《朴茨茅斯条约》和《中日会议东三省事宜附约》，攫取了相关利权后成立的。

满铁公司和“关东都督府”的成立不仅涉及当时的日俄、中日、日美、日英以及日韩外交关系，而且也贯穿了日本从日俄战后到第二次世界大战时期的外交关系。在日本视东北的经济权益和军事权益为日本核心利益后，围绕东北地区的铁路运输资源和矿藏资源等权益，日本在经历了第一次世界大战、出兵西伯利亚后，先后从日英同盟框架下的日美、日俄、中日等东亚外交关系中破局，开始进行外交上的重大选择，进而在第一次世界大战前后抛弃日英同盟关系和良好的日美、日俄外交关系，从外交战略上与德国急速靠近，选择了与中、美、苏、英为敌，发动了长达14年的侵华战争。换而言之，1905年日本在中国东北地区设立的满铁和“关东都督府”也是日俄战争以来日本与美英苏关系恶化的起点和远因。

由此，日俄战后日本通过日俄《朴茨茅斯条约》和中日北京会议交涉中，日本的外交战略意图为何？尤其是日本为何置清政府的外交抗议于不顾，执意在东北设立满铁公司和“关东都督府”？这些议题透过当时的东亚国际关系和新近提出的“十四年抗战”的理论框架下，都有重新梳理或厘清的必要。

第一节　1905 年中日北京会议

一　日俄《朴茨茅斯条约》与日俄两国对东北的势力分割

1905 年 5 月，日本虽然在对马海峡取得了歼灭沙皇俄国的波罗的海海军舰队的胜利，但是在陆路发动的奉天会战后，由于俄军加速了从西伯利亚铁路的运兵能力，日本受限于当时的兵力已经无力向俄军发动新的攻势。另外，在明石元二郎等人的策动下，俄国国内发生暴乱和革命也使得沙皇俄国无力派出更多兵力在奉天北部地区发动新的攻势。至此，日俄两国军队在奉天北部形成了犬牙交错的战略对峙状态。其间，在美国总统西奥多·罗斯福的斡旋下，日俄两国分别同意派出外交代表进行媾和谈判。

日方派出的外交代表是外务省大臣小村寿太郎，俄方则派出了外交经验丰富的原财务大臣维特前往美国朴茨茅斯军港进行谈判。

日俄两国外交代表的谈判首先是日俄两军的停战谈判。在美国总统的调停下，日俄两国外交代表先是签署了两国军队停战协议，并在战场上派出军使相互遣返双方在战场上捕获并收容的战俘。在日俄两国达成前线停火后，日俄两国代表开始就媾和进行了谈判。

按照小村寿太郎出发前同日本内阁总理大臣桂太郎、元老伊藤博文等人商定的日方媾和条件，日方向俄国提出绝对必要条件、比较必要条件和附加条件三部分。其中，日方向俄国提出的绝对必要条件为：（1）韩国全然由日本自由处分。（2）在一定期限内日俄两军自东北撤兵。（3）俄国需将辽东半岛租借权及哈尔滨、旅顺口间铁路割让给日本。日本向俄国提出的比较必要条件为：（1）赔偿军费。其赔偿额最高限度为 15 亿日元。但可根据谈判情况在其最高限度内适当调整。（2）逃至中立港的俄国军舰需要引渡给日本。（3）桦太[①]南部割让给日本。（3）沿海州沿岸的渔业权问题。日本拟定向俄国提出的附加条件有：（1）削减

① 即现在的库页岛。

俄国在远东地区的海军。(2) 符拉迪沃斯托克（海参崴）军港开放为商业港①。

从日方向俄国提出的谈判内容看，日方提出的绝对必要条件属于涉及政治层面的内容，而比较必要条件中的内容主要涉及经济方面的内容，最后的附加条件中则主要属于军事方面的条件内容。从日方拟定的对俄谈判条件中我们可以看出，此次日俄媾和谈判，日方以朝鲜脱离俄国控制、日俄两国共同从东北撤兵以及将俄国租借辽东半岛、哈尔滨至旅顺口铁路让渡给日本作为谈判的先决条件。此外，作为经济条件，除日方提出的巨额赔款外，还要求沙皇俄国割让桦太岛（库页岛）的南部等。

日俄两国谈判代表的谈判主要是围绕日方代表提出的方案进行谈判。虽然日方代表已经获悉俄国沙皇不赔偿一个卢布的外交指令，但由于日方事先也获悉了俄国国内的动乱情况，考虑到沙皇俄国急于结束与日本的战争状态以平定国内的暴乱的心理，将俄国的巨额战争赔款作为谈判底牌。日俄谈判的僵持状态也迫使居中调停的美国总统为了以缔造和平赢得美国选民的选票而奔波于日俄两国的外交代表之间。在美国总统的积极斡旋下，日本最终放弃了向俄国提出的巨额战争赔款的要求，作为代价俄国将宽城子至旅大间铁路线、附属矿山、辽东半岛租借地以及桦太岛（库页岛）南部“让渡”给日本。

1905 年 9 月 5 日，日俄两国谈判代表在美国的朴茨茅斯军港签署了《朴茨茅斯条约》。② 该项条约由 15 条正约和附加条款 2 条组成。归纳起来主要内容如下：

第一，俄国承认日本在韩国的政治军事和经济权益（第 2 条）。

第二，俄国政府“以中国政府之允许”，将旅顺口、大连并其附近“领土领水之租借权内之一切权利及所让与者，转移与日本政府”，同时，俄国政府尚需要将“该租界疆域内所造有一切公共营

① 1905 年 6 月 30 日付、内閣『日露講和交渉全権委員宛訓令案』。外務省外交史料館蔵『戦前期外務省記録』、文書請求番号：Z－1－3－0－1－007。

② 『日露講和条約』。国立公文書館蔵『公文類聚』、文書請求番号：2A－11－987。

造物及财产，均移让于日本政府”（第5条）。

第三，俄国政府“允将由长春（宽城子）至旅顺口之铁路及一切支路，并在该地方铁道内所附属之一切权利财产、在该处铁道内附属之一切煤矿、或为铁道利益而经营之一切煤矿，不受补偿且以清国政府允许者均移让日本政府”（第6条）。

第四，俄国政府允将“桦太岛南部及其附近一切岛屿，并各该处之一切公共营造物及财产之主权，永远让与日本政府”（第9条）。

第五，俄国“允准日本国臣民在日本海、鄂霍次克海以及白令海之俄国所属沿岸一带有经营渔业之权”（第11条）。[①]

根据上述日俄所签署的条约主要内容来看，通过《朴茨茅斯条约》，日本不仅获得了库页岛南部领土，而且从俄国手中获得了辽东半岛租借地和长春至旅顺口的铁路经营权。更为重要的是，通过条约，俄国势力退出朝鲜半岛，取而代之的是日本全面掌控朝鲜半岛。其后，日本在朝鲜半岛设立了统监府，控制了朝鲜的外交和军事权，继而在1901年，日本堂而皇之地合并了朝鲜，将朝鲜并入了日本殖民地版图。

《朴茨茅斯条约》的签订也标志着清政府以日本牵制俄国在东北势力扩张的“以夷制夷”战略构想的失败。同时，《朴茨茅斯条约》的签订也使得日本通过这一条约将势力延伸到了我国东北中南部地区，进而在我国东北地区形成了东北北部地区由俄国控制，东北中南部地区由日本控制的被瓜分局面。

二　中日北京会议围绕东北铁路的利权交涉

根据日俄媾和谈判和条约相关规定，俄国“让渡”给日本的辽东半岛租借地和长春至旅顺口间铁路权益需要当时清政府的同意才能生效。这样，小村寿太郎在结束同俄国的外交谈判回到东京后，又取道北京同清政府的外交代表谈判《朴茨茅斯条约》中俄国“让渡”给日本的东北

① 引自日本国立公文书馆藏《公文类聚》，档案号：2A－11－987。

权益问题。此次谈判日方的外交谈判代表除小村寿太郎外，还有日本驻清公使内田康哉。清政府派出的外交代表为庆亲王奕劻、外务部尚书瞿鸿禨、直隶总理兼北洋大臣袁世凯。中日谈判自同年 11 月 17 日开始至 12 月 22 日，其间共进行了 22 次外交谈判。清政府的全权代表庆亲王奕劻因病只出席了第 1 次、第 17 次和第 22 次中日谈判，主要负责对日谈判的清政府代表为瞿鸿禨和袁世凯两人。

同日俄谈判相同，小村寿太郎在来华之前的 10 月 27 日，日本内阁举行了会议，并在会议上日本桂太郎内阁政府也商定了 7 项对华要求书。日本内阁的 7 项对华要求书主要包括：(1) 日俄两国撤兵后，中国负责维护东北地区的秩序和安宁；(2) 改善东北政治；(3) 东北土地不得割让他国；(4) 开放盛京的凤凰城、辽阳、新民、通江以及吉林的宽城子、哈尔滨、三姓和黑龙江的满洲里等 14 处城市作为商埠地；(5) 允诺《日俄媾和条约》第五、六条，允让日本的一切权益；(6) 安东至奉天、奉天至新民厅所筑军用铁路仍由日本经营，中国政府同意日本将宽城子铁路扩修至吉林；(7) 鸭绿江沿岸森林采伐权让与日本。[①] 在日本内阁会议的对华 7 项要求书的基础上，小村寿太郎拟定了对华要求书，并在 11 月 17 日的中日外交谈判代表的首次会面中交给了清政府全权代表庆亲王奕劻。为研究叙述方便，兹收录如下：

第一条　依据日俄媾和条约第三条规定日俄两国军队至东北撤兵后，中国应立即在撤兵之地方布置行政机关，以期维护地方安宁秩序。

第二条　中国政府务须以在东北地区确切施行善政，并以采取妥当且有效的保护外国侨居商民之生命和财产安全为宗旨，着手改善该地区的施政。

第三条　中国政府应为妥善保全东北各地方阵亡之日军将士坟茔以及所立忠魂碑，务须竭力设法办理。

---

① 1905 年 10 月 27 日付、内閣『満州事項ニ関スル清国締結条約件』。外務省外交史料館蔵『戦前期外務省記録』、文書請求番号：Z－1－3－1－1－006。

第四条 中国政府不管以何种名义，不经日本应允不得将东北之一部割让给他国，或承认他国之占领。

第五条 中国政府应依其已开商埠之办法，开放下列城市以供外国人之工商业及居住。

盛京省 ——凤凰城、辽阳、新民屯、铁岭、通江子、法库门

吉林省 ——长春（宽城子）、吉林、哈尔滨、宁古塔、珲春、三姓

黑龙江省 ——齐齐哈尔、海拉尔、瑷珲、满洲里

第六条 中国政府承诺俄国根据日俄媾和条约第五条和第六条中对于日本所进行的一切让渡。

第七条 中国政府承认日本政府在安东县奉天间及奉天新民屯间铺设的铁路的运营和维护，并对于长春至旅顺间的铁路将来延伸至吉林没有异议。

第八条 中国政府将距韩国国境一定距离内的鸭绿江沿岸之森林采伐权给予日本。

第九条 中国政府承认辽河、鸭绿江、松花江以及其支流的航行自由。

第十条 中国政府将盛京省沿岸之渔业权给予日本臣民。

第十一条 在东北与韩国贸易中相互享有最惠国待遇。①

通过日本外交代表递交给清政府的要求书内容我们可以看出，日本外交代表来华谈判，其目的不仅仅是就《朴茨茅斯条约》中俄国“让渡”给日本的长春至旅顺口铁路和辽东半岛租借地事宜取得清政府的同意那么简单。在日本对华要求书中，除了《朴茨茅斯条约》第五条和第六条俄国“让渡”给日本的铁路权益和辽东半岛租借地外，日本还要求“中国政府不管以何种名义，不经日本应允不得将东北之一部割让给他国，或承认他国之占领”，将东北视为了日本的势力范围。此外，日本还要求中国政府开放当时的盛京、吉林和黑龙江三地16个城市作为商

① 外務省『小村外交史』、原書房、1966年、第681—682頁。

埠地，并将辽河、鸭绿江、松花江等的内河航运权、鸭绿江沿岸森林采伐权和东北南部沿海渔业权对日本开放。

日本外交代表提出的对华要求书中所提及的安东县（现辽宁省丹东市）至奉天间、奉天至新民屯间以及长春至吉林间铁路线的情况虽然不同，但其铁路线所途经的城市的重要程度不言而喻。其中，安（东）奉（天）间铁路原系日俄战争期间，日军为进行军事物资运输而由日本“满洲军司令部”下辖的野战铁道提理部[①]修建的轻便单线窄轨铁路线。就日俄战争期间日军所修建的安奉铁路而言，由于是战时临时修筑的轻便铁路线，安奉铁路在穿越奉天至安东间的辽东地区的崇山峻岭时，只是绕道或沿山陵线修筑，加上辽东地区雨季洪水频发，其铁路运行并不稳定。显然日本政府不是看中了安奉铁路本身的工程难度，而是看中了其铁路线本身修建的战略价值。

按照日俄战争期间日军修建安奉轻便铁路计划，安奉铁路西侧以东北的重镇盛京城为起点向东延伸至中朝国境线城市安东，进而通过安奉铁路线可以连接朝鲜半岛，然后通过朝鲜半岛西侧海岸线的铁路线、港口可以越过对马海峡而连接日本内地的铁路线。尤其是在日俄战后，朝鲜半岛已经纳入日本势力范围，安奉铁路经由朝鲜半岛西海岸的东亚铁路运输线对于日本进入朝鲜，进而进入东北地区显得越发重要。

另外，日本外交代表在要求书中所提及的新（民）奉（天）铁路线的西段终点新民屯通过当时的新民至北京的关内外铁路线，可以直通清政府所在地北京，其战略地位不言而喻。1898 年，清政府通过同英国签订的铁路借款协议，将 1895 年动工修建的天津至山海关[②]（又称津榆铁路）的铁路线进行了扩修。按照当时的铁路扩修方案，扩修的津榆铁路南段终点为北京城内的正阳门东火车站，北段终点则为当时东北的盛京城。1898 年该线动工后，由于沿途地势复杂，路桥工程量巨大，至 1904 年日俄战争爆发前，该段铁路北延工程只修至新民屯。故此，虽然日俄战争期间，日军为运送军事物资，自盛京城西至新民屯间临时架设了军

① 后改称临时军用铁道部，日俄战后解散。

② 天津至山海关（又称津榆铁路或津山铁路）原为 1881 年清政府在唐山至胥各庄间所修建的唐胥铁路线的基础上而扩修的。

用轻便铁路线，但日本政府应该熟知清政府在原津榆铁路线基础上扩修京奉铁路线的铁路计划。显然，日本外交代表在向清政府外交代表要求新奉铁路线权益不是单纯意义上的新奉铁路经营权问题，而是有其战略考量。

同样，日本外交代表所提出的长春至吉林的铁路线问题也具有日本的长期战略考量。一方面，通过旅顺至长春铁路线北段的长春，不仅可以连接吉林，而且可以通过长春至吉林的铁路线进一步向东扩修，可以通过敦化、图们进而延伸至中朝国境线，由中朝国境线延伸到朝鲜半岛东海岸，进而通过朝鲜半岛东海岸的铁路、港口。我们从后来的中日关于吉敦铁路、敦图铁路等铁路线的交涉可以进一步看清日本政府在东北的铁路线布局。

通过上述日本要求的东北三条铁路线我们可以看出，日本政府从日俄战争结束后的中日北京会议就开始在东北进行日本国家战略布局。进而1905年的中日北京会议中，中日双方就已经开始了围绕东北铁路的战略博弈。

1905年中日北京会议的二十二次谈判中，其主要交涉和谈判的内容就是上述日本外交代表提出的三条铁路权益问题。

其实，日方外交代表在向清政府提出安奉铁路线权益要求时，安奉铁路尚没有竣工通车。1904年3月，在东北的“满洲军司令部”考虑到日俄战争的军事运输的需要，成立了野战铁道提理部，负责敷设临时军用铁道以满足日军在东北中部地区的军事运输问题。同月，在刚刚成立的野战铁道提理部的组织下，开始在朝鲜境内的汉城至新义州间敷设了京义轻便铁道。同年4月日军在击退了驻防在安东附近的俄军后驻防凤凰城，为便于从日本经由朝鲜半岛铁路的军事运输，日军野战铁道提理部开始在安东至凤凰城间敷设了一条长约70千米的单线轻便铁路线。其后，随着日军占领区域的扩大，日军野战铁道提理部又将安东至凤凰城的铁路线进一步向西北延伸100余千米，扩修至下马塘附近。同年8月，日军趁日俄两军在奉天北部地区呈现的战场胶着状态之机，又着手修筑自下马塘向奉天城延伸的铁路线。安奉轻便铁路竣工于1905年12月3日，全线通车的时间为同年的12月15日。也就是说，在日方代表向清政府代表提出安奉铁路线权益之时，安奉铁路线的下马塘至奉天段尚在修筑期，安奉铁路尚没有竣工。

自日方代表在首次中日谈判时向清政府要求安奉铁路权益后，安奉铁路议题成为中日外交代表交涉议题的契机始于中日北京会议第二次会议的前一天的11月22日。当日，清政府外务部向日本驻华公使内田康哉递交了一份外交照会书。根据该份照会，日军在修建安奉铁路过程中，强占土地、民宅，甚至强行拆毁了官衙。日军的这一蛮横做法引起了安奉铁路线沿线百姓和当地居民的强烈不满。为此，清政府在该份外交照会中表示，在日俄战争已经结束，日俄已经停止战场厮杀的情况下，中国政府不能允许日军再以军事需要为借口继续强行拆毁县衙、强征土地和民宅以修筑铁路线。

清政府的该份外交照会在递交到驻华公使内田康哉手上后，内田康哉也借机在第二天的中日两国外交代表的第二次会谈中，将安奉铁路线问题作为谈判议题列入了当日的交涉日程中。对此，清政府显然也意识到了安奉铁路似乎是日本“横穿盛京城的锁具”，起初断然拒绝了日方代表提出的安奉铁路权益方案，提出了有偿赎回日俄战争期间日军修筑且尚未完工的安奉铁路线的方案。在中日互不相让的外交僵持中，最后清政府外交代表接受了日方代表所提出的折中方案，即“中国政府允将由安东县至奉天城所筑造之军用铁路仍由日本继续经营，改为运输各国工商货物。自此路改良竣工之日起（除因运兵回国耽延十二个月不计外，限以两年为竣工之期），以十五年为限。届时彼此公请一他国公估人，按该路建置各物件估价，售与中国。未售之前，准由中国政府运送兵丁、饷械，可按东省铁路章程办理。至于该路改良办法，应由日本承办人员与中国特派人员妥实商议”①。该项方案随后被列入了同年12月22日中日两国代表在北京签署的《会议东三省事宜正约》附属条约的第6款中。

如前所述，奉天至新民屯之间的新奉铁路线有着英国资金背景，再加上清政府在日俄战争爆发前已经将规划的关内外铁路修到了新民。

① 王铁崖编：《中外旧约章汇编》(2)，生活·读书·新知三联书店1959年版，第340页。

正因为如此，虽然新奉铁路也是日俄战争期间日军为军事运输而临时铺设的轻便铁路线，但由于新奉铁路本身的特殊背景使得日本政府不得不考虑到当时的日英同盟等因素，将新奉铁路列入了对华谈判中的“一般要求”中。实际上，正因为日本外交代表考虑到新奉铁路的这样一个特殊背景，在对华谈判中，自始至终将新奉铁路作为外交谈判的“筹码”，最后迫使清政府代表做出让步，将吉长铁路的一半建设资金从日本借贷，作为代价，清政府可有偿收回新奉轻便铁路。同时，改筑的新奉铁路辽河以东部分建设资金的一半也需要从日本借贷。[①]新奉和吉长铁路交换提案得到中日两国代表认可后，被写入中日北京会议录中。其后在1907年4月15日，中日两国签署了《新奉吉长铁路协约》，将北京会议中的中日两国关于新奉和吉长铁路提案列入正式条约中。

中日外交代表北京会议中，日本代表最节外生枝的当属营（口）大（石桥）间的铁路线。营大铁路线原系1898年7月，清政府同沙皇俄国政府签署的《东省铁路公司续订合同》，作为俄国修建的哈尔滨至旅顺间铁路的铁路敷设材料运输而修建的大石桥至营口港之间的铁路线。按照该项合同，该段铁路经营期为8年，即从1898年合同生效之日起至1906年，届时定期拆除。1905年日俄《朴茨茅斯条约》签署后，日俄两国在四平举行的铁路交接仪式上，沙皇俄国将营口至大石桥间铁路线连同长春至旅顺口间铁路线及附属煤矿等一并“让渡”给了日本。而按照中俄铁路合同规定，本应在1906年拆毁的营口至大石桥间的铁路线问题也被日本外交代表提上了议事日程。在1905年11月24日的中日第七次会谈中，日方代表提出“中国政府允将由旅顺至烟台，由牛家屯至营口并在铁路沿线至日本电报业务由日本经理，并允由营口至北京之中国电线杆上附加电线”，实际上提出了包括营口至大石桥之间铁路线在内的铁路权益问题。对此，中国代表声明“由大石桥至营口铁路，按照中俄条约规定，该段铁路系为筑造东省铁路载运材料准俄国暂设，并订

① 王彦威纂辑，王亮编：《清季外交史料》第三册，书目文献出版社1987年版，第3032页。

明一条，东省铁路工程完毕，及其所定最多期限八年届满，即行拆去。因原日本国亦应照此明文，经此段铁路拆去以昭原约”。随后日本代表以“尔后中俄两国订定交还东三省约时，在中俄两国非独无拆去之意，欲愿作为东省铁路之一支仍旧存留之意，确有可推知之迹。而如拆去此段铁路之题目，实属不应现在议定之事”。为此，清政府代表以“在中国曾无将此段铁路存留之意，因此路通海，必须自造。但年限未到，随后再议亦可”①，终止了该项议题的谈判。虽然如此，清政府的“搁置争议”也为其后日本攫取该段铁路路权留下了口实。1907 年 11 月，满铁公司擅自动工将大石桥至营口之间铁路终点的牛家屯进行扩修，将该段铁路终点从牛家屯延伸到了营口市区内的青堆子附近。为此，中日之间围绕该段铁路线进行了数次交涉，至 1909 年 9 月，清政府通过同日本签署的《东三省交涉五案条款》，正式承认了该段铁路线并入满铁公司，经由满铁公司经营的事实。

通过前面的叙述我们可以看到，1905 年中日北京会议中，日本不仅从清政府获得了俄国“让渡”给日本的长春至旅顺口及辽东半岛租借地的同意，而且通过谈判获得了安奉铁路、营大铁路的经营权，还获得了新奉铁路辽河以东、吉长铁路的修筑的优先贷款权。

三　中日北京会议中的东北铁道守备队议题

长春至旅顺口间铁路沿途驻扎的铁道守备队议题是 1905 年中日北京会议中仅次于铁路权益交涉的另一项重大议题。

1905 年 9 月日俄两国签署了《朴茨茅斯条约》后，日俄两军代表也在前线签署了《关于满洲撤兵手续及铁道线路交接顺序议定书》。根据上述两项条约和议定书的规定，日俄两国军队应在《朴茨茅斯条约》生效后的 18 个月内，分期从辽东半岛租借地以外的东北地区撤出日俄两国的兵力。按照议定书的规定，日俄两军撤兵分为三期。第一期为 1905 年 12 月前。其中，日军自前沿阵地撤至法库门、金家屯、昌图、威远

① 王彦威纂辑，王亮编：《清季外交史料》第三册，书目文献出版社 1987 年版，第 3010—3011 页。

堡门和抚顺沿线一带；沙皇俄国的军队则应从前沿阵地撤至伊通州、叶赫站、苇子沟、八面城和三城子沿线。日俄两国军队的第二期撤兵完成日期为1906年6月1日前。其中，日军自法库门、金家屯、昌图、威远堡门和抚顺等地南撤。与之相应的是俄国则从伊通州沿线以及公主岭站和三城子沿线继续北撤。第三期日俄两国撤兵完成日期为1906年8月1日前。其中，日军从新民屯、奉天、抚顺沿线继续南撤。同一时期，俄军则从河屯、宽城子等沿线继续北撤。按照议定书规定，日俄两国军队应在1907年4月5日前完成从东北地区的撤兵。

上述的日俄两国条约和议定书中所谓的撤兵指的是辽东半岛和东北铁路线以外地区的日俄两国军队的撤兵，而实际上日俄两国按照此前签订的《朴茨茅斯条约》以及《关于满洲撤兵手续及铁道线路交界顺序议定书》的规定，日俄两国分别在俄国“让渡”给日本的长春至旅顺间等铁路沿线，以及俄国经营的东北境内的中东铁路和哈尔滨至长春间铁路沿线，分别留驻了各自的军队，分别成立了铁道守备队和中东铁路护路兵。

为此，在1905年的中日北京会议上，清政府代表在中日外交代表的第二次会谈上提出了日本派驻军队成立铁道守备队问题，“日本国政府将驻军从速撤退，自日俄条约之日起，除旅大租借地外，于12月内一律全部撤退。至保护铁路兵队，应由中国政府查照中俄两次条约，中国承认保护之责，并保护该铁路职事各人，所用兵队由中国政府特选精锐，分段驻扎巡护，按每华里驻兵五名，以期周密”①。

清政府外交代表的发言意在强调既然是日本从俄国手中继承了原俄国经营的中东铁路部分支线，理应遵从原中俄关于中东铁路及支线的相关条约，由中国政府派兵保护该段铁路线的运营安全。对此，日方代表在中日代表的第三次会谈中明确表示，长春至旅顺间的铁路线、辽东半岛租借地以及铁道守备队权益的获得是日本甘冒同俄国继续战争的危险而获得的，反对清政府代表提出的铁路沿线由中国派兵保护的提案，坚

① 王彦威纂辑，王亮编：《清季外交史料》第三册，书目文献出版社1987年版，第3001页。

持该段铁路的保护应由日本派兵保护。

日方代表在铁道守备队问题上的态度也一定程度上折射出日俄两国在日俄战后的东北地区的战略布局。换而言之，日俄两国虽然名义上为了保护各自的铁路线而驻防铁道守备队和护路兵，实际上是日俄战后日俄两国虽然相互签署了媾和条约，但在日俄双方潜在的相互敌视的情况下，通过在东北地区的南北部分别驻防各自的武装力量，以取得该地区的双方的相互制衡的战略平衡上的考量。对于日本而言，虽然在日俄战争中取得了陆路和海路上的胜利，并同俄国签署了媾和条约，但俄国无论是国土面积还是经济实力以及可动员兵力均远远超过日本。故此，日本在东北地区保持一定数量的兵力与俄国形成战略相持，也是日俄战后经营中，尤其是经营朝鲜和东北不可缺失的日本国家战略。另外，日本外交代表也心知肚明，日俄两国私下相授，分别在铁路沿线派驻军队的行为不仅违反中俄关于东北铁路条约，而且完全无视清政府在东北的国家主权。为此，日方外交代表在 11 月 30 日的中日第八次会谈上向清政府代表提交了一份关于东北铁路派驻铁道守备队的新提案。日方代表在该份提案中提议，日方的铁道守备队可以撤退，但撤退的前提条件是日本政府认定中国代表地方的外国人生命和财产及各项事业，均能够得到良好保护时，再行与俄国妥善协商，同时撤离。

该份日方提案表面上看似是日本在铁道守备队议题上做出了让步，但实际上等于没有做出任何具有操作意义的让步。按照该份新提案，日方不仅掌握了东北地区日俄铁道守备队的主动权，而且日本可以随时以中国东北地方政府没有为外国人的生命财产以及各项事业提供良好保护而拒绝撤出铁道守备队。

不言而喻，日本的这份没有明确提出何时撤出铁道守备队的所谓新提案不会得到清政府外交代表的认可。对于该份所谓的新提案，清政府外交代表明确表示反对，再一次强调了在这一问题上的清政府的立场，即铁道守备队不符合中俄相关条约，中国可以按照原中俄协定自行派兵护路。

中日双方在铁路守备队议题上的僵持，最焦急的莫过于清政府的外交代表。日俄相互达成撤兵协议进行第一期撤兵过程中，日俄两国已经在中东路等东北铁路沿线开始部署铁道守备队。这样在既成事实面前，如果清政府不拿出具体的协商办法就等于默许了日俄两国在东北铁路沿线驻扎军队的行为。为此，清政府代表在12月8日的中日第十三次会谈上就铁道守备队问题再次同日方外交代表进行了谈判。在这次会议上，清政府代表向日方代表提交了一份新提案。该份提案内容较长，为研究叙述方便，兹收录如下：

> 中国政府为保全主权治安及担任保护铁路之责，所有东省铁路应由中国自行设法竭力保护。日本留驻护路兵队未经中国允许，应请概行撤退并将该铁路仍交中国保护，日本政府声明并非长久留设护路兵，并甚愿名数从少。但满洲地方现未布置妥协，为保护日本国人命产业起见，暂留巡捕队若干名，专为保护长春至旅顺口铁路之用，毫不牵碍中国地方治理之权，亦不擅出铁路界限之外，并承允待满洲地方静谧后，所有外国人性命产业中国自能保护。日本国立即与俄国同时将此项巡捕队一律撤去，至撤去之期至迟不逾撤兵后12个月。①

参照此前清政府外交代表提案，此次清政府外交代表则在强调东北铁路自行派兵保护的基本原则基础上，态度上有所软化。在东北现在地方行政未有效实施情况下，日本为保护侨民的生命财产安全，可以暂时组织巡捕队以保护长春至旅顺口间铁路线。其前提条件，第一是不能干涉中国地方行政同时也不能越过铁路界限外。第二是日本组织巡捕队为临时组织，其期限是在日俄撤兵后的12个月之内。在日俄撤兵后的12个月内日俄两国组织的铁路巡捕队一并撤去。

显然，日方代表所主张的铁道守备队与清政府所提案的巡捕队不仅在本质上不同，而且日本所主张的驻守铁道守备队系出于日俄战后与俄国在东北军事势力再平衡问题，绝非基于东北地方治安上的考量。对此，日本外交代表以清政府提案中日本巡捕队与俄国巡捕队一并撤退为

① 王彦威纂辑，王亮编：《清季外交史料》第三册，书目文献出版社1987年版，第3021页。另外，日本外务省外交史料馆收藏的相关文献资料记录，清政府提交的内容分为四点。

口实，提出了“日本国允待日本国军队全部撤兵后，如在俄国政府按照中国所期望，允将护路兵队撤退，日本国政府亦应将护路兵同时撤退”[①]，将铁道守备队议题又踢回给了清政府。

从上面的交涉过程中我们也可以看到，在铁道守备队议题上，无论是清政府代表还是日本代表都在坚持各自的立场，毫无相互妥协进行协商的趋势。这样，在清政府代表的妥协下，日本代表总算同意将清政府代表的立场列入《中日会议东北事宜附约》的第 2 条中，即“因中国政府声明，极盼日俄两国将驻扎东北军队暨护路兵队从速撤退，日本国政府愿副中国期望，如俄国允将护路兵撤退，或中俄两国另有商订妥善办法，日本国政府允即一律照办。又，如东北地区平靖，外国人命、产业中国均能保护周密，日本国亦可与俄国将护路兵同时撤退”[②]。

同 12 月 8 日中日第十三次会谈上的清政府的提案相比较，从条约内容中我们也可以清楚地看出，清政府代表对于日本铁道守备队的撤退已经没有 12 个月期限的限制条款。即使这样，日本政府外交代表还是没有同意撤退铁道守备队的妥协意图，只是同意了将中国政府对此有特别声明的形式存留在条约中。

清政府代表坚持的撤退铁道守备队谈判受挫后，在万般无奈下也采取了大打外交牌的战略，坚持将声明“日本国可留长春至旅顺护路兵队，虽已载在本约条款，但中国视为尚未妥协完善，仍将抗议”一条载入中日双方外交代表确认的会议录中。对此，日本外交代表要求将清政府外交代表提出的“但中国视为尚未妥协完善，仍将抗议”的字样从会议录中删除。清政府代表则回应说，铁道守备队问题被中国政府认为是此次中日交涉谈判的首要问题，如果日本代表坚持删除会议录中“但中国视为尚未妥协完善，仍将抗议”字样，那么中国政府将回归到坚持在日本撤兵后的 12 个月内，日本铁道守备队如期撤兵的议题。在清政府的外交牌下，日本政府外交代表也只好同意将“但中国视为尚未妥协完

① 王彦威纂辑，王亮编：《清季外交史料》第三册，书目文献出版社 1987 年版，第 3022 页。

② 王铁崖编：《中外旧约章汇编》(2)，生活·读书·新知三联书店 1959 年版，第 340—341 页。

善，仍将抗议”列入中日会议录中。铁道守备队的谈判中挫折不断的清政府代表，也算是通过玩一些文字游戏，成功地将清政府的抗议列入了中日会议的会议录中。

在关于日本铁道守备队没有进一步协商余地的情况下，清政府在其后的中日双方代表的会议中，还试图就铁道守备队的兵员和驻地进行谈判，但收效甚微，日本政府外交代表只是同意“驻留长春至旅大租借地内至护路兵队，在未撤以前，不至辄行牵碍中国地方治理之权，亦不擅出沿铁路界限之外”。

具有讽刺意味的是，日本政府外交代表的这几项保证，在其后成立的日本铁道守备队全然没有得到遵守。日本铁道守备队不仅严重妨碍中国东北的内政，扶植宗社党人的“满蒙独立运动”和协助张作霖平定郭松龄反乱，而且还擅自越界，暗杀了张作霖，发动了九一八事变，进而武装占领了全东北。

第二节　“关东都督府”的成立

一　“关东总督府”背后的权力角逐

（一）日军占领军与各地军政署

“关东都督府”既不是由日俄战争期间成立的“满洲军总司令部”演变而来，也不是简单意义上的由日俄战争期间日军在各地所设立的军政署演变而来。日俄战争期间，从最初的由各军设立的军政署到民政署、从民政署到总督府以至于到“关东都督府”，其间经历的几次组合和合并。“关东都督府”是日本政府和军部之间、日本政府内部的陆军省和外务省之间权力整合和各方势力妥协的基础上而成立的。

1904年2月日俄战争爆发后，一方面，日军派出以东乡平八郎为首的联合舰队进攻旅顺口港内的俄国海军，进行沉船堵口，以防止俄国出港决战；另一方面，日本先后组建了五个军分别从朝鲜和辽东半岛登陆，围攻旅顺口港俄军，并切断旅顺口港内俄国与北方俄国的联系。在日军的登陆作战中，乃木希典所部日军第3军于1904年6月6日自大连盐大澳登陆后，直接扑向旅顺口外围，向据守旅顺口外围阵地的俄国发起了进攻。与此同时，黑木为桢所部日军第1军和奥保巩所部日军第2军分别在朝鲜半岛的南浦和大连貔子窝成功登陆后，先后占领了安东、九连城、凤凰城、金州、瓦房店、复州以及辽阳、开原、昌图等地。

日军为了确保占领地的治安以及伤兵、粮草、弹药等军事运输，分别在上述占领地派出军政委员，建立了军政署。由于日军军政署是随着占领地的扩大而随时建立的，这样，日俄战争期间在东北各地建立的军政署的所属和建立时期也不尽相同。按照表1－1的统计，日俄战争期间日军在东北各地共设立了13个军政署。

表1－1　**日俄战争期间日军在东北各地设立的军政署一览**

军政署	设立时间	初期所属
安东军政署	1904年5月	第1军
凤凰城军政署	1904年5月	第1军
大孤山军政署	1904年5月	第10师团
岫岩军政署	1904年6月	第10师团
金州军政署	1904年5月	第2军
大连军政署	1904年5月	第2军
旅顺军政署	1905年1月	第3军
复州军政署	1904年6月	第2军
盖平军政署	1904年7月	第2军
营口军政署	1904年8月	第2军
辽阳军政署	1904年9月	第1军
海城军政署	1904年8月	第2军
奉天军政署	1905年3月	第3军

数据来源：陸軍省『明治三十七八年戦役軍政史』（第一卷）、1917年、日本防卫省防卫研究所战史资料室藏，档案号：2A－34－6单2153—2163。

由日军第1、2、3军所设立的各地军政署，其军政委员等由日本大本营任命，以负责占领地的警察、卫生、军票发行以及治安等业务来为日军筹集粮草、兵员弹药运输、伤兵安置等，实际上日军所设的军政署是以实行军政名义设立的日军后方兵站。

初期日军各军所设立的军政署被随后成立的“满洲军总司令部”统合后，各地军政署不再是各军所下辖的负责维持占领地治安和为各军筹集粮草、运送军用物资的兵站，而变成了由“满洲军总司令部”统一管辖的军政署。在此基础上，“满洲军总司令部”又解散了盖平和复州的军政署，设立了瓦房店军政署。1904年9月，辽东守备军成立后，辽阳以南各地的军政署又从“满洲军总司令部”直属，改归辽东守备军负责监督指挥。在此后成立的烟台军政署（1904年11月设立）、新民军政署（1905年3月设立）和铁岭军政署（1905年3月设立）则仍然归“满洲军总司令部”管辖。

其后，日军在各地所设立的军政署的隶属又在短时间内经历了几次改组和变动。1905年5月，日军在奉天城北与俄国实现战略对峙后，原隶属于日军“满洲军总司令部”的辽东守备军解散后，日军设立了“满洲总兵站监部”，将原辽东守备军下辖的各地军政署以及“满洲军总司令部”下辖的烟台、铁岭和新民军政署统一改编为兵站。其中，原属于俄国租借地的大连、旅顺、金州等地的军政署改编为关东州民政署，没在改编兵站之列。

日俄《朴茨茅斯条约》签订后的同年10月，“满洲军总司令部”又裁撤了“满洲总兵站监部”，将原“满洲总兵站监部”下辖的各地兵站和关东州民政署统合到了新设立的“关东总督府”辖下。[①] 其后“满洲军总司令部”裁撤后，关东总督府又统归到日俄战争期间在东京设立的大本营。

（二）“关东总督府”背后的权力角逐

1905年10月17日上午11时，日本内阁陆军大臣寺内正毅向大本

① 关东总督府设立期间，除关东州民政署及下辖的三个民政署继续沿用民政署外，原各地兵站复称军政署。

营参谋总长发送了关东总督府编成命令的限时呈送函件。[①] 同日，日本内阁陆军省还以陆军大臣寺内正毅的名义向担任临时代理外务大臣职务的当时的日本内阁总理大臣桂太郎通报了关东总督府编成命令。[②] 这是我们迄今为止所能够查阅到的有关关东总督府编成时的为数不多的几份档案文献中的两份。

按照日本陆军省的说法，关东总督府的成立理由中，关东总督府系“1905 年 10 月，日俄恢复和平后，我满洲军停止了对敌行动，驻防各地的部队开始等待船只回国。其间属于辽东兵站之后备队及国民步兵大队同第 14、第 16 师团进行换防后，先于其他部队回国。由此，辽东兵站监部已经名存实亡，然在满洲全军尚没有全部凯旋前，尚需要补给”，“在满洲尚有无数的军需品需要搬运”，“为提高各机关运作之速度”[③]而编成的。

关东总督府编成要领制定日期为同年的 9 月 27 日。按照编成要领的规定，关东总督府总督由现役大将或中将担任，下辖幕僚、理事、炮兵、工兵、经理部、军医、兽医、邮局各部以及关东州民政署所组成，人员编制为 569 名，所在地为辽阳。关东总督府编成后，大岛义昌被任命为关东总督府的总督，参谋长为落合丰三郎[④]。

我们从近代以来日本对外发动的军事战争史看，日军通常会在其占领地，设有兵站或军政署，以发行军票、筹集军事战略物资、运送兵员和建立医院等。其中如 1894 年中日甲午战争、1914 年出兵山东、1918 年出兵西伯利亚以及 1931 年日本发动的九一八事变和 1941 年日军发动的太平洋战争期间，日军均设立了各种兵站、军政署以发行军票、筹集粮草、运输兵员给养和弹药，从而为日军提供后方物质和经济保障。由此，日俄战后日本在东北地区设立军政署和兵站后，又在此基础上成立了“关东总督府”，这种超出常规的做法背后不可能是单纯的因隶属关

① 1905 年 10 月 17 日付、寺内正毅陸軍大臣ヨリ山県有朋参謀総長宛書簡。防衛省防衛研究所戦史研究室図書資料室蔵『陸軍省大日記』、文書請求番号：大本営 - 日露戦役M38 - 8 - 12。

② 1905 年 10 月 17 日付、寺内正毅陸軍大臣ヨリ桂太郎外務大臣代理宛書簡。外務省外交史料館蔵『戦前期外務省記録』、文書請求番号：6 - 1 - 1 - 9。

③ 陸軍省『明治三十七八年戦役軍政史』(第一巻)、1917 年、第 223—224 頁。

④ 陸軍省『明治三十七八年戦役軍政史』(第一巻)、1917 年、第 224 頁。

系而在名称上做的改变。

另外，日俄战史或中日关系史研究学者都注意到了日俄缔结《朴茨茅斯条约》后，日军在中国东北地区设立的“关东总督府”的问题。只是由于关东总督府存续时间短，再加上相关档案文献不多，故此，学者们大多只能从“关东总督府”和“关东都督府”的英文译名比较上，探讨关东总督府与“关东都督府”的不同。实际上，我们暂且不论“关东总督府”和“关东都督府”在英文译名上的语义区别，单从当时日本在中国台湾地区设立的总督府和其后日本吞并朝鲜后，在朝鲜设立的朝鲜总督府以及当时英属殖民地中的在各海外殖民地设立的总督府等名称比较上，就可以看出日本在日俄战后初期，试图设立一个与台湾总督府同等地位的总督府，以此长期霸占辽南地区，进行殖民统治的政治意图。

实际上，关东总督府的设立不仅反映了这一机构设立背后的当时日本政府和中央军部对清政府的外交谋略，而且反映出了日本政府同日本军部间在围绕日俄战后日本对于中国东北占领政策而争夺利权所产生的政策上的混乱。

1905 年 9 月，日俄两国在美国朴茨茅斯港谈判《日俄媾和条约》内容传到日本国内后，因条约中日俄和约日本没有得到沙皇俄国的战争赔偿金而引起了日本民众的强烈不满。9 月 3 日，日俄和约的消息传到大阪后，在大阪市公会堂，大阪周边民众举行了集会，反对和约内容，要求日本政府继续同俄国开战。9 月 5 日东京地区还发生了日比谷打砸抢事件。当日上午东京日比谷公园内，河野广中等人组织抗议大会，反对日俄和约要求政府继续开战。会后，民众抢劫并打砸了沿途的日本政府内务大臣官邸、国民新闻社、警察派出所以及日本东正教教会等设施。为此，同月 6 日，日本政府宣布全国戒严令，先后派出各地驻军进驻神户、横滨、名古屋、大阪等地拘捕了 3000 余名参与暴乱者，并对主谋者判处了有期徒刑，平定了这场几乎蔓延到日本全国的动乱。

在日本政府忙于平定这场几乎席卷全国的反对《日俄媾和条约》的动乱中，日本政府也迎来了一位从美国专程赶来的客人——美国铁路大王哈里曼一行。哈里曼本人是当时美国经济界颇有权势的铁路大王。日俄战争期间，哈里曼同其关系密切的美国坤络公司曾一起大力承购了日本在美国发行的战时公债，有恩于日本。哈里曼在美国听到了俄国将中国东北的铁路“让渡”给日本后，认定日本在日俄战争中已经倾其所有财力，由此，在战后的日本不会有太多的财力来经营东北铁路权益。基于这样的一种考虑，哈里曼来到日本后大力推销其设立连接欧亚大陆的大铁路网计划。按照哈里曼的设想，通过购买日本在东北的铁路权益，连同俄国的铁路收买计划，哈里曼可以将纽约中央铁路同太平洋联合铁路以及太平洋轮船航线延伸至大连，进而通过东北铁路经由俄国铁路连接欧洲铁路网，从而形成一个环行世界一周的大铁路交通网。哈里曼一行来到日本后，先后同日本大藏大臣以及伊藤博文、井上馨等元老见面，并取得了日本元老和政界一些权威人士的认同。同年 10 月 12 日，在日本内阁总理大臣桂太郎为其举行的午宴招待会后，哈里曼同桂太郎签署了关于中国东北旅长铁路收购计划的《哈里曼—桂太郎预备协定备忘录》(以下简称哈桂备忘录)。根据该备忘录，美国“以筹集收买日本政府获得的满洲铁路及其附属财产和恢复、整顿、改建并延长该铁路，以及改善大连铁路终点所需资金为目的，拟组织一个辛迪加。当事双方对获得的财产具有共同且平等的所有权与代表权”①。哈里曼在获得了这份预想之内的礼物后乘船经由辽东半岛日军占据的旅顺、大连后，取道天津返回了美国。就在哈里曼动身回国后的同月 16 日，日俄媾和谈判中的日方谈判代表、时任日本政府外务大臣的小村寿太郎也乘船回到了日本东京。小村在得知哈桂备忘录的内容后，立即提出了反对意见。为此，日本政府致电尚在回国途中的哈里曼，取消了哈里曼同桂太郎之间签署的备忘录。

当然，小村寿太郎之所以能够成功阻止哈桂备忘录的实施，第一个理由并不是小村传记中所做的贴金式的描述那样，小村寿太郎具有政治家的睿智和深邃远见，而是源于明治宪法下确定的日本内阁制度所赋予的外务大臣外交特权。

诚如所知，战前日本内阁制不同于战后根据日本和平宪法体制下制定的内阁制度。战前的明治宪法体制下的日本内阁制度中，其内阁总理

① 外務省『日本外交年表並主要文書』、原書房、1976 年、第 249 頁。

大臣既不是众议院和贵族院选举产生，也不是通过具有选举资格的选举人选举出来的，而是依靠明治维新中的“开国元老”伊藤博文、井上馨、山县有朋等人的圈定后，再由明治天皇“亲任”的。虽然日本内阁总理大臣得到了“开国元老”的青睐，但其真正的权力掌握在元老手中，日本内阁总理大臣的权限只是在内阁阁僚的合议制下的首班大臣，不仅阁僚中的陆军大臣和海军大臣需要日本中央军部的推荐和同意，并受到日本中央军部的制衡，而且其外交权也是外务大臣专属权力，内阁总理大臣无权干涉。其中像小村寿太郎因日俄谈判赴美后，身为内阁总理大臣桂太郎虽然代理了外务大臣职务，但只是代理外务省的日常业务和一般文件签收权，而没有外交决策权。小村寿太郎之所以能够成功阻止哈桂备忘录的第二个理由就是，《朴茨茅斯条约》中俄国“让渡”给日本的东北权益均需要清政府的同意。

《朴茨茅斯条约》签署后日本国内所发生的几乎波及日本全国的打砸抢动乱事件，足以说明日本朝野人士不满于桂太郎内阁乃至于外务大臣主导的日俄战后的日俄谈判结果，尤其是日本朝野不惜继续战争的表态，也使得日俄战后的主导权出现了从桂太郎内阁乃至于外务省向日本军部的倾向。另外，哈桂备忘录的签署到终止也进一步表明了桂太郎内阁受困于因战争导致战后日本财政困境，而使得日俄战后在东北经营政策上出现的先后摇摆和相互矛盾状态。桂太郎内阁在日俄战后的经营上的相互矛盾也使得桂太郎内阁失去了元老们的信任，桂太郎于第二年的1月不得已辞去了内阁总理大臣职务，解散了内阁。

通过1905年10月日本陆军大臣向外务大臣和大本营陆军部发出关东总督府编成通告也可以看出，日本国内出现的继续战争的打砸抢动乱表明由外务省主导日俄战后外交失败，以日本陆军省为代表的日本中央军部开始执掌日俄战后的东北经营。关东总督府的编成就是在这样一种日本国内政局变动中，由外务省主导日俄战后东北经营开始向陆军省主导日俄战后东北经营的一种表象。

（三）关东州民政署中的台湾总督府官僚

在原俄国租借的关东州外的日本军政署、兵站的机构变动和日本国内政局纠葛同时，原俄国租借的辽东半岛租借地被日军占领后，由日本内阁陆军省主导的原俄国关东州租借地开始有条不紊地部署从占领地军政署向民政署体制转变。

1905年5月1日，日本陆军省向日本内阁送呈了一份关于占领地民政署职员编成的文件，提请内阁举行内阁会议，进行阁议后以便奏请明治天皇裁可。根据该份“请议书”文件，占领地民政署由“民政长官、事务官、警视、技师、翻译官”等“敕任”“奏任”的高等官以及“警部”“技手”和“翻译生”等普通文官组成。该份“请议书”在同月3日日本内阁会议上形成内阁“阁议”上奏日本天皇裁可后，于同日日本政府以敕令第156条形式公布。[①] 因占领地民政署属于当时日军“满洲军总司令部”下辖的“满洲总兵站监部”所辖的战时临时设置机构，故此，占领地民政署职员编成文件可以视为占领地民政署编成文件。

同年6月，原设置于旧俄国租借地内的大连民政署被改编为关东州民政署，原旅顺军政署和金州军政署则被改编为关东州民政署下辖的两个支署。改编后的关东州民政署中，原属日军军人的军政委员等大量离职，换上了从日本国内、台湾总督府等地调任或“借调”过来的高等职业文官和普通文官。其中，从台湾总督府调任或“借调”过来的高等文官以及普通文官引人注目。

日俄战争爆发后，因乃木希典的愚蠢指挥致使旅顺口久攻不下，旅顺口周围躺满了日军士兵的尸体，日军为占领旅顺口付出了沉重代价。为此，日本大本营陆军部任命时任台湾总督府兼日本陆军参谋本部参谋次长的儿玉源太郎担任“满洲军总司令部”总参谋长。在儿玉源太郎的炮兵掩护和正面进攻掩护侧翼进攻的战术下，日军终于在付出了沉重代价后占领了旅顺口俄国军港。挟胜利之威的儿玉源太郎不仅掌握了“满洲军总司令部”所属日军的军事作战权，而且控制了战后日本在辽东半岛租借地设立的殖民机构的人事权。

在儿玉源太郎的推荐下，时任台湾总督府参事官长的石冢英藏在台湾总督府秘书官关屋贞太郎、翻译官有泉朝次郎以及伊藤宗也的陪同

---

① 1905年5月3日付、勅令案『占領地民政署職員設置ノ件』。国立公文書館蔵『公文類聚』、文書請求番号：2A－11－類983。

下，以出差视察“满洲”战地的名义于同年3月9日动身，经朝鲜半岛日军军用运输线来到了东北。[①]

石冢英藏本人庆应二年（1866）7月23日出生于日本福岛县会津地区。石塚的出生地是明治维新时期支持德川幕府的“贼军”地区，因此备受歧视，但石塚还是凭借优异的成绩考取了当时的东京帝国大学法科大学政治学科。毕业后，石塚获得了国家高等文官资格后被分配到了日本政府法制局，先后担任法制局的参事官、书记官等职务后，于1898年3月调任台湾总督府参事官。同年6月，石塚升任台湾总督府参事官长。[②] 石塚被调任台湾总督府前，正是无能的乃木希典在台湾总督府担任总督期间，台湾官僚贪腐成风，肆意盘剥当地居民从而引发政局动荡。石塚到任后协同民政长官后藤新平经过严厉的官僚裁撤和整顿，使得台湾官僚有所收敛。为此，石塚和后藤两人因整治台湾总督府的官僚贪腐行为受到了当局的注目。

经过儿玉源太郎的极力推荐，抵达大连的石塚于同年5月被任命为兼职的关东州民政署民政长官。同年8月，石塚辞去了台湾总督府参事官长职务，转任关东州民政署民政长官。其间，与石塚同行的石塚秘书官关屋贞太郎以及台湾总督府翻译官有泉朝次郎等人也被留任关东州民政署，分别担任关东州民政署秘书官、翻译官等职。

就在关东州民政署成立的同年5月2日，石塚又通过陆军省的通信系统，致电台湾总督府民政长官后藤新平，鉴于“上述两名台湾总督府地方课村上庸吉、学务课下坂重行两人”，“熟知台湾事务，并适合担任关东州民政署职务”，请求台湾总督府同意将上述两人，调任“关东州民政署，担任民政署课员”。[③] 同月10日，关东州民政署民政长官石塚又经由日本陆军省通信系统，致电台湾总督府民政长官，除要求调任“擅长犯罪侦查和民事调停的业务的台北厅课员天田近”外，还要求台湾总督府推荐擅长民事调停等方面的台湾总督府官吏到关东州民政署就职。为此，

① 『台湾協会会報』（第79号）、1905年4月、第48頁。

② 秦郁彦『戦前期日本官僚制制度・組織・人事』、東京大学出版会、1981年、第35頁。

③ 1905年5月2日陸軍省ヨリ台湾総督府民政長官宛電報。台湾“国史馆台湾文献馆”藏《明治三十八年台湾总督府公文类纂》，追加17，档案号：0115－2。

台湾总督府于第二天致电石塚，向石塚推荐了“即擅长犯罪侦查又擅长民事调停的台湾总督府警部平贺安太郎（四级薪俸）、嘉义厅警部二宫仪之助（六级薪俸）、台中厅警部北村季雄（六级薪俸）、台北厅警部中间光太郎（七级薪俸），擅长民事调停事务的台中厅课员宇都宫当藏（二级薪俸）、法院书记野口有国（四级薪俸）”① 等调任关东州民政署。

通过台湾总督府在人事上的协助，截至同年6月底，台湾总督府先后计有参事官长石冢英藏，秘书官关屋贞太郎，翻译官有泉朝次郎和伊藤宗也，台湾总督府课员岛村幡彦和村上庸吉、三村政彦、下坂重行，台湾总督府“嘱托”黑木揔太郎，台湾总督府监狱官吏栗原贞吉，警部平贺安太郎，台北厅课员天田近，警部补斋藤金造，台中厅警部武藤哲，原台湾总督府课员高桥宽、岗森三寅、入泽重麿、山田安太郎、平田东作、岗村胜次等近30名。从关东州民政署成立初期的80余名的官僚总数看，来自台湾总督府调任或“借调”的官僚人数就占关东州民政署官僚人数总数的三分之一。由此，我们仅从台湾总督府调任来关东州民政署的人数和在关东州民政署官僚人数中所占比重，就可以看出台湾总督府官僚在关东州民政署成立之初的重要性。

台湾总督府官僚调任关东州民政署一方面系时任台湾总督府总督，同时又兼任日本陆军参谋本部参谋次长和曾经担任“满洲军总司令部”参谋总长的儿玉源太郎的亲缘推荐；另一方面不可否认的是，日本当局大量调任台湾总督府的官僚出任关东州民政署官僚，更多的是基于台湾总督府殖民统治下的官僚具有统治汉民族的殖民统治经验的考量，试图将台湾总督府对汉民族统治的所谓的成功经验移植到日本对关东州的殖民统治中，以维护日本渗透到中国东北内地的侵略跳板。

我们从关东州民政署乃至于其后成立的“关东都督府”的殖民统治政策也可以看到，关东州民政署乃至于后来设立的“关东都督府”，不仅仿效台湾总督府的土地及“旧惯”调查方法，在大连、旅顺及金州地区实施了“旧惯”调查、土地调查、物产调查，对辽东半岛地区

① 1905年5月11日台湾総督府民政長官ヨリ陸軍省宛電報。台湾“国史馆台湾文献馆”藏《明治三十八年台湾总督府公文类纂》，追加17，档案号：0115－4。

实行了疯狂的土地掠夺，而且还引入台湾总督府的户籍制度和“保甲制度”，在辽东半岛地区实施了城乡邻里的“保甲制度”，以确保日本对辽东半岛的殖民统治。

同样，上述的关东州民政署经由陆军省通信系统同台湾总督府之间往来的人事调动文电，也更进一步说明了在关东州民政署成立前后，无论是关东州民政署的编成还是关东州民政署的人事，其主导权被牢牢地掌握在了日本陆军省和陆军参谋本部手中，或者说至少从日俄两军在奉天以北进行战略对峙阶段开始，以日本陆军省为首的日本中央军部就开始试图排除日本政府乃至于外务省势力，试图行使在日俄战后东北地区的主导权。进而我们认为，早在日俄两军在奉天以北进行战略对峙时，就已经埋下了日本政府乃至于外务省同军部势力对立的火种。

二　“满洲问题协议会”与“满洲”政策调整

（一）日本政治精英们的“满洲经营”策

日俄战后围绕从沙皇俄国获得的东北权益问题的争论和对立，并没有因桂太郎的辞职而消除。围绕这一重要议题的争论和对立，可能远远超过了日本政府和中央军部这样一个简单的势力对立构图。实际上这一时期有更多的日本朝野人士均参与到了这场争论之中。

作为当时参与日俄和中日谈判的日本外务大臣小村寿太郎自然也卷入其中。1905 年 10 月，小村寿太郎在从美国回国的船中，草拟了一份题为《韩满施设纲领》的文件。在该份文件中，小村寿太郎除了提出俄国势力退出朝鲜半岛后，日本对于韩国的国防和外交保护的方针外，还提出了日本从俄国手中“继承”的“满洲铁道”应日中两国持股，并发行股票组建“铁道株式会社”，同时辽东半岛租借地应设立“辽东总督”，其总督负责统辖该地区的“政事、军事及经济总体事务”，并负责“满洲铁道的守备”。①

时任台湾总督府民政长官的后藤新平也于 1905 年 8 月前后，通过台湾总督兼陆军参谋本部参谋次长的儿玉源太郎的渠道向日本政府递交了

① 小村寿太郎『韓満施設綱領』、後藤新平記念館『後藤新平関係文書』MF－R37－1。

一份题为《满洲经营策梗概》的建议书。[①] 后藤新平的该份建议书也因被一些学者称为“文装的武备论”的“元祖”而闻名。后藤新平的这份建议书比较长，归纳起来主要有以下三个建议。第一，辽东半岛租借地的机构以辽东总督府充任；第二，作为“满洲铁道的经营机构，应设立满洲铁道厅，并作为政府直辖机构”；第三，为防止总督府与铁道之间的意见冲突，“铁道厅长官可由总督兼任”。[②]

从小村寿太郎的纲领与后藤新平建议书的比较中可以看出，小村寿太郎和后藤新平作为日本政府中的外交专家和殖民统治专家，比较注重日俄条约和中日北京会议条约的规定，主张在条约范围内，设立关东州租借地的统治机构和“南满洲铁道”公司来经营日本在日俄战后所攫取的铁路利权。

当然，小村寿太郎和后藤新平所主张的铁道公司在本质上有所区别。小村寿太郎在其《韩满施设纲领》中主张“满洲铁道公司”为政府和民间折半持股的股份公司，而后藤新平在其《满洲经营策梗概》中则强调按照当时日本国有铁道公司的形式，设立属于政府行政机构性质的铁道厅以经营“满洲铁道”。从小村寿太郎和后藤新平在“满洲铁道”的经营方针上的分歧也可以看出，当时日本政府内部的文官官僚、元老以及政界人士在“满洲铁道”经营上的分歧。

相对于这一分歧，两者均不约而同地主张在关东州建立“关东总督府”以管理关东州租借地。值得注意的是，两者所主张的“关东总督府”在名称上与当时日本陆军省所主导设立的“关东总督府”有一个明显的不同。其中，日本陆军省所主导编成的仍具有军政性质“关东总督府”，其所辖范围和地区不仅包括了俄国“让渡”给日本的关东州，而且包括日俄战争时期日军所占领的安东、岫岩等辽阳以南的广大地区。换而言之，小村寿太郎和后藤新平等日本政界文官所主张设立的“关东总督府”与日本陆军省主导编成的“关东总督府”虽然在名称上相同，

① 从后藤新平与儿玉源太郎在 1905 年 8 月的行动轨迹看，该份《满洲经营策梗概》实为后藤新平本人起草后，呈送给了儿玉源太郎，而并非后藤新平和儿玉源太郎两人共同起草。

② 後藤新平『滿州経営策梗概』、後藤新平記念館『後藤新平関係文書』MF－R38－18。

但其内涵并不相同。

（二）日本军部的“满洲军政方案”

与日本政府的文官精英的“满洲经营”方针相比较，日本军部的“满洲经营”方案则更多地着眼于日俄战后日俄两国在东北地区军事力量的战略平衡问题。

1905 年 8 月，时任陆军参谋本部参谋总长的山县有朋向陆军参谋本部送呈了一份《战后经营意见书》。有关山县有朋的这份《战后经营意见书》在国内的学术界多有分析和研究成果，在这里不再赘述。简而言之，山县有朋认为“满洲之地在战后应该交还清国，不能由此而破坏公约。但依清国今日之实力很难维持满洲一带的和平和秩序，并牵制俄国势力的南下”。由此，“第一要开放满洲，在海拉尔、哈尔滨等其他重要地点向世界各国开放，以控制俄国的野心，同时日本也应在哈尔滨以南地区要地驻防若干军队以保护我方铁路”。为此，山县有朋主张“满洲的铁路”应实行军用化，以抑制俄国势力的南下。①

与陆军参谋本部参谋总长山县有朋同一思路的“满洲军总司令部”则着眼于战后日本陆军的发展和军备，提出了“满洲经营”方针。1905 年 11 月“满洲军总司令部”撰写的一份题为《关于我陆军战后经营可资参考之一般要件》的文件，主要分为两部分。其中，在第一部分中，“满洲军总司令部”从日俄战争中日俄两国军事、经济思想等几个方面分析了日军在本次战争中的得失，在对日俄战后的东亚形势分析中，“满洲军总司令部”将俄国定为了将来预想的敌国。在此基础上，“满洲军总司令部”以俄国在西伯利亚地区的铁路运输设施能力和扩修后的西伯利亚铁路为探讨中心，提出了战后日本应着力扩张军备和提高铁路等机动运输能，并在外交上以日英同盟为发展基石，发挥日英两国同盟陆军和海军优势，以取得对俄法德的地区军事优势。

“满洲军总司令部”撰写的《关于我陆军战后经营可资参考之一般要件》第二部分为“战后经营梗概”。在该部分中，“满洲军总司令部”从日俄战争的经验中，提出了“国军的编制”　“兵器材料等的革新”

---

① 大山梓『山県有朋意見書』、原書房、1966 年、第 278 頁。

“参谋本部的组织改革”和“在韩国及满洲军事经营机关统一及附属部队”等四项建议方案。就战后日本在韩国和“满洲”的殖民机构设立方案，“满洲军总司令部”提出了（1）“应在韩国及满洲统一组织军事经营之机关”的建议方案和（2）在统一机关下隶属军队数量的建议方案。就设立“满洲”的统一军事经营机关，“满洲军总司令部”提出了两点理由。其中第一点就是为防卫韩国和“满洲”，设立统一军事经营机关有利于日本殖民方针和实施方法上的统一。“满洲军总司令部”认为：“此次日俄战争的主因就是因俄国确定了南部满洲为侵略据点时，我韩国防卫上受到最大威胁。故此，日本以确立自卫为目的进行了威胁的排除。在韩国防卫与南部满洲（自图们江至珲春、吉林、长春、怀德一线以南）我利权的扶植不可分离。其经营设施之首脑机关应统一组织。在现有制度下，韩国和满洲系各自设立独立之首脑机关，相互密切关系，以进行事业的经营。如将来对我之对手之俄国或清国产生了不相同之政策时，为贯彻我之同一之目的时，可能就会在方针和实施方法上难于一致。”第二点就是主张为在日英同盟下防止俄国势力南下，应废除“关东总督府”，将韩国驻防军司令部组织权限进行进一步扩展，韩国驻防军司令部管辖范围从韩国扩大到关东州进而扩张到“自图们江经珲春、吉林、长春、怀德、法库门延伸至锦州沿线以南地区”，“以扶植军事势力、进行作战准备，并实施民政和发展工商业等设施”。①

从上面的“满洲军总司令部”的这份《关于我陆军战后经营可资参考之一般要件》的文件可以看出，“满洲军总司令部”着眼于日俄战后，仍然将俄国视为同日本争夺韩国和“满洲”的敌国和威胁。为此，“满洲军总司令部”极力主张积极整顿军备，改善日军陆军师团和兵器材料以及改革负责军事指挥作战的参谋本部机构，在此基础上，统一在“满洲”地区的日本军事经营机关，将关东州和“满洲”中南部地区统归朝鲜驻军司令部管辖。

“满洲军总司令部”的这份文件与山县有朋的《战后经营意见书》

① 1905年11月、滿州軍司令部ヨリ起案『我が陸軍戦後経営ニ関スル参考スベシ一般要件』。防衛省防衛研究所戦史研究室図書資料室蔵『宮崎周一史料』、第40号。

最大共同点就是极力渲染日俄战后俄国对日本国防的威胁，主张在“满洲地区”继续实施军政统治。而区别就在于，“满洲军总司令部”主张将“满洲”中南部地区及关东州统一到朝鲜驻防军司令部管辖，而山县有朋则主张在铁路沿线驻防军队实施军政的前提下，将长春至旅顺之间的铁路辟为军用铁路线，以牵制俄国势力的南下，从而在“满洲”地区以军事势力与俄国形成新的军事对峙。

显然，对于日本政府的文官官僚来说，以“满洲军总司令部”和日本陆军参谋本部参谋总长山县有朋为代表的日本军方的主张很难站住脚。一方面，山县有朋的“满洲铁道”军事化有违《朴茨茅斯条约》，也违背了中日北京会议中日两国代表所签署的协议。另一方面，日俄战后，虽然韩国沦为日本的保护国，但从当时的国际法看并非日本领土，尤其是辽东半岛只是从条约上租借给日本的租借地，其领土主权仍属于中国，由此，将韩国和辽东半岛租借地甚至是长春以南地区的属于中国领土的大片地区统一划归朝鲜驻军司令部管辖与国际法理明显相违。

（三）“满洲问题协议会”与“满洲”政策的调整

围绕日俄战后“满洲经营”的方针和政策，日本政治精英与日本军方的对立以至日本政治精英内部乃至日本军方内部的分歧，不仅使得无法收拾残局的桂太郎内阁集体辞职，而且成了继桂太郎内阁之后上台的西园寺公望内阁上任后首先需要解决的重要议题。为此，上任后不久的西园寺内阁于 1906 年 1 月组织了“满洲经营调查委员会”，以期通过该委员会的协调制定出战后“满洲经营”的方针和政策。

“满洲经营调查委员会”委员长选任了日本陆军中属于稳健派的儿玉源太郎为委员长，其成员中有外务省政务局长山座冈次郎、外务省次官珍田舍巳、外务省参事官仓知铁吉、大藏省次官若槻礼次郎、大藏省主计局局长荒井贤太郎、陆军省次官石本新六、递信省次官仲小路廉、法制局参事官道家齐以及农商务省商工局局长森田茂吉等人。从委员的构成就可以看出，满洲经营调查委员会成员由政府各省厅的次官组成。

根据同年 3 月 17 日“满洲经营调查委员会”向西园寺内阁大臣提交的报告，“满洲经营调查委员会”认为，“满洲经营应依据日俄条约和日中条约，以经营归于帝国权内之铁道经营及发掘煤矿为主要事业。满洲利源应铁道之发达相伴而逐次展开其他事业。如滥于进行各种事业将徒增无效之功”。在“满洲经营调查委员会”上呈给西园寺内阁总理的报告书中，“满洲经营调查委员会”还附属了“满洲铁道”公司创立的四项基本原则及“南满洲铁道株式会社”成立的敕令案。[①]

从“满洲经营调查委员会”的构成成员我们可以看出，以内阁次官为中心的“满洲经营调查委员会”不仅受限于日本内阁各省厅的职能，而且可能也是由于受过法律专业教育的高等文官出身的内阁各省厅次官，比较注重国际条约的法律效力问题，主要集中商议了从沙皇俄国手中继承下来的长春至旅顺间等“满洲铁道”经营问题，而对于“儿玉源太郎所担心的关东州统治机关和满洲铁道经营机关的意见对立，并没有提出具体的对应方针建议”[②]。

“满洲经营调查委员会”虽然提出了关于“满洲铁道”设立公司及公司资本金募集方式的报告，但并没有解决关东州租借地的统治机关问题。由此，围绕关东州租借地统治机关问题，日本政府中的政治精英和日本中央军部间的对立和分歧问题并没有消除。

就在“满洲经营调查委员会”向日本西园寺内阁提交报告的第二个月，关东总督府参谋长落合丰三郎向日本陆军省次官石本新六也提交了一份题为《军政实施要领》的报告书。该份报告书被分成了“纲领”和“细说”两个部分。在该份报告书中，“关东总督府”极力主张在“满洲”继续实施军政。“关东总督府”认为“军政执行的基准在于达成军事上之目的、维护我利权，促进居民发展”，“恰为获得我利权的之最好时机，又对达成军事上之目的有益，故此应立即实施（军政）”，由此，“关东总督府”主张“满洲之地虽不能视之为领地，但施政方针应与我领地相同”。“关东总督府”的这份主张在“满洲”占领地继续实施军政的报告书也得到了时任日本陆军省大臣的寺内正毅以及陆军省军务局

① 1906年3月17日付、児玉源太郎満州経営調査委員会委員長ヨリ西園寺公望内閣総理大臣宛報告書。国立公文書館蔵『公文別録』、文書請求番号：2A－1別165。

② 川島淳『日露戦後植民地支配機構の相克』、日本東アジア近代史学会『東亜近代史』、2014年7号、第24頁。

长、军事课长等人的认同。①

基于“关东总督府”的这份《军政实施要领》报告书，日本陆军省起草了一份题为《关东总监府官制案》的草案。围绕《关东总监府官制案》的起草过程，川岛淳的《日俄战后殖民地统治机构的相克——关东都督府官制制定经纬再考》一文是迄今为止中日学术界中为数不多的研究之一。根据川岛淳的研究，日本陆军省在收到“关东总督府”的《军政实施要领》后，基于该份报告书，于1906年5月酝酿起草《关东总监府官制案》。该份草案虽然参照了台湾总督府官制，但从总监府的名称变化上也可以看出，日本陆军省也顾虑到关东州租借地与台湾殖民地上的明显不同，将原来所坚持的总督府改成了日俄战后日本在朝鲜半岛成立的韩国统监府类似的名称。尽管如此，但该草案出台后，围绕关东总监府所辖范围、中央省厅的监督、关东总监府内部幕僚中海军幕僚的设置等问题，在陆军省、海军省之间以至山县有朋、儿玉源太郎以及寺内正毅等之间仍产生了严重的意见对立。

日俄战后日本政府内部围绕战后“满洲经营”问题的意见对立，使得在日俄战后日俄两国军队依据条约分别撤出各自的占领地区后，东北地区的中南部依然处于日军的军政状态，引起了英美等国的不满。同年3月31日，英国驻日大使致函在韩国的日本统监府统监伊藤博文，指出日俄战后，在东北地区，因日军的军事行动严重地限制了外国贸易，甚至比俄国占领当初还要关闭“满洲市场”。另外，这种“满洲门户关闭”似乎好像仅限于欧美人，而对于日本人似乎到处都采取了门户开放主义。对此，英美政府已经向日本政府提出了严正抗议。现在日本军部似乎在散布着俄国早晚要复仇的言论，如果这样下去的话，日本恐怕在不久的将来会失去英美等国的同情。在接到英国驻日大使的上述措辞严厉的信函后不久，伊藤博文收到了山县有朋转来的信函。在山县有朋的信函中，山县有朋解释道，之所以对英美等国的抗议没有及时回答，主要是因围绕“满洲”统治机构问题在外务省和陆军省之间尚存在意见分

① 川島淳『日露戦後植民地支配機構の相克』、日本東アジア近代史学会『東亜近代史』、2014年7号、第25—26頁。

歧。[①] 与此同时，日本驻华公使也传来了清政府对于日本在日俄撤兵后仍然设立“关东总督府”等问题提出抗议等消息。

切身感受到问题严重性的伊藤博文一面电令日本外务省从速制订“满洲”问题的解决方案，一面从韩国统监府所在地的朝鲜京城匆忙赶回东京，与日本内阁中重要阁僚、日本陆军中央军部以及元老见面，筹备召开“满洲问题协议会”。伊藤博文以韩国统监府统监的身份召集日本政军界首脑和元老开会当然不符合近代以来日本所形成的上下等级森严的官僚组织结构和权限，伊藤博文之所以能够调动外务省职员和日本政军和元老，其实伊藤博文本人还有一个重要的身份就是明治维新以来逐步确立起来的因明治维新之功而被授予的“开国元勋”——日本政治元老身份。

诚如所知，明治维新之所以取得成功，很重要的原因就是明治天皇获得了日本西南诸藩，尤其是萨摩藩和长州藩[②]两藩中下级武士在财政和军事等方面的支持。其中，明治维新后的由上述两藩的武士军团所组成的天皇政府的“官军”打败了德川幕府的“贼军”后，又参与平定了西乡隆盛等士族暴乱。萨摩藩和长州藩在明治维新所立下的汗马功劳也注定了以萨摩藩和长州藩出身的中下级武士为中心，开始主导明治维新后的日本国家政权的各种政治外交决策。正是由于这样的关系，在明治维新取得政权后的初期，萨长两藩出身的武士不仅占据了明治中央政权的太政官中几乎所有的重要职位，而且在日本各地方都道府县乃至于日本陆军和海军中的中高级军官也大多是由上述萨长两藩出身的原武士阶层所占据，甚至于在维持东京地方治安的警察系统中，非萨长两藩出身的人长期得不到重用，不得已辞职离开了东京警察系统。为打破这种由萨长两藩武士的“藩阀政治”控制日本中央局面，在野的日本地方士族先后结成了“自由党”“宪政党”等政党及政治团体，打出了“打破藩阀政治”“实行宪政”“减轻地租”等口号掀起了自由民权运动。在自由民权运动的压力下，日本政府于

① 栗原健『対満蒙政策史の一面』、原書房、1966 年、第 14 頁。

② 明治维新后，萨摩藩和长州藩在废藩置县后，其大部地区分别改称鹿儿岛县和山口县。

1884年前后，引入了内阁制和文官考试制度，并公布实施了明治宪法，举行了国会选举。

文官考试制度的实行和国会的选举，使得日本其他地区的士族和乡绅阶层开始步入日本的行政、立法和国会中参与日本国家政治决策。至此，长期以来控制日本中央和地方权力中枢的萨长两藩势力开始减弱。尽管如此，由萨长两藩出身的“开国元勋”所组成的“元老院”在1884年日本实施内阁制度后，仍然掌握着日本最高行政机关首长——内阁总理大臣的提名权，并对日本陆海军军人人事决定权等拥有着巨大的影响力。

诚如所知，1884年开始实施的日本内阁制度中，其内阁制度原理不同于战后日本和平宪法实施后的内阁制度，战前日本内阁总理大臣并不是由参众两院的国会议员选举产生，而是由日本天皇“御下问”元老院成员后，由元老院成员推举并任命。不仅如此，在日本元老们的推荐下，日本内阁从1884年成立以来自首任伊藤博文开始，历任内阁总理大臣大多是萨长两藩出身的政治家、陆海军军人等。日俄战争前后恰逢萨长两藩出身的元老控制日本内阁总理人事，进入了所谓的桂太郎和西园寺公望两人轮流出任内阁总理大臣的“桂园体制”时期。

正因为作为日本元老的伊藤博文有如此巨大的政治决策和人事影响力，“满洲问题协议会”才在伊藤博文的召集下得以举行。同年5月，西园寺内阁总理大臣自“满洲”视察归国后，伊藤博文于同月22日午后，在东京永田町的内阁总理大臣官邸主持召开了“满洲问题协议会”。按照相关档案文献的记录，参加“满洲问题协议会”的人员中，除韩国统监府统监伊藤博文本人外，内阁总理大臣西园寺公望、枢密院议长山县有朋、元帅大山岩、枢密院顾问官松方正义、井上馨、陆军大臣寺内正毅、海军大臣斋藤实、大藏大臣阪谷芳郎、外务大臣林董、陆军大将桂太郎、海军大将山本权兵卫、陆军参谋本部参谋总长儿玉源太郎等13名日本军政要人出席了协议会。从出席人员名单我们可以看出，伊藤博文召集的“满洲问题协议会”成员中，不仅有山县有朋、大山岩、井上馨、松方正义、西园寺公望等当时的元老院元老全员出席，而且当时实际控制着日本陆海军决策权的桂太郎、山本权兵卫、儿玉源太郎、寺内正毅和斋藤实以及左右日本政府外交和财政的实权人物大藏大臣阪谷芳郎、外务大臣林董等人也出席了该协议会。

协议会上，伊藤博文就日俄战后的“满洲”问题所引发的国际问题进行说明后，出席人员主要讨论的就是以伊藤博文名义呈交协议会上的提案（以下简称伊藤提案）。伊藤提案主要由 12 项提案及“军政裁撤实行办法”（12 项）和“关于满洲件”（13 项）组成。其中 12 项提案主要包括：(1) 关东总督之名称在适当时期更换；(2) 军政在撤兵时期终了前逐次废止；(3) 为维护地方秩序允许北洋练军进入该地区；(4) 大连开放应尽快进行，同港之税负的清沿岸贸易税废除；(5) 大连开放后，迅速在该地设立相当之司法机关以管理民刑事事务；(6) 安东县新市区及南满洲铁道车站内允许外国人居住并营业，但俄国人不在此范围内；(7) 俄国人居住旅顺许可应以俄国同意日本人居住哈尔滨地区为前提条件；(8) 允许营口道台尽快回归到任；(9) 新民屯奉天间铁道应同清政府签署转让协议；(10) 终止木材工厂作业，并尽快就鸭绿江森林合作经营议题同清政府协商；(11) 奉天城内及其他处之人力铁道应迅速拆毁，或卖给个人经营，并设立日中合作经营计划；(12) 撤销由军政官中之中国人征收之车船税。①

从上述提案中我们可以看出，伊藤提案除按照日俄和中日条约协议处理当时日军在“满洲”撤兵后的具体问题外，其核心议题就是关东州租借地的统治机关和日本在“满洲”撤兵后是否继续施行军政的根本问题上。伊藤提案实际上等于给出了当时日本外务省和陆军省在制定日俄战后“满洲”统治问题的原则底线，即取消军政并更改迄今为止一直沿用的关东总督府的名称。

经过不到三个小时的出席协议会人员的商讨，出席协议会的成员在下列议题上取得了一致，并签字画押。“满洲问题协议会”上的一致结论是：(1) 提案得到与会成员的一致同意；(2) 今后之行动按照上述共

① 1906 年 5 月 22 日满洲問題協議会議事録、外務省『日本外交文書』、第 39 巻第 1 冊、日本国際連合協会、1959 年、第 237—245 頁。

识进行；(3) 关东总督之机关改为平时之组织；(4) 军政署逐次裁撤，但有领事驻在之地方应立即裁撤。[①]

三　“关东都督府”的成立

(一) 陆军省主导的“关东都督府”官制案

在时任韩国统监府统监、明治维新的“开国元老”伊藤博文的强力主导下，“满洲问题协议会”上确定了“满洲”地区逐次裁撤军政机关，并将关东总督府更换名称，变成平时组织的基本方针，实际上等于间接否定了此前由陆军省坚持主张的“满洲军政化”方案和仿效台湾总督府名称和组织在关东州租借地成立关东总督府或总监府化方案。尽管如此，在“满洲问题协议会”结束后，日本陆军省仍然执拗于以关东总监府作为关东州租借地统治机关名称的官制化方案。

“满洲问题协议会”结束后不久的6月5日，陆军大臣寺内正毅向西园寺内阁送呈了《关东总监府官制案》。在同月8日举行的内阁会议上，海军大臣斋藤实对于官制方案中总监府总监下设立海军幕僚的规定提出了异议。斋藤认为“关东总监府中设立与陆军相同的海军幕僚，并统辖该地海军，完全没有必要。此制度虽然系台湾总督府设立初期制度相似，但实际上之军政主要系兵力指挥，海军没有感到此制度之利便性。亦有妨碍事务之进步之想。今日因交通机关之发达，中央部之直接指挥监督也比较简易快速。对于总监府而言，在统治上有统辖行政司法及军队之必要。毕竟为保持地方安宁秩序在使用兵力时并不妨碍使用辽东军队”[②]。海军大臣斋藤的发言意在强调，关东总监府官制方案虽然与台湾总督府官制相似，但台湾总督的海军军政处理和指挥监督行使，对于海军而言并没有感到其便利性。尤其是在辽东租借地地区，旅顺口驻防的日本海军与其由总监指挥，还不如海军中央部直接指挥更为简单易行。进而，如果总监认为有出动海军的必要性时可以与驻防在旅顺口地

---

① 1906年5月22日滿州問題協議会議事録、外務省『日本外交文書』、第39巻第1冊、日本国際連合協会、1959年、第240頁。

② 1906年6月8日斎藤実海軍大臣ヨリ内閣会議ニテ談話。川島淳『日露戦後植民地支配機構の相克』。日本東アジア近代史学会『東亜近代史』、2014年7号、第29頁。

区的旅顺镇守府长官直接协商，实际上等于海军大臣直接否定了日本陆军省提出的关于关东总监府的官制方案。

海军省否定陆军省提出的关东总监府官制方案，其表面理由是总监指挥监督旅顺口海军，不如海军中央部直接指挥更简单易行。实际上是由来于明治维新以来形成的日本中央军部中海军和陆军的对立。明治维新后最初的日本海军系由萨摩藩的水军舰艇发展而来，因为这样一个历史原因，战前的日本海军中高级将领大多出身于萨摩藩（即明治维新后的鹿儿岛县）。日本海军在其后的发展过程中，主要引入了英国皇家海军的系统。其中日本海军不仅购买了大量的英国制造的水面舰船，而且还派出了大批中下级海军军官赴英国留学学习英国海军的军制、战舰编队，甚至英国海军官兵的饮食、制服及军礼。而相对于日本海军，日本陆军则在明治维新初期主要由长州藩（即明治维新后的山口县）的藩兵和中下级武士所组成，其后日本陆军先后以普鲁士和法国陆军为样本进行了从镇台制向近代师团制的改编。日本陆军也出于同样的原因，其中高级陆军将领大多出生于山口县。不同的出生地和近代军事兵种的要求使得日本陆海军在争取军事预算上以及日本中央政权控制上产生了种种矛盾和对立。其后，战前日本陆海军的不和和对立也引发了战前日本军工生产上和军备上的陆海军各自为政的局面。其中像日本陆军不仅拥有自己独自的兵工厂生产鱼雷艇和登陆艇，而且有陆军系统的航空兵、飞行大队，而日本海军在追求与日本陆军对等条件下，不仅发展了日本海军自有的兵工厂，而且建立了海军系统的海军陆战队、坦克、飞行队、机场等设施。简而言之，海军省否定陆军省提出的关东总监府的官制方案，其目的在于否定在关东州租借地中的“陆主海从”关系，从而在关东州殖民统治中拥有自己独自的旅顺口海军镇守府，以追求日本陆海军的对等关系。

日本陆军省主导的关东总监府官制在遭到海军大臣反对，没有通过日本内阁会议审定后，又于同月紧急起草了《关东都督府官制案》及《关东都督府陆军部条例》。因新的官制方案中着眼于辽东半岛租借地而非日本领地的关系，陆军省在“关东都督府”官制案中将日本外务省列入了作为中央省厅的监督机关。为此，7 月 21 日，陆军省大臣寺内正毅将该项官制案送呈给了当时的日本外务大臣林董。在经过外务省和陆军省间关于外务大臣对于“关东都督府”是具有“监督权”还是“指挥权”问题上的争执之后，陆军省和外务省联署后将该项官制方案送呈给了日本内阁。日本内阁在经过法制局审议、内阁会议以及枢密院审议和修改后，于同月25日上奏天皇，取得天皇裁可后于同月31日公布。

（二）“关东都督府”官制的公布

1906年7月31日与《关东都督府官制》（敕令第196号）同日公布的还有《关东都督府邮便电信局官制》（敕令第197号）、《关东都督府法院令》（敕令第198号）、《关东都督府职员官等俸给令》（敕令第199号）、《关东都督府职员特别任用令》（敕令第200号）、《关东都督府法院判官及检察官任用令》（敕令第201号）、《关东都督秘书官任用及官等令》（敕令第202号）以及《关东都督府陆军部条例》（敕令第204号）等。

敕令第196号《关东都督府官制》由43条组成，按照内容分类可分为两部分。其中，第一部分主要规定了都督的任职资格和都督的权限。按照《关东都督府官制》的规定，“关东都督府”都督任职资格为“为亲任官，由陆军大将或陆军中将担任之”（第3条）。“关东都督府”都督“统率部下军队接受外务大臣监督，统理诸般政务”（第4条），都督“就军政及陆军军人军属之人事，受陆军大臣监督；作战及动员计划受陆军参谋总长监督；军队教育受教育总监监督”（第6条）。“关东都督府”都督被赋予的职权主要包括以下几个方面。第一，“管辖关东州及负责南满洲铁道之铁道线路的保护，并监督南满洲铁道株式会社业务”（第2条）。第二，总督“依特别委任掌管同清国地方官宪交涉事务”（第5条）。第三，都督“在其职权或依特别委任发布都督府令，并附禁锢一年以下或罚金二百元以内之处罚”（第7条），但为维护安宁秩序，在临时紧急时，可发布超越前述职权的罚则命令（第8条）。第四，都督负责所部文官之升迁、授勋及惩戒。其中“奏任文官之进退由外务大臣经内阁总理大臣上奏，判任文官以下之进退可专行之”（第12条至第14条）。另外，根据《关东都督府官制》的规定，作为“关东都督府”的直属机构，“关东都督府”内除下辖都督官房外，还设置有民政部和陆军部。

《关东都督府官制》第二部分主要规定了“关东都督府”下辖的民政部所部课室、职权范围以及职员编制等。作为“关东都督府”负责民政事务的民政部管辖“除军事行政以外的一切行政事务”（第17条），下辖庶务课、警务课、财务课、土木课和监狱署等“四课一署”。“关东都督府”民政部的职员编制中，民政长官1名，为敕任官；2名参事官和6名事务官、3名民政署长、18名技师、6名警视、1名“典狱”和3名翻译官等为奏任官；其余编制内的220名课员则属于判任官。[①]

因《关东都督府官制》中所规定设置的陆军部属于日本军事单位，不属于行政系列的官制范围内设置。故此，“关东都督府”陆军部设置由同日公布的《关东都督府陆军部条例》进行规定。根据同日公布的敕令第204号《关东都督府陆军部条例》规定，“关东都督府”陆军部管辖“关东都督所辖内的陆军一般事务”（第1条），下设参谋部、副官部、法官部、经理部、军医部和兽医部，分别负责辖下的“陆军机务”、军事司法、军用土地建筑、军队教育、军队用资金、部队卫生等业务。[②]

在上述《关东都督府官制》中，除《关东都督府邮便电信局官制》（敕令第197号）规定了作为“关东都督府”民政部的“外局”的“关东都督府”邮便电信局所辖业务外，值得注意的还有《关东都督府法院令》（敕令第198号）中关于“关东都督府”法院直属于“关东都督府”都督的规定。

诚如所知，1890年日本实施的《明治宪法》虽然属于君主立宪制的天皇“钦定宪法”性质，但宪法的框架基本上引入了近代以来西方欧美国家宪法中盛行的行政、司法和立法分立的所谓“三权分立”和“相互制衡”的宪法原理，分别设立了负责行政的内阁，实行内阁制度，设立了众议院和贵族院，负责立法的国会以及专门负责司法的“裁判所”、检察院体系。

① 引自敕令第196号《关东都督府官制》，《官报》第6927号，1906年8月1日，第1—2页。另外，文中的敕任官、奏任官和判任官系战前日本文官官僚根据《文官任用令》和《文官考试令》以及《文官分限令》等的相关规定，将日本文官分为高等文官和普通文官。其中高等文官中，分为天皇亲自任命的亲任官、根据敕令任命的敕任官以及根据所属省厅的上奏任命的奏任官；普通文官一般是指通过普通文官资格考试官僚则被称为“判任官”。

② 1906年8月1日関東都督府陸軍部条例。内閣印刷局『官報』第6927号、1906年8月1日、第6—7頁。

由此，日本国内的司法系统独立于行政机关的内阁之外，不直属于内阁总理大臣。显然，“关东都督府”法院直属都督，并不是基于日本明治宪法原理和体系中的司法独立原理而制定的，而是参酌了当时台湾总督府官制中台湾司法体系归台湾总督府总督管理的规定而制定的。①

我们从这样一个规定中就可以看出，无论是日本外务省还是陆军省均清楚地意识到辽东半岛不同于中国台湾、桦太岛（库页岛）等日本通过战争手段攫取的海外殖民地，关东州无论如何也只是日本从俄国手中继承下来的属于中国主权的租借地。由此，“关东都督府”官制和关东都督权限虽然主要参酌了台湾总督府官制和台湾总督府总督权限规定，并在官制中表面上“关东都督府”的都督被赋予了管辖所部陆军、管理司法、奏请任命和叙勋以及惩罚高等文官、任命普通文官判任官、实施“禁锢一年以下或罚金二百元以内”的简易刑事处罚权、同中国地方官宪的外交交涉权等军事、司法、行政和外交权限，但实际上“关东都督府”都督的“土皇帝”般的广泛权限是被“虚化”的权力。

一方面，“关东都督府”虽然掌管关东州辖内的“安宁秩序”和“防卫”，但驻守在旅顺口内的海军则属于旅顺口镇守府负责，不在“关东都督府”都督的权限范围内。另一方面，“关东都督府”虽然可以“为维护在管辖区域内的安宁秩序，或保护铁道线路，使用兵力”，但需要向“外务大臣、陆军大臣以及参谋总长进行报告”。不仅如此，都督的军事权限中，“属于军政及陆军军人军事人事”事项，需要接受陆军大臣监督指挥，而涉及“作战及动员计划”则需要接受陆军参谋本部参谋总长的指挥监督，至于军人的军事教育则需要接受陆军教育总监的指挥监督。不仅如此，“关东都督府”都督虽然被赋予了“依特别委任可同中国地方官宪进行交涉”的权限，但需要接受外务省外务大臣的监督和指挥。至于都督被赋予的“禁锢一年以下或罚金二百元以内”的简易

---

① 1895 年日本在台湾成立台湾总督府初期，其官制中虽有台湾司法归属台湾总督府总督管理的规定，但台湾司法相对于台湾总督府的行政机构，有比较独立的独自司法运行机制。1895 年 3 月台湾总督府高等法院院长高野孟矩抗议台湾司法独立受到侵害而辞去法院院长职务后，台湾总督府官制和民政部官制经过修订，明确了台湾为明治宪法适用范围之外，司法归属于台湾总督府总督，并归民政部管理一切的规定。

刑事处罚权，如果在临时紧急时发布了超越前述规定范围后，需要经由外务大臣向天皇取得“敕裁”，如果事后没有得到天皇“敕裁”，都督则需要在其后取消其发布的简易刑事处罚令的效力。进而，“关东都督府”都督的权限和台湾总督府总督的权限的比较中，“关东都督府”的都督也没有像台湾总督府总督权限规定的独自制定只有台湾岛内有法律效力的“律令”制定权。这样，“关东都督府”都督被赋予的权限不仅没有同台湾总督府总督被赋予的权限的可比性，而且“关东都督府”都督的权限要受到来自内阁、外务省、陆军省、陆军参谋本部、教育总监等日本中央政府省厅的直接监督和限制。

由此看来，日本陆军省主导的《关东都督府官制》中对于“关东都督府”都督的权限规定，不仅充分考量了关东州这一租借地的领土所有权性质的特殊性，也反映出在战前明治宪法体制下，日本中央集权与地方政权以及海外殖民地之间的集权与从属的森严的上下级等级关系。同时，《关东都督府官制》也反映出在明治宪法体系下行政权限下内阁中的外务省、陆军省以及属于日本中央军部中枢的参谋本部、教育总监之间的各自分割权限的上下级隶属权力关系。在此基础上，从法律条文表面上被赋予各种权限的“关东都督府”都督，而实际上，包括关东州租借地在内的日本海外殖民地统治权则通过日本政府各省厅的权力监督集中在了日本中央政府手中，“关东都督府”的都督只不过是日本中央政府派驻海外殖民地的“名誉”代表。更为重要的是，原本分别指挥监督“关东都督府”的日本中央政府中的陆军省、外务省、参谋本部、教育总监在战前日本的政治运营中，因其受限于明治宪法体制中规定的纵向权力管理，导致了相互间为争夺权力而相互攻击、相互对立。由此，“关东都督府”在官制制定和内容规定上也是日本中央政府之间相互矛盾对立和相互妥协的产物，“关东都督府”成了日本中央政府之间在关东州租借地中展现相互对立和矛盾的矛盾体。

（三）“关东都督府”的成立

1906 年 7 月，日本中央政府公布《关东都督府官制》后，原驻留在辽东半岛租借地的日本民政署和驻军在进行了一番整合后，于同年 10 月 1 日在旅顺口正式设立了“关东都督府”。

“关东都督府”的总督由原关东总督府总督大岛义昌转任，关东州民政署归并“关东都督府”民政部后，原关东州民政署署长石冢英藏转任“关东都督府”民政部民政长官。[①]

“关东都督府”都督官房下设秘书科、文书科、外事科，其科长则分别由杉浦俭一、岛村幡彦和松冈洋右担任。原关东总督府翻译官平岩道知、矢野太郎也转任都督官房文书科和外事科的翻译官。新组建的“关东都督府”民政部下设庶务课、警务课、财务课、土木课和监狱署。其中，关屋贞三郎、浦太郎、腊山长治郎以及山路魁太郎分别被任命为庶务课、警务课、财务课和土木课课长。[②]“关东都督府”监狱署除在旅顺设立监狱署本署外，还在大石桥、公主岭及当时的奉天设立监狱分属，监狱署本署典狱（署长）为栗原贞吉。

“关东都督府”民政部还在大连、金州、旅顺设立了民政署，并在民政署下设了庶务课、警务课和财务课。其中，关屋贞三郎、相贺照乡、小岛源太郎分别被任命为大连、金州及旅顺民政署署长。[③]

依敕令第 197 号《关东都督府邮便电信局官制》组织的“关东都督府”邮政电信局，作为“关东都督府”民政部管理的外局也正式成立于 1907 年 10 月。因“关东都督府”“邮便电信局”接收的邮政及电信业务的主要设施系日俄战前沙皇俄国在长春至旅顺口之间铁路沿线的邮政和电信业务及日俄战争期间日军占领后在此基础上新加的军用通信系统。这样，“关东都督府”“邮便电信局”在接收上述这些邮政及电信设备后，在长春至旅顺口铁路沿线、安奉铁路沿线、新奉铁路沿线以及营大铁路沿线分别设立了大连、旅顺、普兰店、熊岳、瓦房店、柳树屯、西旅顺、金州、盖平、大石桥、牛家屯、海城、辽阳、安东、烟台、苏

---

① “关东都督府”都督大岛义昌和民政长官石冢英藏的任命日期为 1906 年 9 月 1 日。引自《官报》第 6955 号，1906 年 9 月 3 日，第 20 页。1907 年 4 月石冢英藏调任韩国统监府参与官后，由台湾总督府财务局长兼总务局长调任满铁公司副总裁的中村是公兼任“关东都督府”民政长官。

② 《官报》第 6972 号，1906 年 9 月 22 日，第 484 页。其中，山路魁太郎因文官任职资格限制，被任命为民政部土木课一级代理。

③ 《官报》第 6972 号，1906 年 9 月 22 日，第 484 页。1907 年 4 月，小岛源太郎随石冢英藏调任韩国统监府后，入泽重麿和相贺照乡分别被任命为金州民政署和旅顺民政署署长。

家屯、奉天、奉天城内、铁岭、开原、双庙子、公主岭、宽城子、新民、连山关、草河口、营口、凤凰城、大东沟、大孤山、本溪湖等30余个“邮便电信支局”。这些分散在上述铁路沿线的“邮便电信支局”则导入了当时日本国内邮政电信体制。“关东都督府”“邮便电信局”按照各地邮政电信业务量的大小将前述的这些邮政电信支局分成了一、二、三等邮政电信局。在奉天、奉天城内、安东、旅顺、铁岭、营口、辽阳、新民等主要的一等邮政电信局派出都督府“邮便电信局”的“递信事务官”担任支局长外，其余支局则为委托式或按照邮政电信业务量支付费用的“契约”式邮政电信支局。

“关东都督府”“邮便电信局”本局下辖监督、规划、通信、工务、计理和庶务6个课。因邮政电信业务的专业技术特殊性，局长加藤顺次郎以及课长和各支局长以及递信技师等人事除一部分为日俄战争中“满洲军总司令部”时期的关东总督府调任的邮政电信技术人员外，其余大部分职员均为“关东都督府”“邮便电信局”筹建期间，从日本国内的递信省及各地“邮便电信局”、支局调任的递信工程技术人员等。

同“关东都督府”“邮便电信局”的情况相同，“关东都督府”都督管理的“关东都督府”司法机构的最高法院和地方法院的司法官僚也是在“关东都督府”法院令颁布后，从日本国内各“裁判所”和检察机关调任而来。

“关东都督府”陆军部由参谋部、副官部、法官部、经理部、军医部和兽医部组成。神尾光臣、谷田繁太郎、柴生田铁猪、辻村楠造、松本三郎和木村典则分别被任命为“关东都督府”陆军部的参谋部、副官部、法官部、经理部、军医部和兽医部各部部长。[①] 此外，“关东都督府”陆军部又分别在旅顺、大连和当时的奉天等地设立了旅顺要塞司令部[②]、陆军仓库、奉天卫戍医院、大连卫戍医院和旅顺卫戍医院等附属

① 内閣印刷局『官報』第6955号、1906年9月3日、第24頁。

② 在旅顺军港驻防的日军也基本上沿袭了日本国内军港军事驻防体系。即军港内设置海军系统的镇守府，配置军舰、维修船坞、油料仓库、海军设备仓库、海军工厂及海军陆战队。军港外围要地由陆军负责，一般配属要塞司令部，下辖岸防炮兵部队或野战炮兵大队。旅顺口军港也基本上采用了这样一种攻防，即日本海军在旅顺设置有海军系统的旅顺镇守府，陆军的“关东都督府”设立了旅顺要塞司令部。

军用设施。

“关东都督府”陆军部的初期人事中，基本上承继了日俄战后在东北中南部设立的关东总督府的人事。其中如“关东都督府”陆军部机关的副官部、法官部、经理部、军医部和兽医部部长及各部职员均为关东总督府时期的中下级日军军官担任。其中，作为“关东都督府”陆军部核心部分的参谋部部长神尾光臣的人事任命最引人注目。

当然，神尾光臣并不是因其女婿为近代日本著名作家的有岛武郎而引人注目，而是因其是当时日本陆军中为数不多的“中国通”而闻名。1907 年 10 月，随“关东都督府”陆军部的成立而被任命为陆军部参谋部部长的神尾光臣，1855 年生于日本长野县，毕业于日军教导团后晋升为军曹，并参加了日本国内平定西乡隆盛反乱的西南战争。因参与平定西乡隆盛反乱之功，神尾光臣从军曹一路升任曹长、陆军少尉，步入了日本职业军人的行列。至日俄战前，神尾光臣曾三次来华先后担任清军的军事教习、日本驻清公使馆武官等职。在长达近 8 年的滞华期间，神尾不仅通晓北京官话和各地“方言土语”，而且熟知中国地理风俗人情，在当时清政府的要员中人脉广泛。尤其是在 1894 年爆发的中日甲午战争期间，神尾光臣作为日军第 2 军情报参谋主任，广泛收集了清军陆军和北洋舰队的动向和调动情报，为日军在甲午战争中的陆战和海战取得胜利奠定了基础。为此，神尾光臣被人们称为甲午战争中，继“潜伏密行”侦察清军动向而闻名的荒尾精、石川伍一的日本三大军事间谍之一。

日俄战争爆发后，神尾光臣以日本陆军少将、步兵第 22 旅团长的身份参加了日俄战争，先后被任命为辽东守备军参谋长和大本营本部参谋。1905 年日俄战争结束后，神尾光臣从东京陆军大本营本部参谋调任日军驻防天津的“清国驻屯军”司令部司令官。1907 年 10 月“关东都督府”陆军部成立后，神尾光臣又从“清国驻屯军”司令部司令官调任“关东都督府”陆军部参谋部部长。①

---

① 秦郁彦『日本陸海軍総合事典』、東京大学出版会、2005 年、第 48 頁。神尾光臣到任“关东都督府”参谋部部长的实际日期为同年 11 月初。

从上面的叙述中我们可以看出，“关东都督府”既不是原关东州民政署的简单合并，也不是原关东总督府的简单归并。从“关东都督府”官制的制定过程看，“关东都督府”官制是在陆军省主导下，通过日本内阁的海军部、外务省、递信省以及陆军参谋本部的意见对立的协调中而制定的。从“关东都督府”的人事组成看，“关东都督府”的人事组织中，既有来自台湾总督府的高级文官，还有从关东总督府中留任的日俄战争期间被任命的军政官和军人，还有从日本国内的司法系统、邮政电信系统中选任的日本国内高等文官和普通文官，更有从日本国内外其他军事单位中转任的“关东都督府”军事官僚。由此我们仅仅从“关东都督府”的人事组成上就可以看出，日本在关东州租借地设立的“关东都督府”目的不会是简单的日本租借地的管理机关，而是有其更深远的军事和政治的战略目的。

第三节　日本“南满洲铁道株式会社”的设立

一　“满洲铁道”经营公司的论争

与“关东都督府”的成立过程相比，“满洲铁道”公司组织方案虽然被日本政府批准较早，但成立时期则晚于“关东都督府”的成立。其间，围绕“满洲铁道”的经营问题也引起了日本国内朝野的广泛议论和政策性的争论。

（一）哈桂备忘录的“满洲铁道”构想

如前所述，1905年7月，与赴美的日本外务大臣小村寿太郎错身而行的美国铁路大王哈里曼一行来到了日本。正在桂太郎内阁政府忙于平定几乎席卷全国的反对《朴茨茅斯条约》的动乱中，桂太郎内阁阁僚和日本经济团体人士分别会见了哈里曼一行。哈里曼一行来到日本后受到日本朝野的热烈欢迎，倒不是因为当时的美国有多么强大，需要日本朝野去刻意讨好美国，抱“美国的大腿”。美国充当世界警察是第一次世界大战中借机大发战争财以后的事。在此之前，对于日本而言，比起强大的盟友大英帝国，美国虽然强大，但只不过是欧美西方列强国家中的一员而已。

日本朝野之所以用极大的热情欢迎这位美国铁路大王一行，不外是因为哈里曼本人是美国财界中具有影响的人士之一，而且在日俄战争期间，曾鼎力购买了日本在美国国内发行的日俄战争公债，是日本政府的大恩人。从另一个层面讲，美国政府不仅在日俄战争中极力支持日本发动同俄国的战争，并同意日本在美国国内发行战争公债，而且在日俄战后，美国总统又亲自出马居间调停日俄结束战事。

另外，哈里曼本人之所以选择这样的时机来日本，也是从俄国将中国东北的铁路“让渡”给日本的信息中，认定日本在日俄战争中已经倾其所有财力，不会有太多的财力在荒无人烟的“满洲”土地上经营“满洲铁道”。为此，哈里曼在这样一个时机来到日本，就抱定了日本会在没有足够的国家财力支撑下“处理”“满洲铁道”，并以其资金偿还在日俄战争期间发行的国内外战争公债和军人抚恤金，进而来平息日本国内反对派发起的因没有战争赔偿为借口的骚乱。

访日期间的哈里曼在接见日本朝野政要时，就极力劝说伊藤博文、井上馨等人卖掉“满洲铁道”，并向日本政界要人描绘了哈里曼本人的横跨欧亚大陆和太平洋的海陆运输网大计划。同年 10 月 12 日，在日本内阁总理大臣桂太郎为其举行的午宴招待会后，哈里曼同桂太郎签署了《哈里曼—桂太郎预备协定备忘录》。这份哈桂备忘录虽然因日本外务大臣小村寿太郎的反对而没有得到实施，但我们从哈桂备忘录中的内容也可以推测出日俄战后初期，以日本内阁总理大臣桂太郎，甚至日本元老级人物井上馨等日本政界人物在日俄战后的“满洲铁道”问题上的政策考量。

对于桂太郎和井上馨等人而言，因不满俄国没有补偿战争赔偿金而在东京日比谷打砸抢和大阪公会堂的抗议聚会不仅代表了反对派势力和日本一般民众的心理，也反映出了桂太郎和井上馨等日本政界要人对于因日俄战争使得日本经济陷入的窘境而表现出的忧虑。

就日俄战后的日本经济和财政而言，日俄战争不仅使得日本付出了死亡 9 万余名士兵的沉重代价，而且使得原本就不富裕的日本不得不在日俄战前和战争期间，向国内外发行战争公债筹集战争资金。日本的这种举债发动战争的结果，尤其是没有得到俄国一个卢比的战争赔款也使得日本不得不在日俄战后逐年偿还战争公债，而且还要向9万余名死亡士兵的家属支付抚恤金和向参战的士兵支付慰问金。另外，对于桂太郎等人而言，日本虽然在日俄战争中侥幸取得了对俄战争的胜利，但俄国并没有在战争中大伤元气，不仅如此，战后日俄两国非但没有疏离，反而因俄国中东铁路的南北分割以及库页岛南部割让给了日本而变得近在咫尺，日俄两国在铁路上和领土上开始有了近距离接触。尤其是在日俄战后一直叫嚣不赔偿一个卢比，并一直不肯认输的以俄国沙皇为代表的俄国政要和军界曾誓言要报日俄战争中的“一箭之仇”。由此，对于桂太郎等一些日本政界要人而言，同哈里曼签署备忘录，将“满洲铁道”出售给美国，实际上将会起到“一箭双雕”和“一石二鸟”的政策效果。

一方面，日本政府可以通过出售“满洲铁道”给美国，获得一笔巨额资金，以此来缓解日本的财政危机、偿还战争公债本金及利息，支付日军死亡者家属抚恤金，进而以此来平息和减缓当时日渐扩大的全国性抗议日俄和约的风潮。另一方面，有鉴于日俄战后俄国随时都有发动战争进行报复的可能性，日本通过出售“满洲铁道”给美国，还可以将美国势力引入“满洲”，并借助美国收购的铁路进入关东州租借地将日美进行“强行”捆绑，以期来阻止俄国势力的南下以及俄国随时都有可能爆发的对日复仇战争。

当然，哈桂备忘录实行后的经济上和军事上的效果只是我们单方面的推测，虽然有过于主观臆断之疑，但无具体的史料文献做进一步佐证。不过有一点可以参考或作为佐证的就是，日俄两军在奉天以北形成战略对峙后及美国总统出面调停日俄战争进行外交斡旋前后，日本政府曾面对西方记者的提问，正面回应了美国总统提出的日俄战后的“满洲”，应面向世界开放工商业，实行门户开放的提议。但是在中日北京会议后，日本在东北的种种做法表明，日本将东北视为了日本独自垄断的海外经济殖民地，为此还遭到了英美公使或大使的抗议。从这一点足以看出在日俄战后初期，日本政府的一些政界要人确实有实行东北的门户开放，引入英美势力进入东北以此实现在东北地区可资抗衡俄国势力南下的国际势力的想法和战略考量。

（二）山县有朋的“满洲铁路”军用计划论

与日俄战后日本政要人士的“恐俄”论相比，以日本中央军部为代表的日本陆军中高级军官也普遍存在着对俄国的警戒感。只不过日本陆军中高级军官的“恐俄”论中更多地着眼于战后日本陆军军备和围绕军备扩张的军事经济强化议题。

也许是日俄战争中有更近距离的与俄军交战的经历和更具说服力的原因，日本“满洲军总司令部”在1905年11月呈送给日本陆军省的《关于我陆军战后经营可资参考之一般要件》，引起了日本陆军中央军部的共鸣。在该份报告书中，“满洲军总司令部”认为，“依远东当今形势之推定，将来预想的敌国应为俄国。《朴茨茅斯条约》尚未挫败俄国之企图，俄国今后会在浦盐斯德[①]修筑要塞形成以此为中心的远东据点，并构筑哈尔滨碉堡群，确实加强与浦盐地区（乌苏里州）和后贝加尔州间之联络，继续改修西伯利亚铁路，使之实现复线化。由此，可以使俄国在远东地区之驻防兵力不受限制地随意增加。较之于此前，俄国将会在远东树立绝对之优越势力。俄国在此次媾和条约中本不怀好意，如果我外交政策在将来没有新发展，非但不能扑灭其报复心，反而会因日英同盟之扩张刺激俄国。如从将来在远东地区俄国施设考量，虽然不能妄下结论，但此次和平条约只是长时期之停战，一旦俄国改修铁路工程结束，应会有更大的发动事端之动机”。同时为防止“俄国执拗之报复心并依然执行远东侵略政策”，“满洲军总司令部”提出了扩军两期计划。其中在第一期，“将常备军之近卫军及其他十八个师团编成六个军团，每个军团各附设一个骑兵旅团、一个野战炮兵联队和一个交通兵大队；在师团编成中，将战时步兵大队的枪支数增至一千支，裁撤骑兵联队，在步兵中新增骑马步兵、机关枪炮队和工程队，并将工兵大队扩张至四个中队”[②]。进而在第二期扩军中日本陆军增至50个师团。同时，作为遏制俄国势力的南下的对策，“满洲军总司令部”还提出了在“满洲”

① 即俄国在远东地区的军港符拉迪沃斯托克（海参崴）。

② 1905年11月、満州軍司令部ヨリ起案『我が陸軍戦後経営ニ関スル参考スベシ一般要件』。防衛省防衛研究所戦史研究室図書資料室蔵『宮崎周一史料』、第40号。

沿袭关东总督府制，统辖在“满洲”之日军，继续施行军政的策略。

显然，以当时的日本经济实力、可动员人口以及国际条约的限制，日本政府无法实现“满洲军总司令部”在前述报告中所提出的扩建50个陆军师团和在“满洲”实行军政统治方针。但是，“满洲军总司令部”所提报告书中也普遍反映出了日俄战后在日本中央军部的中高级军官中的从“恐俄”到“防俄”的战略思路。在日俄战后的现实中，正是日本陆军中央军部普遍存在着这样一种“恐俄”和“防俄”的战略思维，所以在其后的日本陆军中央军部也大体上沿袭了“满洲军总司令部”的这样一种思路，制订了日俄战后日本陆军师团的扩军计划和整军计划，进而围绕陆军师团的增设计划，日本内阁、国会、日本陆军和日本海军间进行了一系列的对抗、协商，从而导致了日本内阁数次更迭。

与“满洲军总司令部”的战后“满洲经营”论相比较，日本陆军元帅、时任日本陆军参谋本部总参谋长的山县有朋虽然有着与“满洲军总司令部”同样的对俄警戒感，但山县有朋关于战后“满洲经营”论却比“满洲军总司令部”的主张多了一份国际条约论的考量。习惯于在背后给日本政府下指导棋的山县有朋于1905年3月，曾致函当时的日本内阁总理大臣桂太郎。山县有朋致函桂太郎的时候，恰逢日俄两军刚刚结束在奉天以北地区的大会战。在该场会战中，日俄两军虽然互有胜负，但是由于日本在与俄国正面交锋过程中，派出了秋山好古所部的日军骑兵绕道俄军奉天以北阵地背后，袭击了俄军背后的长春至铁岭间的铁路运输交通线，迫使俄军收缩战线与日军形成了战场对峙。这样，山县有朋从日俄两军在奉天以北的战略对峙出发，要求桂太郎内阁迅速实施日军在此前制订的攻击俄国的第三期作战计划，继续北上突破俄国防线，并占领俄国在“满洲”北部地区的据点——哈尔滨。为此，山县有朋主张利用这一时机，占领奉天至哈尔滨间原俄军据守的铁路线，实施军事管理，并将该段铁路线从单线扩修为复线以适应日军对北上军事运输的需要。① 这是迄今为止我们发现的最早的山县有朋关于“满洲铁路”军用化的建议书。

① 1905年3月23日付、山県有朋陸軍参謀総長ヨリ桂太郎内閣総理大臣宛『政戦両略概論』。大山梓『山県有朋意見書』、原書房、1966年、第273—277頁。

当然，这一时期山县有朋的“满洲铁道”军用化计划仅仅是处于日俄战争状态下，为运送日军的军事作战需要所做的战时考量。而在同年8月，山县有朋在其《战后经营意见书》中继续沿袭了“满洲铁道”军用化建议，则是从战后对俄警戒“恐俄”和“防俄”的角度而做出的长远的政策考虑。为此，山县有朋在该份建议书中认为，“哈尔滨以北之货物可与浦盐斯德港作为出口，恐切断我国铁道与物资丰富之内陆联系。另一方面，辽河水运即使轻便恐因我铁道之便捷而失去恐怖之竞争者。故此，哈尔滨至旅顺间铁道应成为我之军用铁道，专以抑制俄国南下。该项政策较为稳当，又不花费更多费用”①。

山县有朋的“满洲铁道”军用化方案实际上等于间接提出了日俄战后日本从俄国手中“继承”的“满洲铁道”国有化方案。

自铁路创建以来，不仅改变了人们的社会生活方式，经济结构、国家政治地理结构，而且由于其在军事运输、后勤供给等方面所起到的重要作用，为一些国家和政府所重视。为此，近代欧美国家均将铁路作为军事运输、军事作战和国土防卫的一个重要资源进行保护，甚至进行国有的准“军事化”运行。明治维新后，日本铁路的铺设也是在这样一种国家战略和国土防卫的思维下发展起来的。明治维新后日本敷设的第一条铁路线是1872年开通的东京至横滨间②的铁路线。这条长不过30千米的铁路线在开通之初就被日本维新政府寄予了无限期望，以至于这条铁路线开通典礼上，贵为日本国家精神象征的日本明治天皇还出席了开通典礼仪式。东京横滨间铁路的开通之所以如此重要，实系日本维新政府看重其铁路线的军用价值。从横滨的地理位置我们就会发现，刚刚成为日本首都的东京地区虽然地处日本为数不多的关东平原地区，且物产较为丰富，但东京以南至东京湾不仅距离不远，其间不过半天车程，而且由于这一地区正位于关东平原地带，没有天然屏障的山脉遮挡，从军事战略上讲属于易攻难守之地。而横滨地处东京湾的西侧，扼守横滨就可以进一步阻挡从东京湾的海

① 大山梓『山県有朋意見書』、原書房、1966年、第278頁。

② 现在的东京新桥站至横滨樱木町站。

上对东京的进攻。进而通过东京和横滨的铁路连接可以在很短的时间里从东京周边调集重兵进驻横滨周边地区，进而防守日本的政治中心。由此，东京至横滨间的铁路一直作为日本国家战略防御手段，设立了日本国有铁道公司（简称旧国铁）。在此基础上，日本国有铁道公司还先后修筑了东京至名古屋、名古屋至大阪、大阪至九州地区的沿日本南部的铁路网线和东京至日本东北地区以及北海道环岛铁路线。在这些铁路铺设过程中无不渗透着日本铁路基于军事化和国有化的日本本土防卫色彩。其中如东京经由静冈、名古屋、米原、大阪、京都至九州地区的铁路线，在 1894 年爆发的中日甲午战争、1904 年爆发的日俄战争中一直起到了运输重要的军事物资、兵力等军事作用。甲午战争和日俄战争期间，日军通过前述铁路线经由门司港，进入朝鲜半岛，对于日军向甲午战争和日俄战争前线输送兵员、弹药、给养以及伤兵后方治疗起到了关键性的作用。此外，像逐步完善的北海道环岛铁路线不仅对于开发北海道起到了重要的作用，也对遏制毗邻北海道北部地区的俄国势力发挥了重要的军事作用。由此，对于山县有朋而言，“满洲铁道”军用化也等于间接主张“满洲铁道”的国有化方案。实际上，山县有朋的“满洲铁道”军用化方案在某种程度上与同时期后藤新平所主张的设立“铁道厅”机关管理“满洲铁道”的方案相比，至少在主张“满洲铁道”国有化这一点上有着相似之处。

（三）主张股份化的小村寿太郎方案

与“满洲军总司令部”和山县有朋等日本陆军军人的“满洲铁道”军事化和国有化相向而行的当属小村寿太郎的“满洲铁道”股份化主张。

小村寿太郎的“满铁铁道”股份化主张出自小村自美国回国途中的船上草拟的《韩满施设纲领》。在该文中，小村除了提出设立“辽东总督”，负责统辖该地区的“政事、军事及经济总体事务”，并负责“满洲铁道的守备”外，就“帝国经营之满铁铁道”，“其名义上为日中两国合作事业，实应成为日本法律下组织之会社，以该铁道及附属财产之实价作为帝国政府之股份，清政府之出资可按其期望，适当定额。另外，除日中两国人外，也可从其他外国人中募集股份。以上述资金作为会社之资本。该铁道之改筑、增设以及营业等所需资金可以债券形式充之。至少不应成为我国库之负担”①。

从当时日本政府对于铁路的战略定位看，在“满洲铁道”的国有化、股份化和出售给私人公司经营的三种经营模式选择中，小村寿太郎的股份化提案并不是日本政府对于“满洲铁道”经营模式中的最佳方案。尤其是当时日本国内恐惧俄国再度发动战争进行报复，在“恐俄”和“防俄”背景下，不是将此铁路线进行国有化和军事化，以期作为日本防止俄国势力南下的国防资源，而是将“满洲铁道”股份化，这一方案绝不是小村寿太郎思维中的政策最佳选择。

小村之所以提议“满洲铁道”股份化也是基于日俄战后的国内政治和外交关系的考量。首先，作为日本外交代表，小村寿太郎不仅参与了日俄两国外交代表在美国朴茨茅斯军港的谈判，熟知刚刚签署的《日俄媾和条约》中关于“满洲铁道”的条约规定，而且十分清楚此前中俄间签署的有关中东铁路条约和铁路股份构成情况。尤其令小村寿太郎心知肚明的就是日俄战后日本从俄国手中“继承”下来的长春至旅顺间的铁路经营权也只是俄国方面的权利，并没有“继承”该段铁路中的清政府持有的股份部分。其次，作为日本内阁阁僚之一的小村寿太郎也应该十分熟知经过日俄战争后，因日俄战争的巨额军费开支，日本政府所面临的财政窘况。由此可见，基于国际条约和日本国内经济状况考虑的小村寿太郎的方案可能更具有实际意义上的政策操作性。

顺便提及的是，虽然小村寿太郎十分熟知中东铁路资本金中中俄双方资金构成情况，也十分了解中俄双方关于中东铁路的条约内容，但是在该项提案中，中国清政府在长春至旅顺间的铁路权益以及以土地实物出资情况被小村寿太郎选择性“遗忘”，长春至旅顺间的铁路及附属财产变成了“日本帝国政府”一方的股份了。小村寿太郎这种挟胜利者之威，肆意侵吞清政府国有铁路资产的情况在满铁成立后，只变成清政府外务部的一纸抗议书后便没有了下文。由此看来，5 年后清政府的下台

① 小村寿太郎『韓満施設綱領』、後藤新平記念館『後藤新平関係文書』MF－R37－1。

不仅是革命军发动武昌起义所致，而且是历史的选择。

我们现在无法得知小村寿太郎的这份《韩满施设纲领》是否送呈了当时的日本内阁总理大臣桂太郎手中，但是以这份《韩满施设纲领》至今收藏于后藤新平纪念馆保存的后藤新平档案文献中的情况看，小村寿太郎的这份《韩满施设纲领》应该是在小村归国后送呈给了日本政府当时的政要或后来设立的“满洲经营调查委员会”委员的手中，并得到了该委员会委员的认可。随后，“满洲经营调查委员会”以小村寿太郎的这份《韩满施设纲领》为蓝本，起草了报告书，并提交给了日本内阁。

二　满铁首任总裁后藤新平

(一)“满洲经营调查委员会”决议的满铁公司

按照目前所收集的文献资料，“满洲经营调查委员会”设立期间共向日本内阁提交了两份报告书。其中，第一份报告书的呈送时期为1906年3月17日，系“满洲经营调查委员会”关于经营“满洲铁道”，设立股份公司的报告书。第二份报告书送呈时间为同年6月，系关于辽东半岛租借地海关议题的报告书。

诚如前面所叙述的那样，“满洲经营调查委员会”除选任了日本陆军中属于稳健派的儿玉源太郎为委员长外，其成员还主要由当时日本内阁中相关各省厅的次官、参事官等组成。因战前和1945年战后所组织的日本内阁权限的不同，战后日本历任内阁所设立的重要议题委员会，其成员大多由日本经济界、学术界的专门人士组成，负责对日本内阁或内阁总理大臣所提出的议题进行调查和研究后，提出供内阁制定政策参考的咨询报告。

显然，相对于1945年后日本历届内阁所组织的各种委员会，战前日本历届内阁所组织的各种议题委员会完全不能等同于战后日本历届内阁所组织设立的各种附设委员会。战前日本内阁总理大臣只是内阁的“首班”大臣，各省厅大臣享有各自领域的政策决策权，只是作为内阁或日本政府决定时才需要内阁会议上的一致通过。这样，受限于战前日本明治宪法体制框架的限制，当战前日本历届内阁遭遇到需要跨越内阁各个省厅的重大议题决策时，为保证内阁各省厅之间的政策制定的一致性，防止政府内部各省厅之间的政策分歧，战前的日本历届内阁大多会事先通过各省厅的次官组织各种委员会，进行各省厅的次官级的政策协调。明治初中期以来形成的这种议题委员会，在进入日本昭和天皇时期后，开始以内阁次官联络会的形式逐步固定化。

由此，由相关各省厅次官所组成的“满洲经营调查委员会”报告书，基本上决定了内阁各省厅的政策决策意向，在某种意义上“满洲经营调查委员会”报告书就等于日本内阁会议上形成的决议。

在1906年3月17日“满洲经营调查委员会”向日本内阁提交的报告书中，“满洲经营调查委员会”认为，“满洲经营应依据日俄条约和日中条约，以经营归于帝国权内之铁道经营及发掘煤矿为主要事业。满洲利源应铁道之发达相伴而逐次展开其他事业。如滥于进行各种事业将徒增无效之功”，为此，该委员会还拟订了“满洲铁道”公司组织方法和“满洲铁道”公司敕令案。“满洲经营调查委员会”确定的“满洲铁道”公司组织方法为：（1）满洲铁道公司的设立“应依明治33年法律第87号，以敕令形式公布之”；（2）“公布之敕令应只规定其概要，但就资本金额以及政府同个人间资本分担额等应向世人公布”；（3）“资本金只是概算，其确定额待日后计算后决定之”；（4）“据日中条约，奉天新民间及长春吉林间线路铺设所需借贷之资金应由此公司负责，其所需资金概算后列入资本金中”。①

在该份报告书中，还附有“满洲经营调查委员会”撰写的“满洲铁道”公司敕令案。该份敕令案由21条组成。按照该份报告书，日本在东北设立的“满洲铁道”公司全称为“南满洲铁道株式会社”，专以“经营铁道运输业”为主。满铁公司资本金以公募记名股票形式筹集资金组成。公募资本金对象限于日中政府和两国人。其中，日本政府以现有“满洲铁道”和附属矿山、财产等实物形式出资；满铁公司设立总裁、副总裁及理事。总裁由政府任命，任期5年；理事由股份在50股以

---

① 1906年3月17日付、児玉源太郎満州経営調查委員会委員長ヨリ西園寺公望内閣総理大臣宛報告書。国立公文書館蔵『公文別録』、文書請求番号：2A－1別165。

上的持股人中选任，任期4年。组织满铁设立委员会，负责制定公司章程并组织第一次公司股票的募集工作。①

“满洲经营调查委员会”送呈日本内阁的第二份报告书源于1906年6月1日，日本大藏省以大藏大臣阪谷芳郎的名义送呈日本内阁总理大臣，并请“满洲经营调查委员会”审议的一份关于辽东半岛租借地海关议题的议案书。同日，日本内阁又行文“满洲经营调查委员会”，将大藏省的这份议案转送给了“满洲经营调查委员会”，供该委员会审议。日本大藏省提交审议的这份议案由7条组成，其主要内容包括以下几个方面。第一，大连港为“满洲贸易”为中心，并开辟为自由港，免征关税。第二，日本内地出口到租借地的酒类、酒精、药物类、酱油、纺织品等应给予各种特别措施，以利日本国内货物出口“满洲”腹地。第三，“本邦出口之主要港口和大连港之间货物及通过南满洲铁道株式会社运输之货物，应按照最低廉之运费进行”。该份议案在送达到“满洲经营调查委员会”后，经委员商议形成报告书，于同月上报内阁总理大臣。②

“满洲经营调查委员会”的第二份报告书看似同满铁公司关系不大，但实际上，作为日俄战后日本“满洲”经营中最重要的一环，尤其是满铁公司铁路运输中，通过大连港的日本国内工业品的产品输出和原料进口的免征海关税问题以及满铁同海路联运的运费问题都与其后的满铁公司运营有着直接的内在关联。

（二）后藤新平就任满铁总裁

就在日本政府通过“满洲经营调查委员会”制定满铁公司股份募集办法，制定满铁公司组成的敕令案并以此成立满铁设立委员会前后，日本政府开始物色满铁公司的首任总裁人选。按照当时日本国内铁路归属日本内阁递信省管辖的惯例，日本递信省也提名了数位满铁公司首任总裁的候选人。在经过内阁的衡量比较后，“满洲经营调查委员会”委员长儿玉源太郎推荐的时任台湾总督府民政长官后藤新平被列入了内阁提

① 1906年3月17日付、児玉源太郎満州経営調査委員会委員長ヨリ西園寺公望内閣総理大臣宛報告書。国立公文書館蔵『公文別録』、文書請求番号：2A－1別165。

② 1906年6月、満州経営調査委員会ヨリ内閣総理大臣宛報告書。国立公文書館蔵『公文別録』、文書請求番号：2A－1別169。

名的满铁首任总裁名单中。

像许多学术研究论述和文献资料中所叙述的那样，后藤新平安政 4 年（1857）生于日本陆中国胆泽郡盐釜村（现日本岩手县水泽市）一个下级武士家庭。青年时代的后藤新平经汉学的私塾启蒙后，先后就学于福岛第一洋学校、须贺川医学校，历任福岛县病院、爱知县病院、大阪陆军临时病院、名古屋镇台病院等地医生。其后，后藤新平从名古屋镇台病院转任爱知县病院院长兼医学校校长等。1892 年后藤新平从德国留学归国后，调任内务省卫生局局长。①

1894 年 12 月，因卷入一项贪污指控被投监入狱的后藤新平被法院宣布无罪释放后，迎来了其人生的第一个转折点。

1895 年中日甲午战争结束后，随着中日两国代表停战协定和《马关条约》的签订，侵占辽东和辽南地区以及山东半岛等地的日军按照中日两国停战协议规定开始逐次撤离，乘船回国。为防止上述地区的地方病随登陆的日军士兵传入日本国内，日本当局在日军登陆回国的港口门司港等地设立了“临时陆军检疫部”，设立隔离区，以检疫发病或带有传染病病菌的士兵。而丢掉内务省卫生局局长职位、闲赋在家的后藤新平，因其医学经历及曾担任内务省卫生局局长的资历被日本陆军省重新起用，被任命为“临时陆军检疫部”事务官长。

担任“临时陆军检疫部”事务官长的后藤新平因检疫登陆日军士兵的关系，结识了时任日本陆军省次官兼军务局长以及负责登陆日军卫生检疫的“临时陆军检疫部”部长儿玉源太郎陆军少将②，并很快得到了儿玉源太郎的赏识。

儿玉源太郎 1852 年出生于周防国德山藩（现山口县）的一个下级武士之家。青年时代的儿玉源太郎作为明治维新政府的“官军”参加了对西乡隆盛的西南叛乱的平定，后经大阪兵学寮（日本陆军士官学校前身）毕业后，先后经日本陆军准少尉、少尉，担任了日军步兵第 19 大队副官、熊本镇台副参谋长、近卫参谋副长、步兵第 2 联队长兼佐仓营

① 秦郁彦『戦前期日本官僚制制度・組織・人事』、東京大学出版会、1981 年、第 102 頁。

② 1895 年 10 月升任陆军中将。

所司令官、参谋本部管东局长、陆军次官、陆军参谋本部第一局长兼陆军大学校干事、监军部参谋长兼陆军大学校长以及监军部参谋长和陆军次官兼军务局长等。儿玉源太郎虽然不是明治维新的元老级人物，但由于儿玉源太郎出身于垄断当时日本政治和军事权力的萨长藩阀的山口县，又有参加明治维新“官军”讨伐西乡隆盛的西南叛乱之功，故此，在日本政界和军界广有人脉，被人们称为与桂太郎、川上操六齐名的“明治陆军三杰”。

1895 年 9 月，“临时陆军检疫部”完成登陆日军的隔离和卫生检疫解散后，后藤新平凭借儿玉源太郎的极力推荐，官复原职又当上了日本内务省卫生局局长。紧接着，后藤新平又在儿玉源太郎的大力举荐下，于 1898 年 3 月随刚刚被任命为台湾总督府总督的儿玉源太郎赴台，担任台湾总督府民政部民政长官。

1895 年，日本在台湾设立了进行殖民统治的台湾总督府以来，虽然表面上通过“六三”法案赋予了台湾总督府总督在台湾实施有别于日本国内宪法体系的“律令”制定权以及任用官吏，管理台湾司法机构的“土皇帝”般的无限权力，但由于台湾殖民地统治初期赴台的台湾总督大多出身于军人，实际上的台湾殖民地统治权被日本中央政府牢牢掌握，其台湾殖民地统治的行政实权都掌握在台湾总督府民政部的民政长官手中。军人出身且不擅行政和立法事务的儿玉源太郎总督也是如此，将台湾殖民统治的政策制定和行政事务全权交给了身为民政长官的后藤新平。

更为有趣的是，后藤新平本人也不是出身于接受过近代日本法制教育训练的高等文官，这样，后藤新平又凭借中村是公、石冢英藏、祝辰巳等帝国东京大学法科大学的高等文官出身的政治精英们的支持，不仅建立了属于自己人脉的“后藤阀”，而且在台湾广泛推行鸦片专卖制度、连坐的“保甲法”和土地旧惯调查等措施，强化了日本在台湾的治安、财政和经济等方面的殖民统治。

后藤新平在台湾长达 8 年的民政长官经历，也并非像一些日本学者，以及一些披着学术研究的外衣实为“台独”摇旗呐喊的“台独”学者所吹捧的那样，在台湾殖民统治历史中有多少“伟光正”式的近乎神话般的丰功伟绩。实际上关于后藤新平在台湾的殖民统治评价还属于毁誉参半，颇有争议性的人物。甚至在今天，我们从后藤新平纪念馆收藏的有关文献档案中还能找出当年儿玉源太郎转给后藤新平的状告后藤新平弄权和历数后藤新平十大罪状的揭发信。由此可见，后藤新平在台湾统治中并不是像一些“台独”学者所吹嘘的那样。

后藤新平不仅在台湾殖民统治中获得了儿玉源太郎的庇护，而且在满铁总裁人选中获得了儿玉源太郎的极力推荐。

后藤新平在接到儿玉源太郎的推荐后，起初极力推辞，拒绝出任满铁公司总裁。儿玉源太郎极力推荐后藤新平本在情理之中，而后藤新平起初拒绝出任儿玉源太郎推荐的满铁公司总裁，可能令一些“台独”分子自恋式地“雀跃”。后藤新平起初拒绝出任满铁公司总裁倒不是后藤新平有多么热爱台湾。推测起来，后藤新平完全是基于战前日本高等文官升迁惯例的本能反应。

1898 年从日本中央政府的内务省卫生局局长调任台湾总督府担任民政部民政长官一职，可能是后藤新平一生中最重要的一个转折点。究其原因在于当时的日本高等文官中，尤其是内务省高等官僚，从中央省厅调任地方任职，经历地方行政事务是一个高等文官重回东京升任中央省厅他职的一个必经之路。就后藤新平的出身和资历来说，后藤新平既不是出身于萨长两藩，有藩阀元老做后盾的高级官僚政治家，也不是经过东京帝国大学法科大学系统教育并通过高等文官考试的职业官僚。这样，对于夹杂在当时藩阀集团和近代政治精英集团充当非主流的高级官僚的后藤新平而言，虽然赴任台湾总督府民政长官一职，正像后藤新平在后来的回忆录中所说的那样是一种变相的政治“流放”，极不情愿，但随儿玉源太郎赴台任职民政长官后还有重回东京升迁的机遇。

在这种情况下，经历了长达 8 年的台湾总督府民政长官任职经历后的后藤新平，随着儿玉源太郎解职台湾总督府总督，回东京任职陆军参谋本部参谋总长后，后藤新平很可能满怀期望再次追随儿玉源太郎回到东京。

促使后藤新平最终同意出任满铁公司总裁的原因也非常简单，那就是 1906 年 7 月 23 日儿玉源太郎因突发脑溢血去世。对于后藤新平而言，儿玉源太郎不仅有知遇之恩，而且后藤新平还凭借儿玉源太郎的赏识，重新回到内务省卫生局局长的职位上，继而担任了长达 8 年之久的台湾总督府民政长官。而儿玉源太郎的突然去世不仅使得后藤新平失去了联结藩阀政治的政治靠山，也失去了短期内再度回东京任职的可能性。由此，儿玉源太郎的突然去世，与其说是后藤新平为了报答儿玉源太郎的知遇之恩，不如说他是失去了儿玉源太郎的政治靠山才勉强同意从热带的台湾岛调任酷寒的“满洲”，担任满铁总裁。

（三）后藤新平的满铁经营方针与台湾经验

1906 年 7 月，后藤新平“依儿玉源太郎之遗愿”同意就任满铁公司首任总裁。[①] 后藤新平就任满铁公司总裁虽然继承了儿玉源太郎的遗愿，多少带有悲壮的气氛赴任，但后藤新平就任满铁公司首任总裁对于满铁公司设立初期，尤其是对满铁公司的经营框架和经营方针的确立起到了重要的影响作用。其中，不同于同时期日本国内铁道公司经营方针而设立的满铁公司调查部，可以说是后藤新平在担任满铁公司总裁期间最具特征的满铁公司经营方针和经营框架。

后藤新平所确立的满铁对东北进行调查的经营方针源于后藤新平在台湾总督府担任民政长官的经验。或许是这一点经验，才是日本政府能够在众多的满铁总裁推荐候选人中力排众议选中了后藤新平的原因。

诚如所知，儿玉源太郎和后藤新平渡台前后，正值日本占据台湾后在台湾殖民统治政策最为混乱时期。此前的桦山资纪总督登陆台湾后，遭到了台湾岛内军民的武装反抗。台湾岛内大规模的反抗被日军平定后到任的桂太郎总督却因执迷于内阁总理大臣的宝座，随伊藤博文视察台湾后，便随伊藤博文回到东京，实际滞留在台湾时间不到 20 天。继桂太郎之后赴任台湾总督府总督的是乃木希典。乃木希典倒是认真地滞留在台湾，甚至为了表示自己统治台湾的决心，还将自己的母亲接到了台湾定居。万万没想到的是乃木希典的母亲赴台之后不久就染病去世。更令乃木希典意想不到的是在他担任总督期间，台湾总督府官吏贪腐横行，民怨沸腾。台湾总督府官吏不仅强拆民房占地为居，而且勾结不法商人擅自贱卖物质。台湾总督府的吏治丑闻不仅引起了日本国内的舆论哗然，也更引起了日本政府对台湾统治的担心。

---

① 实际到任日期为同年 11 月 13 日。

中日甲午战争后，虽然获胜的日本从清政府手中获得了巨额的战争赔款，但连年的台湾总督府的巨额财政补贴也成了日本政府严重的财政负担。为此，伊藤博文等人尝试同法国接触，试图将台湾岛以 1 亿法郎的价格出售给法国政府。

正是由于日本在台湾殖民统治政策和巨额的财政负担困境下，同儿玉源太郎赴任的后藤新平抵达台湾的第一件事情就是设法开发台湾“富源”，以期攫取更多的税收资金，从而摆脱过分依赖日本国内财政巨额补助的困境。为此，后藤新平先后从日本国内调任了精通税收的中村是公、祝辰巳以及长期滞留欧美，有着丰富的产业经验的新渡户稻造，设计并制定了台湾鸦片专卖法、台湾樟脑专卖法以期通过鸦片、樟脑和糖业的总督府专卖拓展税收收入。但由于鸦片、樟脑和糖业专卖法实施后税收收入增加不明显，后藤新平又将目光转向了台湾的土地税收。

日本占据台湾前，台湾的土地所有制比较复杂。明清以来随着福建等地民众移居台湾后，原本属于台湾本土居民的土地在经过垦荒后，经过了承租、承租人转租、转租后再次转租的复杂土地所有制关系。这种土地在大量的层层转租后又进行拓垦扩耕的情况下，由于不能确定土地的所有权，导致土地租税收入部分一直没有成为台湾总督府财政预算中的增长预算部分。为此，在后藤新平主持设立下成立了“临时台湾土地调查局”后，与之配套又先后进行了台湾岛内的“旧惯调查”和人口调查。在掌握了台湾岛内居民的生活习性、家庭构造、婚姻与继承以及人口构成后，后藤新平在全岛进行了土地面积、土地范围、土地所有权等的土地“确权”调查。后藤新平的台湾土地调查一方面通过“旧惯调查”和人口调查相配合，明确了台湾全岛的土地面积、土地所有人关系，为增加总督府土地租税奠定了基础。另一方面，后藤新平主持的土地调查通过新垦荒的土地、或没有登记的土地“认定”，大量“无主地”被掠夺成了总督府“官有地”，使得许多岛内农民失去了赖以生存的土地而无家可归流落街头。

后藤新平在台湾主持的“旧惯调查”、人口调查和“土地调查”的所谓成功经验被移植到了满铁公司，并由此变成了后藤新平担任满铁公司总裁后的满铁公司的主要经营方针。

三 “南满洲铁道株式会社”的成立

（一）满铁公司设立命令书与满铁的成立

1906 年 3 月 17 日，“满洲经营调查委员会”向日本西园寺内阁提交了报告书后，内阁阁僚虽然原则上同意“满洲经营调查委员会”报告中关于满铁公司成立的敕令内容，但就报告中的《应依明治 33 年法律第 87 号，以敕令形式公布之》一文提出了异议。

“满洲经营调查委员会”报告书中的明治 33 年（1900）法律第 87 号是指同年 9 月 15 日日本政府公布的法律第 87 号《关于在外国敷设铁道之帝国会社件》及同日公布的同名敕令第 366 号。这项法律和敕令的公布原系在日本国内铁路国有和军用化目的背景下，针对日本拟定在朝鲜半岛修筑铁路线计划而制订的。按照同日公布的敕令第 366 号《关于在外国敷设铁道之帝国会社件》中规定，“凡在外国敷设铁路经营运输业之帝国内之帝国臣民设立之株式会社”，“需将第一次募集股份之章程、工程方法、线路图及预算等呈交递信大臣，申请许可”（第 2 条），“公司章程更改需事先向递信大臣申报”（第 3 条），“未经递信大臣的同意不得发行社债”（第 6 条）和“未经递信大臣同意不得更改工程预算”。[①] 换而言之，日本臣民在外国设立铁道公司需要经过日本递信大臣的同意，并接受递信大臣的监督。

基于该项法律和敕令，日本在 1903 年 12 月公布了批准京釜铁道株式会社设立敕令。京釜铁道株式会社归于日本递信大臣的监督和管理之下。“满洲经营调查委员会”报告书中所指的“应依明治 33 年法律第 87 号，以敕令形式公布之”，其实指的就是未来设立的满铁公司需要接受递信大臣的批准及社债、股票发行等主要业务的监督。对此，日本外务省、陆军省以及大藏省大臣均提出了反对意见。大藏省认为，满铁公司系政府主要资本，不同于朝鲜铁路公司，理应接受大藏大臣的监督，

① 1900 年 9 月 14 日『外国敷設鉄道ニ関スル帝国会社ノ件』（勅令第 366 号）。内閣印刷局『官報』第 5163 号、1900 年 9 月 15 日、第 249—250 頁。

而外务省在大藏大臣提出的理由基础上则强调了满铁公司所辖铁路线北邻俄国中东铁路，中南部与中国政府领土相邻，理应接受外务大臣的监督。这样，在1906年6月8日日本政府公布了递信大臣山县伊三郎副署的该项敕令案[①]后，日本外务省、大藏省和递信省又联合起草了《关于南满洲铁道株式会社设立命令书》。同年7月30日，递信大臣山县伊三郎、大藏大臣阪谷芳郎、外务大臣林董向内阁总理大臣西园寺公望送呈了《关于南满洲铁道株式会社设立命令书》“阁议案”。

该份被后来的学者们称为“三大臣满铁设立命令书”的内阁“阁议书”草案主要由23条组成。归纳起来主要分以下几个方面。第一，规定满铁公司经营范围。按照递信、大藏和外务三大臣命令书的规定，满铁公司除经营“大连至长春间”“南关岭至旅顺间”“大房身至柳树屯间”“大石桥至营口间”“烟台至烟台煤矿间[②]”“苏家屯至抚顺间”以及“安东至奉天间”铁路线（第1条）外，还经营“沿线车站、旅社、饭店和货物存储”（第3条）、“抚顺和烟台煤矿采掘”、“水运、电力”、“铁路货物销售、仓库”、“附属地土地及房屋经营”（第4条）以及“附属地土木、教育和卫生”（第5条）等业务。第二，铁路线路扩建。根据递信、大藏和外务三大臣命令书，满铁公司自营业起三年内需要完成大连至长春间铁路线的大连至苏家屯段铁路的复线改线工程及上述铁路线的标准轨[③]改建工程（第2条）。第三，规定了满铁公司资本金额及股份股金募集方法。递信、大藏和外务三大臣命令书中规定，满铁公司资本金总额限定在2亿日元。其中日本政府以“铁道、附属财产及抚顺和烟台煤矿实物”折合1亿日元入股，其余股份由“日中两国人”认购，每股200日元（第7条），民间持股人每股分红限定为6分。第四，满铁公司接受日本政府监督。递信、大藏和外务三大臣命令书中规定，

① 1906年6月7日『南滿州鉄道株式会社ノ件』（勅令第142号）。内閣印刷局『官報』第6881号、1906年6月8日、第233—234頁。

② 现辽宁省辽阳市灯塔桦子煤矿的旧称。

③ 虽然当时没有世界范围内的铁路轨道标准轨距问题，但俄国轨距和日本国内所执行的标准轨距尺寸并不相同。沙皇俄国在铺设中东铁路时，从自身的军事安全考虑，铺设的轨距为1520毫米的所谓俄式宽轨火车线路。日本当时采用的是英国国内标准轨距1435毫米，即按当时的说法的四英尺八英寸半轨距。

满铁公司对所管理的铁道及附属财产、煤矿的“处分”或变更、“社债”发行、会计预算、工程施工等均需要得到日本政府事先批准和同意。其“社债”余额需要由大藏省负责管理（第13条）。[①]

与同年6月日本政府公布的敕令相比较，日本内阁三大臣的满铁公司设立命令书的前部分除详细规定了满铁公司在东北的经营范围外，股份募集及募集方法与同年6月公布的敕令案有重复部分。最大的不同之处可能就是命令书中明确规定了以递信省、大藏省和外务省为中心的日本政府对满铁公司的直接控制权。

该项命令书在送呈日本内阁审议后，于同年8月1日下发给了满铁公司设立委员会委员长寺内正毅[②]，成为满铁公司成立的指导性文件。

（二）满铁公司的设立

1906年7月，南满洲铁道株式会社设立委员会（以下简称满铁设立委员会）借用日本贵族院厅舍成立后不久，担任委员长的儿玉源太郎因突发脑溢血去世，时任日本内阁陆军大臣的寺内正毅接替儿玉源太郎，受命担任了满铁设立委员会委员长。满铁设立委员会由内阁法制局局长冈野敬次郎、大藏省次官若槻礼次郎、外务省政务局长山座园次郎、通商局长石井菊次郎等现任内阁各省厅相关次官、局长、参事官以及涉泽荣一、大仓喜八郎、安田善次郎、高桥是清等企业界和财界领袖等80名当时日本政、商、企、财的头面人物组成[③]。

满铁设立委员会成立后，按照日本外务省、大藏省和递信省三大臣省命令书，一边草拟了该委员会的议事规则和章程，一边编制了满铁公司铁路扩修和改轨的工程预算书及满铁公司年度预算，聘任和招募满铁的理事以及职员，规定了满铁公司“定款”的同时，向日本国内公开募集满铁公司股份。

满铁设立委员会制定的《南满洲铁道株式会社定款》（以下简称章

---

① 1906年7月30日、逓信大蔵外務三大臣ヨリ内閣総理大臣宛『南満州鉄道株式会社設立命令書ニ関スル請議案』。国立公文書館蔵『公文類聚』、文書請求番号：2A－11類1020。

② 1906年7月，儿玉源太郎委员长突发脑溢血去世后，寺内正毅被任命为“南满洲铁道株式会社”设立委员长。

③『南満州鉄道株式会社関係雑纂』、第21—28頁。外務省外交史料館蔵『戦前期外務省記録』、文書請求番号：1－7－3－53－5。

程）由总则、股份、股东、总会、董事、监理官以及设立费用共8章60条组成。满铁公司的章程第一章总则中规定了满铁公司的经营范围；第二章规定了第一次发行的总额为2000万日元的记名股票的申领和股金交付条件以及其后发行的股票的交易条件和股金支付办法；第三章规定了股东的投资股票的股息申领办法等；第四章规定了每年两次股东大会的举行日期和股东大会的会议事项；第五章规定了“满洲”总裁、副总裁、董事、监理官的报酬支付办法等。① 按照满铁设立委员会的这份章程规定，满铁公司随后面向日本国内开始了首次总额为2000万日元的股票申领工作。从后来的满铁公司相关文献我们可以看到，满铁公司的股份除日本政府以实物出资的股份外，其股东主要为当时的三井、三菱、安田等日本十大财阀和地方经济界人士。②

与此同时，满铁公司也在紧锣密鼓募集满铁公司的副总裁、董事等属于满铁公司高级管理层的干部和职员。在后藤新平的极力推荐下，台湾总督府财务局长兼总务局长中村是公调任满铁公司担任副总裁，秋田县知事清里长太郎、栃木县知事久保田政周、递信省铁道技师国泽新兵卫、京都帝国大学教授冈松参太郎等人先后被任命为满铁公司的理事，递信省铁道局局长山之内一次被任命为满铁公司的监理官。③ 1906年11月26日满铁公司在东京正式成立后，满铁公司又先后从递信省、大藏省、台湾总督府、北海道、陆军省、陆军参谋本部、新潟县、秋田县、岩手县等地陆续调入了北海道技师二木重吉、大藏省技师太田毅、秋田县税务局长兼盐务局长久保要藏、陆军参谋本部陆军步兵少佐佐藤安之助、“关东都督府”陆军部三等军医正秋山村斋、一等军医正直井己之次、一等药剂官三井良贤、原“满洲军总司令部”铁道提理部陆军工兵少佐山越富三郎、第一高等中学教授冈本芳二郎、台湾总督府铁道部技师阿部惠三郎、递信省铁道局所属荒尾龙太郎、村田干之、新潟县加藤

① 『南満州鉄道株式会社関係雑纂』、第21—28頁。外務省外交史料館蔵『戦前期外務省記録』、文書請求番号：1－7－3－53－5。

② 有关满铁公司第一次股票募集情况请参阅苏崇民《满铁史》，中华书局1990年版，第24—26页。

③ 『南満州鉄道株式会社関係雑纂』、職員任免ノ巻。外務省外交史料館蔵『戦前期外務省記録』、文書請求番号：1－7－3－53－2。

与之吉以及海军省“技手”木村四郎、铃木林太郎、滨原留次郎、升田佐太郎等日本国内各省厅和地方都道府县的现任技术官僚，担任满铁公司内刚刚设立的总务部、调查部、运输部、矿业部、地方部以及派出机构的中高级技术人员和管理干部。

满铁公司本社在东京成立后，又于1907年4月迁至原俄国大连市政府旧址，正式开始营业。

（三）满铁公司调查部与设立动机

早在满铁设立委员会制定“南满洲铁道株式会社定款”时，就仿效日本在朝鲜半岛成立的“朝鲜京釜铁道株式会社”的组织构造，为满铁公司设计了在满铁公司总裁、副总裁和理事之下的组织管理机构。按照满铁设立委员会的设计，满铁公司下设总裁、副总裁和理事，在实行“重役”的董事会的管理框架下，下设“重役室”、庶务课、会计课、用度课、工务课、经理课、地方课、石炭课以及电气管理所、瓦斯管理所、埠头事务所和驻港事务所。[①] 满铁设立委员会的这个满铁公司组织构造方案被刚刚到任满铁公司总裁的后藤新平否定。

截至目前，我们尚无法查阅到后藤新平直接否定满铁设立委员会这项方案的理由书。不过，我们将满铁设立委员会设计的满铁公司组织方案同满铁公司成立后在其内部所设立的组织机构进行比较就会发现，两者之间最大的差别就在于满铁公司成立后在其内部设立的满铁公司调查部。由此我们可以推测出，满铁公司调查部是在后藤新平的极力推动下而设立的。

有关满铁公司调查部，学者们的评价不一。基于近代日本对华综合情报收集角度分析的学者认为满铁公司调查部是近代以来日本对华最大的综合情报收集机构之一。而从政策制定过程分析视角进行研究的学者则认为满铁公司调查部是近代日本对华政策制定中的最大“智库”之一。但无论是情报机构说还是政策智库说，有一点不能否定的就是满铁公司调查部作为满铁公司下辖的一个重要部门，其调查范围不仅涉及东

① 『南満州鉄道株式会社関係雑纂』、第111頁。外務省外交史料館蔵『戦前期外務省記録』、文書請求番号：1－7－3－53－5。

北的林业、物产、道路交通、物价、金融、港口、城市、风俗人情、少数民族、土地、移民，而且还包括中国东北历史、军事、矿藏，内外蒙古、朝鲜、旧苏联远东地区等各个方面。满铁公司调查部所涉及的领域可能远远超过了通常意义上的满铁公司所经营的业务范围。

当然，满铁公司调查部设立初期并没有被赋予范围领域如此广大的历史使命。虽然满铁公司调查部成立初期是在后藤新平的“文装的武备”的“战后满铁经营论”下构筑的调查机关，但其成立无疑源于后藤新平在台湾总督府担任民政长官期间的执政经验而建立的，其设立的主要目的是为满铁公司在东北的铁道运输业务服务。①

从满铁公司设立的过程我们也可以看出，日本在攫取长春至旅顺间的铁路权益后，不同于沙皇俄国单纯地将该段铁路作为连接旅顺军港，以此获得远东地区出海口的军事目的，而在于既要保持该段铁路的军用目的，又要保障该段铁路在引入股份制后的经济利益最大化。进而，在当时人口稀少，资源丰富的东北地区要想从铁路货运上获得经济上的巨额利益，满铁公司首先要确保的就是当时的东北地区需要有足够的可资进行经济运输和贸易的各种货源。显而易见，满铁公司调查部最初成立的目的就是需要调查满铁公司铁路沿线的可资进行贸易运输的货源。

满铁公司调查部随满铁公司成立后，首先派出满铁公司调查部调查员，从朝鲜半岛经由安奉铁路线，对奉天、铁岭、长春、吉林以及大连等地进行了实地调查。

受文献资料的限制，截至目前我们尚不清楚参与此次调查的满铁公司调查部派出的调查人员的人数、姓名以及其他详细的信息。依此次调查人员在1906年12月18日撰写的调查报告中相关信息推测，此次调查是受满铁公司副总裁中村是公的委托，主要成员有随中村是公赴任满铁公司担任满铁副总裁的原台湾总督府总务局长秘书官、原台湾总督府临时土地调查部部员，辞职后又受聘担任满铁公司调查部职员的佐藤等人。满铁公司调查部一行于1906年12月初自东京启程，经日本国内铁

① 小林英夫『近代日本と満鉄』、吉川弘文館、2000年、第12頁。

路线换乘日军军用运输船只登陆朝鲜半岛的釜山港。其后，满铁公司调查部一行又经由京釜铁路线一路北上，越过新义州后，转乘安奉铁路线于同月 13 日抵达当时的奉天城，投住在奉天茂林宾馆。稍作休息后，满铁公司调查部一行于同月 14 日早上离开茂林宾馆赶赴“奉天驿”，转乘当日 6：03 发车的北上列车。满铁公司调查部一行在结束了对公主岭、范家屯、孟家屯、长春（宽城子）等奉天至长春间铁路沿线的实地调查后，又转赴吉林实地调查了吉林城周边地区。其后，于同月 22 日经由长春至旅顺铁路线抵达大连后投住大连湾辽东宾馆。第二天，满铁调查部一行又转乘火车赴旅顺，拜会了当时在日本陆军要塞司令部的石光炮兵中佐和服部工兵少佐，并在石光和服部两人的安排下，拜会了“关东都督府”都督大岛和“关东都督府”陆军部的参谋木下等人。

满铁公司调查部一行滞留大连期间，撰写了实地调查报告。其中，除实地调查日记报告和访问“关东都督府”记录外，满铁公司调查部一行的《铁道全线运输概况报告》最引人注目。

满铁公司调查部一行撰写的《铁道全线运输概况报告》全文 25 页（含封面），为毛笔草书，日本普通美浓纸。从笔迹上看，有三人以上的人员参与了该报告书的誊写工作。依三人的誊写，该项报告书由三部分组成。其中，第一部分以调查铁岭以北的农产品为主。第二部分则以三井物产公司在孟家屯、铁岭从事的大豆运输为调查中心，调查了铁路运输的运费与运输能力问题。第三部分则从铁岭以北至吉林地区的交通情况，调查了这一地区的仓库存储货物的能力。该项报告认为，“南满洲之出产物以高粱为第一，另有大豆、谷子、罂粟、麻苎、蚕丝、海盐、松木、煤炭及其他矿物等，其种类甚多。其中，最令人注目的物产中，农产品应该是高粱和大豆，矿产品应该是煤炭，沿海事业中不过只有□□。而铁岭以北双庙子附近之沙河子煤矿、长春附近之大顶山、陶家屯以及石碑岭之煤矿煤质粗劣，且产量少”，“而铁岭以北物产之农产品主要以高粱大豆为主”，其中高粱“一部分作为当地人的饮食，一部分被发酵，酿成高粱酒，其酒糟用于猪的饲料，高粱秆或用作了燃料或做成了房顶铺草或作为篱笆。故此，该地高粱虽多，用于输出的却只有高粱酒。该酒或用马车运至直隶地区，或经营口海路运输至南方”，为此，高粱酒“与铁道运输没有任何关系”。而大豆则不同，“大豆在日本消费最多，可能是有待于铁道运输之南满铁道获利最大物产”。“在满洲以（大豆）之部分榨油，其豆糟被压制成圆形状，或用于马匹饲料，或可向海外出口”。大豆“在铁岭以北地区之铁道东侧，因土地大多为山地产量少，而西侧之辽河流域土地肥沃产量颇多。故此以东地区大豆集散地之大市场多在铁岭伊通州至开原地区，以西地区之大市场多在怀德、奉化、八面城、通江口一带，长春铁道终点附近则属于南部吉林省货物集散地”。该份报告在调查了大豆的市场、运输工具和输出渠道后，又以日本人松本龟太郎经营的昌图公司和三井物产公司为调查中心，详细调查了上述两个公司囤积的大豆地点、收购数量、大豆加工方式和运输渠道。在此基础上，该项报告提出了应通过改修线路工程增加运输能力和扩建仓库以确保铁路运输的集货能力等建议。①

通过这份内文不算太多的调查报告书我们可以看出，满铁公司在设立之初除进行铁路线路的宽轨及复线改修外，最大的议题就是如何寻找可供铁路运输的货源，增加集货能力以扩大满铁货物运输的利益。显而易见，调查满铁沿线的可供满铁公司铁路运输并进行进出口贸易的货源调查成为满铁公司调查部成立之初的主要业务。

第四节　小结

日俄战后，日本通过在中国东北设立的“关东都督府”和满铁公司，将势力渗透到了东北中南部地区。日本在东北的势力范围的“垄断”政策与美英等国的“门户开放”政策相冲突，从而导致日美之间开始从“友好”关系走向相互责疑和矛盾。由此，改变了日、俄、英、美等国在东北亚地区的势力格局。

日俄战后，日俄两国虽然通过《朴茨茅斯条约》实现了停战媾和，

① 『南滿州鉄道株式会社関係雜纂』。外務省外交史料館蔵『戦前期外務省記録』、文書請求番号：1－7－3－53－5。

但日俄两国并没有因停战媾和而改变两国相互敌视的关系。尤其是在日本的“关东都督府”和满铁公司成立后，日俄两国分别通过几次密约，达成了以军事武装为背景的实力均衡，但并没有改变日俄两国相互敌视和相互警戒的局面。日俄战后，日本陆军部中央长期以来一直将沙皇俄国视为战略假想敌，尤其是在1918年俄国十月革命后，日本陆军中央部这种战略假想敌思维基础上又添加了意识形态上的政治对立，以至于在1931年九一八事变后，日本陆军以“北进”苏联为战略目标，在中苏边境设立了西起海拉尔东至吉林东部山区的长达数千千米的“东方马其诺防线”以防止苏军进入东北地区。另外，沙皇俄国乃至于后来的苏联也同样将日本作为其威胁势力扩张的潜在敌人。其间，俄国和后来的苏联只是为避免东西两线作战的压力，才采取了同日本签订密约或互不侵犯条约的策略，以缓解东线的压力，但俄国或苏联一直没有放弃将日本视为战略假想敌的战略构想。

此外，中日两国也因日本从俄国手中攫取了东北铁路和辽东半岛租借地权益而演绎了一场自上而下的频繁的外交战。

1905年中日北京会议后，中日两国的政府外交机构、在东北地区的中日两国外交派出机构以至于满铁、“关东都督府”同东北地方政府之间围绕东北地区铁路、矿产、土地商租权等议题进行了频繁外交交涉。日本甚至不惜动用武力威胁、外交恫吓、收买等方式试图攫取更多的权益。中日的这场围绕东北权益的交涉和外交战实际上也是侵略和反侵略、蚕食与反蚕食的一场外交斗争。

日英美围绕东北地区权益的外交战主要体现在日本通过在东北设立满铁和“关东都督府”，实际上垄断了东北经济权益后，同英美之间就“满铁门户开放”政策议题的外交战。日俄战前，日本同英美间因日本发动日俄战争而迅速接近。日俄战争期间，英美两国不仅在外交上积极支持日本同俄国的战争，而且批准了日本在其国内发行战争公债，以筹集对俄国的战争经费。日俄战争期间，日本不仅巩固了同英国的同盟关系，而且在战后还通过美国总统的斡旋，调停了日俄战争，并在美国支持下同俄国签订了《朴茨茅斯条约》。尽管如此，日俄战争结束后，日本不仅没有兑现对英美两国的“满洲工商业的门户开放”的承诺，而且通过满铁和“关东都督府”的设立垄断了东北地区的经济及铁路运输权益，事实上排除了英美两国的资金进入东北地区。由此，有的学者提出了日本偷袭珍珠港形成日美交恶，事实上是从1906年哈里曼桂太郎备忘录开始的结论。这一说法虽然有些夸张，但至少可以说明，日美关系变化是从1906年日本在东北设立满铁和“关东都督府”，垄断了东北地区的经济和铁路运输资源时开始的。

日本通过设立满铁和“关东都督府”也改变了日俄英美在东北亚地区的势力格局。

日本通过日俄战争不仅攫取了库页岛南部和朝鲜半岛的统治权，先是在朝鲜半岛设立了统监府对朝鲜进行外交和军事上的“指导”，继而吞并了朝鲜，将势力触角进一步延伸到了中朝边境。与此同时，日本通过满铁和“关东都督府”进而控制了东北地区的中南部铁路运输线和辽东半岛地区，实际上形成了以长春为分界点的日俄分割东北的局面。这样，在英美势力背景的京奉铁路经由辽西走廊进入东北腹部地区后，由此形成了日俄英美势力透过铁路运输线分割东北的犬牙交错局面。

为此，中国的历届政府以外交交涉、内政改革、近代军事教育、增设军队驻防、自主敷设铁路等各种不同形式以期恢复东北经济主权。1907年清政府废除了在东北地区实行的将军制，分别在奉天、吉林和黑龙江设省，采取了与内地相同的民政制度，并在三省之上设立了总督府，以统辖三省军政。受命担任东三省总督的徐世昌到任后，大力推行东北新政。先是调入了直隶的近代新军驻防东北各地，并设立随营学堂、东三省陆军讲武堂、陆军小学、陆军测绘学堂等近代军事学堂，进行近代军事教育和训练。继而采取各种政策，鼓励各地设立工商企业，设立自治研究所，健全保甲制度，编制预算和决算以试图整顿东北税收。尤其是在张作霖和张学良父子主政东北期间，张氏父子针对满铁铁路线的日益扩张，自葫芦岛和锦州开设港口，构筑了通过大虎山、通辽、洮南、昂昂溪至海伦和黑河间陆路和海路的东北西部运输线和经奉天、吉林、海龙等东线铁路线，以期打破日本满铁通过大连港和铁路线对东北经济运输的垄断。

中国历届东北地方政府的这些以收回东北经济主权为主的努力，实际上也是针对日俄等国对东北地区的经济盘剥所进行的反蚕食、反侵略的一种斗争行为。为此，日本不惜煽动蒙古王公进行“满蒙独立运动”，暗杀张作霖，以至于在1931年发动了九一八事变，进而武装占领了东北地区。

满铁和“关东都督府”的设立也是日本在明治宪法体制下所形成的藩阀、政党、财阀、军阀、文官等政治势力的“条”和“块”权力分割情况下的相互妥协和相互退让的结果。

1889年明治宪法颁布之初，伊藤博文和伊东巳代治等人设计的君主立宪制的中央集权制下，并没有设定海外殖民地吞并后的殖民统治议题。这样，继1894年日本吞并台湾后所产生的关于海外殖民地统治机构的政策争议和混乱，围绕日俄战后日本从俄国手中所攫取的辽东半岛租借地以及长春至旅顺间的铁路线问题，在日本政府内部也产生了尖锐的意见对立。在战前日本明治宪法体制下，形成的铁路交通、外交、税收、陆军部队和海军港湾及军舰分别属于递信省、外务省、大藏省、陆军省、海军省，以及独立于日本内阁之外的日本陆军参谋本部和海军军令部的权利职能，在这种“条”和“块”的权力分割下，上述省厅和部门各自分担各自部门的权力并向日本天皇负责。明治宪法体制下的这种近代中央集权式的权力构造为近代日本国民国家的形成和国家资本主义发展起到了一定作用，但在海外殖民地的台湾和后来的朝鲜半岛，尤其是在非领地的辽东半岛和长春至旅顺间的铁路线等租借地经营上则遭遇了日本国内“条块”政治的权力挑战。换而言之，日俄战后，日本国内朝野围绕“关东都督府”和满铁是实行军政统治，权力归于日本陆军省，还是“关东都督府”和满铁按照明治宪法体制属于日本国内的“条块”政治权力，进行权力分割等议题上产生了尖锐的意见对立。在这种意见对立前提下，无论是“关东都督府”还是满铁都是上述日本国内政治权力在相互矛盾情况下，相互妥协和退让的一种产物。由此，由驻奉天日本总领事馆、“关东都督府”和满铁所构筑的东北“三头政治”中，从这种制度构筑之处就充满制度上的相互矛盾和权力相互钳制问题。简而言之，外务省的海外派出机构不能干涉陆军系统的“关东都督府”，“关东都督府”不能在业务上干涉属于递信省系统的满铁公司，而作为日本“官商合办”的满铁公司虽然被赋予了英国东印度公司般的各种“使命”，但从日本国内体制上又受限于日本大藏省、递信省、外务省和陆军省，自然不能干涉奉天日本总领事馆的外交事务，也无权干涉“关东都督府”的军事事务。也就是说，无论是日本在东北设立的“三头政治”还是其后的“四头政治”均无法逾越明治宪法体制下所构筑的日本国内政治体制框架，“关东都督府”和满铁的设立即是当时日本国内各种政治势力争执在东北的延续，也是明治宪法体制下所衍生的日本海外殖民统治构造论上的矛盾体现。

第二章

扩张的满铁与铁道守备队的军事渗透

1906年9月“关东都督府”成立后，先是接手了长春至大连、安东至奉天等日军占据的铁路线，成立了铁道守备队，并在辽阳驻防了一个陆军师团。辽阳驻防的陆军师团按照每两年一期，定期进行内地陆军师团换防。“关东都督府”在进行驻防军队编制制度化完成后，开始了对东北地区进行了水文、地理、道路交通、物产、物价、风俗人情、少数民族等多方面的军事战略调查。

相对于这一时期“关东都督府”着手初期营房、附属医院等的环境整备，满铁公司则在成立后便开始大张旗鼓地发行满铁公债和对长春至大连、奉天至安东等铁路线路的复线工程和标准轨改轨工程等铁路线和铁路附属地的疯狂扩张。与此同时，满铁公司围绕铁路附属地、矿山等同清政府及清政府东北地区官宪进行了外交交涉。

这一时期的“满铁主都督府从”的运营模式，表面上看似乎各有分工，互不干涉，但在实际的制度和体制运营中，满铁和“关东都督府”则从各自的角度，分别提出了不同的权力要求，实际上，在满铁和“关东都督府”设立后仍然面临着在东北的“三头政治”中权力再调整的议题。

第一节　扩张的满铁

一　满铁的铁路线改修的缘由

满铁公司成立后，首先面临的就是所辖铁路线的改轨和复线铺设以及车站和附属设施的整备问题。

1907 年 4 月正式营业的满铁公司从日本政府手中所接收的长春至旅顺间、安奉铁路、大石桥至营口铁路线以及奉天至抚顺等铁路中存在着 1520 毫米（英制 4 英尺 98 英寸）俄式轨距和 1067 毫米（英制 3 英尺 6 英寸）日本轨距[①]等两种不同轨距规格的铁路线。其中满铁公司接手的铁道线中属于日本国内 1067 毫米轨距的铁路线有长春至旅顺间铁路中的旅顺至公主岭段、安东至奉天铁路、新民屯至奉天间铁路；属于俄式 1520 毫米宽轨的铁路线有长春至旅顺间的公主岭至长春段、苏家屯至奉天段以及大石桥至营口间铁路线。

诚如所知，长春至旅顺间的铁路线原为沙皇俄国修建的中东铁路支线中哈尔滨至旅顺间的中南部铁路段。1905 年的日俄战争中，日军驱逐俄国后相继占领了该线铁路中的旅顺至公主岭段。由于俄军在败退前将铁路牵引机车大部运往哈尔滨以北地区，致使日军虽然占领了铁路线却没有牵引机车进行铁路军事运输。为此，当时“满洲军总司令部”下辖的战时铁道提理部从日本国内紧急调运了铁路牵引机车，并将日军占领的旅顺至公主岭间的俄式宽轨的 1520 毫米改筑成了日本国内的 1067 毫米轨距。而安奉铁路则为日军“满洲军总司令部”所属的战时铁道提理部为调集经由朝鲜半岛、新义州至安东的日军军用物资运输线，自安东至奉天之间规划铺设的轻便铁路。由于该段铁路线所规划的途经地属于东北东部长白山余脉地区，沟壑纵横，铁路线路施工难度大，致使日俄两军前线达成停战协定后仍未如期完工。尽管如此，日本为了在中日北京会议谈判中达到攫取该段铁路线经营权的目的，谎称该段铁路竣工并以此要挟清政府外交代表，获得了该段尚未完工铁路的经营权。安奉铁路在 1906 年年底仓促结束预定线路铺设后，因该段铁路线属于临时仓促铺设，且轨距采用了日本国内的 1067 毫米轨距的单线铁路，故此在工程竣工之日起也面临拆除临时架桥、加固轨道地基等项工作。

除上述铁路线的轨距问题外，长春至旅顺、安东至奉天以及大石桥

① 按照 1830 年英国人布鲁内尔提出的 1435 毫米（英制 4 英尺 8 英寸半）标准轨的标准，超过 1435 毫米轨距的俄国等地的铁轨为宽轨铁路，而小于 1435 毫米轨距的日本等地的铁轨为窄轨铁路。

至营口间铁路线均属于单线铁路，考虑到铁路交通运输效率问题，满铁公司所辖铁路线的复线改筑也成了满铁公司设立初期需要考虑的议题。

按照当时满铁公司的相关文献记述，满铁公司针对所管辖的前述铁路线的轨距和单线问题提出的最初计划中，将现行铁路线路中的“英尺三英尺六英寸窄轨改筑英尺四英尺八英寸半的宽轨铁路线”。为此，满铁公司考虑“沿现行的窄轨列车运行线，在大连至苏家屯间迅速铺设宽轨①，并进行复线工程。在其区间开始运营宽轨列车后，苏家屯以北及支线利用现行窄轨铁路线外侧附设一轨道线，变成三轨铁路，以此实行窄轨和宽轨通用，待窄轨机车和车辆送还南方后，拆毁窄轨轨条铁轨，使其同大连至苏家屯间的窄轨改宽轨相通进行统一运营”。满铁最初的这一改筑方案很快被公司的决策层所否定。满铁公司的决策层提出，“鉴于线路及营业状况，复线工程未竣工前亦应不停止窄轨铁路之运营。尽早改筑宽轨铁路线虽然必要，但在目前情况下，用于复线改筑之轨道可临时用于全线之第三条轨道（个别地方应为四条），采用宽窄轨道列车并用之方法”。

为此，满铁公司又按照公司决策层指示，制订了四个改筑计划方案。其中，第一个计划就是“在大连至长春本线及各支线中，除车站外，一律改筑成三条铁轨线。一线改筑或新设宽轨同时采取窄宽轨并用运行。随窄轨车辆逐次撤离后，从长春方向逐次向大连方向改筑宽轨。窄轨车辆逐次集中在大连。如本方案不能实行将会采用第二方案”。第二个计划就是“为避免第一计划中因窄宽轨列车并用所带来之混乱，除车站外全线改用三条轨道。为此，各车站内之左侧线（即大连至长春之上行线）改为宽轨或改筑成三条轨道线，并附设给水设施，并在瓦房店、大石桥、辽阳、奉天、铁岭以及公主岭等地之各车站敷设能收容宽轨车辆之预备线，以配置宽轨车辆。一旦窄轨车辆撤离结束，可没有间隙地逐次从长春向大连运行宽轨列车”。满铁公司的第三个计划就是“在第二个计划逐步实施的前提下，因所需筑路材料未能按时运抵而为

① 由于当时日本国内铁路线中，大多采用了762毫米和1067毫米的轨距敷设铁路。因此在当时情况下，满铁公司的轨距界定中只有1067毫米以下的窄轨和1435毫米的宽轨，尚没有在窄轨和宽轨之间的标准轨的界定。

增加输送货物，应首先开始运行大连至奉天间宽轨列车。大连至奉天间全线改筑宽轨轨道的同时，亦应保留用于送还窄轨车辆至线路。在苏家屯车站应敷设用于收容抚顺线之窄轨车辆线，并在奉天车站采取积极之联系方法。至于奉天以北地区之窄轨铁路，在所需筑路材料为抵达之前仍然保留其窄轨运输现状。以此计划之不便之处在于在奉天之旅客和货物均需要转乘。尤其是自抚顺运出之煤炭需要在苏家屯进行转运。该计划如行不通，可按第四个计划方案实施”。满铁公司的第四个计划方案是在“第三个计划方案需要相当长的时间前提下”的第四项计划方案。即“在第二项计划方案中，以所需筑路材料按期抵达后，自奉天以北进行第三条轨道敷设后全线改筑宽轨铁路线（改筑工程应自长春向大连开始，以期窄轨车辆能够最后撤离至大连）”。①

一般情况下，如果不是专门的铁道史研究，历史学家几乎不大在意满铁公司成立初期的宽轨改筑和单线改复线工程的历史研究。但我们从满铁公司的上述专业术语繁杂的复线和轨道改筑计划方案中发现，还是多少有些议题需要我们做进一步的厘清。

这些议题主要包括两点。其中，第一点议题就是，在日本满铁公司设立初期所募集的股份资金不超过 200 万日元的情况下，为何不惜发行社债进行铁路线的宽轨改筑和敷设复线。第二点议题就是在当时日本国内的国有铁路公司（JR）普遍采用了 1067 毫米的所谓窄轨铁路的情况下，尤其是在日俄战争中敷设的大连至公主岭段和安东至奉天间铁路线均采用了 1067 毫米轨距的铁路线情况下，为何又大费周章将全线从 1067 毫米轨距的铁路线改筑成 1435 毫米轨距的铁路线。附带的议题是为何在日俄战争期间，日军既然占领了公主岭以南各地的铁路线，为何要将宽轨的 1520 毫米俄式铁路改筑为 1067 毫米的属于轻便型的铁路线。换而言之，日俄战争期间，日军在陆续占领了大连至公主岭间铁道线后，由于撤退的俄军将铁路沿线的牵引机车和车辆陆续撤离到了哈尔滨附近，不得不将该段铁路改筑成日本国内 1067 毫米轨道，以方便军事

① 日本国会図書館蔵『南満州鉄道広軌事業概要』、南満州鉄道株式会社、1910 年、第 3—5 頁。

运输。而在日俄战后满铁公司也没有恢复旧俄式宽轨铁路线，采用俄式的1520毫米宽轨铁道运输方式。

实际上，上述两项议题归结起来就是日本在日俄战后的东北铁路经营中，为何既不沿用俄式1520毫米的宽轨铁路线，也不沿用按照日本国内铁路轨道标准铺设的1067毫米轨距铁路，转而采用了1435毫米轨距的铁路线的背景问题。

非常遗憾的是，截至目前我们尚没有查阅到可资参考的关于满铁公司采用1435毫米轨距的铁路线缘由的相关档案和文献。不过从当时满铁公司成立初期的环境下，尚有几点可资参考的推测理由。第一，日本国内普遍采用的1067毫米轨距的列车在当时世界铁路运输发展中属于轻便火车类型，故此，由于受到轨距及动力影响，运输货物量受到极大限制。而相对于当时日本国内主要针对军事兵员和货物运输，在当时东北的货物主要是大宗的木材、矿产资源、煤炭以及农产品中的大豆、棉花。显然，尽管满铁公司的大部分技术人员都来自日本国内铁路公司，熟知与日本窄轨铁路运输体系相匹配的信号、给水、车站、线路养护以及列车调度等业务，但如果采用日本国内的1067毫米轨距铁路线明显与当时满铁公司所预计的货物运输量不相匹配。第二，沙皇俄国处于国防需要，在铺设西伯利亚铁路线时，特意采用了与当时欧洲不同的宽达1520毫米轨距的铁路线，以防止他国铁路线轻易地与该国铁路线并轨入侵俄国。这样，对于日本而言，处于日俄战后视俄国为战略假想敌，防止俄国进行报复的情况下自然也不会采用与俄国同轨距的铁路线。更为重要的是，早在朝鲜半岛的京釜铁路线中，日本也采取了与日本国内不同轨距标准的1435毫米铺设了该段铁路线。进而，在未来如果实现朝鲜半岛铁路线和东北铁路线联运，连接朝鲜半岛的安奉铁路线必然要采取与京釜铁路线等朝鲜半岛西海岸同样轨距的铁路线才能保证铁路运输货物的便捷性。第三，连接当时清政府首都的北京至奉天间（当时仅铺设至新民屯）的关内铁路（即后来的京奉铁路）也采用了1435毫米轨距进行铁路线铺设。这样，在未来的铁路货物运输中，满铁公司如果拟与即将铺设竣工的京奉铁路线实现便捷的互联互通，也必然需要采用与关内铁路相同轨距的铁路线进行货物联运。

虽然上述的推测理由只是基于现代的铁路运输的考量，想必当时满铁公司也不一定有如此之多的理由去考量满铁公司的铁路线的改筑。但有一点可以肯定的是，经过满铁公司的铁路线轨距改筑、复线铺设以及沿线车站、货场、路桥的增修改建，尤其是对大连港和鸭绿江大桥的改扩建使得满铁公司不仅实现了铁路和海路的联运，而且还实现了东北铁路线和朝鲜半岛铁路以及港口的海路联运。这样，满铁公司通过铁路线的扩张，初步形成了以铁路运输为中心手段的对东北中南部地区的经济资源、农产品资源以及贸易、道路交通的控制局面。

二　围绕满铁公司权益的中日交涉

满铁公司的扩张过程中，其权益的扩张主要是通过同中国中央政府以及东北地方政府交涉中巧取豪夺获得的。尤其是满铁公司的初期经营过程中，满铁公司的权益扩张，主要是通过勒索武力威胁、利益劝诱、行贿等手段获得的。日本政府以及派出机构同中国政府及东北地方政府进行了不同层次不同内容的交涉。

（一）满铁合办权交涉

1905 年中日北京会议后，中日关于东北铁路的交涉始于满铁公司筹建前后的满铁管理权交涉。1906 年 8 月 24 日，日本外务大臣林董致函驻清日本公使馆公使林权助。为研究叙述方便，兹全文收录如下。

> 关于南满洲铁道会社一事已如往电第 149 号①所述。该会社之章程已经获得政府认可，约在 9 月 1 日前后着手募集股份。如你所知，该会社之资本总计 2 亿日元。其中，1 亿日元为帝国政府所有，以铁路煤矿等充之。余额之 1 亿日元股份中，先募集 2 千万日元，认为有追加必要时再行募集。当下主要以社债形式募集资金。根据该会社之敕令及其他规定，帝国政府及臣民之外，清国政府及臣民可持有（该会社）股份。因该会社标榜为日清两国共同事业，故

① 往电第 149 号是指同月 16 日以日本外务大臣林董名义发给驻清公使林权助的电报。该份电报主要是通报了设立满铁公司的简单概要。

> 此，请贵官向清政府通报该会社设立之事，并询问是否希望持有该会社股份之意。关于该会社股份募集之细目其设立委员会尚没有确定。一旦确定后将转发贵处。当下只是需要确定清国政府是否有意购买该股份之意，如有意其金额为多少。请尽快用电报回复。在本邦（该会社）股份募集非常良好。申请额已经远远超过说定股份额。如清政府认购股份亦未必按照其希望之金额配股。①

日本外务大臣林董的这份外交函件主要是向日本驻清公使林权助通报了满铁公司募集股份情况并以满铁公司系中日两国共同事业，要求林权助公使征询中国清政府是否有持股意向。收到日本外务大臣的函件后，驻清日本公使林权助分别于同年 9 月 27 日和 10 月 4 日两次致电日本外务大臣，向日本外务大臣汇报了其间面见北洋大臣袁世凯和当时的盛京将军赵尔巽，并向中国清政府的两位重臣通报了满铁公司募集股份情况。林权助公使“几次催促，奉天将军②及袁世凯均以尚在协商中为由没有回复。为此本官告知申购股份截止日期为 10 月 5 日，希望在截止日期前尽快回复”③。至 10 月 4 日前“奉天将军及北洋大臣尚没有回复。从清政府没有回答之态度上看，应该没有在截止期限前申请股份之意”④。

日本驻华公使林权助在电文中提到的北洋大臣袁世凯和时任盛京将军的赵尔巽可能是当时清政府官僚中为数不多的熟知满铁公司设立经纬的两位人物。其中，袁世凯为中日北京会议中中方的实际谈判代表，全程参与了中日北京会议。而作为满铁公司经营的铁路线和煤矿所在地的盛京将军赵尔巽不仅熟知长春至大连间铁路的详细情况，而且也从东北边疆大吏的角度十分熟知日本设立的满铁公司与中俄两国所签订的东省铁路公司原约的本质不同。为此，同年 9 月 21 日，袁世凯和赵尔巽接到

① 1906 年 8 月 24 日付、外務大臣ヨリ在清国公使宛書簡。外務省『日本外交文書』、第 39 巻第 1 冊、日本国際連合協会、1959 年、第 639—640 頁。

② 原文如此。

③ 1906 年 9 月 27 日付、在清国公使ヨリ外務大臣宛電報。外務省『日本外交文書』、第 39 巻第 1 冊、日本国際連合協会、1959 年、第 648 頁。

④ 1906 年 10 月 4 日付、在清国公使ヨリ外務大臣宛電報。外務省『日本外交文書』、第 39 巻第 1 冊、日本国際連合協会、1959 年、第 649 頁。

了清政府外务部转呈的日本驻清公使的外交照会。在清政府外务部下发的公函中，清政府外务部提出“公家筹款入股殊为不易”，要求袁世凯和赵尔巽对满铁公司章程“逐条详核，有无流弊”，并“转饬地方官及商会，设法招徕以期集事”。[①] 对此，袁世凯和赵尔巽分别于同年 10 月 12 日和 10 月 16 日呈文清政府外务部提出了反对意见。袁世凯在呈文中指出了满铁章程与中俄原约不符之处，提出了不承认满铁章程，并应与日进行交涉的主张。袁世凯在呈文中认为，第一，中俄“原约造路资本系中俄合伙开设之银行所出”。日本政府制定的满铁公司章程中日本政府反而却成了最大股东。第二，中东铁路原系“盖官路而商办者所用官地并不给价”，但实际上该铁路用地中的官地等于清政府出资。而满铁公司股份中清政府的土地实际出资股份被日本政府侵吞了。第三，中俄原约中其铁路总办由清政府选派，而满铁公司总裁等却由日本政府任命。此外，满铁公司章程所列铁路线中的大石桥至营口铁路线在中日北京会议没有商定，应行拆除。[②]

盛京将军赵尔巽在回复清政府外务部的呈文中则更为尖锐。赵尔巽不仅反对参股满铁公司，而且主张清政府在满铁公司中拥有合办权，进而提出“今日之急务，不在争入股之小利，而在争合办之原约”。由此，赵尔巽将中俄合并东清铁路原约同满铁公司章程进行逐条比较，提出了反对满铁公司章程，并对该章程逐条修订的主张。[③]

在袁世凯和赵尔巽等清末重臣的推动下，清政府外务部分别于 1906 年 11 月 10 日、1907 年 3 月 1 日和同年 4 月 16 日三次照会日本驻清公使馆，向日本政府强调“南满洲铁路，即光绪二十二年东省中俄合办铁路之一部分。上年中、日会议《东三省事宜正约》第二条载明，日本国政府承允按照中、俄两国所订借地及造路原约，实力遵行，尔后遇事随时与中国政府妥商厘定等语。是中、日两国于此项铁路本有合办之议。乃

① 光绪三十二年八月四日（1906 年 9 月 21 日）外务部致盛京将军、北洋大臣函，中国第一历史档案馆藏《中日关系——路矿企业档》，档案号：2646。

② 原文藏于中国第一历史档案馆《中日关系——路矿企业档》，转引自苏崇民《满铁史》，中华书局 1990 年版，第 29 页。

③ 原文藏于中国第一历史档案馆《中日关系——路矿企业档》，转引自苏崇民《满铁史》，中华书局 1990 年版，第 29 页。

详核该公司定款，实与原约多有不符之处。如原约载明钦奉谕旨允准与华俄道胜银行订定建造经理东省铁路合同。定款则云本公司奉日政府之命令设立。原约载明中国政府派委华俄道胜银行承办，其资本系中、俄合伙开设之银行所出，且该路所用地亩，全不纳税，所用官地并不给价。虽属商办仍系中国官路。定款则以铁路及附属财产，悉充为日本政府资本。原约载明总办为中国政府选派，定款则云该公司总裁等员由日本政府任命”[①]。

清政府外务部的这份照会中主要以1896年9月8日中俄两国签署的《合办东省铁路公司合同章程》以及1898年7月6日中俄两国签署的《东省铁路公司续订合同》为依据，指出了满铁公司章程不符原约之处，实际上提出了依据中俄原约合办满铁公司的主张。

对此，日本政府外务部通过日本驻清公使馆回复清政府外务部，以中俄东省铁路原约虽载明中俄合办但实际上中方并没有选派总办以及满铁公司已经开业为由，婉拒了清政府外务部提出的满铁公司由中日合办的要求。其后，由于清政府内部的人事变动中，原反对满铁公司章程，并力主中日合办满铁公司的北洋大臣袁世凯和盛京将军赵尔巽[②]分别调任他职后，清政府内部再无人提及满铁公司的中日合办事宜。

当然，以熟知日俄战后中日外交脉络的袁世凯和赵尔巽等人提出的反对日本政府制定的满铁公司章程，力主中日合办满铁公司的主张，可能在某种程度上反映了当时清政府内部的部分官僚对日本通过满铁公司攫取清政府对满铁公司的合办权的担忧。从另一方面看，清政府对于日本政府擅自制定满铁公司章程，并通过股权发售实际上排除了清政府对满铁公司的合办权问题上采取的暧昧态度，可能更多的是出于当时清政府所采取的“以夷制夷”，利用日本牵制俄国的战略考量。

从清末中国外交史的发展看，中日甲午战争后，沙皇俄国以三国干

① 1907年3月17日付、林権助在清国公使館公使ヨリ林董外務大臣宛書簡。外務省『日本外交文書』、第40巻第2冊、日本国際連合協会、1961年、第304頁。

② 其中，原任北洋大臣兼直隶总督的袁世凯调任清政府外务部尚书后，于1908年被罢免要职归乡。原任盛京将军的赵尔巽调任四川省担任四川省总督。

涉还辽之功攫取了横跨东北北部和穿越东北中南部的铁路权益，并强行租借了旅顺作为其远东的军港。这样，清政府在东北面临着沙皇俄国势力入侵，却又无力将沙皇俄国势力驱逐出东北。尤其是义和团事件后，沙皇俄国借镇压义和团的名义出兵东北，并在1900年中国清政府同八国联军签订了《辛丑条约》后仍然拒绝撤兵，清政府一直试图通过以夷制夷，以日本压制俄国对东北的武装入侵。进而在日俄战争爆发前后，清政府依照日本的要求划定武装中立带并宣布中立的思路下，作为一种可能性，在日俄战后，清政府可能有借助日本在东北中南部的势力扩大，以期抑制俄国对东北地区的进一步势力渗透。由此，清政府在满铁合办权问题上的让步很有可能是出于通过满铁在东北铁路经营权的确立抑制俄国势力而进行战略平衡的考虑。

当然，这仅仅是一种没有基于相关文献资料上的推测而已。不过有一点可以肯定的是正是由于清政府在满铁公司合办权上的让步，才使得日本通过满铁公司逐步扩张，以至于在1931年九一八事变爆发前，满铁公司几乎垄断了东北的矿产、农产品、森林木材、轻工产品等的流通权和贸易权，从而控制了东北的经济命脉。

（二）满铁初期的东北铁路经营权交涉

满铁公司成立后，日本政府外务省及派出机构同中国历届政府交涉最多的可能就是满铁公司扩大经营其他东北铁路线路问题。

1905年中日北京会议后最先被列入中日两国政府外交层面的东北铁路当属日俄战争期间，日军战时铁道提理部下辖铁道工程大队在新民屯至奉天间所敷设的临时军用轻便铁路线。1905年3月日军在取得奉天会战胜利占领了奉天及新民一带后，为保障其后日军拟定的奉天以北决战的军事运输需要，“满洲军总司令部”决定在新民屯至奉天间架设军用轻便铁路线。为此，接到命令的日军战时铁道提理部所辖铁道工程大队从日本国内运来了铁路的筑路材料并完成先期的铁路沿线测量后，于同年3月开始了铁轨地基施工。同年4月11日，日军铁道工程大队完成了马三家子至老边之间的铁路敷设后，开始了奉天至辽河左岸之间区段的手推式铁路通车运输。同年8月，日军铁道工程大队又在日军军官井上仁郎的指挥下，开始对铁路线进行改修，将手推式铁路改修为非电力信号系统的机车式轻便铁路。[①]

日俄战后的中日北京会议中，清政府外交代表对于日方代表提出的“由奉天省至新民屯所筑之铁路，由日本政府继续经营”以及“按吉长铁路同样办理”的要求，进行了反驳。最后，日本政府外交代表同意了清政府外交代表提出的“奉天省城至新民府日本国所筑行军铁路，应由两个政府派员公平议价，售与中国，另由中国改为自造铁路，允在辽河以东所需款项，向日本公司贷借一半之数，分十八年为借款还清之期，其借款办法届时仿照中国山海关内外铁路局向中英公司借款合同参酌商订”[②] 的提议。这一提议表面上看似清政府成功地收回了新奉铁路的经营权，实际上是以吉长铁路和新奉铁路辽河以东段的满铁公司的优先借款权的让步而换来的。清政府在新奉铁路上的实际让步也由此埋下了中日北京会议后中日之间围绕新奉铁路、吉长铁路等的借款权问题进行交涉，进而为满铁公司通过借款染指新奉铁路和吉长铁路工程和铁路运营的种子。

1907 年 1 月 15 日，日本外务大臣林董致电驻清日本公使馆公使林权助，指示林权助就新奉铁路让渡事宜同清政府外务部接触并谈判。收到林董外务大臣电文的林权助于同月 19 日呈文日本外务省，向外务大臣林董就有关新奉铁路交涉的具体事宜进行了请示。[③] 中日关于新奉铁路事宜的谈判在日本驻清公使馆公使林董的要求下，于同年 3 月 20 日举行。清政府外务部派出了外交代表那桐，日方代表则由驻清公使林权助担任。会谈开始后，日方代表向清政府代表提交了关于新奉铁路的谈判大纲。日方提交的这份大纲主要由 6 项内容组成。其中，第 1 项为新民至奉天间现存铁路，日本允将照修筑实价，即日元 332 万元的价格卖给清政府。第 2 项为前项铁路价款为现款，亦可作为该铁路的借款。第 3 项为日本政府允将清政府收购后的新奉铁路进行改修改筑，并与日本满

① 吉林省社会科学院满铁史资料编辑组：《满铁史资料》第 2 卷第 2 分册，中华书局 1979 年版，第 412 页。

② 王彦威编：《清季外交史料》第 3 册，书目文献出版社 1987 年版，第 3032 页。

③ 1907 年 1 月 19 日付、林権助在清国公使館公使ヨリ林董外務大臣宛書簡。外務省『日本外交文書』、第 40 巻第 2 冊、日本国際連合協会、1961 年、第 338—240 頁。

铁公司的奉天站相连接。第4项为清政府收购该段铁路的同时，应签订新奉铁路修筑的借款合同。第5项为新奉铁路交涉应与吉长铁路交涉同步进行。第6项则为吉长铁路日方提供的借款数额需要日本对该段铁路进行实际勘察后再行商定。①

从日方代表提交的谈判大纲内文中可以看出，日方借新奉铁路让渡给清政府，试图将新奉铁路和吉长铁路进行捆绑，以期达到对吉长铁路借款权的控制。对于清政府代表而言，由于在谈判中实无可供妥协和交换的外交牌，从一开始就处于被动局面。因此，清政府代表除提出新奉铁路让渡价格过高外，对吉长铁路借款事宜没有提出任何反驳意见。对此，掌握了谈判主动权的日方代表立即提出了新奉铁路的让渡价格可以做出一些让步，但前提条件是清政府需要将吉长铁路借款同新奉铁路让渡一起谈判。这样，在日方代表将新奉铁路让渡价格降至166万日元后，中日双方的谈判从新奉铁路让渡议题迅速转向了收归清政府所有后的新奉铁路借款以及吉长铁路借款问题。同年4月15日中日两国代表签署了《新奉吉长铁路协约》。根据这项协约的规定，清政府在以166万日元收购新奉铁路后，其新奉铁路辽河以东段所需款项的一半之数，要从满铁公司筹借。新奉铁路借款以该段铁路产业以及收入之营业款为担保，还款期限为18年。进而在借款期间，需聘用日本人作为该铁路的总工程师和会计主任。

中日《新奉吉长铁路协约》签署后，同年5月27日中日两国分别派出了山海关内外铁路局总办周长龄、满铁公司的久保田政周签署了《奉天新民屯间铁路及附属固定物件并轮转材料授受结了交换公文》②。清政府正式接手了新奉铁路的经营权后，中日两国政府代表又于1908年8月间开始交涉新奉铁路辽河以东段的满铁公司借款问题。经过谈判，中国清政府铁路总局局长梁士诒、日本驻清公使馆书记官阿部守太

① 1907年3月28日付、林董外務大臣ヨリ林権助在清国公使館公使宛電報。外務省『日本外交文書』、第40卷第2册、日本国際連合協会、1961年、第347—348頁。

② 该文件名称实际上是日文汉字表述方式，长期以来一直在我国学术界原文使用。因我们目前尚没有查阅到中文原文文件名称。故此，依日文文件名称翻译成汉语应该为《奉天新民屯间铁路、附属房舍及动力机车材料交割公文》。

郎分别代表两国政府于同年 11 月 12 日在北京签署了《新奉吉长铁路借款续约》。根据该项续约，新奉铁路中清政府共向满铁公司借款 32 万日元，年息 5 厘，实收借款按 93% 支付。吉长铁路向满铁公司借款规定与新奉铁路借款条款相似。其中，吉长铁路向满铁公司借款总额为 215 万日元，还款期为 25 年，年息 5 厘，以该段铁路的产业及运营收入为担保。作为条件，满铁公司向该铁路公司派驻工程师、会计主任及运输部主任等，以保障铁路借款的还贷保障。①

与前述的新奉、吉长铁路交涉相比较，满铁公司初期的东北铁路权益扩张当中另一个引人注目的大石桥至营口间铁路权益的交涉可能是交涉跨越时期最长的一段铁路。1905 年中日北京会议中，中方代表以该段铁路线按照中俄条约系“为筑造东省铁路载运材料准俄国暂设，并订明一条，东省铁路工程完毕，及其所定最多期限八年届满，即行拆去”。而日方代表则以“东省铁路初次约定有此明文，但尔后中俄两国订定交还东三省约时，在中俄两国独无拆去之意。欲愿作为东省铁路之一支仍旧存留之意，确有可推知之迹。而如拆去此段铁路之题目，实属不应现在议定之事”②，成了中日北京会议中日本代表提出交涉的一个借口。

1906 年满铁公司设立委员会将该段铁路线列入满铁公司章程后，该项章程经由驻清日本公使馆转呈清政府外务部，对此，清政府外务部曾在照会中对满铁公司章程中擅自将营口至大石桥间铁路折抵日本政府出资的实物股份一事提出了异议。但中日间的相关交涉始于 1907 年 11 月。同月，满铁公司开始将营大铁路营口方向的火车站从原址的牛家屯迁移至市区的青堆子附近。为此，得到清政府山海关道台呈报的清政府外务部，于同月行文照会日本驻清公使馆公使林权助，“闻日本车站拟由牛家屯往青堆子迁移，先拟利用南青堆子已成铁路，作为改良车站之举”，“查中俄续订铁路合同第三款内载，东省铁路公司为建造南满洲铁路，需用料件粮草，运载便捷起见，准其由此路暂筑支路至营口及隙地海口，惟造路工竣，全路通行贸易后，公司应遵中国政府知照，将诸支路

① 王铁崖：《中外旧约章汇编》第 2 册，生活·读书·新知三联书店 1959 年版，第 1374—1376 页。

② 王彦威编：《清季外交史料》第 3 册，书目文献出版社 1987 年版，第 3010—3011 页。

拆去。总之，自勘定路线拨给地段日起，一过八年必定拆去”。[①] 收到清政府外务部照会的日本驻清公使馆于同年 12 月 16 日，行文清政府外务部。在日本驻清公使馆的该份行文中称，“查拆除营口支线一事，在前年关于满洲问题的日清会议上，贵国全权代表曾依据中俄东省铁路续约第三条提议拆除。是时，我方全权代表已阐明难以拆除的理由，并表示不能承认。然而，贵国政府今又反复提议拆除，蓄意造成该地交通不便，不顾损害公共利益，本公使并不清楚南满洲铁道株式会社有无贵部所述之计划以及是否拟予实行。但即或此计划属实，亦无非为了将牛家屯为止的营口支线使之更接近营口，而将其展修至青堆子。此乃属于营口支线范围内之事宜”[②]。从上述中日两国的外交函件往来中可以看出，中日两国在营大铁路问题上一直延续着 1905 年中日北京会议上的各自主张，毫无妥协动向。

营大铁路长不过 21 千米，显然日本看重的并不是营大铁路本身的营运距离，而看重的应该是长春至旅顺铁路与营口港的连接问题。营口港和营口地区是近代以来我国最早被迫开港开埠地区，在当时大连尚没有建立商业港口前，营口港一直是东北地区进出口货物的集散地，其中当时东北地区高粱酒、大豆等农产品以及木材等的输出和通过外国洋行进口的火柴、煤油、纺织品等大宗商品大多经由营口港登陆东北腹地或出口海外。正因为营口港在当时处于这样的经济地位，在 1909 年 2 月 6 日日本驻清公使馆公使伊集院彦吉向清政府提出的《东三省六案事节略》[③] 中再次提出了营大铁路的要求。同年 8 月，清政府在日本政府的压力下，同意不拆毁营大铁路并将营大铁路作为南满铁路支线，在南满铁路经营期满后一并交还中国。清政府不仅同意了满铁继续经营营大铁路，而且延长了满铁公司对营大铁路的经营期。

综上所述，满铁公司初期在东北铁路权益上的扩张是通过日本外务

① 吉林省社会科学院满铁史资料编辑组：《满铁史资料》第 2 卷第 2 分册，中华书局 1979 年版，第 428 页。

② 1907 年 12 月 16 日付、在清国公使館ヨリ清国政府外務部返信案ニツキ外務大臣宛書簡。外務省『日本外交文書』、第 40 巻第 2 冊、日本国際連合協会、1961 年、第 387—388 頁。

③ 日本公使提出的东三省六案是指“间岛”问题，法库门铁路、大石桥支线，安奉铁路延至奉天城门、抚顺、烟台煤矿及安奉铁路沿线矿务等问题。

省及派出机构与中国中央政府及地方政府的谈判获得的。其中以营口大石桥间铁路权益为中心，获得了新奉铁路和吉大铁路的优先借款权及向新奉铁路和吉长铁路派遣铁路总工程师、会计主任以及运营部主任等权力，进而获得了对上述两条铁路线的控制权。

（三）安奉铁路改修与满铁附属地土地扩张

如果说长春大连间铁路、大石桥营口间铁路等系日本根据《朴茨茅斯条约》从沙皇俄国手中获得的话，那么安东至奉天间的安奉铁路的最大不同之处就在于该段铁路线系日本通过1905年中日北京会议，从清政府手中强行获得的15年经营权的铁路线。正因为是日本从清政府手中强行获得的铁路线，故此，在该段铁路线所途经的地区的铁路用地、铁路附属地问题才在1905年中日北京会议后成为中日交涉的又一个热点议题。

1906年年底安奉轻便铁路开通后，围绕安奉铁路问题首先是在日本内部引起了巨大争议。虽然日本当政者都熟知安奉铁路在朝鲜半岛京釜线和京城至义州铁路连接，可连通日本本土的军事战略重要性，但摆在日本政府面前的安奉铁路途经的土地及地质情况也令日本政府内部对此产生了分歧。其中，以满铁总裁后藤新平为代表的满铁公司内部认为，安奉铁路沿线山峦叠嶂、沟壑纵横，铁路线路曲线过多，需要开凿的山洞隧道过多，工程耗资巨大，且该段铁路线地处偏僻，人口稀少，铁路改筑后恐难以实现盈利。为此，满铁公司从铁路的经济效益考虑，主张将安奉铁路改为从安东出发经大石桥并入南满铁路。① 另外，以“关东都督府”为代表的陆军则从军事战略上考虑提出，在中国东北南部之辽东半岛有日本旅大租借地，并在租借地内驻有日本军队，且有旅大铁路与之相通。这样，在旅大租借地不远之处的大石桥再修筑铁路与之相连，军事意义不大。为此，日本陆军认为，安东至“满洲重镇”奉天方向的铁路修筑其军事意义远远大于安东至大石桥间铁路线，积极主张应在安奉铁路原线原址改筑。

日本政府内部的这场争议平息后，安奉铁路的改筑改修以及随之产生

① 1907年8月21日付、後藤新平満鉄会社総裁ヨリ外務省政務局長宛電報。外務省『日本外交文書』、第40巻第2冊、日本国際連合協会、1961年、第327頁。

的沿线土地问题也成了满铁公司成立后，中日之间外交交涉的一个课题。

其实早在日俄战争中，日本就考虑到安奉铁路沿线的土地所有权问题，事先唆使日本的御用商人同安奉铁路沿线的山林、墓地、耕地、房屋的所有人进行接触，签订契约购入土地。“在战争当时，我方藉口军事需要，以扩张利权为主要目的，曾鼓励日本商人等居住，此后逐渐产生良好效果。目前，以上述铁路沿线各地为中心及其他非开埠之各地，已住有许多我国国民，从事轻便铁路运输与开矿等各项营业。这些人中，有在清国人土地上自行建筑房屋或租用清国人房屋。为此，应同所有人协商，签订个人间的租借合同。”①

日本确立了安奉铁路改修改筑方针后，按照1905年中日北京会议上的商定，中日双方于1909年3月派出了委员对安奉铁路沿线进行了实地测量。此次测量中，清政府派出邮传部工程师黄国璋、东三省总督府奉天工程局总办沈琪作为中方委员，日方则派出了满铁公司工务课的岛升二郎、满铁公司奉天公所所长佐藤安之助为日方委员。同月9日，中日双方委员在东三省总督徐世昌的安排下举行了首次会晤。在该次会晤中，日方委员拿出的满铁公司关于安奉铁路改修改筑的工程方案中，陈相屯至奉天间的改修方案引起了清政府中方委员的注意。比照原安奉铁路线路，满铁公司的改修方案中自陈相屯北折，经苏家屯向奉天延伸后，并入南满铁路。对此，清政府中方委员向日方委员坚持原路原线，不同意满铁公司的改定线路方案，双方会谈不欢而散。在同月11日举行的奉天日本总领事馆总领事小池张造（1909年1月到任）同东三省总督徐世昌的会谈中，徐世昌也以该线路问题不能擅自决定，需要请示清政府中央，予以拒绝。同时徐世昌指出，“安东县境内的附属地土地，在日本军政时期，均非以正当手段收买，所以希望将其归还清政府。再行经过协商后，拨给日方一定数量的附属地，并设立火车站等”②。在其后的日本驻奉天总领事馆总领事同东三省总督徐世昌的交涉中，徐世昌

① 1907年1月17日、大島義昌関東都督府都督ヨリ林董外務大臣宛書簡。外務省『日本外交文書』、第40巻第2冊、日本国際連合協会、1961年、第317—319頁。

② 1909年3月12日付、在奉天総領事館総領事ヨリ外務大臣宛書簡。外務省『日本外交文書』、第42巻第1冊、日本国際連合協会、1961年、第601—602頁。

一直强调不承认日方擅自购买土地的权利和陈相屯以北至苏家屯间的铁路改线计划。至此，中日双方派出委员只商定了陈相屯以南铁路沿线的勘察作业以及该段铁路沿线的铁路用地价格问题，没有对陈相屯至苏家屯之间的线路改修以及土地购买达成协议。

满铁公司擅自改变陈相屯至奉天间的铁路线路，表面上看是为缩短铁路路程，出于经济上的因素考虑，而实际上是试图通过安奉铁路线路的改变，将安奉铁路并入长春至旅顺间的铁路线，并以此作为满铁支线来运营，进而沿用长春至旅顺间铁路权益，设立铁道守备队。自然，满铁公司的这一改修计划不能得到中方委员的同意。安奉铁路改修问题上陷入的僵局，也使得安奉铁路问题摆到了中日两国政府层面上。在同年4月20日日本内阁会议上，日本内阁针对清政府可能会在安奉铁路问题采取的两种态度，确定了两种应对方针。第一，在清政府同意将安奉铁路的铁路守备队、警察权分开，并单独就有关安奉铁路改筑改修进行商议的情况下，满铁公司应就铁路用地的购买、改修问题同清政府进行商议。在此前提下，清政府如果仅同意土地限于铁路线路用地，安东火车站可不进行修建；清政府如果不同意变更的陈相屯至奉天间的铁路线路，应暂缓该段工程，待其他线路工程结束后再行交涉。第二，在清政府不同意将铁路守备队、警察权等外交问题与该段铁路问题分开的情况下，满铁公司可不必同清政府商议，立即着手安东至陈相屯间铁路改修改建工程。同时，铁路所需土地可由满铁公司私下同土地所有人进行接触，购买所需土地。①

清政府中刚刚到任的东三省总督锡良呈清政府外务部函，比较能够代表当时清政府在安奉铁路问题上的态度。在同年5月29日东三省总督锡良致清政府外务部的函件中，锡良向清政府提出了关于安奉铁路的八项建议。锡良认为，日本满铁公司将安奉铁路改修宽轨，“与京义线之轨相吻合不可。轨式既同，鸭绿架桥之交涉即随之而起。国界混淆，国防坐失，其后患实不堪缕指”，“该路得互相接连，呵成一气，彼自仁川

① 1909年4月20日日本政府关于安奉铁路的决定，转引自吉林省社会科学院满铁史资料编辑组《满铁史资料》第2卷第2分册，中华书局1979年版，第385页。

而奉天，至奉天而北至长春，南至大连旅顺节节灵活，脉络贯通，乃得徐以侵蚀我人民有限之利益，益启发我内地无尽宝藏；且万一变起仓猝，彼屯驻朝鲜之兵队，可朝发军书，夕至疆场。故曰彼之大利，皆我之大不利也”。锡良从近代东北国防的高度，痛陈了安奉铁路并轨长春旅顺铁路后对东北边防带来的恶果。为此，基于上述认识，锡良提出“抱定约内改良二字之意，以与争之。不得另勘路线与改良之轨”，“改良二字其非全部换线易轨之意”，并“除铁路必须需用地亩外，不得多购余地。闻该路沿线附近一带被日人藉铁路为名强行占去者甚多，称之为附属地，侵害利益大有关系，此次宜与之明定除去必须需用地外，不得再购余地”。[①] 清政府外务部在收到锡良的条陈后，于6月15日致电锡良，同意锡良的对日交涉八项办法和方针。为此，同月24日，锡良向日本驻奉天总领事馆递交照会，具体地提出了清政府关于安奉铁路的十项立场。[②]

有鉴于清政府在安奉铁路问题上的态度，日本内阁在此之前的6月22日举行内阁会议，强调“改筑安奉铁路乃是我之条约权利，而且从军事上和经济上看也有必要及早付诸实施。尤其是该段铁路作为韩国铁路联结南满、东清两条铁路，将有助于改善韩国铁路。该段铁路必须早日完成改筑工程，开辟一条以釜山为最南端终点的欧亚交通大路，以利于帝国之活动。清政府无视我之条约权利，或提出守备队问题，或提出警察问题，甚至对我改宽轨在技术上的必要调整也持有异议，左右托词，企图阻止改筑工程。帝国政府目前正在训令驻清公使同清政府进行交涉，然而动工时机迫在眉睫，清政府对我之问题仍不回答，或回答仍然想阻止改筑工程。对此，帝国政府则必须根据条约权利，着手进行改筑工程”[③]。

在7月13日和同月25日日方的两次催促下，清政府外务部指示东

① 1909年5月29日东三省总督致清政府外务部条陈函，宓汝成《中国近代铁路史资料》第2册，中华书局1963年版，第546—566页。

② 1909年6月24日东三省总督致驻奉天总领事馆总领事节略，《清宣统朝外交史料》第4卷，第20—221页。

③ 1909年6月22日閣議決定。外務省『日本外交文書』、第42巻第1冊、日本国際連合協会、1961年、第375—376頁。

三省总督与日本驻奉天总领事馆总领事进行会谈。同月 28 日，中日重开地方级的会谈和交涉。但是由于中日间在安奉铁路上的各自立场没有变化，所以此次会谈中除了相互指责对方违反条约，并没有达成任何形式上的协议。在会谈中，东三省总督锡良主张坚持按照中方所提出的 10 条意见达成协议后方能进行安奉铁路改修改筑工程。而日方代表则强调，如中方删去安奉铁路为独立铁路，不许改造全路的提案后，方能对中方所提出的问题进行磋商。

在日本安排满铁公司组织土地收买班，加紧收买铁路沿线土地并同清政府进行交涉的同时，日本驻清公使馆公使伊集院彦吉通过川岛浪速拜访了张之洞、肃亲王和庆亲王等人，向清政府中央的上层开始施压。在日本公使的多方威胁下，清政府在原来的立场上有所松动。8 月 4 日，清政府通过东三省总督向日本驻奉天总领事馆发出声明，撤回了不允许日本改筑安奉铁路的提案，但日本并没有满足于清政府的让步，态度反而越发强硬了。同月 6 日，日本向清政府发出最后通牒，在强调安奉铁路对于日本的重要性的同时，不忘数落清政府违约在先，并声明“帝国政府遗憾之下，不得已顾世界交通之便利，据条约之权利，决定不待贵国之协力，自行改筑安奉之线”①。同日，满铁公司的施工人员在日本警察和铁道守备队的武装保护下，强行开始在本溪附近的福金岭隧道施工。

在日本最后通牒和强行施工的恫吓下，清政府外务部于同月 7 日，急忙照会日本驻清公使馆伊集院，称“安奉铁路为各国商务之要，需增进东西交通之便利，中国政府甚表同意。所称取宽轨并技术上最要之更正路线等语，查条约既载行军铁路改为转运各国工商货物，则此路由军用铁路改为商用铁路，应视商务盛衰之情形为改良之标准，此理曾经而达，并非意存固执。如因商务必须改宽轨道，日本尽可推诚熟商，何必遽然独断独行，致违条约妥商之文。贵国既视改宽轨道为至要，中国政府亦不愿过拂此意。惟改宽轨道须与京奉铁路相同，以归一律。至改正

① 1909 年 8 月 6 日日本公使致清外务部照会，《清宣统朝外交史料》第 6 卷，第 28—29 页。

路线一节，果为工程所必要者，自可照约由中日特派人员妥实商议，断不容借词任意更改线路，致背彼此立约本意。以上两端既经明定大旨，其余细目自易妥商，贵国政府亦当满意”①。同日，清政府外务部致电东三省总督和奉天巡抚，令其迅速与日本驻奉天总领事馆总领事进行协商，以谋求对日妥协，以期改变目前外交上的被动局面。同日，清政府外务部还致电驻日本公使胡惟德，令其与日本外务省交涉，请其下令通知日本驻奉天总领事馆，待中日商议后安奉铁路再行动工。未能等到与日本交涉回复的清政府外务部又于第二天紧急致电清政府驻俄国公使馆公使，令其将日本恃强凌弱，违约强行改筑安奉铁路的行径通告各国，以期通过世界各国的舆论迫使日本做出妥协让步。

在清政府的步步妥协下，东三省总督与日本驻奉天总领事馆于同年8月20日签订了《中日议定安奉铁路备忘录》。按照该项备忘录的规定，第一，“该路与京奉铁路轨道相同”。第二，“两国大体上承认两国委员在此前已经联合勘察测定的线路，并以该线路为准”。第三，“自本备忘录签订后，两国应立即开始商议购地及其他逐项细目”。② 由此，清政府在安奉铁路问题上开始大幅让步妥协。据此，同月25日，清政府奉天交涉局代表同日本满铁奉天公所代表就安奉铁路用地面积、价格等进行谈判。9月10日，双方代表签署了《奉天购地局设置办法》，成立了中日有关人员参加的安奉铁路沿线用地收买机构。同年11月5日，中日双方代表又签署了《安奉铁路购地章程》。以此为依据，满铁公司开始在安奉铁路沿线开始购置铁路用地。

从安奉铁路的中日交涉过程的表面看，中日之间的主要纠葛在于安奉铁路线是否属于长春至旅顺间铁路支线以及是否承认新修改的铁路线路，其实其背后蕴含的是安奉铁路成为长春至旅顺支线后的铁道守备队和警察派驻问题以及满铁公司铁路用地的扩张问题。不言而喻，安奉铁路成为长春至旅顺间铁路支线后，日本进而可以要求在安奉线设置铁道

---

① 1909年8月7日清外务部复日使伊集院照会，《清宣统朝外交史料》第6卷，第35—37页。

② 田中盛枝：《日中关于安奉铁路问题交涉概况》，第30—31页，转引自吉林省社会科学院满铁史资料编辑组《满铁史资料》第2卷第2分册，中华书局1979年版，第402—412页。

守备队和警察，进而扩大日军在东北的驻军，而安奉铁路线路的改变不仅可以增加铁路用地，而且可以借口铁路货运仓库、铁路车辆修理、铁路线路养护以及守备队驻防等扩张铁路附属地。满铁公司在成立初期，正是通过像安奉铁路的线路改变等理由而进一步扩展了铁路附属地的面积。其中，除长春宽城子外，满铁公司通过铁路改宽轨及复线工程，分别在长春至旅顺沿线的公主岭、昌图、奉天、鞍山、辽阳、苏家屯、抚顺、凤凰城、本溪湖以及安东等地进一步扩展了铁路附属地，从而将铁路附属地变成了日本进行侵略扩张的大本营。

（四）满铁初期在东北的矿业扩张

满铁公司成立初期的另一个重要扩张手段就是通过对抚顺、烟台等煤矿的巧取豪夺实现了对东北地区矿业的垄断。

抚顺煤矿开采于 1901 年。按照苏崇民等人的研究，1901 年王承尧、翁寿和颜之乐等人，先后向盛京将军增祺递交呈文，申办开采抚顺煤矿。[①] 同年 7 月，盛京将军在接到抚顺煤矿申办呈文后，派人对抚顺地区的煤矿进行实地勘测后，以抚顺地区的杨柏堡河的南北小河为界，将河东地区划归给了翁寿等人开采，将河西地区划归给了王承尧等人开采，并颁发了采矿许可证。同年 12 月，王承尧和翁寿等人在得到清政府的开采煤矿批准书后，王承尧经过多方筹资，组建了华兴利公司，而翁寿等人也经过多方筹资组建抚顺煤矿公司以开采抚顺煤矿。华兴利公司的股东中除华俄道胜银行的入股外，其股东主要为当地华人资本。另外，翁寿等人的抚顺煤矿公司的股东主要为俄籍华人纪凤台、朱化东、赵子秀、何子扬、郭振远、于程九等人。[②] 抚顺煤矿公司在引入俄国退役军人鲁宾诺夫的股金，并延聘鲁宾诺夫为工程师后，翁寿等人被排挤出煤矿公司的管理层，鲁宾诺夫成了该公司的董事长。

1904 年日俄战争期间，日军占领抚顺后，日军以抚顺煤矿公司为俄人所有为由强行占据了抚顺煤矿公司所属煤矿后，又染指了原华兴利公司所经营的煤矿区，并进行强行开采。

---

① 苏崇民：《满铁史》，中华书局 1990 年版，第 185 页。

② 王亚琴：《华兴利煤矿公司与抚顺煤矿公司的创立》，《兰台世界》2000 年第 12 期。

1905 年日俄战争结束后，在华兴利公司王承尧的呼吁下，清政府外务部向日本驻华公使馆和外务省提出照会，要求归还抚顺王承尧的华兴利公司所属抚顺千台山地区的煤矿。日本外务省在接到清政府外务部的外交照会后，以《朴茨茅斯条约》第 6 条为借口，认定该地区属于日本继承俄国在南满地区的一切铁路及相关附属权益范围，拒不归还日军在日俄战争期间占据的华兴利公司所属煤矿开采区。1907 年满铁成立后，满铁公司接管了抚顺煤矿公司所属煤矿矿区后，仍然占据华兴利公司所属煤矿矿区，并进行了商业开采。其后，满铁公司聘用了日本工学博士松田武一郎为抚顺煤矿总工程师，并制订了为期五年的开采计划，将华兴利公司所属煤矿矿区强行并入了开采计划中。1909 年 8 月，满铁公司又在日本政府的支持下，将抚顺煤矿权益问题列入了“东北五案”交涉中。在日本武力威胁下，清政府同日本政府签订了《东三省交涉五案条款》，至此，华兴利公司所属煤矿被满铁公司所强行攫取。①

烟台煤矿煤炭储量不及抚顺煤矿，但在日俄战后的中日交涉中其交涉的复杂程度不亚于抚顺煤矿交涉。辽阳烟台煤矿位于辽阳县境内。据初期的煤矿勘探，烟台煤矿煤质属于无烟优质煤，蕴藏量达 4000 万吨。烟台煤矿勘察之初为当时盛京将军下的官办企业，聘请了比利时的皮特辛作为该矿的总工程师进行煤炭开采。其后，烟台煤矿采取承包制，将下辖的 8 个采矿区承包给了持有采矿执照的矿主，进行开采。② 其间，俄国势力趁机渗透进了烟台煤矿。至 1904 年日俄战争前，俄国商人按照每个矿区 1 万元的价格收购了 8 个矿区中的 5 个矿区的采矿承包权。

日俄战后，围绕烟台煤矿的开采和利权问题也随后在中日之间展开。日俄战后，中国商人经营的烟台煤矿 3 个矿区矿主为了防止日本借机强占，假手美国商人，与美国商人签署了合办协议。有鉴于日本的咄

---

① 有关抚顺煤矿的中日交涉研究请参见王亚琴《华兴利煤矿公司与抚顺煤矿公司的创立》，《兰台世界》2000 年第 12 期。

② 张国辉：《甲午战争后日本资本掠夺、经营抚顺、烟台煤矿》，《中国经济史研究》1996 年第 4 期。

咄态势，当时的盛京将军赵尔巽也为防止日本借机攫取烟台煤矿，以煤矿不得与外国人合办为由宣布取消烟台煤矿的中国商人采矿权，并将该煤矿收回改为官办。眼见无机可乘的日本，为了霸占烟台地区的所有煤矿，则以上述3个煤矿有俄国人投资为由，派出守备部队强行占领了上述的3个煤矿。随后日本则以《朴茨茅斯条约》第4条的规定，向盛京将军提出列入满铁公司经营范围照会。对此，1906年7月22日，盛京将军赵尔巽面见日本驻奉天总领事馆总领事荻守一。在此次会晤上，赵尔巽提出了在辽阳州的尾明山天利公司所属煤矿系官办煤矿，与俄国政府无涉，亦非俄人之经营矿区，要求日本撤出在烟台煤矿派驻的守备队，以免影响官办采煤。对此，日本以位于烟台地区的卢家屯、尾明山、张家沟3个煤矿的采煤许可为个人所有，非为官办，且与日本利益关系重大为由，向盛京将军施压。与此同时，日本政府外务省也透过驻华公使馆向清政府外务部施压，拒不承认烟台煤矿的官办地位。

在中日外交层面进行交涉的同时，日本还唆使“有马组”代表木村条市等人私下与烟台煤矿的中国商人接触，逼迫中国商人王振纲等人签署了煤矿转租协议。日本这种釜底抽薪的做法使得中日交涉的天平开始向日方倾斜。至此，1909年8月，日本满铁公司通过中日签署的《东三省交涉五案条款》，将烟台煤矿地区的所有煤矿开采区纳入了满铁公司矿业经营之中。在日本武力背景下，同时期满铁公司还攫取了吉林陶家屯煤矿、石碑岭煤矿、瓦房店煤矿等地的煤矿开采权，成为满铁公司成立后继铁路经营之后扩张最快的业务领域。

（五）满铁平行线交涉

满铁平行线交涉是指围绕满铁公司经营的长春至大连、安东至奉天间铁路线中方所修筑的铁路线的交涉。满铁平行线交涉的铁路线主要包括新（民）法（库）铁路、锦（州）齐（齐哈尔）铁路、打（虎山）通（辽）铁路等。

新法铁路源于1905年后清末东北新政时期黑龙江将军程德全时期。1898年以中俄合办的中东铁路和中东铁路支线横跨东三省北部和中南部。在1905年日俄战后，日本从沙皇俄国手中攫取了中东铁路南满支线的长春至大连的铁路后，东三省的铁路货物运输就不得不依赖于日本经营的南满铁路线和沙皇俄国经营的中东路铁路线。有鉴于此，时任黑龙江将军的程德全于 1906 年向清政府提出了修建自哈尔滨江北马家船口向呼兰，经绥化至齐齐哈尔，而后经齐齐哈尔越过中东路至伯都纳的铁路计划。该计划失败后，程德全又提出了自新民屯经洮南、齐齐哈尔至瑷珲的贯穿东北西部的南北铁路计划。程德全的新民屯至瑷珲铁路线计划就是后来的新法铁路雏形。程德全的该项铁路计划提出后，得到了当时盛京将军赵尔巽的大力支持。为此，1907 年 3 月，赵尔巽致函清政府军机处，向清政府提出了修建新民屯至法库，再经法库至辽源州，抵齐齐哈尔的铁路计划。

同年 5 月，清政府在东北建立行省和总督制后，出任东三省总督的徐世昌对程德全和赵尔巽的铁路修建计划进行了调整，提出了新民屯至齐齐哈尔铁路线，分为新民屯至法库，法库至洮南，洮南至齐齐哈尔的三期铁路修建计划。徐世昌之所以力主修建新民屯至齐齐哈尔的铁路计划，是着眼于通过营口和秦皇岛港的修建，连通京奉铁路，并以京奉铁路为依托，贯通东三省西部南北地区，以抗衡东北地区的日俄两国的铁路货运垄断，以期巩固对东北边疆的国防。徐世昌版东北西部铁路计划在得到清政府同意后，时任奉天巡抚的唐绍仪按照总督徐世昌的旨意，迅速通过美国驻奉天总领事馆总领事司戴德先后与英美公司取得联系。同年 11 月，唐绍仪与中英公司和英国保龄公司的代表许法伦签署《展修京奉铁路备忘录》和《新民屯至法库门铁路工程预备合同》，将新民法库铁路线作为京奉铁路支线进行修建。

早在东三省官员积极筹备该项铁路工程计划时，驻奉天的日本总领事馆就探知了这一铁路修建动向。1907 年 8 月 9 日，日本驻华公使馆代理公使阿部守太郎照会清政府外务部，询问新法铁路筑修计划。同月 12 日，阿部守太郎在得知确切消息后，再次照会清政府外务部。在该份照会中，阿部提出“如贵国政府所熟知，前年日清举行满洲问题交涉会议之际，贵国全权代表曾声明清国政府为保护南满洲铁路利益之目的，于该铁路收回之前，不能于该路附近另设并行之干线及侵害该线利益之支线”，“现既有关内外铁路北延之说，不能不引起帝国政府的注意”。为此，阿部声明“修筑与南满铁路并行之干线或侵害该线利益之支线，帝国政府断难承允”[①]。清政府外务部在接到日本驻华公使馆代理公使阿部守太郎的外交照会后，立即致函东三省总督徐世昌及奉天巡抚唐绍仪，询问对日提出的平行线的应付策略。对此，东三省总督徐世昌和奉天巡抚唐绍仪在回函中强调，“东三省拟借外债，将来是否作为造路之用，系我内政，该使无庸滋生疑议”。“延长关内外铁路，为我国内交通便利起见，与南满洲铁路毫不相涉。既非于该铁路附近另设并行之干线，亦非侵害该路利益之支线。”[②] 徐世昌和唐绍仪等人从内政主权的角度出发认为新法铁路无论是干线还是支线均与日本南满铁路无关，力主修筑新法铁路。而清政府邮传部则从欧美各国铁路惯例认定新法铁路的敷设在距离上不存在与南满铁路形成利益侵害，也支持徐世昌等人的主张。为此，清政府外务部复照日本驻华公使馆提出“东三省拟借外债，将来是否作为造路之用，系为中国内政所关”，“而延长关外铁路为我国内交通便利起见，与南满洲铁路毫不相涉。既非于该路附近另设并行之干线，亦非侵害该路利益之支线”。[③] 同年10月12日，日本驻华公使馆代理公使阿部守太郎再次照会清政府外务部，以1905年中日北京善后会议上中日代表曾有约定不在南满洲铁路沿线敷设平行线为由，坚持认为新法铁路以及向北延长线与南满铁路平行，将侵害南满铁路利益，反对修建新法铁路线计划。[④] 从上述中日交涉的文件中我们可以看出，中日之间关于新法铁路的最大争议就在于新法铁路是否为满铁平行线问题。一方面，清政府和东三省总督府坚持认为，新法铁路系关内外铁路（即京奉铁路）的延长线，铁路敷设系中国内政。另一方面，日方则认为新法铁路无论是关内外铁路的干线还是支线都与南满铁路并行，侵害满铁的利益。

从上述中日交涉的争议原点看，其争议原点在于1905年中日北京

---

① 王芸生：《六十年来中国与日本》第5卷，生活·读书·新知三联书店1980年版，第75—76页。

② 1907年8月13日付、在清国公使館臨時代理阿部ヨリ林董外務大臣宛書簡。外務省『日本外交文書』、第40巻第2冊、日本国際連合協会、1961年、第393頁。

③ 王彦威、王亮：《清季外交史料》第3卷，书目文献出版社1987年版，第3153页。

④ 1907年10月12日付、在清国公使館臨時代理阿部ヨリ林董外務大臣宛書簡。外務省『日本外交文書』、第40巻第2冊、日本国際連合協会、1961年、第396—398頁。

善后会议中，清政府全权代表的“中国政府为维持东省铁路利益起见，于未收回该铁路之前，允于该路附近不筑并行于路及有损该路利益之支路”声明。在中日交涉中，日方代表以该声明为依据，以侵害满铁利益为由，试图阻止清政府通过关内外铁路（即京奉铁路）北延进入东北地区。与之相对应，清政府则提出，1905 年中日北京会议中清政府代表虽然声明了平行线问题，但参照欧美铁路修建，关内外铁路的北延距离不构成与满铁的平行线，且清政府在自己的主权管辖范围内修建自己的铁路，属于内政。

事实上，1905 年中日北京会议中清政府全权代表的声明既没有写入条约正文，也没有载入附约之中，只是列入了中日全权代表在第十一次会谈当中的会议记录中。由此，会谈中外交代表的声明没有载入条约也没有载入附属条约，在当时国际法条件下是否具有国家间的条约效力暂且不提，从日本的外交交涉方案中我们可以清晰看出，日本为确保满铁在东北的利益最大化，以满铁平行线为借口，处心积虑地阻止中国政府在东北的铁路线修建。

日本在东北采取这种排他的垄断性的满铁经营方式，也使得日英同盟关系在经过短暂的蜜月期后，开始出现裂痕。

日本政府这种蛮横的满铁并行线外交交涉也用于其后的中国政府制定的锦（州）瑷（珲）铁路和打（虎山）通（辽）铁路修筑计划中。

1907 年前后，清政府的新法铁路修筑计划因日本的外交交涉失败后，清政府邮传部有鉴于因新民至法库铁路计划中的新法铁路与日本满铁公司经营的长春至大连间铁路距离而引起日本反对的痛苦经验，计划在距离满铁干线铁路更远的锦州至瑷珲间修建铁路，以连接关内外铁路实现东北与内地的铁路货物联运。同样，清政府邮传部又联系美国司戴德和美国铁路大王哈里曼，试图联手美国以防止日本的外交交涉。当然，锦瑷铁路修筑计划的推进也有赖于东三省总督和奉天巡抚的积极支持。巧合的是，曾经积极主张修筑东北铁路的锡良于 1909 年 7 月接任徐世昌出任东三省总督，而积极支持修建新法铁路的原黑龙江将军程德全也于同月，接任唐绍仪出任奉天巡抚。这样在东三省总督锡良、奉天巡抚程德全的积极协助下，东三省总督与美国铁路大王哈里曼的外交代表司戴德双方于同年10月2日签署了关于锦瑷铁路敷设的预备合同。按照该份合同，锦瑷铁路所需工程款全额由美国银行团提供。铁路工程分为两期。其中第一期为锦州至齐齐哈尔间铁路线，第二期为齐齐哈尔至瑷珲之间。铁路工程由英国保龄公司承包，建成后由中、美、英三国共同管理。①

1909年6月，日本驻华公使馆在获得清政府代表同英国保龄公司代表进行接触后，就向日本外务省报告了保龄公司准备同清政府修筑锦瑷铁路的情况，商请对策。日本政府在获得了日本驻华公使馆和驻英大使馆发来的报告后，紧急商讨对策。在同年7月13日的日本内阁会议上，日本内阁认为，“锦齐铁路仍与南满铁路干线平行，但能否认定系南满铁路附近确有问题。锦齐铁路线路虽然没有确定，如果如最近新闻所报道的那样，该段铁路线通过洮南府，则距离南满铁路最近的地点当在锦州附近，两段铁路最近距离约为一百英里。如果将最近距离有一百英里的铁路说成是南满铁路附近在常识上确实说不通”。但“清国如实施此项计划，不仅在军事上和经济上对我有重大关系，而且直接影响帝国在南满洲的经营”②。为此，同月15日，日本外务省致电驻清公使馆公使伊集院彦吉，提出“一条铁路是否成为另一条铁路的平行线，不应单从距离远近来决定，如能约定清政府放弃修建法库门铁路线，并且该国修筑锦齐铁路在资本和工程师等需要外国援助时，日本得与他国同样参加，则帝国政府对修建锦齐铁路将不提出任何异议”③。日本外务省的训令下达时，中美代表已经草签了有关锦瑷铁路的预备合同。在此情况下，日本以满铁平行线为借口，阻挠锦瑷铁路修建计划，借机试图插手该项铁路修筑计划。锦瑷铁路计划被沙皇俄国探知后，沙皇俄国政府也借口锦瑷铁路损害中东铁路利益，作为交换条件，沙俄要求清政府在同意修建张家口经库伦至俄国交界的恰克图间铁路线后才能同意锦瑷铁路

① 王芸生：《六十年来中国与日本》第5卷，生活·读书·新知三联书店1980年版，第244—246页。

② 解学诗：《满铁史资料》第2卷第1分册，中华书局1979年版，第93—94页。

③ 1907年7月15日、外務大臣ヨリ在清国公使館公使宛電報。『日本外務省文書』MF-585-MT1. 7. 3. 56-1、第755—756頁。

的修建。在日俄两国漫天要价，肆意阻挠的情况下，清政府被迫放弃了锦瑷铁路的修筑计划。

1911 年辛亥革命成功后，东北地区的历届地方政府先后制订了奉（天）海（龙）间、吉（林）海（龙）间、打（虎山）通（辽）间以及呼（兰）海（伦）间、洮（南）昂（昂溪）间的铁路修筑计划。这些铁路修筑计划也遭到了日本满铁公司的阻挠。有关上述这些铁路的中日交涉，中日学者早有相关研究，在此不一一赘述。简而言之，日本满铁公司以平行线侵害满铁公司利益为借口，借机通过铁路高息借款，渗透到了奉海铁路、吉海铁路、吉敦铁路修筑工程、货物运输、线路管理以及财务管理中。由此，满铁公司在日本政府的支持和日军的武力背景下，通过渗透到周边中国自主铁路的修筑和营运中，并以此扩大了满铁公司的铁路货物运输权益。

三 “后藤阀”与满铁经营

（一）“后藤阀”所掌管的满铁公司

作为满铁公司首任总裁的后藤新平虽然任职时长仅为 1906 年 11 月至 1908 年 7 月不到两年的时间，但后藤新平通常被学者们评价为是满铁公司经营初期最具影响力的人物之一。其实，如果单单就后藤新平不到两年的任职时间而言，这种说法似乎有些牵强。显然，学者们不是就后藤新平任期的长短而定位后藤新平对于满铁公司的影响力，当然也不是限定于后藤新平在担任满铁总裁仅仅两年时间所制定的满铁经营方针。

事实上，学者们所评价的后藤新平对于满铁公司的影响力有几个方面的原因。其一，后藤新平从满铁公司总裁离职后，先后担任了日本内阁递信大臣、铁道院总裁、拓殖局副总裁等职，进而在 1916 年转任内外大臣后仍然兼任铁道院总裁。后藤新平先后担任的递信大臣、铁道院总裁、拓殖局副总裁等职均系日本中央政府管辖满铁公司的相关重要机关。其中，在日本战前的内阁下辖的递信省作为日本中央政府管理电信、电话以及交通的业务部门，当然也掌控着作为从事铁路运输的满铁公司。而铁道院则在负责日本国内铁路运输业务的同时也对满铁公司的运输业务负有经营及铁路运输方针方面的影响力。作为内阁机构中负责台湾等海外殖民地以及租借地的“关东都督府”政策的拓殖局对于满铁公司也具有一定政策方面的影响力。这样，后藤新平虽然离任满铁总裁，但凭借其在日本中央政府中掌控的机关及业务，实际上掌控了满铁公司初期的几任满铁公司总裁候选人的人事任命权。

如前所述，继后藤新平之后出任满铁公司总裁的是中村是公。中村是公生于广岛县，原姓柴野，后过继给山口县的中村家。1893 年他在东京帝国大学法科大学毕业后，先后在大藏省本省和秋田县担任课员和税收长等职。1895 年 10 月，中村是公赴台后不久，成为台湾总督府民政局局长后藤新平辖下的财务部租税课长。中村是公受到后藤新平赏识后，先后担任台湾总督府事务官、财务局税务课长、临时台湾土地调查局第一课长、台湾总督府参事官、临时台湾土地调查局次长、局长、台湾总督府专卖局局长、总务局长、财务局长等职后，又于 1906 年 11 月随后藤新平来东北，担任新成立的满铁公司副总裁和总裁。其后，中村是公辞任满铁公司总裁后，又在后藤新平的极力推荐下担任铁道院副总裁和总裁等职。① 由此我们可以看出，中村是公深受后藤新平的信任，成了后藤新平进出满铁和日本中央政府的左膀右臂。中村是公离任满铁总裁担任铁道院总裁后藤新平的副手后，继任满铁总裁野村龙太郎也是后藤新平门阀下最为信赖的亲信之一。野村龙太郎出身于大藏省官僚世家，其父亲和弟弟均为大藏省官僚。野村毕业于东京大学理学部后，先后在东京府土木课任职，其后调任横滨至沼津间铁路公司从事铁路修建，开始步入铁道交通官僚的行列。在横滨沼津铁路工程结束后，野村又调任铁路厅以及递信省从事铁路修建及铁路运输工作，先后担任铁道局福岛出张所所长、帝国铁道厅建设部长、铁道院建设部长以及铁道院副总裁和铁道院运输局长等职。② 野村与后藤相识于台湾总督府计划修建台湾铁路时期，受到后藤新平的青睐则始于后藤新平担任满铁总裁期间。由于满铁公司的关系，身为铁路公司的中央管理机构的建设部长，

① 秦郁彦『戦前期日本官僚制の制度・組織・人事』、東京大学出版会、1981 年、第 168 頁。

② 秦郁彦『戦前期日本官僚制の制度・組織・人事』、東京大学出版会、1981 年、第 178—179 頁。

野村与当时的满铁公司总裁后藤新平接触频繁，逐渐获得后藤新平的信任，并在后藤新平的极力推荐下于 1913 年出任满铁公司总裁。其后，在野村离任满铁公司总裁后的不到五年的时间里，野村又在后藤新平的极力推荐下再次出任满铁公司的总裁。继满铁公司总裁野村之后的国泽新兵卫也是后藤新平极为信赖的人物之一。国泽新兵卫毕业于东京大学工科大学的土木专业，先后就职于日本国内的九州铁道公司、铁道厅、递信省、铁道作业局，担任铁路修筑和铁路敷设计划等工作。1907 年 11 月国泽受聘于满铁公司担任满铁公司的理事，并深受后藤新平的信任。这样，在后藤新平的推荐下，国泽先后两次担任满铁公司的副总裁后，于 1917 年 7 月升任了满铁公司的理事长。①

后藤新平主导的满铁公司首脑人事，也注定了满铁公司从设立初期后的相当长的一段时间里，后藤新平的台湾殖民地经验在左右满铁公司的经营规模和经营方式。

（二）满铁公司的经营模式

长期以来，学者们将满铁公司界定为日本在东北的国策公司，是日本政府在日俄战争之后为推行其“经营满洲”，即侵略中国东北政策而设立的执行机构。② 进而，学者们以后藤新平在 1908 年 2 月上呈日本政府的“经营满洲，应以发展贸易，同时兴办我国势力范围内的各种事业为其目的”③ 等的主张为依据，认为后藤新平的满铁经营就是“文装的武备”。在日本学术界的相关研究中，就满铁公司初中期的经营方针，也是以后藤新平在就任满铁公司总裁期间的这几份文件为依据而提出了后藤新平的满铁公司经营的“文装武备”说。

从满铁公司的经营情况上看，上述学者们所进行的论述均有科学性的见地。固然，满铁公司作为日本国策公司，被赋予了日俄战后“经营东北”的使命，是日本侵略中国东北政策的执行机构。但从满铁公司所

---

① 秦郁彦『戦前期日本官僚制の制度・組織・人事』、東京大学出版会、1981 年、第 93 頁。

② 苏崇民：《满铁史》，中华书局 1990 年版，第 1 页。

③ 1908 年 2 月 26 日后藤新平《关于满洲币制的总裁意见书》，转引自苏崇民《满铁史》，中华书局 1990 年版，第 48 页。

经营的理念看，其经营模式还是源于实际控制满铁公司的后藤新平的海外殖民地经营理念。

对于长期担任台湾总督府民政长官，并实际执掌和控制台湾殖民地统治政策的后藤新平而言，后藤新平最为推崇和仿效的对象就是英国在东南亚地区设立的东印度公司的经营模式。后藤新平赴台之后第一个急需解决的问题就是因统治台湾日本政府所面临的财政压力问题。为此，后藤新平几次派人到英国和当时英国统治下的东印度公司进行考察，并礼聘富有国际经验的新渡户稻造来台湾为其出谋划策。在新渡户稻造的建议下，后藤新平以东印度公司作为“整顿台湾财政”的模板，在通过土地调查、鸦片专卖整理财税收入的同时，以所谓的“台湾富源开发”为借口，对台湾的蔗糖业、橡胶业、木材业进行疯狂掠夺，将台湾变成日本的廉价的工业原材料供给地。

正是基于仿效英国东印度公司的殖民掠夺经验，后藤新平在日俄战后极力主张在东北地区成立一个以经营“南满洲铁路”为中心的“满洲总督府”，以此进行对东北地区的殖民掠夺。后藤新平的这一主张没有得到日本当局认可，在后藤新平就任满铁公司总裁后，仍然不忘其推销的英国东印度公司的经营模式，试图将满铁公司所辖的铁路线和大连港以及安奉铁路作为货物运输的工具，扩张满铁公司对东北煤炭、铁矿、森林等资源的控制，进而控制东北的金融、农业生产，以此将满铁公司作为“满洲”的东印度公司，将满铁公司变成一个依靠掠夺东北资源的综合性的垄断公司。

正是在后藤新平这样一个以东印度公司为经营模式的理念控制下，满铁公司从成立开始就在武力威胁下从清政府手中疯狂攫取东北地区的经济权益，迅速扩张，从原本单纯经营铁路运输的铁路公司，逐渐演变成了一个横跨金融、煤矿、铁路、海运、木材、宾馆、学校、企业、仓库的几乎控制了东北经济命脉的大型垄断公司。

（三）满铁公司与东北物流体系垄断

在有关满铁公司的经济史研究中，学者们从满铁铁路运输、线路改修、经营体制、人事变动、经营收益、满铁经营统计等多个视角进行了研究，其研究论述颇多，在这里不复述。从当时东北的情况看，作为拥有当时最为先进的陆路运输手段的满铁公司不仅从地理上占据了东北中南部平原地区的人口众多和资源丰富的优势，而且满铁公司还将南满铁路的南部终端与大连港进行了有效连接。这样，满铁公司不仅有着快速的交通工具，而且拥有可以将东北资源进行远销的出海口。

东北农产品的运输成为满铁公司货物运输中的重要组成部分。东北平原盛产高粱和大豆，其中，大豆不仅可以作为食用的食品和油料，还可以加工成农副产品，用途广泛。对于日本而言，东北盛产的大豆不仅可以满足日本国内酱油、大酱的生产原料需要，而且加工后的大豆豆饼还可以作为土地改良的肥料使用。此外，满铁公司还通过铁路和航运将大豆和大豆豆饼运到了欧洲等地用于欧洲当地的工业润滑油和土地改良中。满铁公司成立后，东北大豆类农产品一直是满铁公司运输的重要货物。其中有资料统计，满铁公司的大豆类货物运输从 1907 年的 30 万余吨，至 1913 年增长到 67 万余吨。[①] 1914 年第一次世界大战爆发后，满铁公司趁俄国的铁路忙于运输战争物资之际，开始大肆收购哈尔滨以北广大地区的大豆，并通过马车和河运将货物转运到满铁沿线，至此，满铁公司一举夺得了东北大豆主要产区的大豆货物运输权。根据统计资料显示，经由满铁公司运输的大豆类货物从 1913 年的 67 万吨直线上升到 1914 年的 92 万吨。而到了 1917 年则超过了百万吨。1918 年第一次世界大战结束后，终结了“军需景气”的日本国内以海运业为代表的产业由于欧洲市场的复兴而走向了萧条。在第一次世界大战结束后，日本国内产业由于战争景气的消失而出现了投资过剩的经济危机。而满铁公司则依靠垄断铁路运输，大豆业运输的货物量则连年增长。战后的 1919 年，满铁公司在东北的大豆业运输量达到了 167 万吨，而到了 1923 年又增长到了 184 万吨，甚至到了 1929 年日本国内经济危机时，满铁公司的大豆业货物运输量接近了 200 万吨。满铁公司的大豆运输为满铁公司带来了巨额利润。[②]

满铁公司垄断东北大豆业货物运输也给满铁公司的仓库业和海运业

① 南滿州鉄道株式会社『大正元年 12 月南滿州鉄道株式会社事業成績』、1912 年、第 18—19 頁。

② 苏崇民：《满铁史》，中华书局 1990 年版，第 114—115 页。

带来了巨额利润。按照苏崇民的研究，满铁公司利用垄断东北大豆业运输，也发展了满铁公司的铁路沿线的仓储业。1911 年，满铁公司在满铁沿线的仓库一共有 16 个，到了 1916 年则发展到了 29 个，车站开始经营仓库业。

最初，日本在华的海运公司只是开通了日本国内港口的横滨至上海间的客货运输，其后日本在购买了美国的太平洋邮轮公司后，除定期开辟中国经由日本到美国西海岸的航线外，还将原来的横滨至上海航线北延到天津港，以吸收华北地区的货物运输。满铁公司设立后，在整顿和扩大大连港的基础上，满铁公司又出资购入了轮船，委托日本邮轮株式会社将横滨至上海间的航线经由青岛后北延到大连港。进而，满铁公司还收购了大连汽船合名会社，设立了大连汽船株式会社以开辟大连至天津、大连至安东、大连经由青岛至上海以及大连至名古屋线等。

此外，满铁公司还先后入股长春运输株式会社和国际运输株式会社，通过这些货运公司逐渐涉足哈尔滨以北以及内蒙古东部地区和俄国远东地区的货物运输。

至此，满铁公司依托南满洲铁路、海运和陆运公司，逐渐垄断了东北地区的木材、煤炭和大豆等东北货物运输，成为一个集铁路运输、公路马车运输和轮船海运运输于一体的综合性垄断公司。

第二节　铁道守备队的军事渗透

一　铁道守备队与铁道守备队的中日主张

“关东都督府”成立后，在“关东都督府”内部设立了陆军部，以管辖驻防的日军，并设立参谋部、副官部、法官部、经理部、军医部和兽医部。“关东都督府”陆军部在上述部门之外，还设立了旅顺要塞司令部、陆军仓库、奉天卫戍医院、大连卫戍医院和旅顺卫戍医院等附属军用设施①以及铁道守备队和一个常驻师团。

① 1908 年新增辽阳卫戍医院、铁岭卫戍医院。

铁道守备队在1909年日本满铁完成铁路线全线改筑后，改称独立铁道守备队。[①] 驻防满铁沿线的日本铁道守备队由6个铁道守备大队组成。其中，铁道守备队司令部驻防在公主岭，下辖的6个守备大队的队部则分别驻防于公主岭、开原、奉天、连山关、大石桥、瓦房店。[②] 铁道守备队虽然以大队的形式进行编成，但基本上沿袭了当时日军内地师团中的旅团—联队—大队编制形式。其中，铁道守备队的6个大队每大队1000人左右，并下设4个中队以及“分遣所”。按照铁道守备队中队和大队人数，实际上日本铁道守备队相当于当时国内日军的两个步兵联队规模。[③] 相对于“关东都督府”陆军部下辖的常驻师团而言，铁道守备队主要布防于满铁公司所经营的长春至大连、奉天至安东沿线铁路线上，虽然驻防分散但依靠铁路运输线的便利，也容易迅速集结。

“关东都督府”下辖的一个师团为两年轮流驻扎制，至1919年日本“关东都督府”陆军部改制为关东军司令部前，“关东都督府”下辖的师团中先后有第14师团、第10师团、第11师团、第5师团、第2师团、第17师团、第7师团和第16师团。其中，第14师团和第16师团驻扎时间为1905年至1907年10月。第14师团和第16师团属于原日俄战争时期日军编成的“满洲军司令部”管辖，日俄战争结束后留驻在东北地区。1907年10月，上述两个师团撤离回到日本后，第10师团换防到东北，驻扎时间为1907年10月至1909年9月。接替第10师团的是日军第11师团，驻扎时间为1909年9月至1911年4月，其后，日本国内换防师团基本上按照每两年的4月换防的规律进行换防驻扎。由于战前日本采用的是管区和防区一体的制度，这样，驻扎在东北的师团部队除需要在原防区和管区留驻师团留守司令部和一部分部队外，其余大部都被调防到了东北地区。日军师团司令部驻防在辽阳，两个旅团司令部则分

① 为研究叙述方便，简称铁道守备队。

② 苏崇民：《满铁史》，中华书局1990年版，第386页。关于日本“关东都督府”所辖铁道守备队的6个大队队部驻地情况，各个文献记述均有不同。总体上看，“关东都督府”所辖的铁道守备队的6个大队队部在各个时期的驻地略有调整。本书所收录的驻地情况为1909年前后的6个大队队部驻地。

③ 1939年前，日军陆军师团通常由两个旅团构成，每个旅团下辖3个步兵联队，每个步兵联队下辖3个步兵大队。

别布防于铁岭和柳树屯。[①] 其中，驻防在柳树屯的旅团司令部所辖两个步兵联队则分别驻防在柳树屯和旅顺一带，而驻防在铁岭的旅团司令部所辖的两个步兵联队则分别驻防在辽阳和铁岭一带。

按照日本政府的解释，虽然“关东都督府”下辖的铁道守备队和师团在名称上有所区别，但在广义上讲都属于日军负责警备满铁沿线铁路的铁道守备队。

日本在东北设立的铁道守备队关系到铁路附属地的国家主权中的治权问题。因此，从成立之日起，就一直为历届中国政府所反对。

在1905年的中日北京会议上，中国清政府外交代表就一直拒绝接受日本在东北铁路沿线派出部队进行驻防。其后在满铁公司和“关东都督府”成立后，清政府外务部也一直通过日本在华公使馆进行了数次抗议。在1921年的华盛顿会议上，中国政府代表就日本在东北成立的铁道守备队以及满铁沿线的警察权问题向世界各国的与会代表提出提案。中国政府代表在提案中认为，按照国际法法规和惯例，在没有得到中国政府同意的情况下，中国领土内的铁道守备队等为非法。中国政府外交代表认为，日俄所签署的《朴茨茅斯条约》中关于派驻铁道守备队条款并没有得到中国政府的认可，且在其后的中日北京会议中中方代表也一直反对这一条款。

对此，日方代表则狡辩称在东北派驻铁道守备队与其说是基于条约上的规定，不如说是基于现实上的需要。进而日方代表提出派驻铁道守备队不仅是为了铁路附属地内的治安需要，也是为了附属地接壤地区的秩序安定的需要。当时负责日本海外殖民事务的拓务省也为日本外交代表的主张背书。在1932年日本拓务省出版的一份题为《南满洲铁道附属地的日本管辖权》的报告书中提出，日本在东北的驻兵权法源在于1905年日俄所签署的《朴茨茅斯条约》中关于日俄双方的铁道守备队每一千米15名的规定。进而在同年的中日北京会议中日方代表也向中国外交代表提出。[②]

事实上，1905年中日北京会议中，中国外交代表鉴于1900年沙皇俄国出兵东北镇压义和团运动后，沙皇俄国拒不撤兵的情况，提出了在

① 现大连市甘井子区大连港附近。

② 拓務大臣官房文書課『南満州鉄道付属地の日本管轄権』、1932年、第80—83頁。

日俄战争结束后，日俄两国应分别撤出各自的军队。在这样一种语境下同意日方代表在俄国没有撤兵的情况下可以在铁路沿线驻留部队。对此，日方借口日俄战争结束后俄国没有撤出在东北的铁道守备队，坚持派驻了铁道守备队，进而通过同清政府外交谈判获得了安奉铁路与长春至大连间派驻铁道守备队的同样权利，在安奉铁路沿线也派驻了铁道守备队。日方的这种借口实际上是强词夺理，尤其是在 1918 年苏联撤出了在中东铁路的铁道守备队后，日方虽然彻底失去了派驻铁道守备队的理由，但仍然拒不撤出派驻在满铁沿线铁路的铁道守备队。由此，满铁沿线的日军铁道守备队一直是中日双方交涉的一个重要议题。

二 "关东都督府"与"满蒙独立运动"

日本铁道守备队以及常备师团的驻扎不仅违反国际法的法理，严重侵害中国国家主权，而且成了近代东北地区社会动荡的重大隐患和根源。其中，驻扎的日军不仅肆意枪杀当地居民，而且策动了旧满蒙王公的所谓"满蒙独立运动"。

驻防在长春至大连、奉天至安东之间的南满铁路沿线的守备队表面上以维护铁路沿线治安为名，实际上动辄以当地居民靠近或穿越铁路线为名而枪杀当地居民，肆意制造社会动乱。

1910 年 11 月，驻防在奉天附近的日军铁道守备队第三大队制造的"新台子事件"就是其中一例。同月 3 日上午，驻防铁岭附近的日本铁道守备队无故枪杀了两名在新台子车站附近的中国居民。惨案发生后，当地日本铁道守备队和第三大队串通一气，伪造现场，反诬中国居民要偷盗铁路沿线的电线杆，经开枪警告无效后射杀。对此，当地中国官宪明确指出，两名当地中国人遇害的地点远离满铁附属地，属于中国行政管辖内，而且遇害的两名中国人身边没有任何可疑的物品，尚不能判明是土匪或偷盗者，中国人遇害系铁道守备队滥杀无辜，粗暴地夺得了人的生命。[①]"新台子事件"经过中国地方官宪和东三省总督府上呈清政府外务部，清

① 1910 年 11 月 18 日青田寛蔵在奉天総領事館鉄嶺分館副領事ヨリ小村寿太郎外務大臣宛、『鉄道守備隊ガ中国人殺害ノ件』。外務省外交史料館蔵『南満州鉄道沿線守備隊関係雜纂』（第一卷）、文書請求番号：5－1－4－27－1。

政府外务部向驻华日本公使馆提出严正交涉和抗议后，围绕事件责任和遇害人赔偿问题一直没有达成一致，竟然不了了之。

从我们目前所能收集到的相关档案文献看，日本铁道守备队这种无辜枪杀中国当地居民、围攻中国当地地方政府、警察局的事件屡禁不止。其中，如1909年11月驻扎铁岭的铁道守备队在射击场附近误杀当地两名中国农民；1911年5月，驻防瓦房店附近的日本铁道守备队在许家屯车站附近枪杀了通过铁道道口的当地两名中国商人；同月，本溪湖附近驻防的独立守备第三大队第三中队的几名士兵醉酒归营途中闹事，砸毁沿街商铺门板和酒幌，并与前来制止的中国警察发生冲突，继而引发当地中国警察与日本铁道守备队之间的武力冲突。在冲突中，本溪湖附近中国警察派出所的桌椅、马灯以及马具被毁，房舍也险些被夷为平地；同年9月，驻扎在长春附近的日本铁道守备队几名士兵闯入当地农户家的瓜地肆意毁坏瓜果，又行凶殴打前来阻拦的农户，致使瓜农身负重伤；1912年10月，驻扎在本溪桥头的日军铁道守备队士兵以农田中散落有铁路通信用绝缘电瓶为由，将该农地的佃户抓进铁道守备队内，不分青红皂白地进行残酷殴打，致使该佃户昏死后才送入医院救治；1913年8月间驻扎在长春附近的日本铁道守备队士兵在当月的8日、11日和21日分别枪杀了3名长春城西郊的农民。①

日本铁道守备队的胡作非为不仅严重地威胁着当地居民的生命和财产安全，也严重地扰乱了当地的治安秩序。诚如1921年12月2日中国外交代表在华盛顿举行的太平洋与远东问题会议上所指出的那样，“日军常与本地人民发生冲突，且在附近各地，非惟不能平靖骚乱，反而激起骚乱”②，成为扰乱东北地区治安的重要祸根。

驻扎东北的日军不仅滥杀无辜，成为扰乱东北地区治安的重要祸根，而且勾结旧满蒙王公，暗中协助旧满蒙王公策划“满蒙独立运动”，趁乱将东部蒙古从中国分裂出去。

---

① 1910年11月18日青田寛蔵在奉天総領事館鉄嶺分館副領事ヨリ小村寿太郎外務大臣宛、『鉄道守備隊ガ中国人殺害ノ件』。外務省外交史料館蔵『南満州鉄道沿線守備隊関係雑纂』(第一巻)、文書請求番号：5－1－4－27－1。

② 转引自苏崇民《满铁史》，中华书局1990年版，第386页。

清廷入主中原后，不仅清廷贵族和八旗子弟享有各种统治阶层的特权，而且清王朝出于维护边疆稳定的统治目的，给予了蒙古王公许多特权，尤其是通过满蒙政治联姻等方式，与蒙古王公结成了政治上的联盟。由此，满蒙贵族和王公成了清王朝的既得利益者和政权维护者。1911 年辛亥革命后，孙中山所领导的革命党人推翻了清王朝的封建统治，使得旧满蒙贵族和王公失去了往日的政治和经济特权。为此，不甘心失去往日特权的清皇室良弼、毓朗、溥伟、载涛、载泽、铁良等人秘密成立了宗社党。宗社党被迫解散后，不甘失败的肃亲王善耆等人拉拢满蒙王公贵族企图将东北地区和东部蒙古地区从中国分裂出去。以肃亲王善耆为首的满蒙王公的阴谋复辟活动得到了以川岛浪速等所谓的“满洲浪人”和“关东都督府”陆军部以及日本国内的少壮派军人的支持。在肃亲王和川岛浪速的积极活动下，旧蒙古王公以旗内的矿山做抵押，向日本大仓洋行借贷了巨额的日元借款。其后，肃亲王一伙又在“关东都督府”陆军部的军人支持下，通过大连港和南满铁路秘密将军火运到公主岭。旧满蒙王公贵族的复辟活动被东北地方当局探知后，东北地方当局派出了吴俊升等人成功地在科尔沁左翼中旗截获了这批伪装成货物的军火，并打死和捕获了走私这批武器的同伙。第一次“满蒙独立运动”失败。①

第一次“满蒙独立运动”失败后，日本军人和大陆浪人并没有放弃分裂蒙古和东北的美梦。为此，他们在“关东都督府”的庇护下，在大连和东京等地成立了“对支联合会”组织，积极联络旧蒙古王公、大陆浪人、少壮军官等右翼势力。经过一番秘密活动，川岛浪速等人就与哈拉哈河一带的蒙古马贼头目巴布扎布取得了联系。在“关东都督府”陆军部的支持下，川岛浪速、肃亲王等人在大连建立了策划独立运动的总指挥部，并购买了大量军火。1916 年 3 月，川岛浪速等人在“关东都督府”陆军部的积极配合下，将购买的枪支弹药分别包装后，利用南满铁路的火车将这批军火经由哈尔滨和海拉尔运到了巴布扎布所盘踞的地

① 有关日本军方协助旧满蒙王公进行第一次“满蒙独立运动”的详细情况请参阅韩狄《民国初内蒙古王公与日本“第一次满蒙独立运动”》，《日本研究》2016 年第 2 期。

区。随后，在“关东都督府”所秘密派遣的军人训练和指挥下，巴布扎布所部匪徒被编成了三个梯队，进行军事训练，并制订了武装进攻奉天城的周密作战计划。为了弥补巴布扎布所部匪徒兵力的不足，在日军驻长春铁道守备队队长小林的协助下，又秘密收编和招募了不少日本的大陆浪人、中国土匪组成了“满洲特殊部队”，以配合巴布扎布的军事行动。同年6月底，巴布扎布的三个梯队打着“勤王扶国军”的旗号，向洮南进犯并围攻了突泉县县城。

时任奉天督军兼奉天巡按使的张作霖接到巴布扎布匪徒攻陷突泉县城的消息后，立即急调吴俊升所部奋力阻击。在吴俊升所部的顽强阻击下，巴布扎布所部伤亡惨重，退出了突泉县城。其后，张作霖又派出奉军第28师冯麟阁所部进驻郑家屯附近，成功地阻击了巴布扎布所部匪徒的猖狂进攻。在张作霖所部的接连军事打击下，巴布扎布匪徒不得不在日本铁道守备队的掩护下溃败到了郭家店。为了能够使巴布扎布所部匪徒安全撤离，日军又派出了“满洲特殊部队”乘坐满铁列车赶赴郭家店以支援被围困在郭家店的匪徒。随后，巴布扎布匪徒在西窜的过程中，也得到了日本铁道守备队的武装支援。正是因为有日军铁道守备队明里和暗里的支持，才使巴布扎布匪徒得以安全转移。

顺便提及的是有关巴布扎布的近来学术研究评价，一些学者将其肆意打扮成声援南方革命军、反抗军阀统治的所谓“民族英雄”。有关巴布扎布的学术评价不在本书的学术探讨之中，简而言之，仅仅从巴布扎布勾结日军铁道守备队和旧满蒙王公，进行所谓的“满蒙独立运动”，试图用武力图谋将满蒙地区从中国分裂出去这一点看，巴布扎布不仅不是所谓的民族英雄，反而是制造血腥屠杀，用暴力手段阴谋分裂中国的民族败类。

从上述两次所谓的“满蒙独立运动”中我们可以看出，日本的大陆浪人和旧满蒙王公贵族一手制造的“满蒙独立运动”均得到了日军铁道守备队明里和暗里的军事指挥训练、资金、武器弹药以及作战等方面的支持和援助。由此我们认为，日军铁道守备队才是辛亥革命以来在东北地区制造动乱和导致社会动荡的罪魁祸首。

三 “关东都督府”对东北的军事调查

提起近代以来日本对东北的调查，学者们大多关注满铁公司所属的满铁调查部，进而探讨日军对东北的军事地理调查和地图测绘，而往往忽视了“关东都督府”从成立以来对东北地区、蒙古东部地区乃至于苏联的西伯利亚地区的秘密军事调查。

“关东都督府”对东北地区的调查始于1905年日俄战后，主要实施部门为“关东都督府”陆军部下辖的经理部。从截至目前我们所能收集到的档案文献整理看，“关东都督府”陆军部在1919年前的东北调查除了早期配合日本陆军省陆地测量局对东北地区进行秘密地图地形测绘外，主要分为以下三个时期。其中，第一个时期就是1905年日俄战争结束后至1914年第一次世界大战前，第二个时期为1914年至1918年的第一次世界大战时期，第三个时期开始于1918年至1919年“关东都督府”陆军部被改编为关东军司令部前。

1905年日俄战争结束后，随着沙皇俄国的军队北撤和东北地方当局急于着手救济被日俄两国占领地区的民众之际，日军开始在当时的奉天和吉林等地进行军事测绘。1906年9月，“关东都督府”成立后，“关东都督府”陆军部接手日本在“满洲军总司令部”的军政业务，积极协助陆军省派出的陆地测量队队员对东北腹地和蒙古东部局部地区的地形和地图测绘。与此同时，新组建的“关东都督府”陆军部派出便服军事人员，深入东北腹地进行民情、物产、道路、河流、物价、商业、驻军、地方乡绅、主要城镇等进行调查。“着眼于国家未来之战略”的“关东都督府”陆军部的这些调查，主要由陆军部经理部的陆军一等主计旭藤市郎、陆军二等主计米田宽以及陆军部雇佣的“嘱托”来完成。按照相关档案文献的记述，“关东都督府”陆军部的调查路径大约有两条。其中第一条为自大连北上，经由当时的奉天、奉天北部地区进入吉林地区，在经吉林地区进入黑龙江境内后西折进入蒙古东部地区后，然后一路南下，转赴张家口后在经由北京和天津返回大连。另一路调查人员则取道北京，与蒙古王公取得联系后，经由张家口进入蒙古地区，自西向蒙古东北部调查，其后再经蒙古东部地区进入黑龙江境内一路南下返回大连。在“关东都督府”陆军部的调查人员调查资料的基础上，“关东都督府”陆军部组织专门人员先后编制了《满洲志稿》《东部蒙古志草稿》《东部蒙古志补修草稿》以及《满洲产业志》等，供日军军政人员参考使用。从调查情况看，“关东都督府”初期的这些调查主要着眼于东北及蒙古东部地区的“兵政要志”等军事地理调查。此外，“关东都督府”陆军部还对东北地区的政情和军事驻防以及军事训练进行了调查。其中如1907年陆军部编辑的《赵将军的财政政策与奉天恐慌》、1914年编辑的《从军事角度观察之满蒙一般状态图表》等就是这一时期比较有代表性的调研报告。

“关东都督府”陆军部在进行了东北和蒙古东部地区的“兵政地志”调查后，于1914年前后又开始着手进行东北地区以及蒙古东部地区的经济调查。当然，“关东都督府”陆军部曾就“关东都督府”所管辖的辽东半岛租借地内进行了小规模的租借地内经济产业调查。这些调查包括“关东州”内芦苇加工及流通[①]以及盐业调查等。“关东都督府”陆军部大规模的对东北等地的调查始于1914年。这一时期“关东都督府”陆军部协同民政部所进行的东北及蒙古东部地区经济产业调查包括“满洲皮革工业调查”、南满洲矿产调查、“满洲”期粮和银市调查、“满洲”及蒙古东部地区交通调查、“满洲”水源调查、“满洲”及中俄边境河流调查、“满洲”农产品及价格调查等，涉及内容包括矿业、盐业、柞蚕业、大豆、葡萄种植、渔业、皮革加工及流通、鸦片销售、法规、教育、水利资源、货币金融（含钱庄、营口炉银流通）、农产品流通渠道价格、风俗人情、“烧锅”（酿酒业）、大车店、货栈等东北及蒙古东部地区的各种产业、交通、经济、金融等。这一时期的调查内容其后被“关东都督府”以《满蒙经济调查复命书》的形式陆续刊行。[②]

从上述调查内容中我们可以看出，这一时期的调查与1906年“关东都督府”陆军部成立以来至1913年的东北调查有着明显的不同。其

---

① 该项调查为陆军部与民政部庶务课合作进行。

② 有关这一时期“关东都督府”对东北调查的具体情况参见拙稿《日本关东都督府的东北调查》（《日本研究》2013年第1期），及王韧《关东军对东北的军事调查研究》（2015年辽宁大学历史学院硕士学位论文）。

中，这一时期“关东都督府”陆军部的调查更加趋向于东北及蒙古东部地区的经济产业方面的调查。同时，我们将“关东都督府”陆军部的调查内容与同时期“关东都督府”民政部、满铁公司调查部所进行的调查相比较也发现，这一时期“关东都督府”陆军部的调查与“关东都督府”民政部、满铁公司调查部方向几乎一致，甚至在某些方面互有重合。

“关东都督府”陆军部的这些调查表面上看来是对东北经济产业的调查，似乎无关对东北的军事窥探，而实际上“关东都督府”陆军部的这些调查不仅与日本对东北的军事战略密切相关，而且也与当时日本的军事思想有着密切的关联。

就日本对东北的军事战略而言，自1895年中日甲午战争结束以来，日本虽然在三国干涉还辽后退还了辽东半岛，但是在1905年日俄战后从沙皇俄国手中又接手辽东半岛，进而在1910年日本吞并了朝鲜半岛后，日本更是处心积虑地试图通过经济、军事和政治渗透占据东北以掠夺东北各种资源，以满足日本国内工业化生产的原料需要。

从当时的日本军事思想而言，1914年第一次世界大战爆发后，日本从欧洲战争中更加体会到了近代战争中军事工业生产、军事后勤补给对于赢得近代战争的必要性。在这种近代军事思想的转变过程中，资源富饶的东北更是日本军方所觊觎的战争资源。尤其是在第一次世界大战中，日本凭借日英同盟以及远离欧洲战争的地缘优势，乘机为英国等欧洲参战国家提供船舶运输以及军用物资，大发战争财。其中，在当时的欧洲战场上，英国等需要大量皮革以满足骑兵用具的巨大消耗。此外，诸如大豆、棉花、煤铁等也是军工生产中大量消耗的农业和工矿产品。由此，这一时期“关东都督府”陆军部对于东北乃至于蒙古东部地区皮革、大豆、酿酒等的重点调查在很大程度上取决于当时日本对于英国等同盟国的军事工业产品的销售。

而在“关东都督府”陆军部这一时期的调查中的另一个背景就是对沙皇俄国以及其后的苏联的“备战”。1905年日俄战争结束后，日俄之间虽然通过三次密约达成了分割东北及蒙古势力范围的协议，但在日本中央军部一直恐惧俄国对日俄战败的报复，将俄国视为日本的战略假想敌。尤其是在1917年俄国十月革命后，苏维埃红色政权的建立使得日本得到了敌视苏维埃政权的理由，进而在1918年悍然出兵西伯利亚，成为欧美列强干涉俄国十月革命的帮凶。在这样一种背景下，“关东都督府”陆军部凭借地缘上的优势，一直将与俄国远东地区边境接壤的东北地区的交通、物产、河流甚至气象条件作为备战俄国的重要军事战略情报。从这一点上我们就可以看出，“关东都督府”陆军部将东北和蒙古东部地区的经济产业调查作为重要对象的根本原因和背景中，除了对东北地区的军事战略调查外，也包含了对苏联远东地区的军事战略综合情报的调查。

第三节　满铁与“关东都督府”的权力争夺

一　满铁公司提出“关东都督府”顾问案

满铁公司在成立之初疯狂进行东北权益扩张的同时，也一直试图在当时的日本政治权力结构框架下进行权力的扩张。

如前面所述，后藤新平就任满铁公司首任总裁后所描绘的满铁公司的蓝图样本就是当时英国在东南亚设立的东印度公司，并以此构筑一个集满铁铁路运输、贸易、附属地行政、治安警察、卫生医疗、仓储等于一身的，执掌东北殖民经营的国策公司。

从1600年设立开始起经过近三个世纪的发展，英国东印度公司不仅是一个单纯意义上的贸易公司，而且逐步发展成了在印度等地拥有司法权、行政权、军事权的综合性殖民公司。东印度公司的经营模式一直备受后藤新平的推崇。后藤新平的这种构想在《就职情由书》以及在1944年出版的《日本殖民政策一斑》中均有体现。

后藤新平的这种构想在日本外务省、日本陆军省主导的日俄战争东北殖民机构的建构中，日本外务省和陆军省出于对中日外交、对俄军事战略上的考量提出设立“关东都督府”、满铁公司两个互有分工，又互不从属的“经营”东北框架。日本政府的这一方案实际上等于在吸收了后藤新平等人的部分构想后，经过多方势力角逐后相互妥协的一种产物。换而言之，后藤新平所构想的在东北的日本东印度公司模式并没有被日本政府所采纳。

为此，后藤新平在就任满铁总裁之初就向日本政府提出了几个就任条件。其中，第一，由满铁总裁兼任“关东都督府”顾问。“关东都督府”应就租借地内的行政权问题咨询满铁总裁意见；第二，满铁总裁应为亲任官，并享有亲任官待遇；第三，就任满铁总裁后仍担任台湾总督府顾问，过问台湾总督府政务；第四，政府不干涉满铁副总裁和理事人选问题；第五，给予受聘满铁公司的现任官员与受聘任担任外国政府官员同等待遇。进而，后藤新平提出了“满铁总裁位于关东都督之下，同时复充任都督府顾问，在外务大臣监督下参与都督府一切政务”的主张。后藤新平的这几项条件实际上是等于将“经营满洲的实际大权委之于铁路总裁”①。

继后藤新平担任满铁公司总裁的中村是公也向日本政府提出了类似的主张。1913 年 1 月 17 日，在满铁公司总裁中村是公向日本政府拓殖局呈送的一份题为《关于统治满洲备忘录》的文件中也同样提出了将都督府的军政和民政分离的提案，从而将“关东都督府”的民政部分与满铁合并为一，设立民政厅下设评议委员会，由满铁总裁充任长官，并由满铁理事充任评议委员，满铁公司职员充任民政厅官吏和职员。② 从提案的内容上看，中村是公的这项“关东都督府”和满铁“二位一体”提案基本上是沿袭了后藤新平的满铁公司主导“满洲经营”的提案，实际上将“关东都督府”控制下的辽东半岛租借地置于满铁公司控制之下，进而实现满铁公司成为日本的东印度公司的构想。

后藤新平的满铁经营“满洲”方案虽然没有得到日本政府全盘采纳，但后藤新平的几项就任条件几乎得到了日本政府的承认。为此，后藤新平先是说服日本外务省调离了政敌石冢英藏赴任朝鲜统监府参与官，然后将自己的亲信之一，当时出任满铁副总裁的中村是公安插到了“关东都督府”，担任了“关东都督府”的民政长官。其后，后藤新平又

---

① 《南满洲铁道株式会社十年史》，第 105 页，转引自苏崇民《满铁史》，中华书局 1990 年版，第 43 页。

② 《南满洲铁道株式会社十年史》，第 117 页，转引自苏崇民《满铁史》，中华书局 1990 年版，第 44 页。

向外务省施加压力，让满铁公司理事久保田政周兼任了“关东都督府”警务课长，从而实际上控制了“关东都督府”的治安警察权力。

1906 年 9 月 3 日日本政府以敕令第 242 号，公布了一份题为《台湾总督府及关东都督府设立顾问》的敕令。日本政府发布的该项敕令内容非常简单，其敕令内容主要由三条组成。根据该项敕令，“台湾总督府及‘关东都督府’各设置顾问一名”（第一条），“顾问就台湾总督府或‘关东都督府’所管行政事务，接受台湾总督或关东都督咨询，开陈意见”（第二条），“顾问台湾总督府和‘关东都督府’分别由其归属之内务大臣、外务大臣之奏请由内阁任命之”（第三条）。[①]

按照日俄战后日本所占据的海外殖民地情况看，日本当时除在攫取的台湾岛设立了台湾总督府外，还在朝鲜、辽东半岛以及库页岛南部地区分别设立了朝鲜统监府、“关东都督府”以及桦太厅等殖民机构进行殖民统治。从行文对象我们可以看出，日本政府的上述敕令案既不是针对当时日本海外殖民地全体统治机构的调整，也不是按照海外殖民地的占据过程和背景所进行的政策调整。显然，上述敕令的内容是针对后藤新平就任满铁总裁所提出的条件而“因人设事”发布的。按照这一敕令，后藤新平如愿以偿地出任了台湾总督府和“关东都督府”的顾问，从而实际上掌控了“关东都督府”都督在发布行政命令权上的话语权。

后藤新平担任台湾总督府和“关东都督府”顾问一事，可以说是“前无古人，后无来者”。换而言之，自 1895 年台湾总督府成立以来，从没有设立过顾问一职，而在后藤新平辞任满铁总裁后，台湾总督府和“关东都督府”乃至于其后的关东厅也没有再行设立过顾问一职。由此可见，后藤新平的这种“独一无二”的做法自然遭到了来自日本陆军省、“关东都督府”等日本政府内部的各种非议。在这种非议和指责中，后藤新平不得不于 1908 年 7 月辞去满铁总裁的职务，回国担任递信大臣。

由此我们可以看出，以后藤新平为代表的满铁公司在东北经营初期

---

① 1906 年 9 月 3 日、『台湾総督府並び関東都督府顧問設置ノ件』（勅令第 242 号）。内閣印刷局『官報』第 6955 号、1906 年 9 月 3 日、第 8—9 頁。

的疯狂权益和权力扩张，不仅引起了当时清政府的强烈抗争，也引起了日本政权内部的矛盾和争议。

二　“关东都督府”谋求外交交涉权

在满铁公司首任总裁后藤新平试图整合“关东都督府”，以期强化满铁公司权力，并由此而引发满铁公司和“关东都督府”，进而引发日本内阁递信省和陆军省之间的矛盾的同时，“关东都督府”也为同“清政府地方官宪”的外交交涉向日本外务省要求外交交涉权。由此引发了“关东都督府”和奉天总领事馆，进而引发了日本外务省同陆军省之间围绕在东北的外交交涉权的权力争夺。

1906年8月，日本政府公布了《关东都督府官制》后，同月，“关东都督府”按照《关东都督府官制》第五条规定的“依据特别之委任，掌管与清政府地方官宪的交涉事务”的权限，起草了“关东都督府”都督的《特别委任事项》方案，并按照监督权限规定上呈给了日本外务大臣。“关东都督府”起草的这份《特别委任事项》合计三条。其中第一条规定“都督可就租借地内之涉外事项与清政府地方官宪进行交涉”；第二条为“都督可就租借地外铁道附属地之涉外事项同清政府地方官宪进行交涉”；第三条则为“前两项所规定事项中，都督认为重要事项应请示外务大臣”。①

按照“关东都督府”这份草案的规定，实际上是将租借地和铁道附属地的外交权赋予了“关东都督府”都督。“关东都督府”都督不仅掌控了同清政府地方官宪的外交交涉权，而且在都督认定为重要事项时才需要请示外务大臣，实际上“关东都督府”都督不仅享有同清政府地方官宪的外交交涉权，而且在一般事项中甚至可以不请示外务大臣。由此，按照该项草案，“关东都督府”都督实际上还享有了在东北地区的外交交涉权和外交决策权。自然，“关东都督府”起草的该项草案没有得到当时的日本外务大臣林董的批准。

---

①　1906年9月外務省と関東都督府ヨリ委任事項ニツキ往来電報。外務省外交史料館蔵『戦前期外務省記録』、文書請求番号：6－1－1－4－2－001。

为此，日本外务省起草了关于“关东都督府”同日本外务大臣间的《监督规定及特别委任件》，并函电给“关东都督府”。日本外务省起草的这份函电主要由“甲号”和“乙号”组成。其中，“甲号”规定了“关东都督府”接受日本外务大臣监督的三项具体内容。日本外务省函电的“甲号”第一项规定了“关东都督府”都督应立即向日本外务大臣请示的事项，包括（1）“（关东）都督府发布命令或设立”时，（2）“关东都督府”都督“使用兵力”时，（3）“同外国领事交涉即其他关于外国人事项”，（4）“其他重要事项”；第二项规定了“关东都督府”都督应每隔三个月向日本外务大臣报告的事项，包括（1）“关东都督府”的“诸般政务实施成绩”，（2）管辖区域内的一般情况，（3）铁道状况概要等三项；日本外务省规定“关东都督府”接受日本外务大臣监督的第三项则规定了“关东都督府”需要接受日本外务大臣直接指挥的事项，主要包括（1）涉及条约解释及执行中之疑义事项和（2）同清政府地方官宪或外国领事官重要交涉事项。

日本外务省起草的《监督规定及特别委任件》中的“乙号”则涉及日本外务大臣委托给“关东都督府”都督的事项，包括（1）“租借地同清国领土界线事项之交涉；（2）“没有开始帝国领事馆或分馆之地且为铁道附属地事项，需要紧急交涉事项。但事后应将交涉之经过通报给外务大臣或领事馆”。①

通过“关东都督府”起草的相关文件与日本外务省起草的函电我们可以看出，日本外务省不仅全盘否定了“关东都督府”要求的“关东都督府”都督就租借地和铁道附属地事项同清政府地方官宪的外交交涉权和外交决策权，而且也对《关东都督府官制》中规定的“关东都督府”都督“依据特别之委任，掌管与清政府地方官宪的交涉事务”权限进行了具体限制。由此我们可以看出，日本外务省是在立足于“关东都督府”都督由外务大臣监督控制的前提下，授予“关东都督府”都督享有“依据特别之委任，掌管与清政府地方官宪的交涉事务”的权限。相比

① 1906年9月外務省と関東都督府ヨリ委任事項ニッキ往来電報。外務省外交史料館蔵『戦前期外務省記録』、文書請求番号：6－1－1－4－2－001。

较而言，“关东都督府”起草的委任事项文件则试图基于《关东都督府官制》第五条规定，对“关东都督府”都督的涉外事务权限进行扩张，并以期通过涉外事务权限的扩张来弱化日本外务省对“关东都督府”乃至“关东都督府”都督的监督。进而，我们也可以看出，在日俄战争结束后的“满洲经营”日本外务省和陆军省的权力分配争夺中，以“关东都督府”委任权限所象征的日本陆军省在这场权力争夺战中以败北告终。

当然，日本陆军省和外务省在“满洲经营”的权力分配之争也体现在日俄战后的“满洲经营”中。1907 年 5 月，“关东都督府”都督大岛义昌致函日本外务大臣，由于该信函内文非常冗长，因本文体例所限不能原文收录。该信函概括起来主要有以下几个方面的内容。第一，大岛认为日本外务省赋予的“关东都督府”对清政府地方官宪交涉权仅限于“租借地及铁道附属地之轻微警察事项中的轻罪犯的引渡”，且赋予的“特别委任事项”也只是名义上的，毫无价值。第二，在有关“关东都督府”与领事权限中，日本政府在其委任权限中规定，外务大臣发给各领事训令时，事涉铁道附属地事项同清政府地方官宪交涉时，领事应秉承都督之意见执行之。但事实上，领事直属于外务大臣，而外务大臣对于都督没有任何责任。这样，有关铁道附属地事项虽然都督有对各领事发布训令之权，但对于各领事而言，都督的训令只是其参考资料而已，没有必要去执行。由此，大岛认为，在这样一种行政组织框架下，“关东都督府”的都督实际上并没有实际权力。第三，大岛认为，基于“帝国官宪相互间之责难，信息交换不足”，“陷入迟延迟疑”，至此，“对清交涉如隔靴搔痒，缺乏帝国政府在政策上之统一”。为此，“找出匡济之道，方为刻下之急务”。①

大岛都督的这封信函多少带有些官方的官话和日本式的委婉，话中有话，让人读起来费解。实际上大岛的这封信函的主要目的在于认为《关东都督府官制》虽然赋予了“关东都督府”都督特别委任事项，但在实际运作中，“关东都督府”都督不但无权管辖领事，而且同清政府

① 栗原健『対満蒙政策史の一面』、原書房、1966 年、第 254—256 頁。

地方官宪交涉只是一般的治安案件而已，毫无实际权力。进而大岛从“关东都督府”的租借地权力角度，希望能够“找出匡济之道，方为刻下之急务”。由此，大岛还是希望与外务省及派出机构，分享与清政府地方官宪的外交权力。

大岛的这封信函在没有得到日本外务省明确回复后，又于1907年7、8月间趁出差东京陆军省之际，再次向日本外务省提出了建议书。大岛在题为《大岛关东都督提交的意见书》一文中提出了两项要求。第一，“为南满洲（“关东都督府”）都督和领事之间职务关系上的统一，应该实行特殊的领事制度。即领事接受都督的监督和指挥，且领事应兼任都督府之事务官”。而作为“关东都督府”的监督机关的外务大臣在“外交上重大或紧急时，外务大臣才可以直接指挥领事，领事也可以直接向外务大臣请求指示”。第二，“南满洲之警察由都督府统辖之。附属地外日本侨民之保护，可在必要时由都督府派出警察，也可接受领事兼（“关东都督府”）事务官之指挥”。①

将前面的大岛信函和大岛的这份建议书相比较我们可以看出，大岛在信函中比较委婉地提出了“关东都督府”的外交交涉权和对领事指挥权问题，而在建议书中则更加明确地将此前的想法具体化了。不仅如此，大岛在要求获得与清政府地方官宪的外交交涉权和决策权的同时，还要求领事馆交出外事警察的治安警察权归于“关东都督府”名下。

大岛的要求也得到了原本要求从“关东都督府”手中获得“满洲经营”主导权的满铁公司总裁后藤新平的首肯。后藤新平也投书日本外务省，主张“为谋求南满洲都督和领事兼职务关系上的统一，现今属于领事权限至外交案件应经由都督”，“在南满洲应实行特殊的领事制度，将领事置于都督直接指挥之下，且领事兼任都督府事务官”。

三　奉天总领事馆的主张

“关东都督府”和满铁公司的一致，使得奉天总领事馆感到了空前

① 1907年10月10日付林董外務大臣ヨリ伊藤博文韓国統監府統監宛書簡付録。外務省外交史料館蔵『戦前期外務省記録』、文書請求番号：1－5－3－20－001。

压力。为此，同年5月，时任奉天总领事馆总领事的荻原守一致函外务省，上呈了奉天总领事馆关于“关东都督府”监督权问题的意见书。在该份意见书中，荻原总领事不仅强调作为外务省应该具有监督“关东都督府”的权限，而且应该进一步强化外务省对“关东都督府”乃至满铁公司的外交指挥权和监督权，进而组建领事厅以强化对“关东都督府”和满铁公司的外交活动监督和指挥。

荻原总领事在该份意见书中认为，在日俄战后初期由于日俄两国撤兵尚未完成，外务省的监督权确实在实行上有许多问题。然而在实现日俄两国同时撤兵之后的和平时期里，应该强化外务省对于“关东都督府”的监督权。为此，荻原进一步解释道，外务省对“关东都督府”的监督权不是单纯意义上的阻止活动，更不是对“‘关东都督府’的进步行动的阻止”，而是外务省参照“各种状态的进步的监督”。也就是说，只要“‘关东都督府’的进步行动符合大局趋势”，日本外务省“不会做阻止性的监督”。

对于“关东都督府”和满铁公司分别提出的主张强化“关东都督府”和满铁公司权限，以统一“在满洲行政统一”的建议书，荻原也在该份意见书中做了回应。荻原认为，“在满洲我行政机关”权力的统一在于监督权的强化。按照既有的权力构造，奉天总领事馆和“关东都督府”为行政机关，而满铁公司为运营铁路的运输公司。其中，“‘关东都督府’对满铁公司拥有直接监督的监督权限”，而“‘关东都督府’和奉天总领事馆均为外务省监督权限确立下的平行机构”，问题在于“拥有同一上级监督机构的外务省之下的“关东都督府”和奉天总领事馆之间缺乏统一”。也就是说，在满铁公司虽然同其他两者（“关东都督府”和奉天总领事馆）确立了监督权关系，但三者之间还有些缺乏统一之处。有关这一点虽然对大局无碍，但并不是有益处之现象。

为此，荻原认为，为实现“在满洲地区三个机关的统一，并相互间信息相通，相互监督”，首先，需要在上述三个机关的主要职员之间进行相互兼任制，以设立三个机关职员的互通制度。其次，对在东北的三机关的权力进行再分配。其中，针对“在满洲地区的警察权分属于“关东都督府”和奉天总领事馆，不免会出现相互摩擦的现象，将租借地外和租借地内的警察权统一归并到奉天总领事馆，由领事馆统一负责执掌警察权”；与此同时，作为交换，“租借地内外的裁判权则全部归于‘关东都督府’掌管”。最后，增设“负责实施监督权的机关”。荻原认为，“日俄战后整理满洲涉外关系，实行符合时代趋势的进步政策是外务省责无旁贷的责任。由此，外务省为担负起时代的这些责任，不仅应该将满洲现存的所有领事机构进行统一指挥监督，全盘考量涉外关系事项，而且为强化对“关东都督府”和南满洲铁道株式会社的监督，应该增加职员人数，进而增设一个局或一个课”，以专门负责“满洲外交事务”。①

从荻原的这份建议书中我们可以看出，荻原意在强化奉天总领事馆在东北三个机构中的地位。作为其中的措施之一就是将租借地内外的裁判权归属于“关东都督府”，以换得“关东都督府”将租借地内外的警察权归属于奉天总领事馆。在此基础上，荻原以强化外务省对奉天总领事馆和“关东都督府”的监督为名，主张在外务省内或东北地区设立一个局、课以专门负责对“关东都督府”和满铁公司的监督，从而在实际上通过外务省—奉天总领事馆体系来加强在东北地区上述三个机构中的监督指挥以及话语权。

有鉴于“关东都督府”、满铁公司和奉天总领事馆围绕“在满洲南部行政权”的激烈争夺，1907年8、9月间日本外务省为“统一帝国在满洲行政之需要”，着手调整在东北的日本三个机构之间权限问题。为此，日本外务省参照了奉天总领事馆总领事荻原守一等人的建议，着手起草意在强化外务省对上述三机构的官制改革方案。该项方案在得到了日本外务大臣圈阅同意后，又送呈给了时任内阁总理大臣的西园寺公望。这项被称为“彻底的妥协方案”的官制改革方案也得到了西园寺内阁总理大臣的原则同意，并拟定送呈内阁会议取得内阁各位大臣同意形成“阁议”后，上奏日本天皇公布实施。而就在此时，“关东都督府”都督大岛义昌借出差东京的时机，向日本外务省抛出了将在东北的领事

① 1907年5月、萩原在奉天総領事館総領事ヨリ『関東都督府ニ対スル外務省監督権ノ意見書』。栗原健『対満蒙政策史の一面』、原書房、1966年、第257—258頁。

馆归都督统一指挥，以此来强化“关东都督府”的权限的意见书。与此同时，日本当地新闻媒体和在辽东半岛租借地内的日本新闻也通过特殊渠道，掌握了“关东都督府”都督大岛的这份意见书，并在新闻报纸中详细登载了大岛都督的意见书的主要内容，事实上造成了日本外务省对于修改日本在东北三机构的官制方案上的极大被动。

处在进退两难的日本外务大臣不得不将事情原委撰写成信函，求助日本维新元老，时任朝鲜统监府统监的伊藤博文。

截至目前，就我们所能够查阅到的档案文献，尚不了解时任朝鲜统监府统监的伊藤博文对此的态度，但从1908年1月11日日本天皇裁可后并公布的敕令第2号《关东都督府官制改正案》[①] 中的具体内容看，日本内阁大幅修订了仅仅公布实施了不到两年的《关东都督府官制》。其中，此次“关东都督府”官制改革方案中，新设了外事总长和警视总长，并添加了领事馆兼任“关东都督府”事务官等项规定。这些都督府改革方案从表面上看似乎是通过新设外事总长和警视总长，采纳了“关东都督府”一直主张的权力问题，强化了“关东都督府”的外交权和警察治安权，而实际上，该项改革方案是通过《关东都督府官制改正案》，总领事馆领事官兼任“关东都督府”事务官而强化了奉天总领事馆对“关东都督府”的监督权。其中如新公布的《关东都督府改正案》明确规定了“关东都督府”的事务官应由“驻在南满洲之领事官兼任”，从而奉天总领事馆通过领事官的派遣，兼任“关东都督府”的外事总长和警视总长，实际上掌控了“关东都督府”的外交和治安警察权力。由此可见，在东北的日本殖民统治机构调整中，不仅伊藤博文原则上同意了日本外务省的调整方案，同时也可以看出，在这场满铁公司、“关东都督府”和奉天总领事馆的权力争夺中，“关东都督府”获得了名义上的权力，而奉天总领事馆通过领事官兼任“关东都督府”事务官，从实际上掌控了对“关东都督府”，进而与满铁公司的监督权限。

日本外务省虽然在这场权力争夺中，取得了对“关东都督府”以及

① 1908年1月10日関東都督府官制改正勅令案。國立公文書館藏『御署名原本』、文書請求番號：御07361100。該官制改革案公佈於1908年1月11日《官報》（第7360號、第2頁）。

满铁公司外交权和警察治安权的实际控制，但是这种权力的稳定是在明治初中期，以伊藤博文等明治维新元老的全力支持下而取得的，而日本在东北地区所形成的这种依附于日本国内元老政治（又称藩阀政治）框架下构筑的殖民地统治权力构筑，成了日本国内政治的一种延续，具有很大的不确定性，并随着日本国内政治势力和政治形势的变迁而变化，有关这一点我们会在其后的相关部分中有所涉及。

第四节　小结

日俄战后，日本通过设立满铁公司、“关东都督府”以及负责侨民安全和通商事务的奉天总领事馆构筑了日本在东北地区的三大殖民统治机构。按照日本政府对于上述三个机构的制度设计，其中满铁公司主要承担长春至大连、奉天至安东间铁路线铁路运输及抚顺煤矿等铁路和矿山的经营；而奉天总领事馆则作为日本外务省的派出机构负责东北地区日本侨民的通商贸易保护；日本在辽东半岛租借地设立的“关东都督府”负责租借地内的民政和军事防御，同时还负责向满铁沿线派驻铁道守备队，负责满铁公司铁路沿线的治安。

从日俄战后相当长的一段时间里三个机构的运营看，新设立的满铁公司在日本奉天总领事馆在外交交涉和通商贸易等方面的保护，以及“关东都督府”辖下的铁道守备队在铁路治安上的保护，呈现了从铁路和煤矿经营中向提供铁路贷款、设立仓库、扩建大连港等多方面的权益和规模上的急速扩张。

另外，作为满铁的“护路军”的“关东都督府”不仅是为满铁公司保驾护航的“护路军”，而且还利用“关东都督府”下辖的陆军部，对东北地区乃至蒙古东部地区的山川、河流、物产、物价、商业、皮革、芦苇、民俗等进行了周密调查。“关东都督府”的这些调查一方面填补了满铁公司对于东北地区货运物流的调查空白，更重要的是处于军事战略目的，对东北地区、蒙古东部地区乃至于俄国西伯利亚地区的军事战略调查。当然，“关东都督府”在这一时期还充当了旧满蒙王公贵族

“满蒙独立运动”的策划者、协助者。由此，以“关东都督府”所辖的铁道守备队等驻军对于中国主权的侵害，尤其是对东北边疆地区治安的损害开始显现。

在这种“满铁主都督府从”的权力结构下，满铁公司和“关东都督府”均不满足于现有的权力构造，并开始以修改日本在东北地区的三个权力机构框架为主要目的的权力争夺。满铁公司以英国的东印度公司为模板，试图通过统合“关东都督府”在租借地内的行政权和治安权来扩张满铁公司在东北地区日本三个机构中的权力构造。而相对于满铁公司对“关东都督府”的人事和权力渗透，“关东都督府”则试图以刚刚公布实施的“关东都督府”官制中规定的外务省委任给都督的同清政府地方官宪的交涉权为借口，扩大都督在外务省监督体制下对领事的指挥和监督权，并以此来掌控日本在东北地区的殖民政策的指挥权。

满铁、“关东都督府”和奉天总领事馆的这场围绕在东北地区殖民权力的争夺直接导致了日本政府在 1906 年 8 月公布和实施了《关东都督府官制》后不到两年的时间，再次修改《关东都督府官制》，将奉天总领事馆的领事馆派遣至“关东都督府”，分别兼任“关东都督府”的外事总长和警视总长等职，以此通过官制修改明确了日本外务省—总领事馆掌控下控制日本在东北的三个机构中的外交权和治安警察权力，从而实际上确立了奉天总领事馆负责外交、“关东都督府”负责租借地、满铁公司负责满铁公司所辖铁路和煤矿的经营的分工，并由此也确立了日本在东北的三个机构中，奉天总领事馆对于“关东都督府”、满铁公司的外交和治安权限的掌控。

根据一些学者的研究，日本在东北地区所设立的上述三个机构，被称为日本在东北地区的“三头政治”，三者之间互相牵制并互有矛盾。而实际上这种权力矛盾和权力再平衡无不与当时的日本明治宪法体制、日本国内政治势力格局有着密切的联系。换而言之，单纯从日本在东北的三个殖民机构的“三头政治”矛盾层面的解读，无法解决三个殖民机构的权力争斗后的权力再平衡问题。

实际上，作为日本国内政治的延续的日本海外殖民机构和殖民政策无不与当时的日本政治体制、政治格局以至于当时日本国内各种政治势力构筑有着直接的密切关系。

简而言之，日本在东北的三个机构的权力争夺和权力再平衡是当时日本明治宪法体制下的结构性矛盾的体现。具体而言，首先，日本在东北地区设立的奉天总领事馆、“关东都督府”和满铁公司源于明治宪法体制下确立的日本政治体制和经济体制。

如前所述，日俄战后，按照日本当局的制度设计，日本在东北地区设立的奉天总领事馆、满铁公司和“关东都督府”原本各司其职，各司其政。其中，奉天总领事馆作为日俄战后日本国际影响扩大后的首期增设的“在外公馆”中的总领事馆，直属于日本外务省，负责东北地区日本侨民保护以及东北地区的对华交涉等外交事务。日本外务省除了在奉天总领事馆设立初期在新民设立了新民领事分馆外，在 1909 年 11 月日本吞并朝鲜王国前夕，还在当时的延吉地区设立了“间岛总领事馆”，将奉天总领事馆管辖的吉林东部地区的侨民事务和外交交涉权划归给了新设立的“间岛总领事馆”。奉天总领事馆除了上述侨民保护和对华外交交涉权外，还配有外务省警察配属在总领事馆、“关东都督府”，专门负责保护总领事馆和“关东都督府”的安全。

作为辽东半岛租借地的管辖机构的“关东都督府”，其都督被赋予了“管辖关东州及保护南满洲铁道沿线”“监督南满洲铁道株式会社业务”以及“依据特别委任掌管与清国地方官宪进行交涉”等权限的同时，也被赋予了为保持“管辖区内的安宁秩序以及铁道线路，可在必要时使用兵力”的权限。其中，“关东都督府”下辖的重要部分之一的陆军部所辖军事事务归属于日本内阁的陆军省，而军事作战权则归属于日本陆军参谋本部。

作为经营东北地区“南满洲铁路”而设立的满铁公司在业务上归属于当时日本内阁递信省。

诚如所知，在战前日本明治宪法体制下，作为日本“行政府”的日本内阁的内阁总理大臣同内阁中设立的大藏省、外务省、陆军省、海军省、内务省、递信省等内阁各省大臣地位一样，只是作为“国务大臣辅弼天皇”，并对天皇负责。换而言之，内阁总理大臣同内阁中各省的大臣之间并不是战后日本宪法规定的内阁总理大臣和各省大臣之间的上下级关系，作为内阁总理大臣只是在明治宪法意义上的内阁各阁僚会议的召集人。这样，作为内阁各省大臣实际上将各自的省厅业务作为“辅弼天皇”的专有权限，具有排他性。其中，像日本外务大臣对自己负责的外交事务具有决策权，尤其是内阁中的陆军省和海军省在其所管辖的业务范围内，以军部直接的帷幄上奏权名义，并不对内阁总理大臣负责。这种政治体制体现在日本在东北设立的三个机构中就是“关东都督府”作为管辖辽东半岛租借地的军政部门，听命于日本内阁陆军省，而奉天总领事馆则作为外务省的派出机构直接听命于日本外务省。此外，满铁公司同当时日本国内的国策海运公司一样，递信省具有政策制定上的决策权。日本国内的宪法体制所造成的日本中央政府的行政业务上的纵向意义上的条块分割，也使得日本政府制定的日本外务省—领事馆对东北地区的“关东都督府”乃至于后来的关东军、满铁的业务监督只是外交政策上的监督，而对于“关东都督府”和满铁不具有政策制定意义上的决策权。进而，正是这种日本在明治宪法体制上所形成的在东北殖民统治体系上的制度缺陷，也是在 1931 年关东军抛开日本外务省的监督悍然发动九一八事变的根本原因。

从上述的阐述中我们可以看出，正是日本国内的明治宪法体制下，由于“关东都督府”、满铁和奉天总领事馆在中央政府层面上互不从属的原因，才使得上述三个在东北的机构互相争夺权力，从而形成了日本在东北地区的“二元政治体制”或“三头政治”。

与明治宪法体制所形成的战前日本政治制度相关联，也正是由于日本中央政府所形成的纵向条块上的分割，使得日本内阁总理大臣对于各省之间的利益纠纷和权力争夺的调节权限较弱，从而使得在奉天总领事馆、“关东都督府”、满铁围绕东北殖民统治的主导权的权力争夺中，日本内阁总理大臣不具备更强的省厅之间权力的调节能力，也使得这种权力争夺愈演愈烈，最后才在日本明治维新的元老伊藤博文的调解下解决了日本在东北殖民统治机构之间权力的再分配问题。围绕东北地区的殖民统治权力的争夺也恰好反映了日本国内这一时期日本元老在内阁人事、政策制定问题上所起到的作用和产生的影响力。

此外，“关东都督府”、满铁和奉天总领事馆围绕东北地区殖民权力的争夺也折射了日本明治宪法体制下对于海外殖民地统治上的政策混乱。有关这一点我们可以通过日本攫取台湾殖民地后在台湾进行殖民统治初期的政局混乱和台湾总督府官僚的贪腐等问题窥见。同样，日俄战后日本在东北地区所设立的“关东都督府”、奉天总领事馆以及满铁公司在制度设计上也面临着殖民统治政策上的混乱所带来的困境，尤其是在上述三个机构在设立后的运营中所出现的权力争夺和矛盾，更无疑暴露出日本中央政府在明治宪法体制框架下的政治制度与殖民统治之间的制度上和运营上的统治矛盾。进而在成立了“关东都督府”、满铁公司之后，频繁进行官制等方面的修改，进而到了 1919 年前后，将“关东都督府”民政部分离为关东厅，将“关东都督府”陆军部分离为关东军司令部，其内涵的制度上的矛盾仍然无法厘清，以至于到了 1931 年，日本关东军竟然发动了武装占领东三省的重要历史事件，将日本拖入了战争的泥潭。

第三章

关东军成立后与满铁公司关系的调整

1919年由“关东都督府”陆军部改称的关东军，实际上不仅是名称上的改变，也是和当时日本国内和当时日本所面临的国际形势变化相关联。同时，关东军的成立也意味着日本在东北地区的殖民统治机构的势力和权力发生了变化。简而言之，关东军的成立也使得传统意义上的“满铁主都督府从”的满铁充当经济侵略的急先锋，“关东都督府”提供的军事保护和被保护之间的关系开始逐渐发生变化。关东军在为满铁提供军事保护的同时，开始积极充当日本武装渗透东北地区的急先锋，由此，关东军与满铁形成了在东北地区的日本殖民机构上的经济和军事的两极对等关系。

另外，满铁公司通过权益和权力的扩张在第一次世界大战期间迎来了经济利益的高峰期后，由于欧洲战事的结束和中国民族资本的崛起，满铁铁路经济收益开始下滑。与此同时，满铁公司虽然为了适应这种经济形势变化，从过去的单纯依靠日本和中国北方的货物运输垄断经营形式开始向投资方向转移，但由于投资过于庞大而失去了往日的垄断性经济利润，从而在满铁失去经济利益优化的同时，逐渐开始失去在东北地区殖民统治的话语权。此外，满铁公司通过满铁附属地的税收、卫生、治安警察，掌控了满铁沿线附属地内的行政权，从而使得满铁对附属地的统治更加进一步强化，成为严重侵害中国主权的“国中之国”。

由于关东军和满铁之间关系和势力的变化，这一时期，关东军不仅试图染指满铁公司的经营和人事，以期改变在体制上形成的两级对等关系，而且也加紧了对东北政治、军事的渗透。由此，满铁与关东军也面临着在东北地区的殖民统治中的关系再调整和权力再分配问题。

第一节 关东军的成立

一 原敬内阁殖民地统治政策调整缘由

有关原敬和原敬担任内阁总理大臣期间的内政外交改革可能是迄今为止中日学者最为关注的议题之一。之所以原敬和原敬担任内阁总理大臣期间的内政外交政策受到学者们的关注，其原因不外乎有以下几点。其一，原敬系自1885年12月日本实行内阁制度以来，第一位既无“萨长藩阀”背景，又无爵位而担任日本内阁总理大臣的“平民宰相”。第二，从日本近代政治史的角度看，原敬出任内阁总理大臣也意味着自1867年日本明治维新以来长期执掌日本中央政权的所谓“藩阀政治”“元老政治”的结束，同时意味着日本政党政治的开始。最后一点就是从日本殖民地史的研究视野看，原敬担任日本内阁总理大臣期间所进行的朝鲜、中国台湾以至于辽东半岛租借地的殖民地统治政策的改革也是相关学者们所关注的议题之一。

诚如所知，1867年日本明治维新以来，日本维新政权实际上掌控在由萨摩藩（现鹿儿岛县）和长州（现山口县）藩的所谓“萨长”两藩中下级武士手中，从而形成了明治初中期日本政治集团中特有的“藩阀政治”“元老政治”。这些由原萨长两藩出身的维新元老所组成的“元老院”几乎掌控了明治初中期的所有日本政治制度设计和内阁、国会等日本政府的运作。其中，从明治宪法制定、确立近代日本天皇制度到年度预算和内阁总理大臣人选。不仅如此，自1885年日本内阁制度诞生以来自原敬出任内阁总理大臣止的伊藤博文、黑田清隆、山县有朋、松方正义、桂太郎、西园寺公望、山本权兵卫、寺内正毅等的历任内阁总理大臣以及重要内阁阁僚大部分为“萨长”两藩出身的军人和政治家。

另外，正是由于“萨长”两藩所主导的“藩阀政治”下，日本明治初中期所成立的各种政党作为“民党”始终没有得到官方在政治上的认可。直到在1898年6月以日本宪政会为基础，大隈重信出任内阁总理大臣之后，日本政党才作为“政党”开始出入日本的内阁阁僚中。[①] 至此，以原敬为党首的政友会在众议院拥有绝对多数议员席位情况下出任内阁总理大臣，被日本学术界认定为政党政治的开始，由此，对于近代日本政治史而言具有标志性的意义。

从日本殖民地史研究的角度看，原敬担任内阁总理大臣期间所推行的台湾总督府、朝鲜总督府、“关东都督府”、“桦太厅”的官制改革，废除了总督、都督的武官专任制，为文官出任总督、都督提供了制度上的可能。以此为特征，原敬内阁在中国台湾、朝鲜、“桦太”乃至于辽东半岛租借地推行了殖民统治政策改革，对日本殖民政策进行了调整。其中，像在朝鲜，原敬内阁一改过去由宪兵主导的血腥镇压朝鲜人民的统治方式，改为通过治安警察维护地方秩序的所谓“文民统治”方式。在台湾，台湾总督府则通过台湾殖民地统治政策的改革，开始由军警联合讨伐镇压台湾同胞的反抗活动，或严酷立法等高压方式改为“台湾岛的内地化”运动，通过台湾总督府总督的“律令”扩大了日本内地法律在台湾岛内的实施。

与学者们对原敬及其内阁的极力推崇相比，原敬和原敬内阁所积极调整殖民地统治政策上的缘由则并不是那么美好。原敬内阁之所以在朝鲜、中国台湾等地推行殖民地统治，政策调整主要是基于日本当时所面临的国际和国内的环境以及朝鲜、中国台湾等海外殖民地的种种现实才做出的“不得已”的政策选择。

首先，1918 年 9 月原敬出任日本内阁总理大臣后的时期恰逢第一次世界大战刚刚落下帷幕。1914 年 6 月至 1918 年 11 月的第一次世界大战是有人类历史以来最大规模的战争。根据统计，历时四年的第一次世界大战就有 30 多个国家和近 15 亿人口卷入了战争，其中仅双方战场伤亡就达 3000 万人。有人甚至认为仅第一次世界大战中伤亡的双方军队士兵数量就是有人类历史以来历次战争之和。

第一次世界大战结束后，面对刚刚经历的如此伤亡惨重和巨额经济

---

① 大隈重信虽然是宪政会的党首，但由于其本人拥有爵位，且不是众议院议员，故此，在学者的研究中，不认定其担任内阁总理大臣时期为政党政治时期。

损失的战争惨祸，世界各国都普遍出现了不让这样的人类悲剧再次爆发的渴望和对人类和平的呼声。这种裁军和平的呼声也促成了第一次世界大战后的国联组织的诞生以及其后的伦敦、华盛顿裁军会议以限制各国军备发展。在这种形势下，日本在朝鲜、中国台湾等海外殖民地所采取的“军政式”殖民统治政策明显不合时宜。尤其是在美国总统伍德罗·威尔逊提出的“十四点和平原则”中所提倡的民族自决运动，也对世界各地处于殖民统治的弱小民族形成了巨大的感召力，再加上英法德等老牌殖民者由于战争而失去了往日实力后开始放松对殖民地进行殖民统治，不得不默许被统治的殖民地国家宣布自治和独立。在这种情况下，如果日本对海外殖民地仍然采取高压的血腥镇压的手段进行殖民统治，也将会使日本被国际社会所指责，甚至会出现被国际社会“孤立”的可能。

其次，由于日本出兵西伯利亚，干涉俄国十月革命后所面临的国内外压力。1917 年 11 月 7 日，俄国民众在列宁等人的领导下推翻了沙皇的统治，建立了世界上第一个红色政权。为了防止俄国十月革命波及英法等国殖民地，英法等国密谋出兵干涉俄国的十月革命。同年 12 月，在英法等国的支持下，日本内阁决定以保护侨民的名义派出两艘军舰开赴海参崴，支持叛乱的谢米诺夫等匪徒占领贝加尔湖以及沿海州地区。继而，日本又于 1918 年 8 月派出陆军第 12 师团、第 7 师团以及第 3 师团先后占领了海参崴以及贝加尔湖以东等广大地区。

日本虽然充当了英国和法国的马前卒，但日本悍然出兵干涉俄国内政，进而派出陆军常备师团武装占领苏联的西伯利亚地区的行径，在英国和法国等国撤兵后变得“师出无名”，地位尴尬。尤其是在红军的武装打击下，盘踞在西伯利亚地区的叛军很快被剿灭后，一边是英法美等国改变战略撤出了武装干涉军队的军事压力，一边是失去了“大义”名分的日军继续武装占领西伯利亚地区，使得日本在军事和外交上陷入进退维谷和被国际社会空前孤立的状态。

另外，随着日本国内爆发的“米骚动”，要求日军撤出西伯利亚的呼声日渐高涨，也使得日本国内政客失去了对日本政府出兵西伯利亚的支持。日本政府悍然出兵西伯利亚，武装干涉他国内政，失去了国内外的广泛支持，陷入了空前孤立的状态。更加契合这一形势的还有第一次世界大战结束后，在和平裁军的呼声中日本出兵西伯利亚后日本国内出现的“厌军”现象。尤其是在由于出兵西伯利亚后所造成的日本国内米价上涨以及日本新闻媒体所呼吁的反对出兵西伯利亚，裁减军费以整顿产业的呼声下所形成的“民”对“军”的对立情绪的蔓延，也使得日本军部的政治影响力开始减弱。

再次，由于第一次世界大战中，日本凭借海运投资大发战争财后所出现的投资过热，使得日本国内资本市场趋于饱和。由此，日本资本市场开始从日本国内转向海外殖民地，并以此获得资本的利益最大化。随着日本国内资本的这种需求，日本在朝鲜、中国台湾等地的殖民统治政策需要从以武力弹压为背景的市场倾销向保护日本国内资本向海外殖民地投资设厂的方向转变。这样，在日本海外殖民地统治中除维护以武力弹压作为殖民地统治政策的同时，也需要日本殖民当局采取更加柔和或“同化”的手段为日本资本投资提供更加廉价的劳动力和较为“和平”和稳定的投资环境。日本国内的海外资本投资需求也是促成原敬内阁对殖民地统治政策做出调整的内在要素之一。

最后一点也是迄今为止国内外的学者经常为原敬内阁进行殖民地统治政策改革“背书”的内容之一。这就是 1919 年 3 月 1 日在朝鲜半岛爆发的“三一独立运动”使得日本殖民者深受打击，从而也是迫使原敬等日本政要开始考量殖民地统治政策的改革的重要原因之一。

当然，朝鲜半岛反抗日本殖民统治政策绝不是从 1919 年 3 月 1 日的“三一独立运动”时期才开始的。1905 年日俄战争结束后，日本迫使朝鲜国王将朝鲜的内政外交大权控制在了日本在朝鲜半岛地区设立的朝鲜统监府手中，进而日本又于 1910 年 8 月，迫使朝鲜同日本签订了《日韩合并条约》，强行将朝鲜并入日本殖民地，并在朝鲜设立了朝鲜总督府以对朝鲜进行殖民统治。日本在朝鲜半岛的武力镇压和强行吞并激起了朝鲜民众的激烈反抗。他们纷纷在朝鲜各地组织“义兵”，反抗日本染指朝鲜内政外交，进而武装吞并朝鲜的活动。在日本军队、宪兵和警察的联合围剿下，朝鲜各地的“义兵”虽然相继失败，但朝鲜民众反抗日本暴政的活动并没有停止。一方面，朝鲜各地的“义兵”余部开始转移到朝鲜北部以及我国东北地区的吉林等地继续开展反抗日本的殖民统治。其中如以洪范图、车道善为首的“义兵”一直坚持在朝鲜北部地区与日军展开游击战争。另一方面，在朝鲜内地的民众和知识分子则纷纷成立各种地下组织，以宣传和鼓动朝鲜民众起来抵抗日军的血腥暴行和残酷的殖民统治。

1919 年 1 月 6 日，朝鲜留学生在日本的朝鲜基督教青年会会馆举行集会。在这场集会上，朝鲜留学生一致决定向日本政府进行请愿，并发表《独立宣言书》。按照这样的决议，朝鲜留学生于同年 2 月 8 日向日本政府递交了请愿书，并发表了《独立宣言书》。在日本的朝鲜留学生的请愿活动也得到了朝鲜国内广大青年学生和社会各阶层的积极响应和支持。

1918 年年底，朝鲜青年学生利用迎接新年之际，在各地纷纷举行集会准备组织游行队伍向日本在朝鲜的殖民统治当局递交请愿书。1919 年 1 月 6 日，朝鲜青年学生代表和朝鲜天道教等宗教界人士也举行集会，策动全国范围内的游行请愿活动。

就在朝鲜各界人士积极策划游行请愿活动的 1 月 22 日，传来了原朝鲜国国王李熙（高宗）突然去世的消息。对于当时的朝鲜民众而言，国王李熙可谓毁誉参半的人物。作为朝鲜国国王的李熙幼年即位后先是被大院君架空权力几乎成为傀儡，而青年亲政后又被闵妃集团所控制。进而在朝鲜开放的态度上，高宗李熙先是主张对外开放而被朝鲜国内的“儒生”和“两班”所反对，而后在思想转入保守后，又被“开化党”所挟持。继而在朝鲜“甲申事变”失败后，又与清政府派出的外交代表交恶。中日甲午战争结束后，高宗李熙虽然表面上脱离了与清政府的从属关系，宣布成立了“大韩帝国”，加速了朝鲜内政外交的改革，但实际权力被日俄战后日本在朝鲜成立的统监府所控制，高宗附日的态度也引起了朝鲜民众的普遍反感。另外，在日本控制了朝鲜内政外交权后，实际上成为废帝的高宗李熙又秘密派出使节，出席在荷兰海牙召开的第二届万国和平会议，宣布日韩签订的《乙巳条约》无效性，并控诉日本对韩国的侵略，呼吁各国声援韩国。虽然高宗李熙秘密派使节赴海牙的行动失败，但此举却赢得了渴望民族独立的朝鲜民众的普遍赞誉。由此，高宗李熙虽然被逼退位，从人间皇帝沦落为“亡国之君”，但对于朝鲜民众而言，高宗李熙跌落为“亡国之君”又从“人间皇帝”变成了朝鲜民众渴望独立和自由的“精神偶像”。

不言而喻，高宗李熙的突然去世也成了朝鲜民众的“三一独立运动”的导火索。同年2月，朝鲜青年学生同天道教、基督教等宗教界人士进行磋商，决定利用为高宗李熙举行葬礼之际在汉城的塔洞公园举行集会，发表独立宣言，并举行游行示威活动。

同年3月1日，汉城市民和青年学生在汉城的塔洞公园举行了民众聚会。在聚会上，青年学生代表宣读了朝鲜独立宣言，并向与会的民众散发由青年学生和各界人士联合起草的《朝鲜独立宣言书》。会后，朝鲜民众在汉城市内举行了有30余万人参加的声势浩大的游行示威活动。汉城市民的独立示威活动很快得到了朝鲜半岛民众和侨居在我国东北、日本、美国等地朝鲜侨民的响应。据事后日本在朝鲜设立的朝鲜总督府宪兵队和警察机构的统计，自3月1日起至同年4月底，朝鲜民众先后在朝鲜的平壤、元山、安州、宣川、新义州等地举行了声势浩大的游行示威活动，遍及当时日本在朝鲜设立的232个地方政府229个地方。朝鲜民众的游行示威活动进而引发了暴力抗击日本在朝鲜设立的地方机关的活动，在游行示威活动中，愤怒的朝鲜民众还袭击了日本在朝鲜设立的警察所、宪兵分遣所、地方“公所”以及邮局等地方行政、治安和通讯机构。

朝鲜“三一独立运动”虽然在朝鲜总督府派出的宪兵、军队和警察的联合镇压下趋于平静，但朝鲜“三一独立运动”对于当时日本当政者，尤其是原敬内阁的打击不小，促使日本当局者不得不对朝鲜的殖民统治政策做出调整。1919年5月23日，时任原敬内阁陆军大臣田中义一拜访了日本维新元老山县有朋，田中“就朝鲜问题同山县密谈。山县反对（朝鲜总督的）文官方案，也不同意关于（其子）山县伊三郎的人事变动”[①]。而在田中义一陆军大臣拜访山县有朋的第二个月的6月10日，首相原敬也拜访了山县有朋。原敬向山县有朋告知了朝鲜总督府官

① 『原敬日記』1919年5月23日項。原奎一郎『原敬日記』（第5巻）、福村出版社、1965年、第99頁。

制与内阁法制局局长协商的结果，及废除朝鲜总督府宪兵制度改为普通警察制度及其他改革方案后，山县有朋回答说“应同阁僚们尽力协商，此项改革应尽早实施”①。维新元老山县有朋的明确支持使得原本踌躇于中国台湾、朝鲜总督府官制改革方案会遭到军方反对的原敬内阁，加快了中国台湾、朝鲜总督府官制方案的起草工作。同月 19 日，原敬内阁将中国台湾和朝鲜总督府官制改革方案的宗旨交给了日本内阁法制局，由法制局对官制方案的宗旨进行内部审议。同月 23 日该方案得到内阁阁僚的同意后，原敬内阁又将朝鲜和中国台湾总督府官制改革方案交由法制局，由法制局负责起草中国台湾和朝鲜总督府官制的具体改革案。同月底，内阁法制局向原敬内阁提交了关于中国台湾、朝鲜总督府的官制改革方案草案。该方案在得到原敬内阁阁僚的一致同意后，转呈日本枢密院。同年 8 月 8 日，枢密院举行会议专门讨论了原敬内阁提出的关于中国台湾、朝鲜总督府官制改革敕令方案。② 该项方案在得到枢密院一致同意后，原敬内阁于同月 10 日将该敕令案上奏给了日本天皇，并获得了日本天皇的“御裁可”后，于同月 20 日，以敕令第 386 号及第 393 号的形式公布实施。③

此次中国台湾、朝鲜总督府官制改革，要点就是一改过去的依靠武力的高压统治，从官制上删除了中国台湾、朝鲜总督的武官专任规定，以施行所谓的“文民”统治，但从中国台湾和朝鲜殖民统治制度的实施上并不相同。其中，自 1919 年原敬内阁公布了台湾总督府官制后，台湾总督府总督由日本政客田健治郎担任，台湾岛内军队则改由新设立的台湾军司令部负责，实现了表面上的“文民统治”；而在朝鲜虽然修改了朝鲜总督府总督专由武官军人任职规定，但从其后的朝鲜总督府总督人事任用上看，1919 年之后的朝鲜总督一直由日本国内军部高级军官所把持，并没有出现“文官总督”任职于朝鲜总督府的情况。相比较而

① 『原敬日記』1919 年 6 月 10 日項。原奎一郎『原敬日記』（第 5 巻）、福村出版社、1965 年、第 105 頁。

② 『大正八年台湾、朝鮮総督府官制改正案』。国立公文書館蔵『公文類聚』、第 43 編第 8—23 巻。

③ 内閣印刷局『官報』第 1213 号、1919 年 8 月 20 日、第 431—432、434—435 頁。

言，1919 年前后，朝鲜总督府的殖民政策调整中，最大的变动就是从此前的由日本宪兵队负责地方治安并负责镇压朝鲜民众的反抗活动，改为由新扩张的警察负责地方治安和取缔朝鲜民众的反抗活动。

其实，一些学者“刻意地”选择性地对原敬内阁所进行的海外殖民地统治政策调整推崇备至的同时，也应该注意到原敬内阁殖民地政策调整后所遗留下来的不能忽视且极具负面影响的几个历史议题。

其一，原敬内阁调整朝鲜殖民统治机构中所进行的宪兵体制改警察体制，对于朝鲜民众而言，只是“换汤不换药”的文字游戏而已。换而言之，朝鲜总督府统治下的警察体制对于日本在朝鲜的殖民统治不仅没有弱化，反而被强化。1919 年以来朝鲜总督府在朝鲜全境所实施的警察制度，除了沿袭了此前的宪兵制度弹压朝鲜民众的反抗活动功能外，还通过在“洞”“里”① 设立警察局的派出所以及分支机构，以卫生防疫等名义将殖民统治权力渗透到了朝鲜的乡村和街道，从而瓦解了朝鲜半岛古代以来传承下来的乡绅自治和“长老”制度，进一步强化了日本在朝鲜半岛的殖民统治。

其二，日本在台湾施行了文官总督制度后，一方面通过设立台湾军司令部加强了日本对台湾岛的军事控制，另一方面又将日本国内伴随着政党政治的施行而出现的政党政治的弊端带到了台湾岛内，从而使得在其后的台湾总督府总督不仅更迭频繁，而且伴随总督的频繁更迭，台湾总督府的高级官僚也出现了大规模解职、履新现象，进而使得台湾总督府成了日本国内的政党人“以功请赏”和“猎官买官”的集散地。

其三，日本在朝鲜和台湾所实行的“文民政治”也是其后日本在台湾岛和朝鲜半岛实行“皇民化运动”的政治基础。1919 年日本在台湾和朝鲜调整了殖民统治政策后，先后允许台湾人和朝鲜人开办报纸以及社会团体，并设立了一些专科学校和大学。其中如《朝鲜日报》和《东亚日报》就是在这一时期被朝鲜总督府批准成立运营的报纸。而汉城大学和台湾大学也是在这一时期被日本当局批准先后设立的。此外，像林

① 类似或相当于我国实行村制之前的自然村落和城镇中的街道社区。

献堂、蒋渭水、林丽明等人筹建的“台湾文化协会”也是在这一时期被允许成立的。

而对应于日本的“文民政治”，日本在这一时期分别在台湾和朝鲜提出了台湾“内地延长主义”和朝鲜半岛“内鲜一体”的口号。这些极具欺骗性的口号不仅成为其后日本在台湾和朝鲜实行“皇民化运动”的政治基础，而且其危害性至今仍然尚未得到清除。正是因为日本自1919年在台湾岛和朝鲜半岛先后采取了以普及日语为目的的“国语家庭”，以尊崇天皇为目的的军国主义教育以及日本国内法律体制的导入等，使得台湾和朝鲜割断了与各自传统文化之间的纽带，使得一些人痴迷于日本的“皇国观”和日本军国主义观，进而在第二次世界大战时期积极配合日本军国主义的侵略步伐，充当了日本军国主义的帮凶。尤其是在台湾岛内，日本的“内地延长主义”下的军国主义教育也成了今天台湾岛内的“台独”分子的政治基础。由此看来，日本在1919年以来的“文民政治”下繁衍出来的“同化”教育也是至今朝鲜半岛和台海间民族分裂的罪魁祸首。

二　日本的“防赤反苏论”与“满洲”地政关系再认识

“关东都督府”官制改革与前述的中国台湾、朝鲜总督府改革的时期几乎相同，均处于原敬担任日本内阁总理大臣期间，而且，“关东都督府”官制改革所处的历史大背景也完全中国台湾和朝鲜总督府的官制改革相同。但“关东都督府”官制改革的内容与中国台湾、朝鲜总督府官制改革的内容相比较，不仅其调整的内容和重点不同，而且其调整的历史背景也与中国台湾和朝鲜总督府有着明显的区别。

“关东都督府”的官制改革的第一个动因就是自“关东都督府”成立以来，由“关东都督府”和满铁以及领事馆之间围绕“南满洲经营”主导权争夺而引发的所谓的“南满洲行政统一”问题。起初，“关东都督府”、满铁和领事馆之间围绕监督权、外交交涉权等的权力争夺战虽然在维新元老伊藤博文等人的重压下获得了短暂的稳定，但其间的明治宪法体制上的和现实的权力构造上的矛盾并没有得到根本性解决。由此，在1908年的“关东都督府”官制改正案公布实施后的不长时间里，

“关东都督府”、满铁以及领事馆之间以至于日本外务省和陆军省之间围绕“南满洲行政权力”议题再次引发了争执。这一时期“关东都督府”、满铁以及领事馆分别向外务省送呈了关于“南满洲行政统一”的意见书，其主要内容包括“关东都督府”的行政指挥权限、满铁附属地内的治安警察权问题、满铁附属地内的行政权问题、朝鲜总督府拟定将朝鲜半岛铁路委托给满铁经营后的附属地警察和行政权问题等。其中仅就满铁附属地内的警察权归属问题以及领事馆外事警察等之间的权限问题，上述三个机构就分别在外务省的主持下举行了数次联席会议，探讨“关东都督府”警察和领事馆外事警察在满铁附属地以及辽东半岛租借地内的权限问题，但均没有达成协议。为此，日本外务省为解决上述三个机构的行政和治安警察权限问题，几次起草了“南满洲行政统一”议题的内阁“请议”案，但因内务省、拓殖局、陆军省等日本中央省厅之间意见不统一使得外务省的内阁“请议”案成为“废案”。

1918年12月，日本外务省在反复征询陆军省、内阁法制局、内务省等中央相关省厅意见的基础上，草拟了《南满洲行政组织改正案要旨》，即日本在“南满洲”的行政统一改革方案原则草案。该项草案分为“改正目的”“改正方法”“‘关东都督府’名称”三项内容。为研究叙述方便，兹原文收录如下。

（栏外注记）“极秘”、“满洲会议时以本件为最好方案”

（栏内注记）次官（圈阅）　政务局长（圈阅并批示“必定会成功”字样）　第一课（圈阅）

南满洲行政组织改正案要旨

第一，改正之目的

自官制颁行以来，关东都督一方面拥有军事权力，另一方面还可以指挥兼任（“关东都督府”）事务官的领事。为此，使得中国有明显的被压迫感的同时，也使得世界各国质疑帝国对中国有领土上的野心。而且，领事执行之外交方针或施政方针往往受到都督的干涉，而铁道附属地内的行政事务也几乎需要按照都督府的方针执行，据此，领事官对于警察官的监督之权也逐渐流于形式。这样，领事在遵从外务省方针时受到很大干扰。

为此，本改正案目的在于

一、缩小都督府组织并将军权进行转移，以便减少中国的被压迫感的同时也可以向世界表明帝国没有侵略中国之野心。

二、减少对领事馆的直接或间接之干涉，并以此减少妨碍（领事官）执行之外交权限。

第二，改正之方法

第一个方案为设立关东州民政厅，其长官之权限仅限于关东州管辖之范围；

第二个方案设立关东州民政厅，其长官管辖关东州及铁道沿线附属地之行政事务；

第三个方案为设立文官都督。

其中，第一个方案之要旨为

一、参酌桦太厅之组织设立关东州民政厅，其长官为敕任官。

二、关东厅之长官权限限于关东州管辖区域内，负责部内行政事务管理，并接受内阁总理大臣之监督。

三、长官有统率军队之权，但其独立守备队及满洲驻屯军由陆军大臣直属。

四、废除关东州特别会计制度。

五、废除现行的宪兵制度。

六、废除领事官兼任事务官之现行制度。

七、修复南满洲铁道株式会社组织。

八、废除领事官兼任满铁地方事务所长之现行制度，改为领事官监督满铁地方事务所之行政设施。

九、在奉天设立高级外务省警视，以统一在南满洲之警察机关。

第二个方案之要旨为

一、设立关东州民政厅，并参酌桦太厅规定其组织，其长官为敕任官。

二、长官之权限限于关东州管辖区域、南满洲铁道沿线之保护及负责监督南满洲铁道会社之业务，并负责部内之行政事务之管理，接受外务大臣之指挥监督及在中国公使之监督。

三、长官有统率军队之权，但其独立守备队及满洲驻屯军由陆军大臣直属。

四、废除关东州特别会计制度。

五、废除现行的宪兵制度。

六、按照现行制度，领事官可兼任民政厅事务官。警务署长由领事官兼事务官负责指挥监督

七、扩大兼任事务官之领事官之权限，行使警察以外之行政权。

八、修复南满洲铁道株式会社组织。

九、按照现行制度，领事官可兼任满铁地方事务所长，且领事官可监督满铁地方事务所之行政设施。

第三个方案之要旨为

一、将都督由陆军大将或中将充任之规定改为都督由亲任官或敕任官充任。

二、都督之权限为现行制度之规定，统理部内之行政事务，接受外务大臣之指挥监督。

三、承认都督之军队统率权，但独立守备大队及满洲驻屯军由陆军大臣直属。

四、废除现行之宪兵制度。

五、依现行之制度，领事官兼任都督府事务官，但警务署长由兼任事务官之领事官指挥监督。

六、扩大兼任事务官之领事官之权限，行使警察之外之行政权。

七、修复南满洲铁道株式会社组织。

九、废除依现行制度之领事官可兼任满铁地方事务所长之规定，领事官可监督满铁地方事务所之行政设施。

第三，都督名称及存否

裁撤都督之名称可在外观上使中国官民体会到帝国在满洲之撤

退政策，并使之淡化对日本之畏惧之观念，以此达成对帝国之敬畏心理。对中国而言，其名称会感到日本之威压政策，遂产生厌恶。不减少都督之权限，只是名称上之裁撤反而会增加在南满洲领事之权威。故此，第三案比第一案及第二案要好。①

通过上述内容我们可以看出，日本外务省的该份以“满洲行政组织统一”为标题的方案旨在调整“关东都督府”都督和领事馆外交领事之间的权限，并以通过缩小都督的军政权力来降低中国民众对日本侵略东北的反感为目的。为此，日本外务省罗列了设立关东厅和“关东都督府”都督文官化等三个备选方案。上述的三个备选方案中，日本外务省在试图设立关东厅，进而通过关东州或满铁附属地行政权的行使问题，来调整关东州都督（民政厅长官）与领事官之间的关系议题，进而取消了关东都督的陆军大将或中将的任职资格，使得文官担任“关东都督府”都督成为可能。实际上，外务省所提出的文官都督同时，其文官都督尚拥有“军队统率权”的方案，在战前日本明治宪法框架下是根本行不通的一项方案。因文官指挥军队所涉及战前日本政治体制问题并不在本书的讨论范围之内，故不赘述。简而言之，在战前的日本政治制度中，日本军人可担任日本内阁总理大臣、各省大臣、次官甚至是海外殖民地的总督、都督，但日本文官却不能担任军职，更谈不上指挥监督军队。日本文官指挥军队在战后日本宪法体制下才得以实现。故此，日本外务省的该份提案在当时的宪法体制下是行不通的一项提案。

与日本外务省酝酿文官都督或设立关东民政厅的改革方案的同时，在以日本陆军省、陆军参谋本部为首的日本中央军部主导下出于对新生的苏维埃政权的恐慌，从“防赤反苏论”衍生出了日本军部眼中的新的“满洲”地政关系。由此，构建“满洲”东北和朝鲜半岛的军事防御体系，以防止苏俄势力南下成了日本中央军部的着眼点。

就在日本外务省起草“满洲行政组织统一”方案的同年8月，日本

① 1918年12月外務省ヨリ作成した『南満州行政組織改正案要旨』。外務省外交史料館蔵『戦前期外務省記録』、文書請求番号：1－5－3－20－002。

内阁决定出兵西伯利亚，武装干涉俄国的十月革命。日本政府的军事行动先是在同年4月，以保护侨民为名派出了军舰和海军陆战队登陆海参崴，协同英军支持叛军先后占领了贝加尔州和沿海州。同年7月美国决定派兵西伯利亚后，日本军部也迅速做出反应，于同年8月先后派出陆军第12师团、陆军第7师团和第3师团占领了贝加尔湖以东及我国东北的北部地区。

日本悍然入侵俄国，武装干涉俄国的十月革命也标志着日本从日俄战后一直以防范俄国进行战争报复为目的的俄国假想敌，开始通过武装入侵与俄国公然决裂。尤其日本深恐俄国通过十月革命打倒沙皇统治建立工农苏维埃政权的做法波及日本明治维新后确立的天皇制度。另外，作为日本势力范围的东北和朝鲜半岛正处于与俄国领土接壤地区。为此，在该地区设立军事武装的指挥中心不仅可以有效遏制俄国势力的南下渗透，而且可以作为武装入侵和干涉俄国的日军军事行动的大后方和军事基地。由此，日本军部在"反苏防赤"论的基础上，开始从"满蒙"和朝鲜半岛所处的地理政治角度来重新考量设立防止赤色苏联势力南下的军事武装带的议题。

顺便提及的是，俄国十月革命后的日本政府内部的这种"反苏防赤"思维也为其后日本中央军部中所主张的"北进论"① 提供了进一步发展的理论基础。朝鲜军司令部②和关东军司令部也正是在这样一种背景下而产生的。

三 关东军司令部的成立

1918年3月，日本派出军舰和海军陆战队登陆海参崴，与苏俄关系公然决裂后，日本国内的政治势力版图也发生了巨大变化。一方面，由

---

① 目前，日本国内学者提出"北进论"始于1921年出任满铁公司总裁的早川千吉郎和其后的满铁总裁松冈洋右等人。实际上，上述两个满铁总裁提出的是"北满进出"计划，即将满铁公司势力进一步北延至原沙皇俄国经营的中东铁路满洲里至绥芬河及哈尔滨至长春之间的地带。早川和松岗的该项计划构想是否为日本政府的"防俄反共"的北进计划中的一部分尚有待于做学术上的进一步考察。

② 1905年日俄战后，日本在朝鲜半岛派驻军队后，设立了"朝鲜驻扎军司令部"，1918年6月1日改设朝鲜军司令部。

于日本军方由此陷入了长达四年的最出师无名的军事干涉活动旋涡，日本国内民众出现继“米骚动”之后的首次“厌军”情绪。尤其是日本民众的这种情绪在第一次世界大战后世界各国普遍存在的和平主义作用下，使得日本军部在国内政治势力版图中地位下降。其中最为典型的表现就是以军部元老所组成的藩阀政治地位下降，开始出现了大隈重信和桂太郎的所谓“桂隈体制”。“桂隈体制”的出现也表明了以桂太郎等人为首的军人政治家和藩阀政治逐渐淡出日本政治舞台，日本的政党和政党人开始逐渐取代元老政治下的藩阀政治登上政治舞台。其后，以原敬为首的政党党首开始组阁，出任日本内阁总理大臣。原敬等政党党首出任内阁总理大臣的政治格局被后来的宪政学家和历史学家称为明治宪法体制下的“宪政常道”。这一时期也就是到 1931 年前后为止的战前日本政治史中的最为短暂的“政党政治”时期。另一方面，苏维埃俄国的诞生使得一直视俄国为战略“假想敌”的日本军方以“苏俄威胁论”、防控“苏俄势力南下”为借口，增加了追加军事预算的砝码。

日本军方的这种“苏俄威胁论”也契合了当时日本政府内部自 1917 年俄国十月革命后对苏维埃红色政权的恐惧心理。1917 年俄国十月革命后，日本政府内部甚至包含在野的宪政党、政友会等在内的朝野人士、新闻媒体均将俄国的十月革命视为“赤色危机”和洪水猛兽。不言而喻，从俄国的十月革命后苏维埃政权采取的一系列政策措施中，日本当权者深恐俄国布尔什维克采取的暴力推翻沙皇政权的方式被传入日本，从而引起日本国内武装暴动或危及明治宪法体制下确立的天皇制体制。其中像早期的政友会、宪政党所创办的党刊党报以及当时的《朝日新闻》《读卖新闻》等日本全国性新闻媒体，大多以“俄国暴乱”“俄国极端党徒动向”“红军势力业已渗透到远东地区”“俄国沙皇危矣”等为题头的报道。从这些新闻媒体所选取的新闻采写角度和标题，我们就可以窥见当时以新闻媒体为代表的日本社会普遍存在的对苏维埃的恐惧和警惕。

自然，日本社会高层精英的这种普遍共识也使得以陆军省和陆军参谋本部为代表的日本军方开始重新考量中国东北在这场“反苏防赤”战略中的地政关系。东北地区不仅地理上毗邻俄国的西伯利亚和远东地区，而且俄国的西伯利亚铁路还穿行东北北部，与日本满铁相邻。尤其是在1918年3月日本出兵西伯利亚后，不仅东北军事后方基地的作用显现，而且由于俄国十月革命后，原本通过几次秘密协议而达成的日俄两国分割东北的势力均衡被打破。对于日本军方而言，东北地区对于日本的“反苏防赤”的基地意义显得更加重要。组建关东军，成立关东军司令部就是在这样一种背景下被日本军方摆上了议事日程。

从目前所能收集和查阅到的文献资料看，从1918年3月日本出兵西伯利亚后，当时的日本陆军省内部就开始接触外务省人士，听取“满洲行政组织统一”改组方案。1918年12月，日本内阁通过了外务省提出的“南满洲行政组织改正案”后，日本军方就立即着手探讨“关东都督府”被废除后的“在满军队监督及指挥”体系事宜。显然，日本军方最不能接受的就是由日本文官官僚或政治家充任文官的“都督”统率“在满洲之铁道守备队”及“卫戍关东州”之事。日本军方的这一态度也促成了原敬内阁裁撤“关东都督府”，并在“关东都督府”民政部和陆军部的基础上分别成立关东厅和关东军司令部的决定。这场表面上看来是日本外务省通过此次官制案改革实现了“在满洲行政组织”的统一，进而通过设立关东厅，实行文官长官制度，将日本军方或军方人事排除在了日本在辽东半岛殖民地的殖民统治政策制定的核心，而实际上真正的赢家依然是日本军方。日本军方虽然在这场辽东半岛租借地的殖民统治改革中，失去了通过派出军人都督统辖辽东半岛租借地的殖民统治权，但通过此次改革，日本军方也成功地通过这种利益交换获得了垄断辽东半岛租借地以及满铁沿线派驻军队的独立“建军”权。为此，日本陆军省和陆军参谋本部开始着手起草统辖辽东半岛租借地内驻军和满铁沿线驻军的司令部条例案。1919年2月25日，日本陆军省军务局军事课完成了《关东军司令部条例》在陆军省内和参谋本部的协调工作后，将该项方案送呈给了时任日本参谋本部参谋总长的上原勇作和教育总监部总监一户兵卫，请示“裁可”。同日，日本陆军省军务局军事课还以日本陆军大臣的名义草拟了供日本天皇“御览”的“上奏案”和向日本总理大臣报告《关东军司令部条例》的报告案。

日本陆军省军务局军事课起草的这份标注为“极秘”的《关东军司

令部条例》案内文不长，合计起来只有9条。按照其内容可以分为以下几个方面。第一，规定了新设立的关东军司令部司令官的地位。按照《关东军司令部条例》第1条的规定，“关东军司令官由陆军大将或陆军中将亲补之，直属于天皇，统率关东州及南满洲之陆军诸部队，负责关东州防卫及南满洲铁道线路之保护”。第二，规定了关东军司令官的上级指挥监督部分。其中，有关“军政及人事”、军事“作战及动员计划”以及“教育”事宜应分别向陆军大臣、参谋本部参谋总长以及教育总监部总监进行请示，并接受其监督。第三，规定了关东军司令官的职权。按照《关东军司令部条例》第3条和第4条的规定，关东军司令官“为防卫关东州及铁路线路之必要时，可使用兵力。关东军司令官亦可应关东厅长官就管辖区域内之安宁秩序之保持及南满洲铁道内警务上必要之请求，出动兵力。亦可在形势紧急之时，不待关东长官之请求以出动兵力进行处置。但前项规定之事项之时需要立即向陆军大臣及参谋总长报告”；关东军司令官可“随时检阅所辖之部队，且应在每年军队教育期结束后，就其军事概况及意见上奏之，并报告给陆军大臣、参谋总长及教育总监”。第四，规定了关东军司令部应设立的部署及各幕僚的职权。有关这一点，主要体现在该条例的第5条至第9条中。其中，按照《关东军司令部条例》的规定，关东军司令部下辖参谋部、副官部、兵器部、经理部、军医部、兽医部及法官部。“参谋部及副官部统称为幕僚”，“参谋长辅佐军司令官，参与机务，监督命令普及及实施，并负责事务之整理”，“幕僚之各将校及同等军官秉承参谋长之指挥，分掌各自分担之事务”等。①

收到陆军省军务局军事课送呈的《关东军司令部条例》案的参谋本部参谋总长上原勇作、教育总监部总监一户兵卫分别于同年3月7日和3月11日回函陆军大臣田中义一，对陆军省送呈的该份草案没有异议。日本陆军省在收到陆军参谋本部参谋总长和教育总监部总监的没有异议的回函后，又于同年4月12日分别向朝鲜军参谋长、担任日本在俄国西

① 1919年2月25日付陸軍省軍務局軍事課ヨリ具申した『関東軍司令部条例制定ノ件』。防衛省防衛研究所戦史研究室図書蔵『陸軍省大日記』、文書請求番号：陸軍省－大日記甲輯－T8－1－11。

伯利亚军参谋长、台湾总督府陆军参谋长、日本驻华军事官、青岛守备军参谋长、驻防日本国内的各师团参谋长等致电，通报了关于设立关东军司令部的情况。同月12日，日本陆军省以军令第12号公布了《关东军司令部条例》。[①]

我们将日本陆军省公布的这份《关东军司令部条例》同1906年日本政府公布的《关东都督府陆军部条例》进行比较发现，《关东军司令部条例》和《关东都督府陆军部条例》中所设立的幕僚、所辖机构及职权范围规定中，两者没有太多变化。而对比《关东都督府陆军部条例》和《关东都督府官制》中的都督地位，其中变化最大的就是原“关东都督府”都督在业务上分别要接受陆军省、参谋本部和教育总监部的指挥监督，而关东军司令长官则直属于天皇。由此我们可以看出，关东军司令官可以绕过日本内阁政府的监督，拥有单独向天皇上奏的“帷幄上奏权”，从而关东军从制度上脱离了日本内阁政府的管控。

另外，《关东军司令部条例》虽然对原“关东都督府”陆军部下辖机构、人事甚至是管辖的独立守备队、常驻师团数量上以及所赋予的警备和保护的范围规定上没有太多的变化，但是关东军成立的本身意义就已经远远大于“关东都督府”陆军部。

诚如所知，1868年日本明治维新后所确立的陆军军制中，由“镇台”演变而来的陆军常设师团实际上成为日本军事战略单位。设立在日本各地的常设陆军师团从1888年《师团司令部条例》颁行以来，作为“独立作战的战略单位部队”，日本陆军师团通常由“两个联队组成的两个步兵旅团”为基础，另设骑兵、炮兵、工兵、辎重兵等支援部队。日本陆军每个师团平时兵员为15000名左右，战时则可增员至25000名左右。作为日本陆军战略单位的部队，日本陆军常设师团所在地区，即是陆军常设师团的征兵区，其师团在辖区内征兵，并在辖区内的师团内服役。同时师团所在地也是师团的警备区和作战区，辖区内所在师团不仅要应地方行政长官的请求，负责辖区的暴动、骚乱等重大治安案件和地

① 『関東軍司令部条例』(軍令第12号)。内閣印刷局『官報』第2005号、1919年4月12日、第288頁。

震、海啸等重大自然灾害的救助活动，而且是师团所在区域防御外敌登陆入侵的军事作战区域。由此，战前日本陆军所采取师团制实际上是将当时西方国家陆军所普遍采用的征兵区、警备区和作战“军团”防御区等三项功能集于一体的陆军军事制度。借用现代军事制度的话说，近代以来日本的陆军师团制度就是集省防军和野战军功能于一体的军事驻防体制。

基于日本国内陆军师团制原理设立的还有日本在海外殖民地台湾和朝鲜先后设立的台湾军司令部和朝鲜军司令部。其中，台湾军司令部也是在原敬内阁殖民地统治政策改革的1919年8月，由原台湾总督府陆军部改编而来，下辖参谋部、副官部以及军医部、兽医部、法官部和经理部等，负责管辖台湾岛内的治安和军事防御。朝鲜军司令部成立于1918年6月，系由原朝鲜驻扎军司令部改编而来，其设置的部署与职能与台湾军司令部相同，负责朝鲜半岛内的治安和军事防御。由此，通过原敬内阁所进行的台湾、朝鲜殖民地统治政策改革，先后设立的台湾军司令部和朝鲜军司令部的意义一方面在于军政分离，通过设立文官总督来缓解残酷的殖民地民众的武装反抗；另一方面也是通过设立专门的军事部门来进一步强化对海外殖民地的军事统治。有关这一点也是迄今为止有关原敬内阁研究或原敬内阁时期日本海外殖民地统治政策调整研究中，为一些学者所忽视的研究领域。

这里需要说明的一点是，在此前的中日甲午战争、日俄战争以及日俄战后的日本在朝鲜和中国所设立的驻扎军，从理论上讲不属于常设军事单位，其中如中日甲午战争和日俄战争中日本所设立的“军”作为临时编成的作战指挥单位，在战争结束后即行裁撤，而日本在其后先后派驻在台湾、朝鲜、华北以及东北地区的军队也属于临时编制，被赋予了治安维护或防御等单方面的某些军事职能。

由此，我们单纯从朝鲜军司令部、台湾军司令部和关东军司令部这样一个军事功能转变上就可以看出，日本在东北地区所设立的关东军司令部的军事意义已经远远超出了其原来在“关东都督府”下设的陆军部。换而言之，如果说，此前的“关东都督府”陆军部体制只是用来保护辽东半岛租借地和满铁沿线的安全的“点和线”防御体系的话，那么，通过设立关东军司令部，日本不仅将辽东半岛租借地视为日本的海外殖民地，而且通过设立关东军司令部将满铁公司所经营的铁路线路区域和辽东半岛租借地视为关东军的警备和防卫区域，从“点和线”的有限防御扩张到由辽东半岛租借地和满铁铁路沿线为主要载体的覆盖东北中南部整个区域。从这一点上看，关东军司令部的设立使得日本在东北的驻军从辽东半岛租借地和满铁铁路沿线的“点和线”保护变成了日本殖民地统治意义上的殖民军。

第二节　满铁公司与近代东北畸形经济发展

一　满铁公司的跨行业发展

满铁公司经过初期的铁路线路扩建、改修改筑以及通过攫取抚顺等煤矿权益发展，粗具规模，逐步形成了一个以经营铁路货物运输为主的贸易性公司。尤其是在1914年第一次世界大战爆发后，满铁公司利用欧洲战争上所需军需物资的运输和贸易，攫取了巨额利润。据此满铁公司开始从铁路货物运输、煤矿经营向工农业原料加工、电力、企业、农业试验场、商业、不动产、林业等行业发展。

1914年8月，第一次世界大战的爆发不仅给日本提供了进一步扩张在华势力的机会，也给日本国内资本提供了绝好的发展时机。同时，第一次世界大战的爆发也给满铁公司提供了巨大发展的空间。

第一次世界大战爆发后，日本趁英法等国无暇东顾的时机，加紧了扩大在华势力和权益的步伐。其中，1915年日本逼迫中国北洋政府签订的《中日民四条约》就是一个最好的例证。同年1月18日日本驻华公使馆公使日置益向北洋政府递交了对华要求书。因日本的这份要求书全文合计21条而被简称为日本对华“二十一条”。经过近五个月的谈判，北洋政府同日本签署了《关于南满洲及东部内蒙古之条约》《关于山东之条约》及另附的十三件换文所组成的“中日民四条约”。通过这些条约和换文，日本获得了：（1）辽东半岛租借地、南满铁路及安奉铁路展延99年的特权；（2）日本臣民在东北及内蒙古东部地区的经营矿山、经商往来以及租用房屋和土地的商租权；(3) 聘用日本顾问；(4) 中日合办汉冶萍公司；(5) 日本在福建地区的特权。随后，日本寺内正毅内阁为了控制袁世凯死后的段祺瑞北洋政府，从1917年1月起，先后通过日本政客西原龟三，将陇海铁路、吉黑两省的金矿等作为担保向段祺瑞的北洋政府提供了合计14500万日元的借款。因这些借款均通过日本政客西原龟三交涉而成，故此被称为“西原借款”。日本通过“中日民四条约”和“西原借款”不仅将南满铁路和辽东半岛租借地展延到99年，而且还通过顾问延聘、金融借贷、土地租用权的扩大等进一步加强了对我国的军事、政治和经济的渗透。

另外，日本则通过加入英法俄意等协约国阵营，成为欧洲战争中的同盟国和协约国阵营中唯一参战的亚洲国[①]，开始向协约国提供大量的军事物资和海运设施，扩大了资本投资和生产，发展了对外贸易。有统计表明，从1913年至1918年，日本生铁生产量从24万吨增至58万吨，增加了近两倍；造船厂从5家扩大到53家。[②] 日本资本利润率从战前的10%扩大到30%。其中像位于九州地区的八幡制铁所的利润率在战前的1913年仅为11.4%，而到了1918年则增至112.6%。正是由于第一次世界大战的“军需景气”使得日本出现了船舶、钢铁、海运和纺织的“成金”暴发户。由此，日本从战前的资本输入国和债务国一跃成为资本输出国和债权国。

日本第一次世界大战时期的战时“军需景气”也使得满铁公司迎来了其发展的高峰。这一时期，满铁公司的铁路货运运输中，东北的大豆、木材、煤炭、皮革等经由满铁公司的铁路货物运输进行欧洲贸易，成为这一时期满铁公司货物运输盈利的主要经营物质。

满铁公司自1906年设立至1918年，恰是东北地区关内移民的高峰期。这一时期，来自河北、山东、河南的关内移民抵达东北后，凭借其勤劳和艰辛的垦荒劳作，在松辽平原和辽河流域等地开拓了大量的农田，并开始种植高粱和大豆等经济作物。其中由于大豆不仅可以加工为

① 当时的中国北洋政府于1914年8月向德国宣战后，并没有派兵参战。

② 大久保利謙『日本全史』(第10巻)、東京大学出版会、1964年、第115頁。

食用油、机械润滑油，而且豆饼还可以作为土地改良的肥料，故此其用途广泛。尤其是大豆在东北地区的高产使得东北地区的大豆种植和产量首次超过传统的高粱种植开始作为商品原料销往华北乃至华东地区。满铁公司在经营东北大豆初期，除一部分大豆原料运往日本本土作为酱制品原料外，其余主要将大豆进行加工后，将豆饼和豆油销往欧洲和日本本土，或用于土地改良肥料或用于机械润滑油。1914 年第一次世界大战爆发后，由于战争的原因，农作物生产萧条，再加上军需工业的需要，大豆及大豆制品需求增加。为此，满铁公司将东北大豆作为主要经营的农产品，加大了大豆的收购、仓储和加工，将东北的大豆通过铁路运输集中在大连码头后，通过所属船运公司将大豆和大豆制品销往欧洲市场。根据满铁公司的统计，1913 年，满铁货物中大豆运量为 1894 吨，而到了 1914 年后至 1916 年，满铁公司货物中大豆运量分别上升到 2258 吨、2258 吨和 2659 吨。[①] 按照满铁年运输货物量计算，满铁公司所运输的大豆运量占总运量的 20% 左右。

满铁公司除向欧洲进行大宗的大豆贸易外，满铁公司还向当时的英法等协约国进行了大宗的木材、煤炭、皮革等运输贸易。满铁公司利用第一次世界大战的“军需景气”进行大宗海外贸易，也使得满铁公司赚得“满盆金”。统计数据表明，第一次世界大战前的满铁公司铁路客货运输的总收入从 1910 年至 1913 年维持在 800 万日元左右，而到了第一次世界大战爆发后，满铁公司铁路运输收益从 1913 年的 886 万日元一跃达到了 1914 年的 1357 万日元，而到了 1917 年则达到了 2200 万日元。我们仅仅从 1913 年和 1917 年进行单纯比较就会发现，在不到 4 年的时间里，满铁公司年收入增长了近 3 倍。由此可见，满铁公司在第一次世界大战中，也同日本国内财阀企业一样收益倍增。

依靠第一次世界大战的“天佑”而大发横财的满铁公司在第一次世界大战结束后，开始呈现出利用剩余资金，向东北地区多种行业进行跨行业投资的倾向。由此，满铁公司从一个以铁路运输为主，煤炭经营为辅的铁路贸易公司开始逐渐演变成涉足东北地区电力、大豆制品、农

① 南満州鉄道株式会社『南満州鉄道株式会社十年史』、1917 年、第 340—341 頁。

业、纺织、矿山、金融信托、海运、仓储、不动产、林业、商业、工业等跨行业托拉斯。

满铁公司的电力行业始于1907年接收的原俄国在大连开设的发电所。1908年满铁公司以此为基础成立了电气作业所，负责大连和旅顺地区的车站供电及大连市内的电车及部分满铁公司职员住宅用电。其后，满铁公司在满铁沿线的长春、安东、奉天、抚顺等地先后设立了发电所和电气作业所，负责车站、职员住宅及周边地区供电。此外，满铁公司还利用中日合办电灯公司的形式将势力延伸到满铁附属地之外的奉天、营口、辽阳、铁岭、长春、安东、公主岭、大石桥、四平街等地。其中，满铁公司最早涉足的地区是始于1906年在营口地区设立的营口水道电气株式会社。1909年2月满铁公司收购了日本人在该公司的部分股份后，开始入股营口水道电气株式会社。紧接着在1911年，满铁公司又利用该公司在资金上的困难全额收购了日本人在该公司所占的全部股份，成为该公司的实际控制人。满铁公司除通过利用日本人收购营口水道电气株式会社外，还直接与当地中国人合资，先后直接投资兴办了铁岭电灯局和辽阳电灯公司。

满铁公司在通过收购或合资形式涉足满铁附属地之外的铁路沿线城市的电力行业后，于1918年前后开始加大资金投入，试图扩大满铁在东北地区中南部的电力控制权。1918年11月，满铁公司同营口水道电气株式会社签署协议，设置鞍山电力营业所，将营口水道电气公司的电力引入鞍山市区。[①] 同一时期，满铁公司除向铁岭电灯局投资购买大容量发电机组，改造发电厂的煤炭动力发电外，还向铁岭电灯局增加投资以期加强铁岭电灯局向周边的乡镇扩张能力。

在此基础上，满铁公司为统合电力发电行业，增加对东北中南部地区的电力控制，于1926年6月改组满铁公司内部的电气作业所和发电所，成立了满铁公司全资子公司“南满洲电气株式会社”。“南满洲电气株式会社”成立后，剥离了原满铁公司所辖的各地电气作业所和发电所，接收了原满铁公司持股的营口水道电气会社、铁岭电灯局、辽阳电

① 苏崇民：《满铁史》，中华书局1990年版，第260页。

灯公司以及开原满洲电气会社等，并在此基础上先后在大连、奉天、安东、长春、鞍山等地设立了营业分店。按照“南满洲电气株式会社”的布局，大连分店负责大连、旅顺、金州等辽东半岛租借地内的发电和供电设施；鞍山分店则负责鞍山及海城周边地区的发电和城市商业供电设施；奉天分店则负责奉天周边的抚顺、辽阳、铁岭以及开原等地的发电和城市商业供电设施；而长春分店则负责长春至四平街地区的发电和城市商业供电设施。[①] 安东分店负担范围变化比较大。其中，初期的安东分店只负责安东和凤城城区的电车、居民及车站的商业供电。在发电所进行煤炭动力发电改造后，安东分店的电力供应一度延伸到了朝鲜半岛边境城市新义州（含义州旧城）地区。从“南满洲电气株式会社”所设立的分店情况就可以看出，“南满洲电气株式会社”几乎控制了长春以南的东北中南部地区主要城市的电力供应。“南满洲电气株式会社”的发展也带动了满铁公司在东北中南部地区的发电量的巨大发展。有数据表明，满铁公司 1913 年和 1914 年在大连、奉天、长春和安东的发电量总和分别为 1150 万度电和 1354 万度电。而从 1915 年开始，满铁公司在上述四个城市的发电量总和就从 1288 万度一路飙升，到 1922 年发电量总和达 4105 万度电。[②] 至 1931 年九一八事变前，满铁公司和满铁公司子公司“南满洲电气株式会社”所控制下的电力中仅发受电容量就占东北全部发受电容量的 74%[③]，几乎垄断了东北地区的电力系统。

在第一次世界大战中凭借东北的大豆加工和运输大获其利的满铁公司在 1918 年后，也开始大规模向大豆的仓储和深加工行业渗透。1916 年满铁公司认购了大连油脂工业株式会社的近 40% 的股份后，又于 1918 年 9 月在大连设立了专门从事大豆油深加工的大连制油株式会社，将东北的大豆收购、仓储、批发、运输、深加工、贸易融为一体，试图进一步垄断东北地区的大豆生产和加工行业，获取最大利润。可能是由于该企业生不逢时，在设立之初就碰上了欧洲战后复兴，大豆油及大豆制品的订单剧减，加上东北地区本土的民族资本大多投资大豆油加工行业，

① 苏崇民：《满铁史》，中华书局 1990 年版，第 264 页。

② 南滿州電気株式会社『南滿州電気株式会社沿革史』、第 136—137 頁。

③ 苏崇民：《满铁史》，中华书局 1990 年版，第 266 页。

各地油坊和油房林立，竞争激烈。无奈之下满铁公司几次增资扩产试图垄断该行业也未见起效。继满铁公司在大豆行业的投资之外，满铁公司还先后投资设立了从事甜菜制糖的“南满洲制糖株式会社”、从事马铃薯和红薯提取淀粉加工的“满洲制粉会社”、从事羊毛纺织加工的“满蒙毛织株式会社”、从事棉花纺织加工的“满洲纺绩株式会社”等农畜牧产品加工行业。其中，满铁在上述农畜牧产品行业中，虽然由于棉花和羊毛价格受到国际市场价格的左右，盈亏并不稳定，但由于满铁公司涉足了东北地区主要农牧产品中的大豆、棉花、羊毛、麻、甜菜种植，并通过仓储和价格收购，实际上垄断了东北中南部乃至于内蒙古东部地区的农产品的定价权和收购权，进而控制了东北的农牧业行业。

满铁公司在通过外交谈判获得了抚顺、阜新等地的煤炭采掘权后，还通过中日合办的形式获得了鞍山地区和本溪地区的铁矿采矿权，并以此为基础设立了鞍山和本溪两地制铁所。此外，满铁公司还先后设立了水泥厂、大连窑业株式会社，以生产水泥、耐火材料砖和玻璃等工业产品。其中像红砖、水泥和玻璃行业属于近代工业革命后的新兴行业，尤其是水泥和玻璃为近代建筑所需的建筑材料，东北乃至于华北市场需求旺盛。满铁公司不仅通过这些会社赚取了高额的利润，也使得满铁公司通过红砖、水泥和玻璃等的销售，基本上控制了东北地区的近代公共建筑材料市场。

第一次世界大战中，由于大连港的航运限制，使得大连港的码头积压了大批的满铁公司通过铁路运输而运到的各种货物。大连港码头吨位和海运的限制也使得满铁公司在 1918 年第一次世界大战结束后，加速了对大连港、安东港和营口港码头的增设。日俄战争结束后，满铁公司接收了原沙俄经营的大连港，并在此基础上进行了扩修。从 1918 年起，满铁公司先后在大连地区的南关岭、东广场、甘井子、旅顺口等地增设仓储用的仓库、码头和货运场以及煤炭专用码头。在此前后，满铁公司还在营口和安东港新修了新市街码头和江岸卸货场、仓库等设施以扩张港口的吞吐能力。与此同时，满铁公司还通过委托经营、合资入股等形式涉足海运业。其中，满铁公司除委托日本邮船会社扩大大连经由青岛至上海的航线外，还投资设立了大连汽船株式会社，经营大连至华北的天津、华东的上海以及大连至广东、大连至名古屋的海运运输。此外，满铁公司还通过中日合办的方式，入股长春运输株式会社、东亚运送会社等海运公司经营东北北部地区货物。

在近代的东北金融业发展中也可以看到满铁公司涉足的痕迹。辛亥革命以来，虽然北洋政府在东北设立了近代金融机构发行货币，但东北地区仍然存在东三省官银号、边业银行以及吉林和黑龙江省地方银行分别发行奉票奉银、吉票吉银、黑龙江省发行的货币以及营口的“炉银”等情况。与此同时，以墨银、卢布为代表欧美银行发行的货币和朝鲜银行、横滨正金银行等使用的日元也在东北流通使用。1919 年张作霖实际掌控东北后，由于连年的战争导致乱发纸币从而使得奉票、吉银等本土货币通货膨胀严重，奉票吉银乃至于黑龙江官银号发行的纸币逐渐失去市场信誉后，以朝鲜银行、横滨正金银行所使用的日元成为坚挺货币，满铁公司通过自有资金以及通过银行的日元借贷开始逐步渗透到本土资本所开设的灯泡厂、电灯厂、纺织厂、皮革厂、火柴厂、麻袋厂、窑业工厂、奉海和吉海等铁路等企业，甚至渗透到了东北本土人经营的大车店、客栈、油坊等传统产业，从而使得满铁公司通过担保和资金借贷将势力逐步渗透到了东北地区的各个行业。一些学者甚至认为，九一八事变前，满铁公司几乎掌控了东北地区的陆路交通、水路交通、金融、商业、农牧业、工业、矿业、电力、林业、窑业以及新型建筑材料等所有近代东北行业企业，从而从实际上掌控了近代东北的经济命脉。

学者们的这番断言丝毫没有夸张之处。正是由于满铁公司在东北地区的行业垄断和扩张使得近代东北社会经济的发展有着不同于华北、华南以及华东等地区的社会经济特征。近代东北社会经济这些明显不同于其他地区的社会经济特征包括：第一，近代东北社会经济明显带有被殖民的殖民地社会经济色彩。第二，近代东北社会经济发展是以森林砍伐、煤炭挖掘为代表的所谓资源开发性的粗放型经济发展模式。第三，近代东北社会经济中的民族资本依附性强。第四，近代东北社会经济发展以国家资本和政府主导为背景。

其中，近代东北社会经济明显带有被殖民的殖民地社会经济色彩，日本满铁公司所经营的铁路运输、航运、煤炭、电力、仓储、农牧产品加工、金融、工业生产占据了近代东北社会经济的主导地位。相比较而言，以所谓张氏父子为代表的东北官绅兴办的近代东北工商业，甚至由民族资本投资兴建的铁路和港口并没有在东北社会经济中占据主导地位。不仅如此，近代东北的工商业、农牧业甚至包括张氏父子为代表的东北官绅所兴办的近代东北工商业企业以及金融业大多成为以日本满铁公司为代表的殖民经济体系中的一个组成部分。像张氏父子主政期间东北民族资本和官僚资本所兴办的灯泡厂、麻袋厂、面粉厂、皮革厂、纺织厂、百货商店等近代东北工商企业大多依赖于满铁公司，或为满铁公司的子公司提供末端产品服务。由此可见，近代东北社会经济中的殖民经济色彩非常强烈。

在近代东北社会经济发展中，近代东北经济发展主要依赖于东北原始森林的砍伐、抚顺等地煤炭的挖掘、本溪鞍山等地铁矿冶炼等所谓不可再生性资源的开发，并由此而带动的铁路运输、公路马车等陆路运输及海运的发展而发展起来的。这些资源性开发本身不仅是属于粗放型经济发展模式，而且给东北的生态环境带来了极其负面的影响。此外，自1907年清末东北新政以来东北地区先后开业的大车店、客栈、烧锅（酿酒)、油房、制粉厂、面粉厂、皮革厂、木材厂、铁器厂等传统民族资本工业企业在经历了以满铁公司为代表的近代工业企业的挤压和打击后，要么破产倒闭被先进的工商企业所取代，要么惨淡经营游离于近代东北工商企业的边缘地带，从而导致东北地区的民族资本在经济上大多沦为以日本满铁公司为代表的殖民经济体系的附庸，更没有形成近代的东北地区轻工业产业链。

最后想说明的一点是，在近代东北社会经济发展中，无论是以张氏父子为代表的东北官绅主导兴办的近代东北工商企业的所谓“官办”或“民营”企业，还是日本的满铁公司其背后均以国家、地方政府的国家权力为背景而兴建的企业，尤其是在近代东北社会经济发展中以森林砍伐、煤炭挖掘、铁路运输、农牧产品加工等为代表的资源开发性企业都是在国家公共资源的国家行政许可、批准等形式下兴建的。由此，其在国家或以政府公共资源为背景的工商企业主导下的近代东北社会经济在

“官尊民卑”的模式下，政府、带有政府背景的官绅企业占据近代东北社会经济主导地位，从而导致毫无官商或政商背景的本土民族资本企业很难在这种畸形殖民经济的夹缝中生存和发展。

综上所述，至1931年九一八事变爆发前，以满铁公司为代表的日本企业在近代东北社会经济发展中，掌控了近代东北社会经济发展的命脉。

二　满铁的附属地经营

满铁附属地始于沙皇俄国在东北兴建中东铁路及哈尔滨至大连之间的铁路线时。1905年日俄战争结束后，日本攫取了长春至大连之间的铁路线，将沙皇俄国时期的“铁路用地”改称为“铁道附属地”，并对其街道、城市用水进行改扩建后才形成了所谓的“满铁附属地”。满铁附属地有两层含义。其中，就满铁附属地的广义而言是指大连至长春、奉天至安东间的铁路两侧用地及沿途车站附近的用地，而通常意义中的满铁附属地系指满铁公司在上述铁路线路经过的车站周边用地进行所谓的“市街地”规划后而形成的铁路附属地。这些铁路附属地包括长春、四平、铁岭、昌图、奉天、辽阳、鞍山、抚顺、本溪、安东、金州等满铁公司铁路沿途所经营的“市街地”。

上述的满铁附属地虽然均为1907年满铁公司从日军手中接手，但其后各铁路附属地的扩张以及市街规模并不相同。其中像抚顺满铁附属地在1907年满铁公司接手抚顺煤矿后，通过从日军手中接收、向当地地主私自购买等方式获得了近398公顷的铁路和煤矿用地。抚顺满铁附属地在随后逐步扩大。其间，满铁公司在千金寨煤矿附近、小官屯、古城子、榆林铺等地强行购买土地近1000公顷。尤其是在第一次世界大战前后，满铁公司利用这一时期东北的混乱政局，强行购买土地达1500余公顷。其后，满铁公司又利用当时奉天地区奉票大幅贬值日元升值的有利时机，不顾中国政府的抗议又强行购买抚顺周边地区土地。根据相关统计，至1931年九一八事变爆发前，满铁公司在抚顺地区的铁路附属地达6000余公顷，成为满铁公司在东北经营的铁路附属地中面积和规模最大的一个铁路附属地。

长春满铁附属地为满铁公司最早攫取或获得的铁路附属地。1907 年满铁公司从日军手中接手长春宽城子车站后，就立即强行圈占了与宽城子车站毗邻的原中国政府为长春开埠和吉长铁路车站预留的 470 余公顷土地。其后，满铁公司又以满铁公司用地为名，强行购买了长春水源地附近的土地。这样，在满铁公司成立不到两年的时间里，满铁公司通过接手、圈占、强行低价购买等方式攫取了长春城以北至宽城子车站之间的大量土地作为满铁公司的铁路附属地。

1907 年满铁公司成立后，从日军手中接手了辽阳车站附近土地近 548 公顷后，又强行圈占了辽阳城西关以北的约 457 公顷的土地，紧接着又通过强行购买的方式获得了辽阳车站附近东西铁路沿线四周土地 2200 余公顷。① 鞍山满铁附属地与其他满铁附属地攫取的方式有所不同。1907 年满铁公司从日军手中接手鞍山车站及原沙皇俄国的铁路用地后，先是利用中日合办振兴铁矿公司的名义，购买了鞍山车站至立山车站之间铁路沿线的土地后，又多次以振兴铁矿公司矿石运输、铁矿用地等名义强行购买了鞍山车站周边的大片土地。

满铁公司在奉天的满铁附属地起先只限于车站附近，即原沙俄铁路公司修建的奉天车站及附属设施用地及从日军手中接手的“军事用地”。从 1917 年开始，满铁公司利用日本人，采取威逼、欺诈等手段相继购入了满铁公司奉天车站东南及南侧的大片土地。其中，满铁公司在奉天附属地收购土地中以“李聘三案”最为典型。按照苏崇民先生的研究，满铁公司奉天车站十间房周边的土地原为俄籍华人纪凤台和中国商人李聘三共同购买的土地。日俄战争期间，日军以俄籍华人纪凤台充当俄国间谍为由，强行没收了该片土地。1923 年 12 月，满铁公司向关东军经理部收购了原日军一直占用的该片土地。为此，中国商人李聘三以上述日军没收的土地中的约 85 公顷土地的所有权问题向中日双方提出了争议。其间，满铁公司不顾中国交涉署的抗议，强行在该片土地上进行商业施工，修建了妇人病院等商业设施。②

① 王玉琨：《辽阳满铁附属地和“九一八”事变》，《城建档案》2001 年第 6 期。

② 苏崇民：《满铁史》，中华书局 1990 年版，第 367—369 页。

满铁公司在铁路沿线附属地的疯狂扩张，使得满铁铁路附属地自满铁公司成立以来迅速增加。根据相关统计，至 1931 年九一八事变前，满铁公司的铁路附属地占地在 1 万平方千米以上的就达 29 处（如表 3－1 所示）。

表 3－1　**满铁附属地占地规模统计表**　单位：平方千米

附属地	面积	附属地	面积	附属地	面积
大连	9.293	盖平	3.332	甘井子	1.594
大石桥	3.676	瓦房店	2.508	海城	2.439
得利寺	1.848	牛家屯	3.834	熊岳城	4.473
鞍山	18.441	辽阳	6.481	四平街	5.477
烟台	3.283	公主岭	8.784	苏家屯	1.644
陶家屯	1.844	奉天	11.729	大屯	1.097
新台子	1.156	长春	6.142	铁岭	6.350
本溪湖	1.160	开原	6.634	凤凰城	2.528
昌图	3.651	安东	5.369	双庙子	3.440
抚顺	68.397	虻牛哨	1.176		

资料来源：原载满铁总裁室《满铁附属地经营沿革全史》上册，1939 年，第 33—34 页。转引自董婕《日本对南满铁路附属地的经营及影响》（硕士学位论文，辽宁大学，2006 年），第 8 页。

满铁附属地的设立和满铁附属地的扩张给近代东北地区所带来的危害是多方面的。

首先，上述满铁公司设立的附属地所毗邻的东北城市中，除奉天、辽阳、海城、安东、凤凰城、开原等属于东北地区的传统城市外，其余的如长春、本溪、鞍山、公主岭、大石桥、烟台等则大多属于近代以来随东北开发而逐渐形成的或正在形成的城市群。这样，在满铁公司设立铁路附属地后，不仅挤占了这些城市的近代城市发展空间，而且满铁公司还通过文化渗透进一步侵袭了近代东北城市的文化空间，从而使得近代东北城市的发展带有强烈的殖民地城市文化的发展特点。抚顺城修建于明朝的洪武年间，作为明王朝的边外要塞，一直到清王朝崛起后，抚顺城担负的边外要塞的职能都没有改变。长期以来，抚顺一边作为中原王朝的边外军事要塞行使着王朝的戍边功能，一边还作为边外汉民族和少数民族马匹的集市而逐渐从一个“抚顺城”变成了“抚顺市”。尤其是随着近代以来抚顺地区露天煤矿的开采和移居到抚顺地区的煤矿工人等人口的增加，抚顺从原有的“城”转变为城市后才初步具有了近代城市发展规模。而在这一发展过程中，满铁公司凭借在抚顺地区的煤矿开采和铁路运输所攫取的满铁附属地成了近代抚顺城区发展中最大规模的“市街地”，同时，通过设置警察署、税务署以及日本居留民会等组织，逐渐掌控了抚顺城区和抚顺城市管理的行政权和城市发展的主导权。

近代鞍山城区的发展几乎与抚顺相同。作为传递公文的驿站功能的鞍山城在进入近代以来，随着铁路和铁矿的开采以及冶炼和移居的产业工人的增加，鞍山从一个传统的驿站“城邦”开始向近代城市转变。同样，鞍山城区在这一转变过程中，满铁公司所经营的车站和铁矿开采、冶炼以及公路铁路成为鞍山近代城市发展的主导产业。据此，满铁公司凭借占据大部分鞍山城区的地缘优势，开始在附属地内设置警务、税收组织以及卫生医疗机构和日本人居留民会等组织，实际上掌控了鞍山满铁附属地乃至于鞍山城市的行政统治权和城市发展的主导权。①

与这些近代东北新兴城市相比，满铁公司在奉天、辽阳、昌图等传统东北城市毗邻地所开设的满铁附属地虽然没有攫取整个城市发展的主导权，但满铁公司通过附属地的“市街地”规划和建设，形成了在奉天、辽阳、昌图、开原等城市新旧两个城区，即传统的旧城区和满铁公司兴建的附属地新城区。满铁公司兴建的满铁附属地新城区不仅蚕食了这些东北传统城市的各种近代城市机能，而且阻碍了这些东北传统城市

① 有关满铁附属地与近代东北城市问题的研究请参阅曲晓范《满铁附属地与近代东北城市空间及社会结构的演变》，《社会科学战线》2003 年第 1 期。

向铁路车站区域扩展进而完善近代化城市功能的机遇。由此，这些传统的东北城市在满铁公司所兴建的附属地新城区的蚕食下日渐衰微。

其次，满铁公司在附属地内所设立的治安警察、税收、满铁公司派出机构以及由日本侨民组成的居留民会组织实际上在满铁附属地内行使了治安、税收、卫生医疗和教育行政等行政统治权，形成了“国中之国”，严重地侵害了近代中国国家主权。

满铁公司附属地内设的治安警察权在日本殖民统治体系调整中多有变化。其中，自 1906 年日本“关东都督府”成立至 1919 年关东厅成立前，满铁附属地的治安警察权由“关东都督府”民政部所掌控。1906 年“关东都督府”成立后，“关东都督府”民政部就分别在大石桥、奉天、公主岭、辽阳、安东、长春、大连等地先后设立了警务署和警务分署、派出所，负责管辖附属地内的治安警察和司法警察。在附属地和辽东半岛租借地外，则由日本在东北的总领事馆、领事馆所派出的外事警察负责。另外，日本在东北设立的宪兵队实际上也担负着维持地方治安的警察功能。这样，日本在东北地区的治安分别由“关东都督府”民政部系统的警察、日本外务系统的外事警察和“关东都督府”陆军部系统的宪兵负责，实际上出现了东北地区辽东半岛租借地和附属地“三头共管”的局面。为此，日本政府曾先后采取了领事和“关东都督府”警察官僚相互兼任以及宪兵队长兼任警务署长等方法，试图协调租借地和附属地的治安权问题。1919 年日本原敬内阁进行“关东都督府”官制改革后，虽然废除了宪兵队长兼任警务署长的制度，改由文官担任，但从总体上三方的权力纠葛并没有因此而消失，反而随着关东军司令部的成立和宪兵司令部的成立，此前一直存续的“三头共管”局势越加复杂化了。

日本在租借地和满铁附属地的警务署的设立不仅严重侵害了中国在东北地区的行政主权，而且也给当地的治安带来了严重隐患。我们从查阅的辽宁省档案馆等馆藏相关档案文献中就可以看到，从 1906 年“关东都督府”设立之日起，当地居民被日警污为盗贼而肆意捕杀和殴打后而诉之中国地方当局的档案卷宗非常庞大。日本警察不仅对附属地内的当地中国居民肆意进行殴打，甚至还越过附属地界限，强行闯入当地中国警察局搜捕中国官员，直至枪伤中国县令。[①] 在日本警察的包庇下，附属地内不仅藏污纳垢，公然设立赌场妓院，而且还公然违反中国禁烟法律，以“鸦片渐禁”为幌子向鸦片烟馆发放牌照，向鸦片商人收取鸦片销售的“特许费”，公然支持和纵容鸦片销售和走私。[②] 其中像1907年清末东北新政时期，东三省总督府力行禁烟政策，禁止鸦片继续毒害民众，提出了一系列打击鸦片贩子和鸦片商人的措施。闻风而动的鸦片贩子就利用奉天附属地内，日本警察公然允许鸦片销售的特权，将鸦片仓库中的烟膏、烟具以及烟馆迅速转移到附属地内，而后待东三省总督府禁烟风声结束后又死灰复燃，重新将烟膏仓库和烟馆迁回到奉天城内。辛亥革命后的1913年前后，奉天都督在北洋政府禁烟令的督促下又开始在奉天省内大张旗鼓地进行禁烟活动，感到禁烟风声紧张的奉天城内的鸦片商人又连夜行动将烟馆转移到了奉天附属地内，待奉天省当局不再提及禁烟后又将烟馆迁回到了奉天城内。换而言之，当时东北地区之所以一直盛行吸食鸦片且屡禁不止，和日本警察在附属地内支持和纵容鸦片商人开设烟馆公然经营鸦片有直接的内在关联。

另外，满铁公司在满铁附属地内还公然行使税收权，向附属地内居住的居民征收“市街地”的“公费”。满铁公司在满铁附属地征收“公费”始于1907年。同年9月28日，满铁公司在其公布的《附属地居住者规约》中，在规定附属地内居住者的居住规则的同时，以“市街地”的“必要费用”为名向附属地内的居住者及土地和房屋的所有者和租赁者征收所谓的住民“公费”。有关该种“公费”是通常意义上的税赋还是居民之间的属于互助性质的“公摊费”在中日学者之间虽然尚有争议，但有一点可以肯定的是此种“公费”无论是通常意义上的行政税赋还是属于居民之间的公共地域的“公摊费”，作为满铁公司在主权属于中国的附属地内均无权征收税赋或让居民“均摊”公共的“公摊费”。另外，满铁公司在附属地内征收的税赋中，不仅征收了至今被学者们争议的“公费”，而且还在附属地内向鸦片商人和食盐商人分别征收了鸦片和食盐专卖“特许

① 苏崇民：《满铁史》，中华书局1990年版，第381页。

② 有关满铁附属地内的鸦片贩毒情况请参阅赵朗《日本在满铁附属地的鸦片贩毒罪行》，《理论学刊》2013年第7期。

费”，土地和房产交易登记中征收的“印花费”、上下水（自来水）费、注册医师的注册费等。由此可见，满铁公司在附属地内征收的这些所谓的“公费”“特许费”“印花费”以及自来水费等均属于近代国家财政收入中的税赋征收收入，满铁公司在附属地内征收税赋不言自明。

再次，满铁附属地成了中国司法主权管辖外的“司法飞地”。日本接手满铁附属地后，附属地内的司法体系采用了“领事裁判权”制度。这项被统称为“治外法权”的不平等条款在日本明治维新之后，一直是日本历届内阁政府同英法等国进行外交交涉的主要任务之一。颇有戏剧性的是1902年日本通过外交谈判，同英国政府签订了旨在废除这些不平等条款之后不到五年的时间里，日本又将这项不平等条款的司法制度原原本本地“运用”到了满铁公司的满铁附属地内。在这项不平等的司法制度下，满铁附属地内的日本人之间的司法判决自不待言，日本人同中国人之间的法律纠纷以至于满铁附属地内的中国人之间的法律纠纷通由日本在东北地区的领事官负责裁决。这样，在日本满铁附属地司法制度的包庇下，一些日本地痞无赖、大陆浪人包揽词讼，甚至一些不法的中日民间人士在附属地外杀人越货后逃到附属地内以逃避中国司法的惩罚。尤其是日本人凭借这项不平等的司法制度横行不法也得不到法律的严惩，以至于满铁附属地成了中国司法主权管辖外的“司法飞地”。

最后，满铁公司利用满铁附属地对东北地区进行了文化渗透。满铁公司设立后，起先同“关东都督府”一起在附属地内设立了专门接收日本人子弟的寻常国民小学校和中学校，而专门接收中国人子弟的“公学堂”则始于1909年由满铁公司在盖县开设的盖平公学堂。① 其后，满铁公司先后在辽阳、铁岭、长春、瓦房店、熊岳、开原、四平街、公主岭、奉天、抚顺等地开设了公学堂。此外，满铁公司还先后在奉天设立了南满医学堂（后改称满洲医科大学）、南满中学堂以及专门教授日语的日语学堂。满铁公司在上述公学堂、中学堂、日语学堂和南满医学堂中，除了教授日语外，还向学生们教授日本的花道、茶道等日本文化、日本历史观以及日本政治文化制度，培养亲日派青年学生。

---

① 王爽：《满铁附属地日语殖民教育研究》，硕士学位论文，吉林大学，2015年。

满铁公司在设立学校教育的同时，还创办和扶持了《满洲日日新闻》《盛京时报》以及《泰东日报》等近代新闻媒体，利用报刊宣扬日本精神和日本文化。其中，被称为满铁公司的机关报《满洲日日新闻》[①] 创刊于1907年11月。该报虽然在其后经过几次合并更名，但其报道内容并没有太多变化，除报道满铁公司业绩、列车变更时刻表等满铁公司业务外，还刊登了大量时事、社论、日本国内政情、中日企业动向、日本小说以及日本花道、茶道、相扑、歌舞伎演出等日本文化动向等，同时，还发表对中国时局的看法，成为同时期东北地区发行量比较大的新闻媒体之一。

被满铁公司称为“满铁公司文化事业”的“满蒙文化协会”成立于1920年7月。该协会不仅吸收了满铁公司和关东厅的高级干部和官僚参加，而且还吸收了当时在大连、奉天、长春等地的日系企业家成为该协会的主要会员。其中，该协会的主要业务之一就是与满铁公司调查部联手调查东北地区和内蒙古东部地区的产业经济和特产销售情况。从目前所能收集到的相关文献资料看，该协会除了定期出版日文版的《满蒙》和中文版的《东北文化月报》外，还出版了《满蒙年鉴》《满蒙全书》《满蒙风景写真帖》《满蒙产业概要》《满蒙经济产业调查报告》等面向日系企业的东北和内蒙古东部地区的出版物。

满铁公司所兴建的这些教育和文化媒体机构，一方面使得满铁公司通过教育和报刊宣传了日本文化、历史，另一方面还通过教育和新闻媒体传授了满铁以及日本官方对世界时事的主张和态度，成为满铁公司将日本式的教育模式和日本文化渗透到东北地区的重要工具。

三　满铁公司调查部的业务扩张

满铁公司调查部在经过初期的“社业调查”后，其组织自身也经历了缩编、重组和扩张的过程。1907年成立后不久的满铁公司调查部就被调整缩编为满铁公司调查课，人员被大量裁撤后只剩下8名，业务范围仅限于“调查统计，从事员工的培养训练”以及满铁公司的“营业报告

① 《满洲日日新闻》最初为日文报纸。因读者受限发行量不高，后增设了英文和中文专栏。其后，英文和中文栏目分别独自设立了《满洲每日新闻》和《满洲报》。1927年该报合并《辽东新报》后改称《满洲日报》。

及年报的编纂”。[①] 这一时期，满铁公司调查课除负担满铁公司的职员培训和年报编纂外，其调查业务主要是为满铁公司铁路沿线的“集货”能力所进行的物产以及“满洲土地旧惯”的调查。[②]

满铁公司调查课的业务和人员扩张始于1918年1月满铁公司对调查课的人事和业务的调整，任命满铁公司在东京设立的“东亚经济调查局”的局长松冈均平为满铁公司调查课的顾问，同时还任命了石川铁雄为满铁公司调查课的课长。

新任满铁公司调查课顾问一职的松冈均平出生于东京，为日本司法官僚松冈康毅的长子。松冈均平自当时的东京帝国大学法科大学毕业后，先就职于东京帝国大学，其后两次留学欧美学习欧美的政治和经济学。1910年松冈均平回国后又就职于东京帝国大学担任法科大学的讲座教授，讲授欧美政治和经济学。松冈本人凭借长期的欧美留学经历，不仅熟知当时欧美的产业政策，而且对于殖民地经济学颇有研究。1911年松冈被推荐为满铁公司在东京设立的“东亚经济调查局”局长后，开始强化“东亚经济调查局”对中国、朝鲜以及西伯利亚等地区的各种经济数据调查，并将这些调查报告整理为时政报告广为刊发。由此，“东亚经济调查局”在迅速从一个单纯的东亚经济调查机构转变成了为日本政府和各类财团提供咨议的“智库”。有关与松冈顾问同期上任的满铁调查课课长石川铁雄的个人资料不是很完整。从目前所能收集和查阅的文献资料看，石川铁雄毕业于东京帝国大学法科大学，毕业后一直从事经济调查工作，先后整理刊行了不少有关东印度公司在东南亚经营活动的调查报告。

在新任顾问松冈均平和课长石川铁雄的积极策划下，满铁公司调查课重新调整了职能。其中，原本被赋予的“调查统计，从事员工的培养训练”以及满铁公司的“营业报告及年报的编纂”业务被归并到了满铁公司总务课，与此同时，原满铁公司总经理室直属的情报收集股被并入了满铁公司调查课。这样，满铁公司调查课从“调查统计”和一般员工培训变成了一个集情报收集、情报分析和情报研究于一体的综合情报调

① 苏崇民：《满铁史》，中华书局1990年版，第413页。

② 满铁公司调查部（调查课）这一时期最有代表性的成就是出版了《满洲旧惯调查报告》。

查部门。在松冈均平和石川铁雄主导下的满铁公司调查课开始“招兵买马”，从日本本土招募精于产业调查的人员以扩充调查课调查人员规模。同时，满铁调查课还先后几次调整内部机构。起初，满铁公司调查课在内部设置了交通股、情报股，并在北京公所和哈尔滨设立满铁公司调查课公所或事务所，以此强化对中国政情和苏联政情的情报调查和收集。其后的1927年，满铁公司调查课再次对内部机构进行调整，先后增设了法制、产业、商业、统计、交通、俄国、图书资料等9个股，以此扩大满铁公司调查课对东北、华北、苏联、内蒙古等地的各种经济产业和土地、周边国家和地区的政情和军情的情报收集及调查研究。

在这一时期，满铁公司调查课先后和关东厅、关东军、东亚经济调查局、朝鲜总督府、“满洲与朝鲜历史地理调查部”等合作，通过实地考古和调查、历史资料文献和报刊收集等方式对东北周边的华北、内蒙古及内蒙古东部、苏联远东地区进行了历史、地理、产业、政情、商业、法制、交通、物产、少数民族等广泛的调查和研究。我们从当时满铁公司调查课公开刊行的调查资料中可以看到，当时满铁公司调查课刊行物有不定期的《满铁调查资料》①、定期的《调查时报》②《俄国经济丛书》《工农俄国研究丛书》以及仅供相关人员内部阅览用的《近期满洲政情概要》《奉直之役满洲商情及金融》等。满铁公司调查部在这一时期究竟撰写了多少份公开的或非公开的调查资料报告，迄今为止均没有一个权威的统计数据。不过，我们今天仅仅从满铁调查课下设的图书资料股的英文、俄文、中文以及日文报刊的收集整理中也可以窥见满铁调查课在对于东北周边地区的情报资料整理所耗费的资金和人员情况。满铁公司调查课图书资料股早在1907年满铁公司成立后，满铁公司就在总裁室③设立了专门收集各地报刊进行剪报分类的情报股。1918年满

① 该份资料非常庞大。其中，仅2007年以来辽宁省档案馆和广西师范大学出版社陆续影印刊行的《满铁调查报告》就达25册，内容涉及兵要地志、产业、工矿、商业、交通、水文、少数民族、政情军情等数十个领域。

② 从1926年起，该刊先后称为《调查汇报》《满蒙事情》，1931年九一八事变后又改称《满铁调查月报》。

③ 满铁公司自1907年至1917年为总裁制，从1917年7月至1919年4月改为理事长。其后的1919年至1945年改称社长（即总经理）制。

铁公司调整和扩张调查课后，原设立在总裁室的情报股被并入了调查课后，满铁公司调查课通过扩大订阅苏联远东地区、哈尔滨地区等的俄文报刊以及直隶地区的英文、中文报刊，大量采购欧美地区的图书报刊后，专门在调查课下设了图书资料股，按照政情、交通（公路）、产业（一般）、工矿产业、交通（铁路）、交通（海运及航海政策）、物价、苏联动向、东北地理历史、金融（东北）、金融（一般）等的分类，将各种报刊进行剪报分类。与此同时，满铁调查部图书资料股还建立了相关信息的卡片制度，按照前面的报刊分类法将有效信息进行分类保存。从我们目前所能收集到的信息看，战后先后被黑龙江省档案馆、吉林省档案馆、辽宁省档案馆、中国社会科学院近代史研究所所接收的这批满铁调查课图书资料股所收集和整理的各种报刊剪报和卡片多达上万册。从这些剪报文献看，满铁公司调查课图书资料股的这些剪报信息所涉及的报刊不仅有苏联远东地区发行的各种报刊，也有哈尔滨、大连等地俄国侨民发行的俄文报刊，也有华北地区发行的各种专业报纸、地方小报，也有日本本土各地发行的全国性报刊，也有地区发行的政党党员内部发行的党刊党报。满铁公司调查课图书资料股所收集的内容和题材也非常广泛，其中包括北京北洋政府政局动向、东北张作霖地方政府动向、日本政党内阁的政局动向、苏联远东政情、日本国内产业及交通政策、海运货物运输情况、铁路敷设、各地铁路时刻表、货物运输量、东北及周边地区农产品丰歉情况、大豆等粮食作物的仓储、蒙古王公动向、各种党报党刊及报纸社论、东北周边地区的少数民族风俗、俄国在东北侨民情况、各地物价及金融、奉票价格、交易所行情、国际市场煤炭交易等。我们从满铁公司调查课图书资料股的这些各地报刊剪报数量和收集内容就可以窥见，满铁公司调查课在对东北周边的情报收集、调查内容可谓投入精力和资金巨大，煞费苦心。

这一时期，满铁公司调查课之所以如此“兴师动众”地进行情报调查和收集与当时满铁公司所处的周边形势有着密切的关联。

分析起来，不妨归纳为以下几个方面。

第一，满铁公司在第一次世界大战结束后所面临的经营方针再调整和经营扩张问题。如前所述，满铁公司在第一次世界大战中依靠垄断东北铁路货物运输赚得“满盆金”后，面临第一次世界大战后世界范围内的铁路运输和海运大萧条，从客观上满铁公司一方面需要应对第一次世界大战结束后重新回到东北运输市场的欧美、苏联以至中国本土铁路运输的激烈竞争的，另一方面满铁公司也在考虑从过度竞争的东北铁路运输市场中利用自有资金投资其他领域，以期进行“风险分担”。我们从这一时期满铁公司调查课的调查内容的扩大和调查重点就可以窥见满铁公司在第一次世界大战结束后所面临的业务调整动向。一方面，满铁公司调查课将铁路沿线物产的调查区域从满铁沿线越过中东铁路向长春以北的黑龙江扩大到内蒙古东部地区，就反映和折射出满铁公司在传统区域货物受限情况下将铁路货物运输的对象转向了长春以北的原俄国中东铁路地区。另一方面，满铁公司调查课加速了对东北周边地区的其他产业的情报收集、调查都反映出满铁公司在这一时期开始利用自身在东北地区的特殊垄断地位，加大了对东北地区纺织、旅馆、发电供电、金融、矿山等行业的投资动向。

第二，满铁公司调查课在这一时期添设了专门负责调查和收集苏联动向的调查人员。这样，满铁公司调查课在传统的重视收集中国北洋政府、东北地方政府政局动向的基础上，其政治色彩愈加浓厚起来。如果说此前满铁公司调查课注重收集中国政局动向以便于满铁公司利用中国政局变动向中国中央政府或东北地方政府施压，以期通过外交交涉攫取各种权益的话，那么满铁公司调查课开始扩大对苏联及苏联远东地区的情报和资料收集则完全处于政治上“反俄防赤”的动机出发而进行的情报资料收集和调查。换而言之，满铁公司调查部在这一点上完全契合了1917年俄国十月革命后极端仇视苏维埃政权，进而出兵西伯利亚干涉俄国革命的日本政府的政治态度。我们从满铁公司调查课所进行的对苏联的调查内容中也可以看出这一点。满铁公司调查课在这一时期，通过编译和调查，刊行了丛书《俄国经济》《工农俄国研究》以及情报汇报类的《工农西比利亚近况》《中俄交涉及工农俄国代表卡拉罕在北满动静》等不少关于苏联政治经济动向的译作、政策调研报告、政情动向等出版物。这些丛书和政策调研报告从内容上看，满铁公司调查课的调查已经远远超出了其所经营的铁路运输和铁路贸易的范围。

第三，满铁公司当时所面临的日本国内政治环境。1918 年以来，满铁公司在东北不仅面临着卷土重来的英美势力和北部政局巨变的俄国，也面临着来自日本国内政治局势的剧变。1918 年政党党首原敬出任日本内阁总理大臣也标志着自 1867 年日本明治维新以来的维新元老主政和控制日本政治、人事、政策的“藩阀政治”的解体，日本由此开始步入了所谓的“宪政常道”的“政党政治”时期。“政党政治”虽然满足了自明治维新以来日本一些日本宪政学者一直孜孜以求的“宪政”梦想，但随着政党内阁的登场，日本政局中出现的政党内阁频繁更迭，政党人买官卖官，贪污腐败甚至波及满铁公司，尤其是政党内阁的频繁更迭导致的政策频繁变动影响了满铁公司。这样，满铁公司本身需要密切关注日本国内政局和政策变动，而作为满铁公司的调查课自然也担任起了这一“职责”，收集和整理日本各政党及面向地方党员发行的党刊党报等情报，撰写政情调研报告，并以此为满铁公司上层提供政策咨议报告。

通过上述的叙述我们可以看出，满铁公司调查课在这一时期里进行了人员、规模、资金和情报收集、调查的扩张。由此，满铁公司调查课从原本一个单纯为满铁公司在东北扩张而进行铁路运输、铁路货物等服务的情报机构逐渐演变成一个集情报收集、调查、整理、分析于一体的综合性“智库”。

第三节　“满铁利益保护”下的关东军

一　保护满铁利益名义下的关东军

（一）关东军扶持张作霖

张作霖与日军的关系始见于园田一龟在 1922 年出版的《怪杰张作霖》[①] 一书中。按照日本人的说法，日俄战争中，张作霖因充任俄国间谍被日军抓获后，被时任“满洲军”的参谋福岛安正释放。日俄战争中

① 园田一龟：《怪杰张作霖》，中华堂，1922 年。该书于 1980 年经辽宁大学历史系教师翻译刊行了中文版。

张作霖是否被日军当作俄国间谍捕获还有许多疑问。毕竟园田一龟所说并无资料文献上的进一步佐证，而且在其后出任过"关东都督府"都督的福岛安正在其相关的回忆录中也没有提及日俄战争中释放张作霖一事。由此可见，园田一龟在《怪杰张作霖》一书中所提及的日俄战争中张作霖被当作俄国间谍捕获一事，只是作为一部非学术的纪实文学作品中的一个文学想象而已。进而在一些学者的研究中，将张作霖当上27师师长后，拜访日本奉天总领事馆、"关东都督府"视为"向日本主动靠拢"的证据也缺乏说服力。简而言之，张作霖只是作为一个其驻军范围毗邻辽东半岛租借地和满铁铁路沿线的奉天省内的国防正规军的师长和省长与"关东都督府"、奉天总领事馆的相关人员之间进行礼节性拜访和见面。因此，张作霖与日本人的这些交往均属于再正常不过的官方交往。

事实上，关东军和张作霖之间相互利用关系的建立是在1919年前后。这一时期关东军和张作霖正式建立的相互利用关系有两个历史条件。其中，第一个历史条件就是1918年9月张作霖从奉天督军和省长被北洋政府任命为东三省巡阅使后，通过武力和拉拢将势力范围从奉天省北延进入了吉林省和黑龙江省，成为名副其实的"东北王"，掌管和左右东北三省的政局、军事和外交。第二个历史条件就是1919年日本原敬内阁通过了"关东都督府"官制改革方案，将原"关东都督府"一分为二，原"关东都督府"民政部被改组成为关东厅，专门负责辽东半岛租借地的各种事务，而从原"关东都督府"独立出来的陆军部则被改组成为关东军司令部。关东军司令部的成立标志着驻防在满铁沿线的铁路守备队和常驻师团等原日本陆军部队从一个原本单纯负责守卫辽东半岛租借地和满铁沿线铁路的"护路军"变成了一个兼有警备、保护、防御日本在东北利益的殖民军。关东军和张作霖的这种先后地位变化使得两者在同一个时间空间出现了相互借重、相互利用的关系。

关东军和张作霖的这种关系具体地表现在以下几个方面。

首先，张作霖通过关东军聘用日籍军事顾问。日俄战后，东北地方当局先后在东三省陆军讲武堂、安东岫岩州师范学堂、营口商业学堂、东三省法政学堂、奉天农业学堂、奉天两级师范学堂、奉天女子师范学堂、蒙养院、奉天和吉林两地的方言学堂、京奉铁路总局辽河东段工程局、辽阳巡警总局、营口卫生局、奉天和安东巡警总局、昌图府衙门、吉林造纸公司、新民府卫生局、铁岭兽医所等地延聘了日籍人员作为这些部门的教习、顾问、工程师、医官和调查员等。其中，在东北地区先后延聘的日籍教习顾问中，以张作霖主政东北后聘用的日籍军事人员作为军事顾问的时间最长。早在张作霖出任奉天省都督的1912年起，他就先后通过“关东都督府”聘用了时任日本陆军大学教官的菊池武夫担任军事顾问。菊池武夫自1914年8月起担任张作霖的军事顾问，每月月俸为500大洋银，聘用期限为三年。1917年菊池武夫的聘任合同到期后又延聘了三年，至1920年9月。[①] 与菊池武夫同一时期，张作霖还通过“关东都督府”聘用了曾经担任京师警务学堂的总教习町野武马，与菊池武夫同期担任张作霖的军事顾问。町野武马深受张作霖的信任，从1914年8月至1923年9月，一直担任张作霖的军事顾问。1923年10月町野武马因年龄的原因从现役军官被编入预备役后回国。两年后的1925年4月町野武马再次受聘担任张作霖的私人军事顾问后随张作霖移居北京。1928年6月4日，町野武马虽然因在天津站提前下车幸免于难，但在张作霖遇刺身亡后婉言谢绝了张学良的邀请辞职回国。本庄繁是张作霖聘用的第三位日籍军事顾问。本庄繁受聘于1921年5月，至合同到期的1924年8月本庄繁担任张作霖的军事顾问。合同期满后本庄繁回国担任日军第4旅团的旅团长。仪我诚也[②]是张作霖透过关东军司令部聘用的第四位日籍军事顾问。仪我诚也通过关东军与东三省保安总司令张作霖签署受聘合同的日期是1924年1月。仪我诚也的合同期限也为3年。1927年1月合同到期后，仪我诚也同张作霖续签了受聘合同，将合同期限从1927年展延至1929年1月。1928年6月4日仪我诚也同张作霖同乘自北京归奉列车。在同日皇姑屯三洞桥张作霖被炸事件中，仪我诚也仅受轻伤幸免于难后，做了张学良的半年私人军事顾问，于1929年1月

① 菊池武夫于第二次合同期间的1919年4月赴欧洲留学后，同张作霖的军事顾问合同自动解除。

② 仪我诚也从没有使用过化名或假名。故此，目前我国学术界中所称的“仪峨诚也”“嵯峨诚也”均为仪我诚也之误。

如期回国。张作霖聘任的第五位日籍军事顾问为松井七夫。聘任松井七夫的日期为1924年9月，三年期满后，张作霖与松井七夫续签了延聘合同，将松井七夫的聘用期从1927年展延至1928年9月。1928年6月4日张作霖乘车回奉天时，松井七夫碰巧被留在天津逃过皇姑屯事件。其后松井七夫于同年9月合同期满后归国。土肥原贤二是张作霖通过关东军司令部聘用的第六位日籍军事顾问。张作霖与土肥原贤二之间的用聘合同的时间是1928年1月至1930年1月。1928年6月张作霖被日本关东军暗杀后，土肥原贤二又继任了张学良的私人军事顾问。

张作霖被关东军暗杀后，子承父业的张学良除继续聘用合同没有到期的仪我诚也和土肥原贤二外，还以东三省保安总司令部的名义通过关东军同日本陆军参谋本部员柴山兼四郎和陆军参谋本部中国班研究员今田新太郎签署用聘合同，聘用两人担任了东三省保安总司令部的军事顾问。

不难看出，张作霖聘用日籍军事顾问一方面是试图通过聘用日籍军事顾问，建立与日军的联系渠道，并以期利用与日本关东军所建立的良好关系来进一步压制反对派，强化张作霖在东北的军事控制。另一方面也给日本关东军借机深入调查和窥探东北地区军事提供了绝好时机。尤其是张作霖在主政东北期间所聘用的菊池武夫、町野武马、本庄繁、松井七夫、土肥原贤二等人均是日本陆军中央本部“中国班”中的“中国通”。这些日军军官大多熟悉汉文、汉语，并长期从事与中国相关的军事情报收集工作。其中如土肥原贤二在受聘担任张作霖军事顾问之前曾长期担任袁世凯的军事研究员帮办以及当时黑龙江督军鲍贵卿的军事顾问；而松井七夫和其长兄松井石根一样不仅熟知汉文、汉语，还担任过关东军司令部参谋和奉天特务机关长；而首任张作霖的军事顾问町野武马自1900年随日军驻防天津，担任日军驻屯军的步兵队副官起，先后在京师警备学堂担任盖学堂总教习达8年之久，如果加上受聘张作霖的军事顾问时间，町野武马在华担任教习、顾问的时间长达20年之久。张作霖所聘任的这些“中国通”军事顾问从自聘任起就被日本陆军省赋予了进行东北军事乃至中国军事情报收集，以备“帝国军队”“有事之时”的军事需要。1924年1月，日本陆军省和陆军参谋本部在批复仪我诚也受聘军事顾问时，也附带了给仪我诚也本人的军事命令书。按照该项命令，陆军省和陆军参谋本部要求仪我诚也“在担任（东三省保安总司令部）军事顾问期间，应接受本省在该处的高级军官监督，并在该监督下从事业务指导”，在任职期间“应努力探知有关奉天省的军事、内政、财政、地理、交通及各国在奉天省的势力等事项”。[①] 由此可见，关东军和日本中央军部向张作霖派出的军事顾问都带有收集东北地区军事情报的使命。从这一点上看，张作霖所聘用的日籍军事顾问给东北边防带来了极大的军事隐患。

其次，关东军为张作霖提供军火，并为张作霖提供军事作战方面的协助。第一次世界大战后，西方英美列强为保护在华利益，制定了禁止向中国销售军事武器和装备的禁令。而日本关东军为了扶助和利用张作霖在东北的势力，不顾国际禁令通过日本在华的洋行不仅向张作霖提供了枪支弹药，而且为了躲避国际禁令，还以租赁的形式向张作霖提供了当时日本陆军航空兵所采用的新型战斗机和教练机。相关文献资料表明，在张作霖被炸身亡后的1929年至1930年就先后有两批合计9架各种军用飞机被运到了沈阳。其中，1929年6月抵达沈阳的日本陆军航空队的飞机为3架侦察机（型号不明）。1930年7月先后抵达沈阳的飞机中，同月21日抵达沈阳机场的日本军用飞机为3架（甲式四型战斗机3架），同月26日抵达沈阳机场的日军军用飞机为侦察机3架。[②] 为此，在关东军的协调下，日本陆军航空队先后派遣了小泽直治、田边收四郎、冈田巳三夫、早川竹太郎等航空队的军事教官、机械师等人员来沈阳负责飞机的教练、教育、培训及机械维修和养护。

关东军在暗中通过日本在华洋行向张作霖提供军事武器和装备的同时，还积极说服张作霖向日本派遣军事留学生赴日本陆军大学、陆军士官学校、陆军步兵学校、野战炮兵学校、军医学校、陆军经理学校、陆

---

① 『支那政府招聘ノ件』。防衛省防衛研究所戦史研究室図書室蔵『陸軍省大日記』、文書請求番号：陸軍省－大日記乙輯－T13－1－19。

② 资料来自《抵借日侦察机抵达》（《盛京时报》1929年6月20日第四版）、《日本贷与飞机已振翼北来》（《盛京时报》1930年7月22日第四版）、《日陆军侦察机三架于炎天来沈》（《盛京时报》1930年7月27日第四版）。

军骑兵学校以及下志津陆军航空学校等学习日本军事。按照目前国内的学术研究，张作霖主政东北期间合计两次向日本大规模派遣了军事留学生。其中第一次为1923年10月。有关张作霖此次派出的东北军事留学生人数规模，由于受到档案文献的限制，目前尚没有权威的统计数据。我们仅从相关的口述历史回忆中可以查明的是，同年10月派出的该批东北军事留学生中，徐祖贻、郭鹏乔、高胜岳、盛世才、何成朴、郭恩霖等6人进了日本陆军大学学习，张学成、张廷枢、董舜臣、刘柏龄以及吴荫棠等进了日本陆军步兵学校学习。此外郭希鹏、徐英、刘钟林、傅梦岩等5人进了日本陆军骑兵学校，刘翰东、李戌麟以及张恩泰等3名被日本野战炮兵学校录取。[①] 有文献资料表明，张作霖第二次派遣赴日军事留学生的时间是1925年。此次遴选工作由张学良主持，关东军为背后的协调者，所有留学费用的资助者为张作霖御用军火商大仓组。经过遴选考试，此次东北地区派出的军事留学生有50余名之多。同年5月这些军事留学生抵达东京后进入东京成城学校补习日语。一年后该批学员先后被日本陆军省派入了其所设立的各种陆军军事学校学习。其中，除进入日本陆军士官学校的19名东北籍军官外，王握前、董芝芳等3人进入陆军大学，王维藩、王肇治、马镇夷、张学铭、常经武等11人进入日本步兵学校，张庆弟、张守经2人进入日本骑兵学校，乔方、吴克仁、何宏远、陈昶新等8人进入日本野战炮兵学校学习军事。此外，杜维纲、周振功、荣子恒3名学员进入日本工兵学校，孙炎、姚东焕等4人进入了日本陆军航空学校，荆有岩、温润芳等3人进入日本陆军经理学校甲种班学习。[②]

关东军扶持张作霖，并利用张作霖来保持日军在东北的军事平衡关系，最为具体的表现当属关东军对1922年4月第一次直奉战争中失利的张作霖的极力扶植。1922年4月，张作霖所部奉军在直奉战争中失败退回东北后，张作霖虽然被北洋政府免去了一切本兼各职，但他凭借关东军和背后的日军的支持，宣布东北“自治”，公然与北洋中央政府抗衡。

① 王铁军：《东北讲武堂》，社会科学文献出版社2013年版，第177页。

② 荆有岩：《奉军派遣军事留学生简介》，辽宁省政协委员会文史资料研究委员会编：《辽宁文史资料》第6辑，第85页。

其后，张作霖在关东军的大力扶植和帮助下，扩建东北兵工厂大量生产武器。与此同时，张作霖还在关东军的支持下整兵经武，扩张和训练军队。经过近两年的积极备战，1924 年 9 月，张作霖又在关东军明里和暗里的军火、情报等的支持下发动了第二次直奉战争。为此，日本军部为了支持张作霖甚至还出动了军舰，随时准备为张作霖提供军事上的必要援助。

由此可见，关东军和张作霖在这一时期的关系中，关东军出于东北地区的所谓军事平衡和保护满铁公司利益的前提下与张作霖进行合作，为张作霖提供军火、军事顾问、军事训练以及军工生产等多方面的援助。同样，张作霖也试图利用关东军在东北的军事实力，积极扩军备战，发动军阀战争，从而在关东军和日本中央军部的支持下取得了第二次直奉战争的胜利，进而当上了北洋政府的安国军大元帅，成为独霸北方的最大军阀势力。

（二）郭松龄反奉事件中的关东军

在关东军和张作霖的关系中，满铁公司的利益保护是关东军与张作霖构成相互利用的前提条件，进而关东军也在保护满铁公司利益的名义下赤裸裸地干涉东北军事和内政。

1924 年第二次直奉战争取得胜利的张作霖，挟胜利之威将势力迅速扩展到了京津地区乃至于淞沪、江苏和安徽等地。而在这场加官晋爵的“人事封赏”中，对于在第二次直奉战争中担任奉军主力军第一、第三方面联军的实际指挥者，并取得山海关等地对直军决定性胜利的郭松龄，张作霖不仅没有任何形式的封赏，反而将郭松龄的政敌杨宇霆、姜登选、张宗昌等人选派到了安徽、江苏等重地任官。为此，不满于张作霖和杨宇霆等人这种任人唯亲做法的郭松龄秘密联络冯玉祥、李景林[①]等人，于 1925 年 11 月 24 日在滦州起兵倒戈反奉。郭松龄反奉之初祭出的“反对内战”，“惩办主战罪魁祸首杨宇霆”，并要求“祸国媚日的张

① 按照吴锡祺在《冯玉祥郭松龄联合反对张作霖的经过》（《辽宁文史资料》第 15 辑，第 69—70 页）一文中的说法，冯玉祥和郭松龄之间不仅有过秘密联系，而且于 1925 年 11 月 22 日订立了密约。其内容主要为：（1）排除军阀专横，永远消灭战祸；（2）实行民主政治，改善劳工生活及待遇；（3）实行强迫普及教育；（4）开发边疆，保存国土等。

作霖下野”和“拥护张学良”的大旗后，得到了所辖奉军官兵的支持。为此，反奉的郭松龄所部一路过关斩将从河北滦州越过山海关，甚至一度逼近新民屯，并在大凌河沿线与张作霖的奉军隔河对峙。

郭松龄所部的反奉反张，尤其是郭松龄所部一度逼近新民屯后，甚至一度准备火烧大帅府。撤离奉天的张作霖惊慌失措，一边急命吴俊升等人率部支援，一边面见日本奉天总领事馆和关东军要员，请求给予支援。

郭松龄反奉事件中，日本关东军、奉天总领事馆乃至于日本内阁和陆军的态度令人回味。郭松龄反奉事件爆发后的当日，日本驻天津总领事馆总领事有田八郎致电日本外务大臣币原喜重郎。在该份题为“山海关郭松龄军被张作相军解除武装”的第148号电文中，有田总领事向日本外务大臣报告了同日凌晨在山海关的一千余名郭松龄所部被张作相所部解除武装，以及“李景林郭松龄与冯玉祥合作决定反对张作霖”和“奉天派出要员要求日方帮助保护财产”等情报。同日有田总领事就郭松龄反奉事件向日本外务大臣币原喜重郎发出了第二份电文。在该份电文中，有田总领事向外务大臣币原喜重郎报告了收集到的李景林、郭松龄以及山海关附近张作相所部各军的动向。[①] 与此同时，以驻华公使馆武官名义而实际担任张作霖军事顾问的本庄繁也于同日致电日本陆军参谋本部次长金谷范三。本庄繁的电函内容比较零散，应该属于专业的军事情报类的信息报告。本庄繁在函电中向日本陆军参谋本部报告了山海关、北戴河间的电信和电话线路被切断、姜登选中途停留滦州以及在郭松龄反奉事件后的张作霖本人动向等情报。11月25日奉天总领事馆新任总领事吉田茂[②]向币原喜重郎外务大臣联系发送了三份有关郭松龄反奉事件的电报。其中，在第一份电文（电文号码为第196号）中，吉田茂向币原外务大臣报告了当日吉田茂面见当时的奉军宪兵司令陈兴亚的会见情况，并将从陈兴亚口中所获得

① 1925年11月在中国総領事館ヨリ郭松齡事件ニツキ外務省宛報告書。外務省『日本外交文書』大正14年（1925年）第2冊下巻、日本国際連合協会、1982年、第791—793頁。

② 吉田茂被任命为奉天总领事馆总领事的“辞令案”的时间为1925年10月22日，到任日期为同年11月初。

的关于山海关方向郭松龄所部动向情况向外务大臣做了报告。在第二份电报中（电文号码为第197号）中，吉田茂则向币原外相报告了面见张作霖幕僚王总参议[①]的情况，并将从王总参议口中得到的关于郭松龄所部的军事进展情况向外务大臣做了报告。同一天吉田茂总领事的第三份电文报告（电文号码为第198号）则向币原外务大臣报告了郭松龄反奉事件发生后奉天城内的戒严情况及奉票跌落情况。[②] 关东军司令部白川义则也于事件发生后的第三天，即11月26日致电日本陆军省和陆军参谋本部。该份电文除报告郭松龄反奉事件消息外，主要是向陆军中央询问是否立即采取某种措施。[③] 同日午后2点50分，关东军司令部参谋长再次致电日本陆军省和陆军参谋本部次长。在该份电报中，关东军参谋长除了向日本陆军中央报告了郭松龄反奉事件发生后在奉天兵工厂出现暴动倾向等情况外，还询问了陆军中央是否同意张作霖请求派出日军以保护奉天兵工厂安全的要求。[④]

日本在华机构向日本内阁、外务省、陆军参谋本部发出的各种关于郭松龄反奉动向报告纷纷会集到日本内阁和陆军中央后，也引起了日本内阁和陆军中央不小的反响。

郭松龄反奉事件爆发时，日本内阁为由日本政友会、宪政会和革新俱乐部所组成的加藤高明内阁。加藤高明的所谓“护宪三派”政党内阁成立于1924年6月11日，其负责外交的外务大臣为币原喜重郎。币原喜重郎本人为外务官僚出身，币原受命担任加藤高明内阁外务大臣以来，在对外关系上采取了对英美协调，对苏恢复邦交，对华不直接干涉的所谓“协调外交”和对华“不干涉”的外交政策。郭松龄反奉事件的情报传到日本政府后，起初的加藤首相和币原外相仗着参众两院绝对多

---

① 依照电文内容，推测为王永江。

② 1925年11月25日吉田在奉天総領事館総領事ヨリ幣原外務大臣電報（第196—198号）。外務省『日本外交文書』大正十四年（1925年）第2冊下巻、日本国際連合協会、1982年、第796頁。

③ 程亚娟、曾亚玲：《郭松龄事件中日张关系述略》，《辽宁教育行政学院学报》2012年第2期。

④ 1925年11月26日付、関東軍参謀長ヨリ陸軍省、陸軍参謀本部次長宛奉天兵工場保護ノ件（電報）。防衛研究所戦史研究室図書資料室蔵『陸軍省大日記』、文書請求番号：密大日記-S1-5-5。

数席位上的政治优势，秉承了在对华外交上所采取的“不干涉”政策，成功地压制了来自关东军、华北驻屯军、满铁以及张作霖的军事顾问松井七夫等提出的派兵保护和援助张作霖的动议。为此，在同年12月4日举行的日本内阁阁僚讨论郭松龄反奉事件对策会议上，币原外相认为，“若只见满洲局势之情形而不顾北京及长江等方面之形势来决定帝国之态度，实非上策”①。币原发言的意图无非在强调日本对华政策不能仅仅局限于在东北的郭松龄事件上，而应通盘考量到北京、长江等地当时有可能成为左右中国政局的冯玉祥和国民党的势力问题，进而从实际上强调了此前币原外相所坚持的对华“不干涉”政策。

币原外相在郭松龄反奉事件上所坚持采取的“不干涉”政策实际上也代表和反映出日本政府高层和中央军部乃至于关东军内部的一些军官的想法。对于日本和关东军而言，一方面，郭松龄所部的军事行动毕竟尚没有对日本在东北的利益构成威胁；另一方面，日本军方也乐见于通过郭松龄所部的军事行动能够对张作霖在东北的军事势力产生一定的打击，这样日本不仅可以坐收渔翁之利，而且可以使得在东北势力被削弱的张作霖有求于日本关东军。更为重要的是反对张作霖的郭松龄所部不仅是原张作霖所部奉军中的精英部队，而且其进攻速度令人惊奇。从郭松龄在滦州誓师起兵，到日本内阁会议前的12月3日，郭松龄所部已经击破山海关的张作霖部队进入了东北境内作战。对于关东军而言，按照这样的进军速度，郭松龄大有通过武力取代张作霖的势头。故此，在日本内阁会议结束后的12月8日，日本关东军向张作霖和郭松龄所部分别发出第一次警告，要求双方军队不得在满铁沿线30里内进行军事行动。

日本关东军所发出的第一次警告不仅在法理上根本站不住脚，而且充分暴露出自1919年关东军建立以来，从满铁公司沿线铁路“点线”的守卫者已经开始向满铁公司的地区利益守卫者的战略调整。当然，一些学者提出的12月8日关东军发出的这份警告意在偏袒张作霖也有失妥

① 转引自杨雪《1925年郭松龄事变与日本的援张政策再抉择》，硕士学位论文，东北师范大学历史学院，2013年，第25页。

当。从表面上看，关东军发出的交战双方不得在满铁沿线 30 里内进行军事行动的警告似乎是针对郭松龄所部的限制，而非针对张作霖。但从关东军所警告的满铁沿线 30 华里的距离看，当时张作霖在前线的张作相等部也同样是被警告的对象。从另一方面看，郭松龄反奉事件爆发后，关东军分别向张作霖和“反叛”的郭松龄派出代表，进行接触。其中，关东军司令部参谋长斋藤恒通过张作霖的军事顾问町野武马的安排，与张作霖见面后，关东军抛出了在必要时可以派兵援助张作霖的绣球后，张作霖同斋藤恒草签了允许日本人在东北和内蒙古东部商租土地和吉敦铁路延长等协议。[①] 与此同时，郭松龄的外交代表殷汝耕也同关东军进行了接触。关东军虽然没有和殷汝耕签署任何协议，但关东军从殷汝耕的口中也得到了“郭军长取得东北，迟早可能实现日本的希望”这样的口头承诺。[②] 由此看来，既然关东军在日本政府和军方的“不干涉”的表面中立条件下，已经从张作霖和郭松龄的双方口中都得到了“渔翁之利”，实无理由去在表面上得罪其中的任何一方。更何况在郭松龄反奉初期，郭松龄所部所向披靡，越过山海关后，先后取得了连山之战的胜利，又在锦州之战中取得了胜利，进而郭松龄所部大有可能越过巨流河逼近奉天城，取得打败张作霖的胜利。

悲剧的是，在郭松龄所部信心满满和关东军“满怀期望”之时，原本在进入 12 月本该结冻的巨流河却没有结成厚厚的冻冰层，使得郭松龄所部寄希望于通过厚厚冻冰越过巨流河可以直捣新民围攻奉天城计划落空。而就在郭松龄所部徘徊于巨流河岸边之际，远在黑龙江省的吴俊升所部骑兵千里驰援，袭击郭松龄所部后部，彻底切断了郭松龄军的退路后，张学良率部又逼近巨流河对岸，从而形成了两军僵持于巨流河的局面，至此战局朝着不利于郭松龄所部的方向发展。

随着战场形势的变化，关东军对于交战双方的张作霖和郭松龄的态度也悄然发生变化。关东军先是几次派出代表与郭松龄接触，在向郭松龄提出援助郭松龄的条件被郭松龄本人亲口拒绝后，关东军从“弃张”

① 程亚娟等：《郭松龄事件中日张关系述略》，《辽宁教育行政学院学报》2012 年第 2 期。

② 转引自杨雪《1925 年郭松龄事变与日本的援张政策再抉择》，硕士学位论文，东北师范大学历史学院，2013 年，第 19 页。

开始转向“援张”的战略。同年12月14日，关东军再次向张作霖和郭松龄交战双方发出了不得在满铁沿线20华里内进行军事行动的警告后，派出关东军陆军和航空队向郭松龄所部发动了攻击。郭松龄所部在日军和张作霖派出的支援部队的合击下败下阵脚。同月24日，郭松龄夫妇被张作霖所部捕获，惨遭杀害后又被曝尸于奉天城南的小河沿。

从郭松龄反奉事件的过程中我们可以看到，日本关东军以满铁公司在东北利益保护者的姿态，先是在日本内阁的“不干涉”和“不介入”的幌子下，分别秘密派出代表同张作霖和郭松龄接触，以出兵协助和武力恫吓为背景进行谈判，向双方赤裸裸地索要满铁利益，“渔翁得利”谋求满铁公司在东北的权益最大化。继而在张作霖和郭松龄的军事胜败的态势逐渐明朗化后，关东军直接出动步兵和飞机袭击郭松龄部，帮助张作霖取得了平定郭松龄叛乱的胜利。由此，关东军不仅严重地干涉了中国内政，而且也通过援助张作霖在辽西地区的军事行动表明了关东军已经从原本的满铁公司铁路线的守卫者开始向满铁公司在东北的利益获取者和保护者的方向过渡。

（三）关东军策划皇姑屯事件

如果说郭松龄事件中关东军只是通过军事援助张作霖，武力干涉了中国内政的话，那么1928年6月4日的皇姑屯事件则是关东军直接通过在奉天三洞桥安装的炸弹，暗杀了中华民国北洋政府的末代国家元首。

1924年取得第二次直奉战争胜利的张作霖凭借奉军的军事优势，先后将势力范围从东北三省一路延伸到京津、山东、江苏、上海以及安徽等地，至此实际上控制了北洋政府的权力中枢。同年11月，在张作霖等人的扶植下段祺瑞当上了有职无权的“中华民国临时总执政”。进而在1927年12月，在众人的“推举”下张作霖如愿以偿地当上了“中华民国安国军政府陆海军大元帅”，成为中华民国北洋政府的末代国家元首。

张作霖的穷兵黩武和大肆扩张不仅使得东北社会金融接近崩溃的边缘，也引发了张作霖的北洋军阀内部的钩心斗角加剧和军阀混战。这一期间，先是浙、闽、苏、皖、赣等五省联军在孙传芳的率领下通电讨奉，而后又有吴佩孚组织所谓的十四省“讨逆军”讨伐张作霖。其后，张作霖又联合吴佩孚开始攻击昔日的盟友冯玉祥所部。

而就在张作霖刚刚与吴佩孚结盟向冯玉祥所部发起攻击之时，广东革命军又于1926年7月誓师北伐，开始了反对帝国主义反对军阀的北伐战争。在北伐军的进攻下，孙传芳和张作霖所部损兵折将，一路丢城失地。

就在张作霖的奉军在北伐军的打击下穷途末路之际，日本国内的陆军省、参谋本部和外务省等围绕是否介入中国国内战争以及保护所谓日本的“满蒙生命线”问题产生了政策上的严重分歧。为此，时任日本内阁总理大臣的田中义一于1927年6月27日举行了由日本外务省、陆军省、陆军参谋本部、海军省以及关东厅、关东军司令部、朝鲜总督府、大藏省等官僚参加的次长联合会议。田中义一内阁召集各省次官会议旨在协调各省围绕中国国内的战争局势而提出的不同意见，以期形成阁内对华政策上的一致。这里需要说明的是，此次会议虽然由田中义一内阁总理大臣主持，但并不是战前日本内阁制度中规定的内阁会议，而是为了政策上的协调一致而通常由相关省的次官出席进行的政策协调会。由此，该次会议并不是像一些学者所宣称的那样具有决定内阁政策意义上的会议。

该次会议中，日本外务省派出了事务次官出渊胜次、外务参与官植原悦二郎、政务次官森恪、亚洲局长木村锐市、通商局长斋藤良卫、欧美局长堀田正昭、驻华公使馆公使芳泽谦吉、奉天总领事馆总领事吉田茂、汉口总领事馆总领事高尾亨以及上海总领事馆总领事矢田七太郎等人出席。日本军方则派出了陆军省负责总务的次官畑英太郎、陆军省军务局长阿部信行、陆军参谋本部参谋次长南次郎、陆军参谋本部第二部长松井石根、海军省次官大角岑生、海军省军务局长左近司政三以及海军军令部次长野村吉三郎等出席。日本海外殖民地的军政长官中则由关东厅长官儿玉秀雄、关东军司令官武藤信义、朝鲜总督府警务局长浅利三郎等出席。此外，日本内阁铁道大臣小川平吉、陆军大臣白川义则、内务大臣铃木喜三郎和大藏大臣三土忠造作为会议的旁听者也出席了会议。

因涉及该会议后的“田中奏折”的内容真伪的探讨，这次会议的情况国内外学者也多有研究和探讨，故此有关会议的详细内容无须赘述。

简而言之，该次会议在6月27日开始举行后，又先后于6月29日、6月30日、7月1日、7月2日、7月4日和7月7日合计举行了7次次官级联席会议。根据相关文献，在7次连续举行的会议中，日本外务省、陆军参谋本部以及关东厅先后向会上提交了《中国政治情况概观》《关于满蒙政治形势的安定及解决悬案问题》《发展对华经济政策》《派往中国各军一览表》以及《苏联对北满的企图》等文件。出席者中除首相田中义一外，与会的上海总领事馆总领事矢田七太郎、奉天总领事馆总领事吉田茂、汉口总领事馆总领事高尾亨、陆军参谋本部第二部长松井石根、关东厅长官儿玉秀雄、外务省亚洲局长木村锐市、驻华公使馆公使芳泽谦吉等分别发表了各自的意见。会议的最后一天，7月7日，田中义一内阁在综合了外务省、陆军省等的意见基础上向与会人员分发了《对华政策纲领》。

由8条组成的《对华政策纲领》中的前5条是针对所谓“中国本土”而言的日本对华政策纲领，而后3条则是针对所谓的“满蒙”地区日本利益而言的政策纲领。该项《对华政策纲领》在重申对华不干涉政策的同时，对于“帝国的权利和利益并在华日侨的生命财产受到不法侵害时”，应“采取自卫之措施”。同时，当前中国形势对张作霖不利，张作霖应充实东三省的基础，维护治安，以“防止动乱之波及”。[①] 由此可以看出，田中内阁出台的这份《对华政策纲领》意在平衡围绕中国国民革命军北伐的对策中，在日本政要内部中出现的以日本外务省政务次官森恪和日本军方为代表的“外科”方法派和以满铁总裁山本条太郎为首的“内科”方法派的两派意见。日本外务省政务次官森恪和日本军方为代表的所谓的“外科”方法派意在通过军事手段进行武装干涉，以“保护”日本在华尤其是在“满蒙”的利益。而以满铁总裁山本条太郎为首的所谓“内科”方法派则主张趁北伐军和北方政府的军事混乱之际，通过两方的施压和谈判，也就是通过外交上的和经济上的手段维护和扩大日本在华尤其是在“满蒙”地区的利益。由此，田中内阁会后出台的《对华政策纲领》也无不体现出对上述两派的政策上的折中和妥协。从

① 潘喜廷：《日本东方会议与炸死张作霖》，《黑河学刊》1986年第2期。

另一方面看，田中内阁的《对华政策纲领》也成了关东军暗杀张作霖，干涉中国内政的理论依据。就其根本而言，田中内阁无论折中“外科”派的说辞，还是折中“内科”派的主张，其根本目的在于维护日本在华乃至在“满蒙”地区的根本利益，至于采取何种手段其实对于日本政府而言并不是十分重要，重要的是在北伐军和奉军之间日本政府需要以何种姿态才能使得日本在“满蒙地区”乃至于在华的利益最大化的保障问题。正是在这样一种日本政府的“大义名分”的方针下，日本关东军才使用了最为卑劣的暗杀手段暗杀张作霖，以武力暗杀的方式以期谋求日本在“满蒙地区”的所谓特殊权益。

田中内阁的《对华政策纲领》虽然吸收和折中了“外科”方法派和“内科”方法派所提出的主张和要求，但并没有满足森恪和日本军方所提出的通过武装干涉手段来保护“满蒙”利益要求。实际上早在东方会议召开之前，日本关东军司令部就制定了一份题为《对满蒙政策之意见》的文件，并上呈给了日本陆军部和陆军参谋本部。该份文件强调“帝国应在东三省和热河特别地区扶植实权势力，作为对华政策之基调”。为此，应“宣布东三省自治，设置长官”，“就现有铁路之经营及新铁路线签订协定”，“为改善东三省之军事，应在要害部门及各地配属必要之日本顾问若干名”等。[①] 在东方会议结束后，不满于田中内阁的《对华政策纲领》的森恪找到了日本陆军参谋本部作战课的铃木贞一少佐，讨论对华武力解决对策。在森恪、河本大作、石原莞尔等人的秘密策划下，铃木等人草拟了《帝国对满蒙之积极根本对策》一文。

截至目前，我们尚没有查阅到这份题为《帝国对满蒙之积极根本对策》一文的原文，依山浦贯一在《森恪》一书中的相关叙述，该文依然秉承了关东军司令部于 1927 年 6 月东方会议举行前起草的《对满蒙政策之意见》一文的原则，即日军应极力用武力保证北伐军和奉军之战争不能波及“满蒙地区”。为此，奉军或北伐军在进入“满蒙地区”时应解除武装。[②]

① 江口圭一『日本帝国主義史論』、青木書店、1975 年、第 30 頁。

② 山浦貫一『森恪』、森恪伝記編纂委員会、1940 年、第 598—601 頁。

关东军和陆军中央军部在对待“满蒙”问题上取得了惊人一致的同时，也越发对田中义一内阁的对华政策不满，认为田中本人是“懦夫”。在关东军看来，张作霖不仅不能抵挡住北伐军势如破竹的攻势，“满蒙”地区恐有被北伐军攻陷可能的同时，张作霖也不全然听从日本的“善意”，满足日本人提出的“满蒙五路”要求。关东军认为“奉天军的排日，完全出自张作霖的主意，绝非民众之以日本为敌。张作霖的目的是依靠欧美来赶走日本，以扩大其一己之势力，谋取私利，绝没有建立东洋永远之和平这种信念”，进而“只要打倒张作霖一个人，所谓奉天派的诸将便会四散”，“张作霖毕竟是个军阀者流。眼中既没有国家更没有群众之福利，至于其他诸将只是头子、喽啰关系结成的私党而已”。故此，“没有解决满洲问题的第二条路，只要干掉张作霖就行”。①

在关东军司令部和陆军中央军部的明里和暗里的支持下，关东军司令部参谋河本大作等人开始秘密策划在奉军退守东北前夕，暗杀张作霖，并趁乱武装占领东北全境。1928 年 6 月 4 日，在河本大作等人的密谋下，张作霖等人所乘坐的专列在回奉天，路过满铁铁路交叉的三洞桥时被河本大作等人事先埋设好的炸药暗杀身亡。

只不过由于张作霖被炸身亡后，东北地区并没有出现日本关东军所期望的混乱。在张作相等人的安排下，张学良昼伏夜行安全回到奉天后，“子承父业”当上了东三省保安总司令，才使得关东军乘机作乱的阴谋没有得逞。

从上面的叙述中我们可以看出，关东军暗杀张作霖是在 1927 年 6 月至 7 月间田中内阁所举行的东方会议上所确定的对“满蒙政策”基本方针的基础上实施的。作为日本在“满蒙地区”的最大利益团体的满铁利益的保护者，关东军试图采取暗杀张作霖，以制造东北地区的政治军事混乱，以此趁机使用武力驱逐张作霖在东北地区的影响，以达到武装占领东三省的目的。皇姑屯事件发生后，由于东北地方当局对张作霖事件处理得当，从而使得关东军失去了乘机作乱进而出兵占领东三省的口实，但在张作霖被炸事件发生后的不到四年的 1931 年，日本关东军还

① 河本大作：《我杀死了张作霖》，吉林文史出版社 1986 年版，第 33—34 页。

是自编自导了柳条湖被炸事件，武装占领了全东北。由此看来，关东军策划的皇姑屯事件成了九一八事变的总预演。

二　满铁：关东军的最大资助商

在关东军和满铁之间的关系中，一方面关东军自成立起就开始扮演了满铁铁路沿线的守护者和满铁利益的保护者的角色，另一方面满铁公司也在这一关系变化下配合关东军，为关东军提供军事和后勤供给运输的便利的同时，也给关东军提供金钱、接待等方面的“资助”，成为当时关东军最大的资助商。

近代日本的铁路发展史中，铁路作为当时最为便捷的运输工具，从一开始就成为日本军事发展中的优先发展目标。其中如日本最初架设的东京至横滨之间的铁路线就是出于军事战略的考量而修建的。不言而喻，1906 年从日俄战争中日本“满洲军”司令部下辖的军用铁道提理部演变而来的满铁公司也自然承担起了日本在东北的军事运输任务。其中如日俄战后初期的日军脱离日俄两军前线、伤兵运输、战俘交换以及其后的日军分别从大连港和经由安奉铁路回国等均使用铁路运输进行。1906 年满铁公司接手长春至大连的铁路线后，“关东都督府”陆军部下辖的铁道守备队、常驻师团等定期轮换中的大连港至驻扎地的兵员运输、后勤补给以及各守备队和常驻师团官佐的所谓业务移动等主要由满铁公司来完成。1919 年关东军成立后，其下辖的师团几乎每隔两年需要在日本本土师团和在东北的师团之间进行轮换。这些过程中的在东北地区师团的轮防回到日本本土防区，和日本本土驻防师团通过海运或朝鲜半岛的铁路运输过境东北后的兵员运输主要是由满铁公司来完成的。此外像关东军下辖师团和铁道守备队每年进行的“秋操”“军事演习”等的兵员、物资运输也大多依靠满铁公司的配合来完成的。其后如 1931 年九一八事变当夜驻防在辽阳等地的日军师团、越境的朝鲜师团的军事运输也主要依靠满铁公司的铁路线来完成的。

顺便提及的是，满铁公司为关东军提供军事运输上的便利表面上看是顺理成章的事，但是在 1905 年 12 月 22 日中日两国外交代表在北京签署的

《中日会议东三省事宜附约》中规定，东北铁路在届满售于中国之前，“准由中国政府运送兵丁、饷械，可按东省铁路章程办理”。[①] 也就是说中国政府和军队同样享有利用满铁公司铁路运输中国军事兵员和军事装备的权利，且其运输条件按照原中俄签署的铁路协议办理。而事实上中国利用满铁进行军事运输被日本当局进行了种种限制。其中如在张作霖主政东北期间，关于奉军利用满铁公司铁路运输，日本满铁和关东军就附加了如下三个条件：(1) 奉军在日本驻奉天总领事馆和关东军司令部批准后才能乘车，必须临时解除一切武装，枪支弹药另行托运，关东军和铁道守备队有权监督。(2) 奉军的军事物资，必须得到关东军司令部批准才给运输。(3) 日本方面随时可以拒绝张作霖的奉军运输。[②] 这样，满铁公司运输奉军的军事兵员和枪支除需要支付运费的同时，还要受到公司和关东军的批准和限制。满铁公司运输中国军事兵员和武器也成了关东军和满铁公司要挟中国军队的工具。由此可以看出，满铁公司对关东军在利用军事运输方面所提供的便利不仅没有遵守中日之间的条约规定，而且实际上成了负责关东军军事后勤运输的编外“辎重队”。

满铁公司除了为关东军提供及时的军事运输便利外，还定期向关东军提供1万日元的赞助费。满铁公司全称是“南满洲铁道株式会社”。这样，按照战前日本股份公司的相关法律和惯例，满铁公司在每年的会计年度需要在股东大会上向所有持有满铁公司股份的股东报告会计年度内的铁路公司收入和支出情况。而我们查阅了几乎所有面向股东公开的满铁公司会计年度收支表，均查阅不到该笔费用的支出和使用情况。由此可见，满铁公司每月向关东军支付的这笔费用属于不能“见光”的费用，在年度会计报表中体现不出来。如果真的追踪该笔费用支出的出处的话，从现在所能收集到的满铁公司历年会计年度报表统计中大体推测，很有可能出自满铁公司事业支出项目中规定的满铁公司总裁的“特支费”。当然这只是具有合理性但又没有史料依据的推测而已。

在我们通过满铁公司和关东军的往来信函中查阅并确定满铁公司每

① 1905年12月22日《中日会议东三省事宜附约》第6款规定。

② 文斐：《我所知道的张作霖》，中国文史出版社2004年版，第169页。

月定期支付给关东军的这笔费用后，我们试图从关东军的相关资料中查阅出收到满铁公司该笔费用后的明确的会计收支报告资料，遗憾的是截至目前我们没有查阅到相关的信息。

按照战前日本军费的使用情况，关东军下辖的常驻师团和铁道守备队分别是不同的军事预算单位。尤其是常驻师团，在国内的留守师团司令部按照制定的预算惯例做出预算后汇总到日本陆军省，再由陆军省按照国会批准的国防预算下拨给国内留守师团。其后留守师团通过汇兑或邮寄的方式转给驻防在东北的师团司令部。同样，在每年制定预算前，关东军司令部经理部也会按照预算惯例制定预算表汇总给陆军省，再由陆军省按照国会批准的预算下拨给关东军司令部。由此，我们按照这一预算和决算程序查阅关东军每年度的会计预算和决算报表，也查阅不到满铁公司支付的该笔费用的使用和支出情况。

在我们查阅日本在台湾设立的台湾军司令部参谋手记中，记录的台湾军司令部“特支费”后发现，台湾军司令部的情况与关东军司令部有几点相似之处。其中，台湾军司令部的“特别支出”费用中除预算规定金额外，尚有台湾拓殖公司等日本在台湾的国策公司定期“资助”给台湾军司令部的费用使用及支出记录。由此我们推测，关东军司令部在接受满铁公司的该笔费用后，很有可能是交付给了关东军司令部军司令官值得信赖的参谋手中，并用于关东军司令官以及高级幕僚们去“天上人间”的餐饮和某些特定的情报支出。

满铁公司每月定期“赞助”给关东军的 1 万日元，相关资料显示，1920 年日本内阁总理大臣的年俸总额为 1.2 万日元，按每月月薪合算为 1000 日元。日本内阁总理大臣之下的内阁中各省大臣的年俸为 8000 日元，按每月计算月薪为 667 日元。此外，日本各省中职业文官中的局长、课长年俸分别为 5200 日元和 4500 日元。日本警视厅初任警察的年俸为 45 日元。① 当时满铁公司支付给日籍员工和中国籍员工的月薪也有明确记录。其中在 1920 年前后满铁公司日籍普通铁路工人月薪约为 3 日元，中国籍同种员工的月薪约为 2 日元（最高）。巧合的是当时日本内

① 秦郁彦『戦前期日本官僚制制度・組織・人事』、東京大学出版会、1981 年、第 670 頁。

阁总理大臣的月薪为1000日元，满铁公司“赞助”给关东军的费用恰好是10倍。由此可以推测当时满铁公司“赞助”给关东军的1万日元的货币价值。

此外，满铁公司还经常以“送别会”“新年会”“欢迎会”“祝贺会”“接风宴”等方式宴请和接待出差或途经满铁公司所辖铁路沿线城市的关东军各级官佐。满铁公司在铁路沿线的大连、奉天、长春附属地出资开设的“大和旅馆”等装修极尽豪华，其餐厅内不仅从欧洲专门购置了西式厨房和银制刀叉餐具以及红酒等西式高档食材，而且还高薪聘请了西式和日式厨师掌厨。在旅馆内部装修中，满铁公司也竭尽所能采用欧式建筑风格，配以东北地区所产原木定制的寝具。从当时新闻媒体报道中我们可以看到，关东军官佐出差几乎都住宿在满铁公司沿线的宾馆和旅馆中，并怡然自得地享受着满铁公司为此而安排的各种宴会和“恳亲会”。

由此我们可以看出，自关东军设立起，随着关东军地位的上升，满铁公司在得到关东军的利益保护的同时，作为回报开始沿袭当时日本国内的这种“政官财”相互勾结的“政商伦理”，为关东军提供各种名目上的利益输送。由此，满铁公司事实上也成了关东军的最大“资助商”。

三　满铁公司与关东军的“北进论”争论

满铁公司和关东军在1931年九一八事变前的这种“军政商财”的利益共同体形成的同时，也并不等于说两者之间没有矛盾存在。其中关东军与满铁公司的矛盾中，在这一时期以两者之间分别从各自的利益考虑而得出的“北进论”议题上的政策争执最为引人注目。

有关战前以日本陆军中央为中心所形成的针对苏联的“北进论”议题的研究中，学者们大多将论述的中心和着眼点放在了日本关东军于1931年发动九一八事变武装占领东三省后。其实日本陆军中央的针对俄国（苏联）的“北进论”，早在沙皇俄国势力东进西伯利亚而后南下试图进行朝鲜半岛和东北地区前后的日俄争夺朝鲜半岛话语权的时候就开始具有其雏形。当然随着时间的演变，日本针对俄国和苏联的防俄论演变而来的“北进论”也从其内涵上的防备俄国进行战争报复进而在1918年俄国十月革命后，日本“北进论”的目的开始从现实的防备俄国进行战争报复，演变成了意识形态意义上的防止所谓的赤色苏俄势力通过东北、朝鲜渗透到日本本土。其后，在1922年日本从西伯利亚撤兵之后，日本陆军中央的部分军官又开始从意识形态上的“反苏防赤”又逐渐演变成军事战略意义上的“北进论”。

（一）日本陆军内部的“北进论”

日本陆军中央内部在进入19世纪20年代后，由于以陆军大学和陆军士官学校的毕业生为代表的陆军“新生代”逐渐步入日本陆军中央的中枢系统后，在日本陆军的陆军省和陆军参谋本部内形成了以“新生代”为主体的少壮派军官群体，和依靠对外侵略战争所立战功而步入陆军中央的所谓“陆军元老派”两个团体。

日本陆军内部的上述两个派别在明治维新的初中期的日本陆军（长州阀）对日本海军（萨摩阀）的对立构图下成为一个以长州（山口县）藩阀为中心的陆军利益团体，并确定了陆军在日本近代军制中的优先地位，在1925年前后的日本陆军内部逐渐形成了以宇垣一成为首领的宇垣阀。以陆军大臣宇垣一成为核心的“宇垣阀”成了日本陆军大学、日本陆军士官学校毕业的日本陆军“新生代”的核心。当然，“宇垣阀”内部并非铁板一块。在“宇垣阀”的少壮青年军官中，围绕“宇垣裁军”以及陆军扩编等问题上的分歧而逐渐出现了以永田铁山等人为首的“二叶会”和以陆军中央军部实力派铃木贞一为核心的“木曜会”派，从而在与宇垣阀的对立中所迅速集结的“二叶会”派和“木曜会”派之间围绕中国北伐战争前后的中国国内形势和苏联国内形势，形成了日本军事战略议题上的严重分歧。尽管如此，但“二叶会”和“木曜会”在对苏和对华军事战略上有着共同一致的议题，这就是当时在日本陆军中央内部少壮派军官之间逐渐形成的“北进论”战略。

“北进派”军事战略究竟是由日本少壮派军官中何人率先提出的，目前尚无定论。但就其内容而言，其核心就是将日本的假想敌设定为苏联前提下的，以“满洲”为军事基地进行武装入侵苏联西伯利亚地区，遏制或控制“赤色苏俄”势力进入“满洲”进而渗透到朝鲜和日本本土的军事战略设想。

石原莞尔是日本少壮派军官中“北进论”中的核心人物。被战前日本军人称为“日本杰出军事理论家”的石原莞尔在其后的 1941 年 7 月《中央公论》上刊登的《战争史大观》一文被人们认为是日本发动太平洋战争进行所谓的“大东亚圣战”的理论指导书。通常认为，《战争史大观》最初为 20 世纪 20 年代以来石原莞尔在陆军士官学校、关东军司令部以及关东军参谋旅行途中的海拉尔等地的演讲稿。石原莞尔认为，在第一次世界大战结束后，日本所面临的敌人有两个，一个是因第一次世界大战后强大的美国，也就是日本的海上武力威胁。另一个就是来自北方的苏联的陆上武力威胁。① 石原莞尔的日美和日苏对决论成为其后日本陆军和海军在“北进论”和“南下论”军事战略争执中的原点。由此，战前的日本海军和陆军甚至是战后的日本右翼军国主义分子都不约而同地将石原莞尔视为“日本杰出军事理论家”。石原莞尔本人也在此“世界终极大战”的理论观中演绎出了日美和日苏世界终极大战的黄种人驱逐白种人的所谓的“东亚解放论”，由此也成为 1941 年日本发动太平洋战争前后提出的“大东亚战争”理论的基础。

在石原莞尔提出“世界终极大战”理论的同时，曾经参与草拟《帝国对满蒙之积极根本对策》，积极主张武装占领“满洲”实行日本军事统治的铃木贞一则在石原莞尔的日美和日苏对决军事战略构想基础上，提出了占领“满洲”，并以此作为对苏作战基地的“北进论”战略。与同时期日本陆军少壮派军人相比，铃木贞一是一个当时日本陆军中少有的兼有日本陆军大学学历又有东京帝国大学经济系毕业学历的既熟悉军事又了解经济的少壮派军官。铃木贞一自 1910 年陆军士官学校毕业后，历任陆军参谋本部中国班部员、参谋本部派驻上海的驻在员、参谋本部作战课部员和参谋本部派驻北京的驻在员等，同石原莞尔同属于陆军少壮派组织之一的“木曜会”会员。铃木贞一的“北进论”中立足于“满洲”，将地产丰富的“满洲”视为日本军事战略物资的供给地，进而北进进攻苏联。在铃木贞一看来，进攻苏联是为了防止苏俄赤色势力渗

① 石原莞爾誕生百年祭実行委員会『永久平和の道』、原書房、1988 年、第 18—44 頁。

透到“满洲”、朝鲜乃至于日本本土，因而进攻苏联也是为了保卫日本战略资源供给地的朝鲜和“满洲”。

作为日本陆军少壮派组织“二叶会”核心人物的永田铁山同样也是日本“北进论”的提倡者。与前述的石原莞尔和铃木贞一不同的是，永田铁山虽然也是日苏对决不可避免论者，但永田铁山强调的是在日本“北进”与苏联对决的战略设想下应该优先以占领“满洲”为前提条件。永田铁山认为，不可避免的下一次世界大战则为国家与国家的“总力战”，也就是下一次的世界大战将会是国家势力与经济实力的战争。为此，永田铁山认为，为了支撑下一次的世界大战（日苏和日美之间的大战），国家总动员的准备和计划是不可缺少的。在强化支撑国家“总力战”的经济力的同时，其战略资源上的自给自足是必不可少的一环。有鉴于日本本土在资源上的匮乏，则需要在中国获得这些战略资源。因此，日本完全掌控“满蒙”也就是获得了掠夺中国资源的桥头堡。①

伴随着日本陆军少壮派军官提出的“北进论”军事战略而应运而生的，就是远在辽东半岛租借地的日本关东军司令部将军事战略调查的重点放在了苏联的远东及周边地区。

目前的研究成果表明，1922 年日本从西伯利亚撤回武装干涉俄国十月革命的派遣军后，关东军就秉承日本陆军中央的旨意将军事调查的重点放在了中苏边境以及中苏边境以北的广大地区，并在东北北部的哈尔滨、满洲里和黑河等地扩大特务机关规模，以强化对苏联的军事战略调查。② 这一时期，日本关东军除编译了大量哈尔滨俄侨以及苏联远东地区出版的报纸、出版物等苏联本土出版的情报外，还通过派出或委托派遣以及“满铁嘱托员”名义等向东北北部中苏边境，甚至深入苏联远东地区内部进行实地调查、考察，并编撰了大量的有关苏联远东乃至苏联国内的各种政治经济和军事调查报告。这些调查报

---

① 川田稔：《“九一八”事变与日本一夕会》，《日本研究》2018 年第 1 期。

② 日本对苏联远东地区的军事调查和侦察更早的是 1904 年日俄战争爆发前在这一地区设立的各种特务机关。其后在 1918 年日本出兵西伯利亚后，日军在海参崴、尼科尔斯克、伯力、布拉戈维申斯克、赤塔、伊尔库茨克、鄂木斯克等地设立了特务机关，以收集苏维埃俄国以及在远东地区的军事战略情报。1922 年日军撤兵后，原在苏联境内的特务机关进行了裁撤，并将日军在哈尔滨、黑河、满洲里设立的特务机关归并给了关东军。

告中涉及中苏边界地区、远东地区的西伯利亚铁路运输、黑龙江松花江内河航运、苏联远东地区金矿开采、苏联经济情报、远东贸易、哈尔滨电力、蒙古现状、远东地区道路交通、苏联第一个五年计划规划及实施等各种议题。

这一期间关东军司令部公开或秘密派出的对苏联远东地区及周边地区的军事战略调查中，既有委托满铁公司调查部或满铁公司地方事务所进行的军事交通调查，也有接受日本陆军中央命令协助其调查的苏联远东地区矿业调查。其中，以关东军参谋部名义进行的对苏联调查报告中有《黑龙江及松花江航运史并航运业现状》《哈尔滨电业公司现状》，满洲里特务机关长桥本欣五郎的《远东地区采金业》、关东军司令部委托满铁公司哈尔滨事务所所长古泽幸吉根据对苏联西伯利亚地区的新闻报刊收集综合整理出来的《俄国的将来及远东贸易》以及《劳农政权下的西伯利亚地区》[①] 等。

日本陆军中央的少壮派军官们明里和暗里所提出的“北进论”不仅左右了1931年九一八事变前日本陆军中央对华尤其是对东北的军事战略思维，也影响了日本内阁的对华政策的制定。其中，如1931年九一八事变爆发后，日本内阁在“不扩大”方针下最终还是默认了关东军在东北的军事行动。

另外，日本少壮派军官的“北进论”也在一定程度上影响了苏美英等国对日军在东北的军事行动的态度，甚至也在一定程度上影响了当时的南京国民政府以及当时中共中央、满洲省委对日军武装占领东北问题上的态度。

1931年九一八事变爆发后，苏联为了摆脱东西两线分别要应对英美和日本的军事压力，采取了对日绥靖政策，先是承认日本关东军扶植的傀儡政权伪满洲国，其后又将中东铁路段东北境内的铁路转卖给了伪满洲国。英美对日本关东军武力占领东三省也是充满了矛盾。英美等国在抗议日军占领东三省侵害了其在东北的利益的同时，也乐见于日军进一步采取军事行动，北上进攻苏联。为此，英美等国虽然在国联上谴责日

① 『現代史資料』(第31輯)、みすず書房、1979年、第706—788頁。

军对东北的军事占领并派出了李顿调查团，但并没有采取诸如武器、钢铁、橡胶等对日禁运等严厉措施。九一八事变爆发后，南京国民政府基本上也是按着日军“基地东北”“北上侵苏”的对日思维，甚至在1935年前后将中日关系中的原公使级的外交关系升格为大使级外交关系，以至于南京国民政府做出了“攘外必先安内”的基本国策。1931年九一八事变爆发后，在当时的中共中央以及中共满洲省委宣传文告和传单中，一方面号召广大“工人、农民和武装士兵”，拿起枪来抵抗日本帝国主义在“满洲”的武装侵略，反对南京国民政府的“反动的不抵抗的”卖国行为；另一方面也号召广大“工人、农民和武装士兵”，要“武装保卫苏维埃”。由此可以看出，当时的中共中央和满洲省委的对日形势判断中，一个是日本帝国主义“侵占了我们的满洲”，因此要广大工农民众“驱逐日本帝国主义出满洲”，另一个就是“日本军队要占领满洲”后的北上侵苏。为此，我们要在“满洲”建立工农红色政权，通过工农武装“驱逐日本帝国主义出满洲”来“武装保卫苏维埃”。

（二）满铁与关东军的“北进论”的差异

与日本陆军中央的少壮派军官们叫嚣“北进论”的同时，在满铁公司内部也同样存在着“北进论”的论调。只不过满铁公司的“北进论”更多的是基于满铁公司的现实利益的考量。这样，满铁公司所提出的“北进论”无论在内容上还是在实质上与日本陆军中央的少壮派军人基于日本军事战略目的而提出的“北进论”都有着明显的差异。

有关满铁公司的“北进论”的研究散见于目前的学术研究中。简而言之，满铁公司的“北进论”最初雏形始见于1923年满铁公司将满铁公司哈尔滨公所升格为满铁公司哈尔滨事务所，其“北进论”的内涵核心则为将满铁公司所经营的大连至长春、奉天至安东铁路线所象征的传统势力或经营范围，进一步北延至中苏边境的界河黑龙江以及苏联的远东地区。

1923年满铁公司将哈尔滨公所扩张为满铁公司哈尔滨事务所后，又在其内部设立了调查课（以下简称哈调课）。从表面看，满铁公司将哈尔滨公所扩张为事务所只是满铁公司所辖分支机构上的一次单纯机构调整，而实际上满铁公司哈尔滨事务所的设立在满铁公司经营史上具有重要的意义。1906 年满铁公司成立后，满铁公司在整修大连至长春、奉天至安东等干线铁路及支线铁路的复线轨道以及大连港扩张后，其经营活动中的铁路运输、投资、集货、贸易等的地区基本上是围绕这一地区的铁路线为中心的铁路附属地、辽东半岛租借地等长春以南的辽宁及吉林地区。在其后的日俄之间的四次密约中，日俄之间所达成的在东北的势力范围划分也基本上是按照日俄两国在东北地区的铁路线范围而划分的。其中，如 1907 年 7 月日俄两国在俄国彼得堡签署的《日俄协议》中，日俄两国将东北分成了“北满”和“南满”。“北满”和“南满”的中界线为自俄朝边界西北端起珲春，从珲春画一直线至毕尔腾湖（即镜泊湖）北端，再由此画一直线至秀水甸子，由此沿松花江至嫩江口止，再沿嫩江上溯至嫩江与洮儿河交流之点，再由此点起沿洮儿河至此河横过东经 122 度止。[①] 以此为界线，“北满”成了沙皇俄国的势力范围，而“南满”则成了日本的势力范围。1910 年 7 月的日俄密约，主要是第一次密约的补充。按照这一密约，日俄两国在确认了第一次密约所划定的势力范围和两国在各自的势力范围内的特殊权益外，还规定了日俄双方相互担保不以任何方式阻碍对方在其势力范围内巩固及发展特殊利益。日俄两国的第三次和第四次密约实际上是在传统的日俄划分的“北满”和“南满”势力范围的中界线进一步向西延伸的同时，将蒙古地区的东部划归了日本势力范围，而蒙古西部地区则成了沙俄俄国的势力范围。

日俄两国通过密约所确立的这种“北满”和“南满”的势力划分，从而形成了以俄国中东铁路公司为代表的俄国势力实际控制了“北满”地区的铁路运输和物资贸易，而以满铁公司为代表的日本势力则通过铁路运输和物资贸易控制了“南满”地区。但是这种“北满”和“南满”势力划分到了 1918 年之后则发生了变化。当然，“北满”和“南满”地区的势力变化是由日俄两方面的国内外政策的变化而变化的。一方面，1917 年俄国十月革命后，新生的苏维埃政权对外宣布废除一切沙皇俄国时期签订的不平等条约和密约。这样，日俄两国在此前达成的分割“北

① 步平等：《东北国际约章汇释》，黑龙江人民出版社 1987 年版，第 320 页。

满”和“南满”以及西部蒙古和东部蒙古的条约自然失去了法律上的效力。同时，新生苏维埃共和国成立后，由于美英日等国的武装干涉以及国内平定反乱势力等原因也使得原俄国在“北满”地区的势力迅速衰退。另一方面，第一次世界大战后，以满铁公司为代表的日本在东北中南部地区的势力在投资过剩和产能过剩的经济压力下迫切需要开辟新的商品销售市场和扩大运输的集货能力。尤其是满铁公司在第一次世界大战期间凭借战时的军需运输一直在维系着高收入、高盈利和高红利的“战时经济神话”。而在第一次世界大战结束后，满铁公司为了维系股票市场上对公司经营的资金链，就需要不断扩张以铁路货物运输为主的运营规模。这样，在“北满”地区俄国势力衰退的情况下，满铁公司将铁路运输的“集货”和贸易产品供应地目标转向了“北满”地区乃至“北满”地区北部的苏联远东地区。为此，1923 年满铁公司将满铁公司哈尔滨公所扩张为满铁公司哈尔滨事务所，并为调查和研究“北满”地区的货物运输和贸易以及道路交通情况等在哈尔滨事务所内设立了调查课（哈调课）。哈调课成立后，除我们在前面所提及的出版了《俄国经济丛书》《工农俄国研究丛书》外，还对哈尔滨地区俄国侨民、海拉尔地区少数民族“旧惯”“北满”农产品价格、松花江流域航运、瑷珲地区边界贸易等方面进行了广泛调查。此外，哈调课在这一时期还配合日本的特务机关、关东军密切合作，密切关注中国收回中东铁路动向和苏维埃政权在远东地区的政治军事动向等议题。

从上面的叙述中我们可以看出，满铁公司的“北进论”最初的设想皆在以扩张满铁公司铁路运输和贸易在“北满”地区的规模为目的。这样，满铁公司与关东军所主张的“北进论”虽然在政策方向上有许多一致的地方，但满铁公司的“北进论”更多的是从满铁公司的贸易运输等经济利益的角度上的考量。

（三）与关东军政策趋同的满铁公司

满铁公司在经济利益诉求下衍生出的“北进论”，虽然在酝酿和计划实施中取得了一定的成果，但由于受到日本国内政治以及来自苏联和中国等多方面要素的影响，变得越来越缺乏现实性。满铁公司首先面临的就是 20 世纪 20 年代日益高涨的中国民众的民族主义情绪。首先，满铁公司在日本政府提出二十一条交涉后所提出的“满蒙五路”铁路以及向东北北部进行势力延伸的新“满蒙五路”铁路计划遭到了东北民众甚至于张作霖本人的强烈抵制。其间，吉林、黑龙江和辽宁民众先后举行了抵制日本开设临江领事馆、反对日人敷设吉会铁路、反对日本敷设“新五路”计划以及收回国权抵制日货等集会。尤其是在1928年年底，东北实现了“易帜”，东北的行政和军事权力归于南京国民政府后，满铁公司惯于趁乱要价和火中取栗的做法越来越失去了市场。

另外，随着苏联政权的稳定，苏联远东地区局势趋于平稳，以至于在1929年与东北军的中东路事件的较量中获得了胜利，标志着苏联有能力通过经济和军事上的实力控制住中苏边境地区，从而使得满铁公司通过经济影响力北进东北北部乃至苏联的远东地区的可能性在逐步降低。

与此同时，日本国内形势变化使得满铁公司在试图用经济影响力北进东北北部乃至苏联远东地区的计划落空，进而不得不进行政策调整将希望寄托在关东军通过武力来实现满铁公司北进东北北部的政策设想。由此，至1931年九一八事变前夕，素来主张对华强硬的松冈洋右满铁公司总裁的上台，实际上等于满铁公司放弃了山本条太郎总裁时期所主张的用经济实力扩张来实现在东北地区日本利益最大化的“内科”计划，从而在东北权益问题上开始与关东军武力占领东北趋同。

第四节　小结

1919年的关东军司令部成立，不仅是日本在东北地区满铁、“关东都督府”与奉天总领事馆三方的殖民地统治权力上的调整，而且是关东军与满铁公司之间的关系变化上的调整。与此前归属于“关东都督府”陆军部的铁道守备队的满铁公司铁路沿线的铁道和路桥的守备相比，关东军司令部从实际上被赋予了满铁公司所辖铁路线的区域上的保护权利。这种从“点线”到“面”上的权利变化，不仅使得日本关东军从原来单纯的满铁公司铁路“护卫军”变成了满铁公司等日本在东北势力的

“守护神”，而且使得日本关东军变成了一个名副其实的日本在海外殖民地的殖民军。

在日本关东军的军事武力保障下，这一时期满铁公司不仅凭借第一次世界大战的“军需景气”获得了空前发展，而且借中国国内军阀混战游走在军阀之间，趁机要挟获得了在东北地区的铁路优先借款权、筑路权以及扩充铁路附属地，并在附属地内的行政卫生和警察权。以此为基础，满铁公司在获得空前的利益情况下将势力进而延伸到东北的金融、矿业、仓储、船运、纺织、电力甚至是教育、医院和旅馆等各个行业，从而从经济上控制和垄断了东北的经济命脉。

在关东军的军事保护下获得巨额利益的满铁公司，作为回报也为关东军在军事运输、资金上提供资助，由此满铁公司成了关东军的最大“资助商”。

满铁公司和关东军，在中国台湾、朝鲜殖民地等战前日本海外殖民地中形成了特殊的“军商”关系，在共同利益驱使下，它们虽然都有各自不同的政策诉求，但是在殖民经济统治受到挫折后，又不得不转而依靠日本军事上的武力以谋求在殖民地经济上的利益最大化。

第四章

九一八事变中的满铁和关东军

1931 年的九一八事变是关东军精心策划而发动的侵略战争。在其后，日本通过九一八事变武装占领了辽吉黑三省和位于河北北部辽宁省西部的“热河”，继而在 1937 年 7 月又挑起了卢沟桥事变，将侵略的矛头指向了华北、华东和华南等中国广大地区。由此，九一八事变也成为日本挑起了 14 年侵华战争的开端。

九一八事变是关东军和满铁之间的“军商”关系变化中最具分期意义的事件。九一八事变后，日本关东军通过武力占领东三省后，扶植了伪满洲国傀儡政权。为此，满铁公司为关东军提供了人力、物力和资金上的全面支持。而作为支持关东军的回报，满铁公司不仅以“委托经营”的形式掌管了自清末以来东北地方政府修建的东北铁路线以及其后以伪满洲国从苏联手中收购的形式获得的中东铁路，进而全面控制了东北境内所有的铁路线，而且通过铁路线的控制掌控了东北地区几乎所有的陆路交通，成为日伪时期掌控东北全境内铁路、公路、海运的最大的集贸易运输于一体的垄断公司。由此，满铁公司成为关东军发动九一八事变、武装占领东三省的最大受益者。

第一节　关东军策划和发动九一八事变

一　关东军策划九一八事变

有关关东军策划和发动九一八事变的国内外研究成果颇丰，可谓汗牛充栋。按照学者们的研究，关东军策划和密谋九一八事变有两个不同的时期。其中的一个观点认为，关东军策划武装占领东北更早可以追溯到1928年前后。而另一个观点则是将1930年前后关东军的参谋们秘密策划武装占领东北的具体计划纳入了关东军策划九一八事变的考察对象。这两种看似矛盾的说法实际上存在着时间段上的内在必然联系。

归结起来，关东军密谋发动武装占领东北的计划可以分为1928年前后开始在日本陆军中央军人内部秘密策划武装占领东北时期和1930年前后以关东军司令部参谋为核心的关东军密谋武装占领东北时期。

1928年6月4日，关东军司令部参谋河本大作等人在奉天城郊的三洞桥成功地暗杀了中华民国北洋政府的末代国家元首张作霖，但事件发生后，事件的发展并没有按照日本陆军中央军部和关东军的参谋们所预想的方向发展。一方面，在张作相等奉军元老派的支持下，“子承父业”的张学良顺利地当上了东三省保安总司令。其后，张学良力排众议在1928年年底实现了东北“易帜”，东北政权统归南京国民政府，从而从形式上结束了自袁世凯死后近十几年的国内军阀混战。另一方面，张作霖被暗杀后，虽然河本大作没有受到日本军法的严厉处置，只是退出了现役成为预备役军官，但是受到该事件的牵连而失去了日本昭和天皇信任的日本内阁总理大臣田中义一辞职。由此，极力主张武力解决“满洲”的日本陆军中央内部的少壮派军人也失去了田中义一支持，从而实际上等于宣告了陆军中央内部的少壮派军人试图趁张作霖被暗杀之际，武力占领东北的计划破产。

借张作霖被暗杀，东北失去军阀首领，并由此趁机作乱占领“满洲”的计划破产不等于日本少壮派军人放弃了密谋武力占领东北的计划。1929年从日本少壮派军人组织中的“二叶会”和“木曜会”分化出来而组织的“一夕会”就秉承了1928年前后日本陆军中央内部少壮派军官的武力占领“满洲”计划精神，重新起草并密谋了新的武力占领“满洲”计划。

1929年5月组织起来的日本陆军少壮派军官组织“一夕会”所秘密策划的武力占领“满洲”计划在当时的日本国内具有一定市场。首先，日本少壮派军官策划的武力解决“满蒙”问题源于自1927年以来日本国内的经济金融危机和金融危机给日本各地农户带来的“赤贫”化问题。自1927年以来日本国内所面临的有史以来的第一次以金融危机为特征的经济危机席卷了日本国内的制造业、海外贸易乃至金融银行业。其中，1928年依靠政商勾结大发国难财的东京铃木商店因资不抵债宣布破产倒闭后，向铃木商店提供大量贷款的三菱银行、三井银行等日本国内银行以及在殖民地朝鲜和中国台湾的银行都出现了大批储户要求兑现存款。受银行挤兑风潮的影响，日本国内银行和殖民地朝鲜、中国台湾银行大量歇业停业。日本银行的歇业停业直接又导致了日本国内大批中小企业的破产。日本金融危机中深受其害的当属日本东北、东海、北陆等地区的农民。受到自然环境的限制，当时日本岩手、山形、秋田、长野等地农户不仅由于农产品价格低廉且销售不出去，而且受连年的“雪害”“冷害”等的影响，大批农户颗粒无收而陷入了赤贫的危机。“穷当兵富读书，富贵孩子做秘书”，这句中日等亚洲文化国家均有可能流行的民间俗语，也真实地反映了当时日本各个阶层人士的就职趋向。而当时掌控日本陆军中央军部的少壮派军官们就恰恰大多是这些地区的贫苦农户出身，依靠自己的奋斗一步一步从义务兵的“一等卒”熬到“下士官”，并通过简单的陆军士官学校的入学考试以及陆军大学毕业后才走向了“少尉”“中尉”乃至“少佐”和“大佐”的职业军官的行列。由此，深知日本农村贫困疾苦的少壮派军官们通过各自结成的组织提出了“昭和维新”“打倒财阀”的口号。而日本陆军少壮派军官组成的“一夕会”的军官们则提出了通过武装占领“满洲”，将日本贫困地区的农户移民至富饶的“满洲”的计划。由此，日本“一夕会”的军官们所提出的这一主张得到了许多日本陆军中央内部军官的共鸣。

其次，日本国内叫嚣武力解决所谓的“满蒙”问题的右翼团体势力的抬头。这一时期最具代表性的当数1928年5月在大连成立的日本“满洲青年议会”组织。该会中的会员金井章次、山口重次、小川增雄、中西敏宪等一些右翼人士甚至组织所谓“母国游说团”回到日本国内，游说日本国会议员和政治家在“满蒙”地区采取强硬措施。其后，该组织又与日本的另一个右翼团体“大雄峰会”进行联合，成为当时日本国内外叫嚣武力解决“满蒙”问题的最大右翼团体之一。

得到了日本国内外右翼团体支持的日本少壮派军人在这一时期先后制定了多种版本的所谓武力解决“满洲”问题的纲领草案。其中，1930年6月19日由陆军参谋本部第二部长建川美次会同陆军省军务局军事课课长永田铁山等人秘密制定的《满洲问题解决方案大纲》最具有代表性。截至目前，我们尚没有查阅到该份文件的原文，但从学者们的相关描述中可以看出，该份《满洲问题解决方案大纲》要求由陆军中央军部进行指导和控制关东军并与外务省密切取得联系，努力使中国的排日活动缓和。但是如果中国排日活动激化，也不排除采取军事行动。[①] 这份《满洲问题解决方案大纲》表面上看来，只是强调关东军在东北采取军事行动，需要事先得到陆军中央和政府包括外务省的同意，以争取在国际舆论上的主动权。而实际上在这一时期陆军省国防计划中对苏联战略构想中，中国东北地区的洮昂线西部至兴安岭东侧的泰来东西部地区一直被日本陆军省列为对苏作战的第一会战地点。[②] 由此可以看出，《满洲问题解决方案大纲》只是在强调关东军在实施武力占领东北时期的条件，以争取国际社会对日本的支持，而实际上暗示着关东军武力解决“满蒙”问题的可能性。

有了日本陆军参谋本部和陆军省中央的明里和暗里的默许，关东军司令部开始秘密制订武力解决“满蒙”问题的军事行动方案。1928年10月，素有“军事理论家”称号的石原莞尔从日本陆军大学兵学教官调任关东军司令部，担任关东军司令部负责军事作战的参谋。第二年5月，另一位日本陆军少壮派军官组织“一夕会”成员板垣征四郎从关东军所辖第23联队队长调任关东军司令部高级参谋，以负责关东军对东北的军事情报收集。石原莞尔和板垣征四郎的到任加速了关东军司令部制定的武力解决“满蒙”问题方案。在石原莞尔的主持下，关东军司令部的参谋们制定了《关东军满蒙领有计划》[③] 书。按照石原莞尔等人所强调的“满蒙问题的真正解决只有日本占领满蒙，日本将满蒙据为己

① 楪本捨三：《关东军秘史》，袁韶莹译，上海译文出版社1992年版，第90—91页。

② 楪本捨三：《关东军秘史》，袁韶莹译，上海译文出版社1992年版，第83—84页。

③ 国内学者们的研究中又称为《关东军占领满蒙计划书》。

有”原则[①]，该份《关东军满蒙领有计划》书，主要由“平定”“统治”和“国防”三个部分组成。其中，“平定”部分，提出了武装占领“满蒙”的主要任务是：（1）“扫荡军阀、官僚，没收其官方私有财产”；（2）“处理中国军队，其办法为巧妙地解除其武装和兵卒的处分”；（3）“扫荡和讨伐散兵、土匪”；（4）“所需临时费用概由没收得来的逆产和税收来承担”。

《关东军满蒙领有计划》书的“统治”部分内容又进一步细分为“方针”“行政”“司法”三项。规定了“领有满蒙”后行政组织结构和守备队、宪兵以及金融和司法政策。[②]

从石原莞尔等人秘密制定的《关东军满蒙领有计划》书我们可以看出，石原莞尔等人不仅在计划书中制定了武装占领“满蒙”的方针政策，而且将武装占领“满蒙”地区后的日本统治“满蒙”地区的殖民统治机构和统治方法做出了规划。

而按照横山臣平在其《秘录石原莞尔》一书中的考察，石原莞尔主持的《关东军满蒙领有计划》不仅仅是关东军司令部内的参谋们所单独制定的，在其制定过程中日本陆军省、陆军参谋本部一些军人的赞同甚至还得到了刚刚到任的关东军司令官本庄繁的同意。按照该书的说法，石原莞尔从未来对苏作战的战略设想出发而提出的“满蒙”武力解决方案计划，首先得到了当时驻奉天特务机关长花谷正的支持，其后石原莞尔说服了到任不久的关东军司令部高级参谋板垣征四郎，三个人分别在辽阳和奉天的旅馆进行秘密商议和修订《关东军满蒙领有计划》后，又征得了当时张学良的私人军事顾问今田新太郎和朝鲜军司令部参谋神田正种等人意向后进行了具体计划上的反复修正。与此同时，石原莞尔还将该项计划概要向陆军省军务局军事课课长永田铁山、陆军参谋本部第二部部长建川美次、陆军省军务局局长小矶国昭以及桥本欣五郎和根本博等陆军省和陆军参谋本部中的实权人物进行了透露，并取得了这些人的同意和支持。[③] 1931年年初，石原莞尔等人完成了这份《关东军满蒙

① 楪本捨三：《关东军秘史》，袁韶莹译，上海译文出版社1992年版，第86页。

② 本庄繁『本庄日記』付録、原書房、1979年、第304—308頁。

③ 横山臣平『秘録石原莞爾』、芙蓉書房、1996年、第134頁。

领有计划》初步方案后，关东军进入了武装占领“满蒙”计划的实施准备阶段。1931 年 8 月新任关东军司令官本庄繁到任后，石原莞尔将武装占领“满蒙”的具体行动日期确定在了本庄繁完成对下辖各日军部队视察结束后的同年 9 月 28 日。[①]

有关本庄繁是否在九一八事变前获悉了石原莞尔等人所策划的武力解决“满蒙”计划方案，在目前的学术研究中学者们尚无定论。按照本庄繁本人的日记记述，1931 年 8 月 22 日本庄繁抵达大连后的同月 29 日，本庄繁司令官“上午与（关东军）参谋长集板垣大佐讨论满洲时局对策之根本方针”[②]，同年 9 月 1 日，本庄繁司令官召见关东军司令部作战参谋石原莞尔“于上午十时，听取石原参谋之作战计划”[③]。由此可见，板垣和石原等人即使没有将此前石原等人密谋已久的《关东军满蒙领有计划》书原原本本地交付给本庄繁司令官，至少本庄繁已经从板垣和石原等人的汇报中得知其计划的概要。有关这一点我们从九一八事变当夜，本庄繁在得知奉天城北郊的东北军袭击柳条湖铁路，与日本守备队进行交战中的报告后，本庄繁能够迅速做出出动关东军占领奉天城等的军令来看，至少本庄繁是属于支持石原莞尔等关东军司令部中少壮派军人武力占领“满蒙”方案的。

石原莞尔等人在密谋制定《关东军满蒙领有计划》书的同时，还针对该项计划书进行了先后四次以上不同规模的参谋旅行，以现场地形地貌勘定军事作战计划书。其中，以上四次不同规模的参谋旅行中，以 1929 年 7 月关东军司令部参谋板垣征四郎等人组织的“北满”参谋旅行和同年 10 月所组织的辽西参谋旅行最为引人注目。

1929 年 7 月关东军司令部组织的参谋旅行由关东军司令部高级参谋板垣征四郎牵头组织的。参加该次参谋旅行的关东军司令部的军官中有关东军司令部高级参谋板垣征四郎、关东军旅顺要塞司令部参谋加藤伶三工兵大尉、关东军司令部作战参谋石原莞尔以及关东军司令部参谋高桥茂寿庆大尉、菅野谦吾大尉、佐久间亮三大尉、堀内一雄大尉等。石

① 横山臣平『秘録石原莞爾』、芙蓉書房、1996 年、第 134 頁。
② 本庄繁『本庄日記』、原書房、1979 年、第 15—16 頁。
③ 本庄繁『本庄日記』、原書房、1979 年、第 16 頁。

原莞尔和板垣征四郎一行自旅顺关东军司令部出发后，一路沿满铁大连至长春北上，于同月4日抵达长春，投宿长春名古屋旅馆后，还向参加此次旅行的关东军司令部参谋们分发了石原莞尔编写的《战争史大观》，向关东军司令部的参谋们兜售其世界终极战争理论。同月5日关东军参谋抵达哈尔滨后，换乘汽车专门侦察了哈尔滨周边以及松花江流域的水网交通和地形后，又一路西行北上先后侦察了洮南、齐齐哈尔、呼伦贝尔和海拉尔等地。关东军司令部的参谋们在结束了对东北北部地区的军事调查后，研究了哈尔滨及齐齐哈尔后边的前沿阵地部署和在大兴安岭东侧地区发生遭遇战的种种可能，并得出了海拉尔周边不适合骑兵作战问题的结论。[①]

在同年10月关东军司令部所组织的“北满”[②] 参谋旅行中，其“统裁官”为关东军司令部高级参谋板垣征四郎，“辅助官”为石原莞尔，“专习员”则以当时驻扎在东北地区的日军步兵第16师团司令部参谋横山贞槌、冈田菊三郎等幕僚为主。此外，关东军司令部中的参谋营野谦吾大尉（后方主任）、佐久间亮三大尉（情报主任）、就职于满铁公司的日本现役军官草场辰巳等人。此次参谋旅行采取了对抗演习，即日军和中国军在新民屯进而在锦州地区展开战斗的场景进行。参谋旅行当日，石原等人以“关东军以部分部队击破奉天附近之中国军进行扫荡后，主力部队集中于奉天城，并以此为基地向新民屯派出先遣队，但先遣队被多数之中国军包围”的设定进行了兵棋推演。按照石原莞尔的设想计划，关东军在新民屯强行渡过辽河进行休整后进军锦州，并在锦州附近利用有利之地形对中国军进行攻击。[③] 此次参谋旅行中，石原等人还就武力占领东北后的“满蒙”统治同关东军司令部的参谋们交换了意见。

① 楳本捨三：《关东军秘史》，袁韶莹译，上海译文出版社1992年版，第85—86页。

② 从目前所查阅到的文献记录上看，自1927年至1931年九一八事变爆发前，关东军司令部每年均组织由关东军司令部的参谋和下辖各部队的“北满”参谋旅行。关东军司令部所组织的“北满”参谋旅行地点有吉林宁安（现属黑龙江）、珲春、三姓、洮南、齐齐哈尔、大小兴安岭等。其中，在1931年7月举行的关东军司令部参谋旅行中，石原莞尔等人于同月10日自旅顺关东军司令部出发沿途经郑家屯、洮南、昂昂溪、伊力克得、海拉尔后抵达满洲里。从满洲里折返后，关东军参谋们又沿途经由哈尔滨、四平街、昌图停留进行各种调查和专题侦察后返回旅顺。

③ 本庄繁『本庄日記』付録、原書房、1979年、第309頁。

关东军司令部参谋旅行结束后，此次参谋旅行的参与者佐久间亮三大尉还根据石原的命令将此次参谋旅行的兵棋推演作为参谋成果印刷成册下发给关东军司令部的参谋们广为参考。[①]

关东军司令部在通过参谋旅行不断完善武力占领“满蒙”计划的同时，还将该项计划进行分解，对关东军占领“满蒙”和关东军统治“满蒙”等议题进行了专项研究和分析。其中，石原莞尔就进攻奉天城进行了专题研究。石原莞尔就进攻奉天城制订了三个方案：第一，为集中兵力进攻奉天城；第二，在上述条件不允许的情况下将兵力集中在辽河北方地区；第三，不得已将兵力集中于辽河南方地区。上述三个方案以集中攻击奉天城为中心。该项方案在1928年张作霖准备退回奉天前夕开始成稿，经过1929年和1930年近两年的秘密策划，至1931年九一八事变前趋于完善。[②] 其中，在1930年关东军司令部的参谋秘密进行的武力进攻“满蒙”各地军事计划中，将关东军攻击奉天城和攻击弓长岭[③]地区、“满洲”东部国境方面列入一起进行了研究。受命于石原莞尔的关东军司令部参谋佐久间亮三作为上述三项攻击战的专题研究的负责人，曾在担任奉天特务机关长时期就对攻击奉天城进行了研究。在此基础上佐久间考量到坚固的环绕四周的奉天城城墙，提出了如果奉天城内之敌军坚守不出，可能无法在短期内攻陷。究其原因就在于环绕四周的奉天城城墙，即使关东军使用炸药和炮火攻击恐怕也不能奏效。为此需要找出城墙的致命缺陷或薄弱部分后才能给予敌军以致命之打击。此外，还需要迅速解决（奉天城）郊外的飞机场，以控制制空权的前提下方能找出城墙被破坏之处进入奉天城内。[④] 佐久间的这些奉天城攻击方案很快就被石原莞尔等人否定。石原莞尔认为，奉天城城墙城坚墙厚，不是普通炸药和小口径火炮所能简单摧毁的。为此，石原找到了当时日本陆军省军务局军事课课长永田铁山商讨对策。通过永田铁山的协助，石原等人从东京兵器厂中

① 楳本捨三：《关东军秘史》，袁韶莹译，上海译文出版社1992年版，第86—87页。

② 本庄繁『本庄日記』付録、原書房、1979年、第310、317頁。

③ 原文中为“弓张岭”，疑为“弓长岭”之误。

④ 本庄繁『本庄日記』付録、原書房、1979年、第317頁。

找出了两门锈迹斑斑的原本用于海岸防御的240毫米岸防炮。在陆军省兵器部合屋成雄、满铁“嘱托”将校藤原干治以及旅顺重炮兵大队松本正文炮兵大尉等人的紧急暗地操作下，上述两门岸防重炮经过拆卸分装经由神户港、大连港后通过满铁公司的铁路运输被秘密运送到了奉天独立守备队第二大队的兵营内（即现在的沈阳太原街2号原日本关东军独立守备队第2大队队部）。为了保密，石原等人以“洗浴桶”和“纪念碑碑基石”等名义运到独立守备队第2大队队部院内后，又以土木施工的名义将四周和上空设置了围栏和遮布，以防止周围居民和奉军飞机在上空的窥视。在石原等人的直接指挥下，日军在夜里12点至凌晨3点前进行了重炮的炮基安装施工，经过三个夜里施工，独立守备队第2大队队部院内被挖成了两个直径分别为5米，深1米的岸防重炮炮基。炮基施工结束后，旅顺重炮兵大队松本正文炮兵大尉又特意从旅顺出差来奉进行重炮的安装和调试。考虑到重型岸防炮的操作不同于普通步兵小口径火炮，松本正文还按照轰击奉天城城墙的预想将两门重型岸防炮的“射击诸元”进行了设定，并将射击数据写在纸板上挂在重型火炮炮身的两侧，以供关东军攻城时使用。[①] 与此同时，在板垣征四郎的秘密指示下，关东军司令部参谋佐久间亮三还组织了关东军调查班，以专门研究关东军占领“满蒙”后的行政统治问题。

1931年后，关东军司令部中以板垣征四郎和石原莞尔为首的作战参谋、情报参谋们则加紧了武力占领“满蒙”和占领“满蒙”后的殖民统治政策上的具体计划制订。同年5月6日，在关东军司令部参谋们的积极策划下，关东军以关东军司令部的名义起草了《满蒙问题处理案》，并将该项方案上呈给了日本陆军省和陆军参谋本部。该项方案的出台表明，自1928年以来以石原莞尔、板垣征四郎为首的关东军司令部的参谋们所秘密策划的武力占领“满蒙”问题计划从秘密策划公然走向了关东军司令部的公文中，成了关东军司令部的决定和解决“满蒙”问题的方案。

---

① 本庄繁『本庄日記』付録、原書房、1979年、第334頁。

在关东军司令部，板垣征四郎、石原莞尔等人密谋武力占领“满蒙”并将密谋计划变成了关东军司令部的集体决定和计划的同时，关东军下辖的各部队也按照关东军司令部的武力占领计划进行了有针对性的攻击演习。[①] 其中仅1931年6月至九一八事变前，关东军所辖各部队就分别进行了大小近40次的军事演习。关东军演习部队中有驻防在奉天附近的日军第2师团第29联队、骑兵第2联队、步兵第4联队、独立守备队第2大队、第4大队等，演习地点及演习内容大多为沈阳、本溪、长春、铁岭、连山关、金州以及满铁沿线的城市攻防、攻城以及铁路运输、夜间行军、队形展开等。

由此可见，关东军在发动九一八事变前，不仅制订了极为周密的武力占领“满蒙”的军事作战计划，进行了参谋旅行对计划进行适时调整，并特意从日本本土偷偷运来了可轰击奉天城城墙的重型岸防火炮，而且针对作战计划进行了军事演习和部署。

二　九一八事变中的关东军

就在关东军司令部的参谋们紧锣密鼓地策划发动武力占领“满蒙”计划之时，日本驻奉天总领事馆事先探知了关东军司令部的这一计划，并将此消息上报给了日本外务大臣币原喜重郎。在日本外务大臣的压力下，日本陆军中央派出了参谋本部第二部长建川美次前往东北，以阻止关东军的行动计划。[②] 关东军在得知陆军中央派出建川美次的消息后，为赶在建川美次代表日本陆军中央阻止关东军在东北的军事行动前决定将采取军事行动的日期从9月28日提前到了当月18日，也就是建川美次从日本赶到奉天的当日。

1931年9月18日夜里10时20分，在关东军司令部参谋板垣征四郎等人的指挥下，关东军独立守备队第2大队第3中队中队长川岛正以

① 有关九一八事变前关东军的军事演习议题学术界有许多研究。其中，具有代表性的研究有郭建平《“九一八”事变前关东军的军事准备探析》（《辽宁大学学报》1991年第6期）、刘战等《九一八前日军的军事预谋活动》（《兰台世界》2014年第5期）、高建《“九一八”事变前日军军事演习析论》（2015年沈阳九一八历史博物馆研讨会会议论文），以及赵东辉等《九一八全史》（辽海出版社，2001年）中均有详细论述。

② 楪本捨三：《关东军秘史》，袁韶莹译，上海译文出版社1992年版，第91页。

当夜军事演习的名义，率队从沈阳北郊的虎石台驻地出发南下至东北军第7旅的北大营驻地附近，点燃了事先埋设在南满铁路柳条湖段路轨一侧的炸药。[①] 按照事先的计划，爆炸声过后，独立守备队第2大队第3中队立即向在奉天特务机关等候的板垣征四郎和独立守备队报告，谎称受到了驻防在北大营的东北军的袭击。随即，板垣征四郎向独立守备队第2大队和驻防在奉天附近的步兵第2师团第29联队下达了攻击命令。

在板垣征四郎的直接指挥下，独立守备队第2大队第3中队在随后赶来的第1中队和第4中队的配合下向北大营驻军发起了攻击。与此同时，接到板垣征四郎攻击命令的第29联队紧急出动向奉天城发起突然攻击。猝不及防的驻防北大营的东北军第7旅在参谋长赵镇藩和随后赶回营房的第620团团长王铁汉等人的组织下一边组织抵抗，一边撤离北大营，向位于沈阳东部的东北军营地东大营转移。与此同时，在日军第29联队的攻击下，日军从沈阳城的西侧攻入了沈阳城内，并分兵迅速占领了东塔机场、兵工厂、东三省官银号以及东三省边防司令长官公署等要地。9月19日上午6时左右先后占领了北大营和沈阳城的日军又重新集结，于当日上午11时左右几乎兵不血刃地占领了沈阳城东部地区的东北军东大营驻地。

就在沈阳的日军分别向北大营和沈阳城发起攻击令的当夜，驻防长春的日本关东军步兵第2师团第3旅团团长长谷部照俉在通过满铁长春站获悉日军在沈阳北大营的相关战斗通报后，立即按照事先拟定好的作战部署，向宽城子和南岭东北军驻地发起了攻击令。9月19日凌晨3时左右，关东军第2师团第3旅团下辖的第4联队在联队长大岛陆太郎的率领下，出动了辖下的第1大队和第2大队的一个中队开始围攻宽城子驻地的东北军守军。在日军的突然袭击下，驻防在宽城子车站附近的东北军第23旅第663团2营在营长傅冠军的率领下慌忙组织了反击。当时驻防长春北部地区宽城子的东北军守军只有傅冠军所部的一个营，在日军的攻击下孤军奋战的傅冠军营在既无外援又缺乏弹药的情况下，苦战

① 花谷正：《满洲事变是这样策划的》，张德良译，沈阳政协委员会《沈阳文史资料》第2辑，1982年，第198页。

至 19 日上午 10 时左右后被迫退出了宽城子兵营。就在关东军第 4 联队主力攻击长春宽城子东北军军营的同时，日本关东军同时派出了第 4 联队第 2 大队下辖的第 5 中队和第 7 中队率先向位于长春南部地区的东北军兵营南岭兵营发起了攻击。当时驻防长春南岭兵营的东北军有东北军独立炮兵第 19 团和步兵 672 团。日本关东军首次发起的攻击主要在破坏和抢夺南岭军营内的炮兵团的各种火炮，以防止南岭东北军炮兵使用火炮支援宽城子兵营内的东北军。日军第 4 联队第 2 大队主力部队采取偷袭战术破坏和抢夺东北军南岭炮兵团的火炮战斗成功后，日军随即向与炮兵团比邻而居的步兵第 672 团发起了攻击令。由于日军在攻击东北军炮兵时惊动了步兵第 672 团，使得东北军第 672 团官兵紧急集合做仓促的战前准备，故此使得日本关东军对 672 团的攻击从一开始就遭到强烈的抵抗，并为此付出了沉重的代价，日军死伤枕藉。由此，日军在九一八事变当夜的军事行动中，长春南岭的战斗可能是日本关东军付出代价最大的一次战斗。南岭兵营的东北军守军凭借兵营的特殊地理位置，同日军展开了阵地争夺战，战斗一直持续到 19 日中午，由于日本关东军第 4 联队主力部队攻陷宽城子兵营后抽身增援后，南岭兵营内的东北军守军才在轻重机枪的掩护下撤离了南岭兵营。

日本关东军在九一八事变当夜先后占领了东北重镇沈阳和长春后，又在越境的朝鲜军和飞机的支援下，先后占领了安东、四平、营口、辽阳、鞍山、本溪、昌图、通化、新民、公主岭、法库等地。至此，在不到 1 个月的时间里，日本关东军就迅速占领了辽吉两省的主要城市和大部地区。

日本关东军在占领了辽宁省和吉林省大部地区后，就将视野放在了位于东北北部地区的黑龙江省。对于关东军而言，武力占领辽宁省和吉林省的军事行动可以用东北军先袭击了南满铁路线的自卫行为来欺骗世界舆论，而黑龙江省境内既无南满洲铁路公司的铁路线，也无关东军的一个驻兵，无法继续使用东北军袭击南满铁路线进而关东军进行自卫的名义来进行武装占领。尤其是横贯黑龙江省境内的是苏联管理的中东铁路，更是关东军的忌惮。苦于没有通过武力占领黑龙江省理由的关东军找到了当时的洮南镇守使、民族败类张海鹏，并唆使张海鹏向驻防黑龙江省的东北军发起军事攻击。九一八事变后，秘密叛国的张海鹏在关东军的武器弹药和供给下，收编洮南附近各县的警察、土匪武装以及叛变的兴安屯垦团扩编了5个旅。同年10月13日，张海鹏出动下辖的5个旅沿洮昂线北上入侵黑龙江省，与守卫嫩江桥的黑龙江省政府卫队团（团长徐宝珍）发生接触。在黑龙江省卫队团团长徐宝珍的指挥下，嫩江桥北侧的黑龙江省守军凭借高地等有利地形，利用火炮、轻重机枪和步枪组成多重火力网进行还击，打退了敌军的数次进攻。至11月4日，伪张海鹏部停滞在嫩江桥南侧与黑龙江省守军形成南北对峙。守卫嫩江桥北侧的黑龙江守军为了防止敌军渡桥偷袭，烧毁嫩江桥中间部分，并据守嫩江桥北侧阵地监视敌军动向。投下诱饵的日军在黑龙江守军烧毁嫩江桥后，逐以洮昂铁路系日本满铁出资修建为由，向黑龙江省提出修复嫩江桥并赔偿损失的无理要求。在交涉要求被拒后，日本关东军以第2师团第16联队组建嫩江支队，以掩护满铁公司派出的江桥铁路修复作业大队为名向中国守军发起攻击。日本关东军第2师团第16联队在飞机、坦克和各种火炮的支援下先后攻陷了中国守军的大兴车站阵地、三间房阵地以及昂昂溪车站后，迫使马占山所部的黑龙江省军撤退齐齐哈尔。由此，日本关东军占领了当时的黑龙江省省会齐齐哈尔。

哈尔滨作为当时东北地区的一个特别行政区，在1931年12月日本关东军攻陷黑龙江省省会城市齐齐哈尔后成了日本关东军进攻的下一个目标。日本关东军为攻陷哈尔滨也采取了黑龙江省江桥作战的同样办法，先是派出伪军于深澄所部进攻哈尔滨南岗和三棵树地区的冯占海、李杜所部。1932年1月28日，伪军于深澄部进攻失败后，关东军则以“保护日本侨民”的名义派出了关东军第2师团第3旅团的主力部队在飞机和坦克的掩护下向冯占海和李杜所部阵地发起了进攻。在日本关东军的飞行大队、坦克队、骑兵队以及各种火炮的支援下，冯占海和李杜所部抗日军苦战数日后无奈放弃了双城堡附近阵地，又于同年2月5日撤离了哈尔滨城，至此日本关东军又占领了哈尔滨。

就在日本关东军第2师团第3旅团主力围攻哈尔滨的1931年12月下旬，日本关东军又派出主力部队渡过辽河，派出飞机进行无差别轰炸后于1932年1月1日向锦州周边的东北军发起了攻击，至同月3日日本关东军几乎未遭到东北军的正规抵抗就兵不血刃地占领了锦州。

其后，日本关东军不顾国际舆论的谴责，以当时的热河省为东北一部分为由于1933年1月1日挑起了所谓的“榆关冲突”占领山海关后，又于同年2月21日分三路重兵进攻热河。其中，日本关东军在军司令部武藤信义的直接指挥下，以日本关东军第6师团和伪张海鹏、程国瑞部为北路的日伪军主力部队自通辽出发，进攻开鲁、新惠、建平、赤峰，以此从承德北部对当时热河省的重镇承德形成战略包围之势；以关东军第8师团和伪李寿山等为东路的日伪军主力部队自锦州出发，进攻北票、朝阳、叶柏寿，以此从承德东部地区对承德形成包围之势；负责从承德南路进攻的日本关东军主要由关东军所辖第7师团、第14师团、骑兵第4团等组成，自绥中出发后，经建昌、凌源、平泉后从承德南部地区对承德形成战略包围之势。对此，东北军虽然在张学良等人的指挥和部署下也派出了东、南、北三路由东北军、义勇军组成的东北军主力部队与日本关东军展开激战，但由于事先准备不充分，相互不协调，尤其是汤玉麟的临阵脱逃导致日军长驱直入仅用128名先遣队的骑兵就占领了热河省省会承德，至此热河沦陷。

日本关东军自1931年九一八事变始，先后在几乎不到四个月的时间里就占领了辽吉黑三省的大部地区，其后又派出重兵占领了热河省，至此日本关东军武装占领了当时东北三省和长城以北的热河省。

三　关东军“占领”政策的调整

按照关东军司令部参谋石原莞尔等人在九一八事变前的武力占领“满蒙”计划，关东军武力占领东北后计划采取的是关东军直接统治的方式，通过对东北地区富饶的经济资源、矿业资源等的掠夺使东北成为日苏终极对决的“北进论”和日美对决的“南下论”的武装军备基地。其中像石原莞尔等人制定的《关东军领有满蒙计划》的统治方针中规定，“实施最为简明的军政，以维持治安，以期使得日鲜中三民族自由竞争之发达。为此，日本人应致力于大规模之企业及智能之事业，而鲜人应从事水田之开拓，中国人则发挥小商业及其他劳动，按照各能力发挥特长，以实现共存共荣之实为基础”，关东军在占领“满蒙”后设立总督府以统治“满蒙”地区。总督府中设总督一人，总督府中分设总务部、陆军部、民政部，在地方实行“道尹”制等。[①]

按照石原莞尔等人的“领有满蒙”计划，关东军司令部在武装占领了沈阳后的第二天，就以关东军司令官本庄繁的名义发布了关于成立奉天市政的布告。布告规定“日本军司令官鉴于奉天城附近现状，为增进日中官民幸福，自昭和六年九月二十日起，按军的指导，由日中人实施该地区之临时市政”。其中，伪沈阳市政的区域为“以奉天城内及商埠地为范围，满铁附属地一仍其旧”，“市政业务于市政公署行之，公署设小西门大街”。伪市政公署的主要官员中市长为原奉天特务机关长土肥原贤二，秘书为富村顺一，总务课长为庵谷忱，警务课长为鹤冈永太郎，财务课长为三谷米次郎，卫生课长为守田福松等。[②]

从关东军司令官本庄繁任命成立的伪奉天市政公署的人员中也可以看出，伪奉天市政公署从市长到各课课长全员采用了日本人。关东军成立伪奉天市政公署的布告公布后，引起中美英法以及日本国内的一片谴责之声。中国政府和美英等国的反对和谴责自不待说，来自日本国内朝野的反对之声确如实地反映出了关东军在悍然发动九一八事变武装占领东北之后的日本朝野政策上的混乱。

关东军策划武装占领“满蒙”计划虽然是在当时日本陆军省和陆军参谋本部的一部分少壮派军官的支持和暗示下完成的，但作为日本陆军省的高层甚至是当时的日本内阁更偏重于采取以武力威胁和外交交涉为主的手段来谋求日本在“满蒙”地区的利益。故此，九一八事变爆发后，日本内阁一边坚持“不扩大”的方针来制止关东军在东北地区的进一步的军事行动，一边还要应付来自中英美等国的外交压力。而关东军司令部的伪奉天市政公署的设立布告无疑加深了日本朝野内部的这种政策对立。其中，原本支持关东军在东北采取军事行动的建川美次在日本关东军司令部发出设立伪奉天市政公署布告后也表示强烈不满，认为这种带有日本直接进行军事统治为象征的奉天市政公署的成立，与日本在

① 本庄繁『本庄日記』付録、原書房、1979 年、第 305—306 頁。

② 《1931 年 9 月 20 日关东军司令官布告》，吉林省档案馆藏《日伪档案全宗》，档案号：171 – 5 – 276。

九一八事变后的“日军自卫论”之报道不符。

日本关东军发动九一八事变进而设立伪奉天市政公署也加深了日本朝野对关东军在东北的军事行动上的质疑，一些人甚至认为关东军试图通过在海外的“军事政变”来脱离日本实行关东军独立的目的。尤其是在关东军发动九一八事变的第二个月，日本国内发生了以陆军桥本欣五郎为首的未遂政变①，日本天皇甚至派出了川岸文三郎侍从武官来东北视察。急于摆脱困境的关东军一方面紧急致电日本陆军参谋本部次长、陆军省军务局以及建川美次等个人进行辩解。在同年10月19日的关东军紧急电报中，关东军强调“陆满109号及号外电指责之紊乱帝国陆军建军以来之本义为事实之杜撰，并毁损我荣誉之关东军之疑惑我等难以诚服”②，要求陆军省和陆军参谋本部对散布谣言者处以极刑。另一方面为撇清日本国内的指责，关东军于10月20日紧急裁撤了刚刚成立的以奉天特务机关长土肥原贤二为首的伪奉天市政公署，拼凑了以原东三省保安总司令部顾问赵伯欣等数十名汉奸为主的伪奉天市政公署。

关东军在东北占领地区计划实现军事统治受挫后开始在暗地里积极寻求表面由中国人组建脱离南京国民政府的独立政府，而日本人行暗地掌控实权的所谓“满洲独立建国”运动。关东军在这一时期的统治政策转变表现为在1931年10月之前，在日本舆论媒体的宣传下，大肆宣传张作霖父子的“暴虐”和“暴政”，以此为关东军实现军事统治做理论上的支撑。关东军在沈阳设立了伪奉天市政公署的同时，还在被日军占领的安东、长春、辽阳、昌图、四平等地唆使各地的汉奸成立伪维持会，以维持当地治安的名义向日军实现军事统治过渡。而在同年10月之后，日本关东军则指使日本的新闻媒体抛出了此前日本右翼学者们所编造的“满蒙非支那领土”论的旧调，为日本关东军指使或唆使各地的汉奸在日军派出的“自治指导部”的安排下举行“满洲建国运动”大游

① 即“十月事件”。1931年10月以日本樱会首领桥本欣五郎、日本右翼精神领袖大川周明等人密谋策划在同月21日出动近卫师团的12个步兵中队和陆海军的16架飞机袭击首相官邸和警视厅，暗杀首相若槻礼次郎、外务大臣币原喜重郎、内务大臣牧野伸显，建立以荒木贞夫为首的军人政权，一举解决占领东北和蒙古东部地区的问题。该计划泄露后桥本等人被捕。

② 本庄繁『本庄日記』付録、原書房、1979年、第365頁。

行提供理论上的指导，以欺骗国际舆论和混淆视听。在日本关东军的策划下，同年11月远在天津闲居的废帝溥仪在奉天特务机关长土肥原贤二等人的策划下从天津登陆旅顺。1932年3月1日，溥仪在日本关东军的扶持下成立了伪满洲国，当上了伪满洲国的“执政”。1934年3月1日，溥仪又在日本关东军的安排下，改国号为伪“满洲帝国”，当上了伪满洲国的“皇帝”，改年号为“康德”。

从上述的叙述中我们可以看到，关东军从策划九一八事变到武装占领东北的沈阳、长春之初，就是以武装占领实行军事统治为目的而进行的，并为此在占领地推行了治安维持会和设立了伪奉天市政公署，但是关东军从一开始就策划的这一武装占领和武装统治政策遭到了日本国内外的反对，为此关东军才不得不从天津抬出了废帝溥仪设立伪满洲国来应付日本国内外的舆论压力。由此，关东军扶植伪满洲国只是“迎合时局”的权宜之计，其由关东军控制和占领东北的事实并没有因此而改变。

第二节　九一八事变中的满铁公司

一　满铁公司的军事运输

1931年10月6日午后2时，时任满铁公司总裁的内田康哉前往关东军司令部拜访了关东军司令官本庄繁。[①] 有关满铁总裁内田康哉和关东军司令官本庄繁的这次会面，关东军做了详细的记录。按照关东军的记录，此次会面中本庄繁除了感谢满铁公司在九一八事变以来为配合关东军的军事运输所做出的努力外，还向内田康哉详细叙述了九一八事变的经过以及占领东北后关东军计划采取的占领政策。按照战前日本文武官僚的官等和级别，关东军司令官和满铁公司总裁在行政隶属上互不统属，且在官等上都属于高等官僚中的亲任级别的官僚。由此，本庄繁大可不必像下级向上级汇报工作那样躬身为内田康哉讲解关东军此后计划的占领政策。

① 本庄繁『本庄日記』、原書房、1979年、第28頁。

归结起来，本庄繁如此事无巨细地为内田康哉讲解关东军的占领统治计划的理由不外乎有以下几点考量。第一，内田康哉对关东军的占领政策的不满。战后日本有不少学者在研究九一八事变与满铁的关系中多有为九一八事变时担任满铁总裁和其后还担任日本外相的内田康哉辩解的倾向，认为内田康哉在关东军发动九一八事变前后历经了不知情、不满和转而支持的态度的过程。其实说到内田康哉对于关东军策划九一八事变不知情颇令人费解。简而言之，日本关东军在策划武装占领“满蒙”发动九一八事变之前，还同满铁公司合作，委托满铁公司调查课针对苏联的五年计划和“北满”地区的物产进行了军事战略上的综合研究。为此，时任满铁调查课的课长佐多弘治以及法制股主任松木侠等人还特意约请了关东军司令部参谋石原莞尔等人来满铁公司做了专题演讲。由此，在关东军司令部参谋们公然提出武装占领“满蒙”计划已经不是什么特别机密的情况下，身为满铁公司总裁的内田康哉尚不知情有点说不过去。实际上，内田康哉作为满铁公司总裁对于关东军的不满除了因关东军频繁调用满铁公司的车辆进行军事运输外，更多的不满在于关东军在武装占领东北之后的直接军事统治政策。我们目前虽然尚没有有关内田康哉在这一方面的详细文献资料来进一步进行佐证，但是从相关学者们的研究中可以窥见这一时期的内田康哉主要的不满可能更多地来自对关东军直接进行军事统治的担忧。第二，此时的本庄繁已经获悉日本陆军中央和日本内阁对于关东军在东北发动九一八事变以至于直接设立伪奉天市政公署的异议。由此，通过说服这位在日本政坛上颇具影响力，且即将启程回国的内田康哉可能在某种程度上能消除日本内阁和陆军中央对关东军在东北的行动上的质疑。

更为重要的是，九一八事变后关东军之所以能够在最短的时间内投送兵员到战场上同东北军或抗日义勇军进行军事作战很大程度上取决于满铁公司在铁路运输等方面的大力合作。由此，本庄繁与其说是在说服内田康哉，倒不如说是在说服满铁公司继续为关东军提供兵员、弹药、伤员护送等各个方面的支援更为恰当。

实际上，满铁公司在九一八事变当夜起就开始利用铁路运输资源为关东军提供近乎24小时的军事运输服务。其实，从1931年九一八事变爆发当夜起，满铁公司就在关东军的要求下将驻防在沈阳城西侧附属地内以及在长春附近的日军通过紧急调运的专列分别投送到北大营以及长春的宽城子和南岭东北军军营附近。按照满铁公司在事后编撰的《满洲事变与满铁》的叙述，九一八事变当夜关东军独立守备队第2大队第3中队自行炸毁柳条湖段的南满铁路后，关东军就通过在满铁公司配属的将校向满铁公司下达了军事运输令。对此，满铁公司立即对“奉天驿”和“长春驿”的满铁员工下达了“非常动员”令。在满铁员工的紧急调度下，驻防沈阳城西侧附属地内后续部队的日军和长春日军乘坐专列在很短的时间内就抵达了指定地点，分别投入了日军攻击北大营和宽城子以及南岭的战斗中。第二天凌晨3点30分，关东军司令部司令官本庄繁及以下幕僚又在满铁公司旅顺站站长等人的紧急动员和调度下，乘坐特快列车赶赴沈阳，对日军武装占领沈阳和长春等地进行现场指挥。同月20日日军先后攻占了沈阳和长春后，满铁公司又在关东军的直接指挥下设立了“临时铁道线区司令部”作为“铁道作战监部”，组成了由满铁公司员工和关东军司令部派出的军事运输要员联合小组用来专门负责配合关东军的军事运输行动。按照关东军司令部的要求，“临时铁道线区司令部”由关东军司令部负责运输参谋和满铁公司派出的5名员工组成，其“临时铁道区线司令官隶属于关东军司令官，指挥临时铁道区线司令部及配属于各车站的车站司令部，制订满铁公司及满铁连接铁道的军事运输计划，指挥满铁及连接铁道公司进行列车车辆准备及运转及其他事项”①。在满铁公司派出员工参与关东军主导的“临时铁道线区司令部”进行军事运输的同时，满铁公司还根据关东军的军事要求先后设立了对应于关东军“临时铁道线区司令部”的内部机构——临时时局事务所和临时奉天铁道部出张所，以随时配合“临时铁道线区司令部”的军事运输计划。

“临时铁道线区司令部”在随后的日本关东军的军事行动中扩大而不断改组。起先，“临时铁道线区司令部”因关东军于同月22日准备出

① 南滿州鉄道株式会社『滿州事変と滿鉄』（上）、原書房、1979年、第12頁。

兵吉林而在长春设立了“临时铁道线区司令部长春支部”，其后，“临时铁道线区司令部”先后又随日军的出兵营口、锦县、哈尔滨、齐齐哈尔等地而先后设立了“临时铁道线区司令部”营口支部、沟帮子支部、哈尔滨支部和齐齐哈尔支部等。与此同时，满铁公司还将原用于配合“临时铁道线区司令部”的军事运输需要而设立的临时时局事务所从最初的奉天，扩张到大连、营口、四平街、长春、洮南、齐齐哈尔等满铁公司所辖铁路沿线的主要车站，并在原有沿线各站无线通信的基础上在江桥、龙江、大虎山、一面坡、泰来、昂昂溪等地临时增设了无线通信设施，以统合满铁公司的铁路运输中的庶务、运行、通信和工务业务强化军事运输效率。此外，满铁公司还利用日本关东军占领的吉敦线、吉长线、沈海线、四洮线、洮昂线以及北宁线等设立了事务所为关东军提供给养、炮兵、马匹、弹药、装甲车、伤员、兵员等的军事作战物资战场投送的服务。

根据九一八事变后满铁公司员工所述和其他一些文献记录，九一八事变爆发当夜，满铁公司为关东军提供了 4 次紧急军用列车运输。其中，第一次和第二次为前面提及的独立守备队第 2 大队余部支援北大营军事运输和关东军司令部自旅顺迁移沈阳等军用列车运输。第三次为长春宽城子日军赶赴南岭的军事运输及当夜抚顺日军支援沈阳日军攻击沈阳城的军事运输等。

满铁公司的军用列车在九一八事变后的第二天达到了运输高潮。在当日合计达 37 次军用列车运输中，满铁公司先后为驻防在沈阳周边的日军向沈阳集中，参加沈阳城攻防战运送了步兵、炮兵、马匹、武器弹药、关东军司令部人员、辎重等军事物资和兵员。同日，满铁公司还利用沈阳至长春的铁路线向长春方向开行列车 11 次，为在长春附近集中的日本关东军进攻长春进而进行占领吉林做准备，运送了兵员、马匹、医药品、武器、辎重等军用物资及伤员的后方移送。

在其后的朝鲜军越境进入东北境内后，满铁公司还利用安奉铁路线为朝鲜越境军先后 7 次提供了军用列车，用于朝鲜越境军越过中朝边境后在东北东部集中以及弹药和马匹、炮兵等的运输。进而在九一八事变后的 20 日前后，满铁公司还利用被日本关东军占领的吉长铁路和吉敦铁路线为日本关东军占领吉林东部山区提供了军事运输的方便。

继日本关东军武力占领辽宁和吉林两省后，满铁公司又配合关东军试图武力占领黑龙江的战略意图，先后将日本关东军第 3 旅团司令部、步兵第 29 联队第 3 大队、野战炮兵第 2 联队第 1 大队、步兵第 4 联队、野战重炮兵大队以及步兵第 78 联队第 1 大队陆续通过满铁公司所辖铁路线运往四平集中①，为日军武力进攻江桥，进而攻陷齐齐哈尔进入黑龙江省立下了“汗马功劳”。

1931 年日本关东军攻陷黑龙江省省会城市齐齐哈尔，继而占领了黑龙江省大部地区后又将侵略的矛头对准了锦州地区东北军和辽宁省政府的临时所在地。为此，满铁公司为配合关东军的作战意图，先后从大连、安东、辽阳等地调运机车进行军用列车编组，先后将关东军所辖第 77 联队、骑兵第 28 联队第 2 中队、野战炮兵第 26 联队第 5 中队、工兵第 20 大队第 1 小队、关东军汽车队、电信队、无线通信队等关东军所辖部队、弹药给养等运往新民屯、沟帮子、大虎山等地。②

根据满铁公司在九一八事变后编撰的《满洲事变与满铁》的统计，自 1931 年九一八事变起至同月 25 日止，满铁公司所辖的长春至大连的“本线”和奉天至安东的“支线”用于军事运输的军用列车次数就达 111 次。③ 以此按照天数计算，从 9 月 18 日至 25 日的 8 天时间里，满铁公司平均每天出动 14 次军用列车为关东军提供铁路上的军事运输服务。在随后的日本关东军对东北地区的哈尔滨、江桥、锦州等地的军事行动中，满铁公司先后从 1931 年九一八事变后至 1932 年 3 月的近 8 个月时间里，出动了 4056 次军用列车，走行 157 万千米，运输各种军需物资达 20 万吨。④

满铁公司在为关东军提供近乎全方位的铁路运输服务的同时，还派员将关东军抢掠的原东北军装甲列车进行改制，按照关东军的要求将部分列车和机车进行装甲改装，安装各种火炮和装甲用于关东军对锦州、

① 苏崇民:《满铁史》，中华书局 1990 年版，第 437 页。

② 苏崇民:《满铁史》，中华书局 1990 年版，第 437 页。

③ 南滿州鉄道株式会社『滿州事変と滿鉄』（上）、原書房、1979 年、第 33 頁。

④ 南滿州鉄道株式会社『滿州事変と滿鉄』（上）、原書房、1979 年、第 33—34 頁。

热河以及东北各地围剿“土匪”“马贼”。

九一八事变期间，满铁公司究竟为关东军改装了多少辆装甲列车，目前尚无具体的统计。根据目前所能查阅到的文献，九一八事变爆发后的9月26日前，满铁公司先后在满铁公司辽阳车辆工厂、奉天车辆工厂等地为关东军改装了6辆牵引机车及2辆用于装载步兵车辆和炮兵车辆的牵引机车。其后，满铁公司又将关东军抢掠过来的原四洮铁路局等地的9辆铁路机车进行了紧急装甲和防寒改装，以用于铁路水槽车的运输。除上述铁路牵引机车的装甲改装外，满铁公司还对关东军原有的装甲列车进行了小范围的改装和修理。满铁公司对关东军的这些装甲机车的小规模改装和修理中，有装甲列车瞭望台的扩修、装甲列车内通信设施的改造以及装甲列车之间通信信号的改修等。满铁公司还为关东军的坦克、装甲运兵车、炮兵牵引车、弹药车、运送伤员车辆等进行了应急修理和改装（含加装暖气设施和防冻设施）。1932年8月之后，满铁公司还应关东军的要求，先后在奉天车辆工厂等地，为关东军生产和组装了17辆装甲机车和装载列车。此外，满铁公司还应关东军的要求，为关东军下辖部队的普通军用卡车、军官用车、工程车辆等加装了装甲钢板等。

满铁公司在为关东军提供高效的军事运输和装甲战车的修理和改装的同时，还为关东军提供了构筑野战工事所需的水泥、麻袋、木材、煤炭、燃油、饮用水等。其中，如1933年3月间日本关东军发动的“热河事件”中，满铁公司为了保障关东军军事作战和军事运输需要，临时改造或扩建了绥中县、义县、大虎山等地铁路设施的给水、供炭、通信和电力设施系统，并设置了专门的军用站台和可移动供应机车燃气的水槽车。此外，满铁公司还在锦县、大虎山、北票等地专门设立了煤炭中转仓库和用于运输煤炭的铁路专线，以随时为关东军的军事运输和冬季取暖提供煤炭燃料。

在近年的研究中我们还发现，九一八事变中满铁公司除了向关东军提供了铁路运输和利用自身机车修理功能为关东军提供军事运输和装甲车改装生产服务外，还为关东军提供了连接铁路线运输之外的公路运输中的汽车运送服务。九一八事变之前，满铁公司为扩张铁路贸易货源，大量购置了用于公路货运和客运的汽车。根据满铁公司在这一时期的统计，截至1931年九一八事变前，满铁公司合计购入了56辆汽车分别配属给满铁公司总务部庶务课、铁道部工作课、地方部庶务课、抚顺煤矿等。1931年九一八事变爆发的第二年，满铁公司紧急购入了91辆汽车以配合关东军的军事行动。这些新购入的汽车大多用在了关东军讨伐和围剿抗日军民的军事行动中。其中如满铁公司鞍山事务所在关东军独立守备队第6大队及第3大队、海城炮兵队以及日军第3师团主力对辽阳唐马寨、刘二堡、大孤山、樱桃园矿的“匪徒”讨伐中，出动了鞍山站的2辆汽车，先后20余次为日军提供部队兵员和军需品的运送。在满铁公司辽阳事务所，满铁公司按照关东军司令部的要求，花费近2700日元新购入数台汽车，为在辽阳的日军围剿活动提供了89次军事运送服务。同样，满铁公司四平车站也配合日本关东军的军事行动，先后出动汽车110次以上为关东军运送武器、防御工事和军事工程建筑用材料、粮食、行李、慰问品以及所谓的战利品等。满铁公司长春车站从九一八事变爆发后的当日就开始为日本关东军提供公路运送服务。其中，9月19日上午，满铁公司长春事务所应关东军的要求为关东军运送了弹药和军需品以及所谓的战利品。9月24日，满铁公司长春站还应关东军的要求，出动3辆汽车，为关东军提供了兵员和军需品的运输。按照满铁公司在事后的统计，从1931年九一八事变爆发至1932年5月30日止，满铁公司长春事务所先后为关东军第3师团各部队、混成旅团、独立守备队、卫戍医院卫生队先后提供了7人座汽车1辆、5人座汽车2辆、4吨货运卡车3辆、1吨货运卡车1辆。满铁公司抚顺煤矿在九一八事变爆发后，利用自身的各种汽车也为关东军合计出动汽车运输225次，累计金额达7422日元的各种汽车公路运输服务。①

此外，满铁公司铁路沿线的仓库、货场、旅馆、医院、剧场以及其他固有建筑设施，也向关东军开放，为关东军所辖各部队提供住宿、野战军事物资转运仓储、伤兵医治、兵器修理等服务。由此，满

① 南満州鉄道株式会社『満州事変と満鉄』（上）、原書房、1979年、第382—384頁。

铁公司也成了关东军军事物资转运、仓储、伤兵后送护理等的后方军事基地。

九一八事变期间，满铁公司不仅为关东军提供了铁路、公路甚至是水路以及列车和卡车装甲改装的服务，还为关东军提供了煤炭、燃油、麻袋、水泥甚至是仓库、货场、医院等全方位的服务，为关东军能够在很短的时间内迅速占领东北全境及热河省提供了交通运送和物资等各个方面的服务，成为关东军不可缺少的后勤保障机构。

值得注意的是，关东军与满铁之间的这种关系不仅仅是当时日本国内的军商关系在殖民地的延长。按照战前的日本政治体制，只有在军事动员体制下军队才能占用民间运输工具进行军事运输。其中，如中日甲午战争和日俄战争以及 1918 年出兵西伯利亚等近代日本对外战争中的日本国内铁路运输以及海上运输中，日军在日本国内军事动员前提下需要同日本的“国铁”（JR）达成军事运输协议，才能由日本“国铁”协同日军的军事运输。而在 1931 年 9 月 18 日，就连日本关东军在沈阳和长春的军事行动均没有事先得到日本政府乃至日本陆军中央批准，当然根本谈不上军事动员体制情况下，满铁公司仅凭关东军的一个军事命令或指示就为关东军进行极为周密的军事运输。不仅如此，在其后的关东军军事作战中，满铁公司还为关东军提供了列车机车、军用卡车等的装甲改装和生产以及仓库、煤炭、木材、伤员后方移送和治疗等各个方面的后方协助。由此可见，关东军和满铁之间不仅仅是当时日本国内意义上理解的单纯的军商关系。事实上，以九一八事变为契机，关东军与满铁之间也面临着原有的殖民地统治意义上的军商关系的转变和再调整。

二　九一八事变中的满铁职员

满铁公司在为关东军提供各种军事运输和物资上的供给的同时，也派出了大量满铁公司职员参与到满铁公司的军事运输和关东军的军事作战中。

有关九一八事变中满铁公司派出职员支援关东军在东北的军事行动议题的论述和研究有很多，但是这些研究中仍然有概念不清和界定不清等问题的存在。就满铁公司整体而言，可以说，九一八事变期间满铁公司作为公司整体上参与了关东军在东北的各种军事运输。其中，除了上面提及的由关东军主导的“临时铁道线区司令部”中有满铁公司职员派驻其中外，满铁公司先后在公司内部所设立的“临时时局事务所”“临时奉天铁道部出张所”等机构则由满铁公司从内部相关车站的公司干部中抽调组成。而就单纯从事关东军军事运输的意义而言，其中像关东军军事运输过程中的货运调度、货场装卸、通信联络、货站编组、随车押运、线路维修、铁路信号管理等直接服务于军事运输人员等一线满铁公司职员则属于通常意义上的为直接为关东军军事运输服务的职员。此外像在辽阳车辆工厂、奉天车辆工厂为关东军改装和生产各种装甲运兵车、机车、车辆的职员，以及在满铁公司货场、仓库、车站为关东军提供煤炭燃料、麻袋、木材、水泥等军事作战物资的满铁公司职员也属于通常意义上的直接为关东军军事作战提供后勤保障人员。由此可以说“九一八事变中满铁公司全员参与了关东军的军事运输和后勤供给”的说法比较恰当。

从另一方面看，满铁公司还以特殊的人力资源方式为关东军武装占领东北提供了有力的支援。其表现形式有以下几个方面。首先就是关东军发动九一八事变后，以满铁公司职员为主的“自卫团”“自警团”担任起了协助日本关东军进攻东北军驻地的军事任务或铁路线及附属地内治安维护任务。其中，如九一八事变爆发后，由满铁社员组成的“自警团”就在沈阳的各个铁路路口以及被日本关东军占领的沈阳城内各个路口设卡盘查行人。而在长春，日本关东军先后占领了宽城子和南岭军营后，在长春的满铁公司社员也先后组成了“自卫团”和“自警团”在长春城内各个路口以及车站附近设卡盘查往来行人。其次就是满铁公司通过设立在满铁公司内部的调查课和情报系统为日本关东军提供及时的军事情报和信息。按照满铁公司的分类，满铁公司为关东军提供的军事情报大体上分为“政治、外交、产业、交通及其他一般情报”及“军事中尤其是匪徒动向方面的各种情报”等。满铁公司在相关的情报收集中，除满铁调查课外，还在满铁公司各铁路沿线——瓦房店、大石桥、营口、鞍山、辽阳、沈阳、铁岭、开原、四平、长春、公主岭、本溪等地的地方事务所内临时开设了情报班以随时调查东北各地的政治、外交和军事情报。其中，满铁公司调查课情报股“在事变发生后，各个派出机关的关于时局处理的各种情报激增。这些情报大多与时局有重大关系，无法置之不理。为此，情报股人员连日埋头奋战，按照情报内容将情报进行分类并随时配发给相关各个部门，以供制定时局政策参考”①；满铁营口事务所在大石桥的日本关东军独立守备队第 3 大队占领营口重要设施后，立即在牛庄日本领事馆内成立了情报收集班，“相互扶持努力收集情报并密切与宪兵队、警察、领事官取得联系进行情报交换”，同时还将“匪贼、各种经济情报及其他时局情报进行分析，保持与各个机关的密切联系”。满铁公司沈阳事务所在九一八事变爆发后，立即将位于沈阳城内的情报本部迁移到了奉天事务所，在与满铁公司总部取得联系后充实了人员，进行了专业分工并与满铁公司所辖各个机关及关东军密切联系，以收集各种情报，为关东军的军事行动做参考。此外，鞍山制铁所、抚顺煤矿以及吉林、哈尔滨、齐齐哈尔、洮南、郑家屯等地的满铁公司事务所也成立了情报收集班或情报收集组以收集周边各种情报，为关东军的军事行动提供参考。

满铁公司向关东军各个部门派遣组织人员是九一八事变中满铁公司对关东军进行人力支援中最大规模的派遣活动。表 4 – 1 为 1931 年九一八事变后至 1933 年 3 月，满铁公司接受关东军命令向关东军等部门派出的人员统计表。

表 4 – 1　　**九一八事变中满铁公司派出人员统计**

1931 年 9 月至 1933 年 3 月　　单位：人

派遣地点	人数	派遣地点	人数
关东军参谋部	41	伪吉林省政府	9
关东军副官部	10	东三省官银号	5
关东军特务部	161	伪东北交通委员会	17

① 南满州鉄道株式会社『滿州事変と滿鉄』(上)、原書房、1979 年、第 400 頁。

续表

派遣地点	人数	派遣地点	人数
关东军兽医部	9	自治指导部	79
关东军经理部	1	伪满洲国政府	1
关东军特殊无线通信部	35	吉长吉敦铁路	199
关东军兵器部	8	奉山铁路	86
关东军总区司令部	129	沈海铁路	32
关东军热河出动部队	11	四洮铁路	39
海拉尔特务机关	1	洮昂及齐克铁路	44
采金事业调查部	11	齐克建设事务所	366
电信电话会社创立准备员	3	呼海建设事务所	283
步兵第16旅团	1	龙江时局事务所	156
伪奉天省政府	3	松花江水运	14
伪奉天实业厅	4	热河铁路	745
伪奉天财政厅	5	奉天纺纱厂	2
伪奉天教育厅	1	合　　计	2512
伪奉天市政公所	1		

资料来源：本表根据满铁公司《满洲事变与满铁》（上册，原书房，1979年，第295—296页）统计整理而成。

通过上表我们可以看出，按照满铁公司派出人员的派驻地性质划分，可以分为关东军军事部门、伪满洲国中央政府和地方政府、军需工厂、金融机构以及被关东军占领的各地东北铁路局等。其中，接受关东军命令派驻到关东军司令部所辖参谋部、副官部、经理部等的满铁人员合计394名，占满铁派遣人员的六分之一。其中，派遣到关东军司令部所辖各部及旅团的满铁人员中，派遣到关东军司令部参谋第二部和第三部的满铁人员主要负责“参与了宣抚方针的立案、新闻机关的言论统制、对外国官宪的事变真相宣传、关于国联调查团的言论机关指导、对苏联的宣传计划、北满及松花江沿岸的匪徒围剿和宣抚、反满运动调查及情报收集”和“对旧东北政权之不安政局的收容、行政工作指导”等；派遣到关东军司令部副官部和特务部的满铁人员主要负责协助关东军“调查（东北）各地军队动向、嫩江大兴附近及锦州动向、驻东京各国大使馆内武官及国联调查团动静”等；派遣到关东军司令部兵器部人员主要任务为协助关东军司令官兵器部人员赶赴被日本关东军占领和接收的原东北兵工厂，对“东北兵工厂进行修复重建，制定兵器生产计划，对东北兵工厂、迫击炮厂及北大营工厂、工兵学校进行调查，加装防冻措施，并对各种设备和材料进行评估”等。此外，满铁公司还派人参加了关东军通信队对占领的东北无线电台及电台站进行了“性能调查、试验、检测”，以及关东军无线通信设施与日本内地联络等事项。

在伪满洲国中央政府和伪奉天省政府、伪吉林省政府等地方政府中派遣的满铁公司人员主要负责协助关东军担任伪满洲国财政厅、教育厅、东三省官银号、伪吉林省政府、伪奉天省政府、伪奉天市政公署的顾问、咨议，掌管伪满洲国及各地的财政、教育、交通、卫生等行政事务。其中，在满铁公司派往日伪机构中最多的当属满铁公司派往“自治指导部”的人员。关东军在占领东北的政策转变过程中，从当初的军事占领政策到扶植傀儡政权，为了伪造“满洲自决”的民意，授意由满铁公司派遣人员为主要构成的“自治指导部”对于扶植伪满洲国起到了重要的影响作用。在满铁派遣人员和关东军武力威胁下，伪造民意组织汉奸和民族败类举行游行请愿，并在东北各地的县、乡、村镇纷纷成立了“自治指导部”，以筹备设立伪地方政府。

在满铁公司人员派遣中，按照关东军的要求派遣到被关东军占领的原东北各地铁路局的满铁公司人数最多，达 1794 名。按照关东军的指示要求，满铁公司派遣的这些人员主要被派遣到了沈海线、吉海线、吉长线、吉敦线、呼海线、齐克线、洮昂线、洮索线以及四洮线等的原东北地方当局所有的铁路线，负责关东军的军事运输及铁路线路的维护和维修。1933 年日本关东军发动热河战争占领热河后，满铁公司又配合关东军派出人员接管了北宁铁路中山海关至沈阳段铁路线，成立了奉山铁路管理局。

被满铁公司称为“社外派遣”的职员接受关东军指令，被派遣到沈海线、吉海线、吉长线、吉敦线、呼海线、齐克线、洮昂线、洮索线以及四洮线等原东北地方铁路后，就全面掌控了上述铁路线的所有管理权和运营权。其中，满铁公司派遣人员在掌控了吉长和吉敦铁路线后，先后派出工程技术人员修复了吉长铁路和吉敦铁路线被义勇军等破坏的机车车辆、路口、信号和线路，编制了军用列车运行表，为关东军运送了马匹、炮车、弹药、粮食以及兵员等。关东军开始“讨伐”吉林东部地区的东北军旧部和义勇军时，满铁派遣人员还随军行动对车辆和路桥进行了紧急抢修和维修。1931 年年底关东军占领了齐齐哈尔后，满铁派遣人员除了抢修洮昂线上的嫩江桥外，还跟随关东军参加了齐齐哈尔至克山线的接收和修复工作，并为关东军提供了战利品运输、马匹和兵员运输服务。

在接管北宁线山海关至沈阳段之间的铁路问题上，满铁公司可谓为关东军煞费苦心。现在被称为北京至沈阳之间的京沈铁路线，曾先后被称为唐胥铁路、山海关铁路、京奉铁路和北宁铁路等。该线铁路是在清末时期的 1877 年唐山至胥各庄运煤铁路的基础上发展而来的。唐胥铁路先后延伸到天津、通州、丰台、北京正阳门，又进一步越过山海关、锦州、新民屯至当时的奉天皇姑屯。当时的清政府于 1909 年，同日本签订了《北京条约》后，将该段铁路线从皇姑屯穿越南满铁路线后延伸至奉天城北车站。张作霖主政东北后，以原沈阳城北车站为基础修建了沈（阳）海（龙）铁路线，进而将京奉铁路通过沈阳北站与沈海铁路和吉海铁路进行了有效连接。为此，满铁公司和关东军以该段铁路线侵害满铁公司利益为由向中国政府提出交涉。由此，京奉铁路也成了关东军和满铁公司的“眼中钉”。1931 年九一八事变爆发后，关东军为防止借由京奉铁路线的关内中国军队对东北增兵支援的可能性，命令满铁公司派出员工将沈海线和北宁线之间的联络线上的铁路路轨及信号设施悉数拆除。进而，关东军还恐关内中国军队的增援，又命令满铁公司连夜派遣工程人员拆除了沈阳北站附近铁路线上的路轨、信号设施及供水设施。日本关东军占领辽吉两省大部地区后，关东军为进行热河地区的军事准备，又于1932年1月命令满铁公司将原拆除的沈海线和沈阳北站附近的铁路路轨及信号等设施进行了全面修复。进而在1933年2月，日本关东军出兵三路入侵热河后，关东军又命令满铁公司派出700余名满铁公司社员随关东军接管北宁线山海关至沈阳段的铁路线，为关东军先后临时开辟了沈阳至锦县间、大虎山至彰武间、锦县至山海关之间的客运列车和皇姑屯至锦县之间的货运列车。

满铁公司除了向原东北铁路派出职员接管铁路为关东军提供军事运输服务外，还在关东军的指示下，派出职员接管了松花江的水运设施以及被日本关东军占领的煤矿和矿山等设施。1932年年初，日本关东军占领了松花江下游地区后，满铁公司按照关东军的指令先后派出14名满铁公司职员参加了关东军和日本国际运输公司人员组成的临时松花江水运委员会，利用原东北航务局所属船舶，开设了自哈尔滨和三姓之间的定期航线，为关东军提供兵员、弹药及军事物资等方面的军事运输。九一八事变后，满铁公司派出职员接管东北煤矿，主要有复州湾煤矿和八道壕煤矿。复州湾煤矿原为东北矿物总局所属的煤矿之一。1931年11月2日关东军占领复州湾煤矿后，就将该煤矿的管理权和经营权“移交”给了满铁公司。为此，满铁公司从抚顺煤矿抽调工程技术人员“接管”了复州湾煤矿。复州湾煤矿位于现在的辽宁省大连普兰店湾新区复州湾镇西南部。根据史料记述，该地区的“五湖嘴煤矿”早在明代时期就有开采，至清朝中叶中国商人又在附近的砟子窑附近开设了煤矿采区。复州湾的上述两个煤矿在先后被沙皇俄国的商人强行收购后，其中的“五湖嘴煤矿”又回到了中国商人手中。1931年九一八事变后，满铁公司强行接管了“五湖嘴煤矿”后驱逐中国煤矿管理人员重新组建了煤炭事务所，强行接管了该煤矿的管理经营权和煤炭销售权。按照满铁公司后来的记述，满铁公司强行接管了该煤矿，攫取了该煤矿的管理经营权后，先后改造了煤矿坑外的排水设施和排风设施，并整修和扩大了从煤矿至车站之间的公路及设立在车站附近的储煤场，为进一步加快对煤矿的掠夺提供了条件。八道壕煤矿位于辽宁省黑山县，1919年益民公司获得了该地区煤矿开采权后，还利用该地区的煤矿资源设立了火力发电厂进行火力发电以供应该地区的居民和矿区。1931年九一八事变后，关东军以武力为背景占领了八道壕煤矿后，将该煤矿的管理权委托给了满铁公司。为此，满铁公司迅速派出相关职员和技术工人在关东军的武装保护下接管了八道壕煤矿的经营管理权。

在满铁公司本部及所辖各地区的铁路事务所人员参与了对关东军进行人员上的支持和协助的同时，满铁公司投资或控股的子公司也为关东军提供了大量人员人力上的支援。其中，满铁公司的控股公司之一国际运输株式会社在九一八事变期间，除了为关东军提供了卡车司机、向导、货物装运、情报调查和收集外，还为关东军在松花江流域的军事物资运输提供了货场和船只。满铁公司投资的子公司"南满洲电气株式会社"在九一八事变后，除了为关东军提供电力维修和供应电力外，还派出职员跟随关东军为关东军提供通信器材修理、运输、翻译向导以及军事物资的装运服务。与此同时，满铁公司的相关公司"东亚劝业株式会社"也为关东军提供了翻译向导、军事情报收集以及兵工器材的运输和装卸服务。①

至此，九一八事变中满铁公司以及满铁公司控股公司除了在原满铁公司所属铁路线路上配合关东军的军事运输派遣了满铁职员外，还接受关东军的命令或委托先后向关东军占领的原东北铁路线、关东军司令部下辖各部、伪东北地方政府、金融机构、松花江沿岸水运、复州湾煤矿等派遣了大批满铁公司的技术人员及管理人员协助关东军进行东北殖民统治。

三　满铁公司对关东军的慰问

1931年10月22日，关东军司令部以司令官本庄繁的名义致函时任满铁公司总裁的内田康哉。在关东军的该份信函中，关东军称"此次事变中不仅承蒙始终给予的热诚支援，前此并为阵亡者发放抚恤金，此次复为伤残官兵拨发慰问金，我全体遗族及伤残人员对此实不胜感

① 关东军监理部：《陆军以外单位拟行赏人员呈报表》，载辽宁省档案馆《"九一八"事变前后的日本与中国东北——满铁秘档选编》，辽宁人民出版社1991年版，第399页。

激之至，并且此举对于振奋一般士气亦有影响，兹谨代表全体官兵深致谢意”①。

从关东军司令官本庄繁的这份信函我们可以看到，1931 年九一八事变爆发后，满铁公司向关东军的阵亡者和伤兵分别发放了抚恤金②和慰问金。有关此次满铁公司向关东军拨发的日本关东军阵亡者家属的抚恤金和伤残者慰问金的数额，目前我们还没有确切的资料来进行佐证。③ 不过，从满铁公司 1931 年 11 月至 1938 年 4 月合计 9 次拨发给日本关东军阵亡者家属的抚恤金统计表中我们可以看到，满铁公司从 1931 年九一八事变爆发之日起至 1933 年 5 月止的通常日本战史认定的“满洲事变”期间，满铁公司一直按照关东军官兵的阵亡者人数拨发一定标准的“遗族吊慰金”，甚至在“满洲事变”结束后直到 1938 年 4 月，满铁公司一直为关东军的阵亡者拨发“遗族吊慰金”（如表 4 －2 所示）。

表 4 －2　　**满铁公司拨发给关东军阵亡士兵“遗族吊慰金”统计**

单位：人、日元

次　数	将校及准士官		下士官		兵		小　计	
	人数	金额	人数	金额	人数	金额	人数	金额
第一次（1931 年 11 月至 1932 年 2 月）	30	18000	90	36000	191	57300	311	111300
第二次（1932 年 3 月至同年 7 月）	33	19800	152	60800	219	65700	404	146300

① 1931 年 10 月 22 日关东军司令官本庄繁为感谢满铁发放抚恤金及慰问金致满铁总裁内田康哉书简，辽宁省档案馆《“九一八”事变前后的日本与中国东北——满铁秘档选编》，辽宁人民出版社 1991 年版，第 412 页。

② 日文汉字词为“遗族吊慰金”。

③ 依据其后满铁公司按照时间向关东军阵亡者提供的“遗族吊慰金”标准，此前满铁公司向关东军的阵亡者和伤残者拨发的“遗族吊慰金”和“慰问金”应是针对九一八事变爆发后日本关东军进攻沈阳北大营、沈阳城以及进攻长春南岭和宽城子中阵亡的 113 名日本关东军官兵及在上述战斗中受伤的日军官兵。据此推测，满铁公司向关东军拨发的“遗族吊慰金”总额应在 33900 日元以上（以每名 300 日元计算）。

续表

次　　数	将校及准士官		下士官		兵		小　　计	
	人数	金额	人数	金额	人数	金额	人数	金额
第三次（1932 年 8 月至 1933 年 3 月）	46	27600	142	56300	374	112200	562	196100
第四次（1933 年 3 月至同年 10 月）	46	27600	231	92400	352	105600	629	225600
第五次（1933 年 10 月至 1934 年 3 月）	39	23400	184	73600	351	105300	574	202300
第六次（1934 年 4 月至同年 8 月）	50	30000	25	46000	267	80100	342	156100
第七次（1935 年 4 月至 1936 年 3 月）	69	41400	169	67600	413	123900	651	232900
第八次（1936 年 4 月至同年 9 月）	45	27600	119	47600	273	81900	437	157100
第九次（1936 年 10 月至 1938 年 4 月）	56	33600	124	49300	246	73800	426	156700
合　　计	414	249000	1236	529600	2686	805800	4336	1584400

资料来源：本表根据辽宁省档案馆《“九一八”事变前后的日本与中国东北——满铁秘档选编》（辽宁人民出版社 1991 年版，第 413—448 页）各表整理统计而得。

通过表 4－2 可以看出，从 1931 年九一八事变爆发至 1933 年 3 月日本关东军占领热河止的这段时间里，满铁公司至少向关东军先后 4 次拨发了支付给关东军阵亡官兵“遗族吊慰金”。其中从 1931 年 11 月至 1933 年 3 月，满铁公司合计向关东军 1277 名阵亡官兵的家属拨发了总额为 453700 日元的“遗族吊慰金”。[①] 1931 年 11 月至 1933 年 3 月间，恰是日本关东军挑起江桥事件至热河省沦陷之间的先后攻陷黑龙江省、占领哈尔滨和锦州以及日本关东军派出三路日军攻陷热河省省会城市承

① 另据满铁公司《满洲事变与满铁》（上册，原书房，1979 年，第 504 页）记述，总额为 453300 日元。

德，进而逼近长城各隘口，占领当时的热河省全境的时期。据此我们查阅了日本内阁官报局发行的《官报》以及靖国神社发行的《靖国神社史》中关于这一时期的日本关东军阵亡者名单人数与满铁公司同一时期拨发的关东军阵亡者人数基本符合。[①] 由此，我们可以推测出满铁公司拨发给关东军的阵亡者“遗族吊慰金”很有可能是按照关东军提供的阵亡者名单中的“将校及准士官”“下士官”和“兵”分类统计阵亡人数，以每名“将校及准士官遗族”600 日元、每名“下士官遗族”400 日元、每名“兵遗族”300 日元的标准进行拨发。在满铁公司的第 4 次至第 9 次的拨发中，满铁公司也是按照关东军提供的阵亡官兵名单人数以此前的同一标准进行核发了“遗族吊慰金”。其中，从 1933 年 3 月至 1938 年 4 月，满铁公司向关东军 3150 名阵亡者家属合计发放了总额为 1130700 日元的“遗族吊慰金”。

九一八事变后，满铁公司还分别向关东军和朝鲜军的伤残官兵送去了“慰问金”。[②] 其中，满铁公司从 1931 年 10 月至 1936 年 3 月间先后 37 次对关东军的伤残官兵 7709 名送去了“慰问金”达 720810 日元，平均每人慰问金从 94 日元至 104 日元不等。[③] 其中，1931 年九一八事变爆发至 1933 年 3 月，满铁公司慰问关东军伤残官兵的慰问金总额为 248790 日元。

满铁公司向关东军定期定额发放“遗族吊慰金”和用于慰问伤残官兵的“慰问金”的同时，还组织了满铁公司部分职员到关东军作战前线和后方医院进行实物慰问。其中，在 1931 年 11 月，满铁公司就派出了以满铁公司理事为首的“慰问团”赶赴公主岭、铁岭、长春、齐齐哈尔等地慰问关东军驻地，向关东军士兵送去了 24 箱苹果和威士忌酒及葡

① 其中，日本内阁官报局在 1935 年 8 月至 9 月在《官报》中公布的“满洲事变阵亡者名簿”中包含有以“外国政府聘用”的名义配置在伪张海鹏等部的日本现役及预备役军人约 128 名的死亡者。如果将该人数去除的话，日本内阁官报局刊行的《官报》中登载的“满洲事变阵亡者名簿”中的阵亡者为 1279 名，基本上与满铁公司拨发的阵亡者“遗族吊慰金”人数相符。

② 满铁公司从 1931 年至 1935 年 10 月先后 28 次慰问朝鲜军伤残官兵，总额达 21270 日元。

③ 辽宁省档案馆：《“九一八”事变前后的日本与中国东北——满铁秘档选编》，辽宁人民出版社 1991 年版，第 449—452 页。

萄酒等慰问品。在1932年11月满铁公司组织的“慰问团”中，也是由满铁公司理事带队先后赶赴富锦等关东军驻地，向关东军送去了香烟、点心等慰问品。而在1933年3月初，日本关东军正在紧锣密鼓地准备热河进攻作战之时，满铁公司派出了以满铁公司总裁为首的公司慰问团赶赴锦州关东军前线指挥部等地，向关东军送去了日本清酒、洋酒、香烟、水果和点心等慰问品。除了上述有记录的满铁公司组织的大规模关东军慰问团外，满铁公司各地事务所也先后进行了向关东军赠送慰问品的活动。在向关东军伤残士兵进行慰问时，满铁公司更是不遗余力。其中，在1931年11月满铁公司派出的由满铁公司理事为首的满铁公司慰问关东军伤残士兵的慰问活动中，满铁公司慰问团先后赶赴辽阳、奉天、铁岭关东军伤兵医院向关东军的伤兵送去了15箱苹果。此外，在1932年9月以满铁公司总裁为首的满铁公司慰问伤兵活动中，满铁公司慰问团先后赶赴安东卫戍医院等地向关东军伤残官兵送去了苹果和糖果等慰问品。按照满铁公司的事后统计，从1931年九一八事变起至1933年3月止，满铁公司先后22次组织慰问团赶赴关东军收容伤残官兵的医院进行慰问活动。

除满铁公司发放给关东军阵亡官兵和伤残官兵的经费外，满铁公司还通过设立“临时时局关系”对策费的名目，向满铁公司派遣到关东军司令部所辖各部、原东北各铁路线路等支付了各种出差费、劳役费、物品费以及通信费等。其中，仅仅是满铁公司所辖的经济调查会在九一八事变中就单独编列了“临时时局关系”对策费153000日元。

上述“遗族吊慰金”和“慰问金”、慰问品以及各种“临时时局关系”对策费大多以满铁公司的名义从满铁公司的“公司费用”中直接开列。与此同时，满铁公司各地事务所、由满铁公司职员组织的“青年会”、“大雄峰会”、满铁公司相关子公司、学校等先后进行了多次募捐活动，向关东军的阵亡者、受伤入院者以及关东军进行了各种形式的捐赠、赠送慰问品以及慰问活动。其中，满铁公司瓦房店地方事务所、熊岳城农业实习所、大石桥地方事务所、营口地方事务所、鞍山地方事务所、鞍山中学校、辽阳商业实习所、奉天地方事务所、满洲教育专门学校、奉天中学校、南满中学堂、开原地方事务所、四平街地方事务所、公主岭地方事务所等满铁公司所属地方铁路事务所和学校先后组织了募捐活动，向关东军阵亡和伤残官兵赠送慰问金和慰问品，并组织各种慰问团向关东军伤残官兵和关东军赠送苹果、糖果、日用品、衣物、清酒等慰问品。此外像满铁公司出资经营的抚顺高等女学校等还组织学生制作各种慰问袋，组织"国防费献金"募捐活动，甚至派出学生为伤残日军官兵缝补衣物，举行慰问演出等活动。

满铁公司所组织的各种形式的向关东军进行捐赠和慰问活动，也得到了关东军各驻军及关东军司令部的表彰。其中，如1932年8月30日，关东军司令部还专门在司令部礼堂为满铁公司举行了表彰仪式，向满铁公司送去了"感谢状"。

第三节　满铁：关东军发动九一八事变的最大受益者

九一八事变期间，满铁公司为关东军所提供的人力、物力和资金上的支持，也换来了关东军对满铁公司在利益上的各种"回报"。关东军在实现了对东北三省和热河的军事占领后，先后以"委托经营"的形式将原东北地方政府出资修建的东北铁路线及通过同苏联交涉"实价"出售给伪满洲国的中东铁路支线"委托"给满铁公司经营。与此同时，关东军还以伪满洲国"委托"的形式将葫芦岛港、锦州港、安东港以及营口港等东北地区的港口移交给满铁公司经营。由此，满铁公司实际上通过垄断东北地区的铁路、港口进而全面控制东北各地的铁路、陆路和海路交通，成了名副其实的垄断东北交通的实权者。

一　"委托"经营东北各地铁路线

如前所述，1931年九一八事变爆发后，满铁公司就按照关东军的指示向被关东军先后占领的沈海线、吉海线、吉长线、吉敦线、呼海线、齐克线、洮昂线、洮索线、四洮线以及北宁线山海关至沈阳段之间派遣了满铁公司职员，以协助关东军的军事运输，从而从实际上掌控了上述铁路的实际经营权和管理权。其后，关东军以伪满洲国的名义先后将上述铁路“委托”给满铁公司由满铁公司负责管理和经营。

当然，关东军将原东北地方政府管辖的各铁路线铁路“委托”给满铁公司经营并不是像一些学者所想象的那样顺利。我们从满铁公司所编写的《满洲事变后国有铁道处理经过报告概要》中也可以看出当时的关东军、满铁公司以及伪满洲国各有各自的盘算，其过程颇为曲折。

起先，1931 年 10 月关东军“委托”满铁公司经营的是吉长铁路线和吉敦铁路线。同年 12 月关东军又迫使伪吉林省公署和四洮铁路局同满铁公司签署了承建敦图铁路合同，将敦图铁路等的铁路修建权“委托”给了满铁公司。

关东军和满铁公司觊觎吉长铁路以及吉长铁路东延线的吉敦、敦图铁路权由来已久。其历史可以追溯到 1905 年的中日两国代表在北京交涉东北事宜的会议上。在同年举行的中日北京会议中，日本代表提出了大连至长春铁路线“将来展至吉林省城，中国政府应不驳阻”，试图将大连至长春铁路线延长至吉林。经过交涉，中国政府代表同意了以新民屯至奉天的新奉铁路辽河以东段的铁路敷设和吉长铁路敷设费用的各一半从日本借贷后才换来了日本放弃要求吉长铁路权益的让步。1907 年 4 月 15 日中日两国代表签署了《新奉吉长铁路协议》。按照该项协议，吉长铁路以其铁路产业和铁路收入作为担保，其铁路修筑所需款项的一半由满铁公司提供。作为条件在借款存续期间，吉长铁路的会计主任和总工程师应由满铁公司委派。该项铁路协议签署后，中日双方在经过吉长铁路沿线的地形勘测和车站选址后，1910 年 4 月举行了动工仪式，于同年 10 月 30 日全线竣工通车。日本满铁公司在事实上获得了吉长铁路的经营权后，又提出了吉林至中朝边境线上的会宁间的铁路修筑权问题。在 1907 年 4 月举行的中日吉长铁路交涉中，日本代表就提出了“而后于吉长铁路添造支路或再接展，其建造之事应归中国政府自办。如有不敷之款项，应向满铁筹借”的要求。进而在 1909 年的中日东北六案交涉中，日本驻清公使馆公使伊集院彦吉又正式提出了中日合办吉会铁路的要求，主张日本修筑吉长铁路延长至朝鲜会宁的铁路线。1909 年吉会铁路交涉失败后，日本又转而求其次，先后向中国政府提出了修筑吉会铁路线上的吉林至敦化铁路和敦化至图们间的铁路线。从日俄战后日本处心积虑地提出修筑吉林至图们进而连接朝鲜会宁铁路线的要求中就可以看出，吉林至图们铁路线对于日本的重要性。实际上在 1905 年日俄战争结束后，日本在攫取了大连至长春铁路连接当时的奉天至安东间铁路线后，就一直试图获得长春经由吉林、敦化、图们再展延至朝鲜半岛的会宁的铁路线的权利。对于日本而言，无论是日本军方还是日本政府，大连至长春的铁路线经由吉林、敦化、图们再延至朝鲜半岛的会宁具有经济上和政治军事上的多重重要性。如果说安奉铁路只是将大连至长春之间的铁路线借由安奉铁路实现了同朝鲜半岛西海岸线铁路连接，进而连接朝鲜西海岸的港口和经过对马海峡与日本国内铁路和海运连接在一起的话，那么大连至长春的铁路线经由吉林、敦化、图们东延就可以连接朝鲜半岛的东海岸，进而通过朝鲜东海岸的铁路和港口实现与日本国内的铁路和海运的有效连接。从军事战略上看，朝鲜铁路与吉林会宁铁路的连接，可以在很短的时间内将日军从本土投送到东北北部地区。

从实际上看，在九一八事变后日本关东军急于将该段铁路“委托”给满铁公司经营，对于满铁公司和关东军来说都是有其诱人的利益夹杂其中。对于关东军而言，吉长铁路和吉长铁路的东延而形成的吉会铁路和朝鲜、日本的陆海运送线对于关东军乃至于日本中央军部的“北进论”计划无疑是更具有重要的军事意义。同样，对于满铁公司来说，吉长铁路和吉长铁路的东延至图们或会宁不仅可以使得满铁公司借由铁路线的东延将其势力扩张到吉林东部地区，进而通过大连至长春铁路线北连吉会线，南接安奉线形成连接朝鲜铁路和日本本土的铁路海运运输网。为此，关东军“委托”满铁公司的提案迅速得到了满铁公司的回应，双方一拍即合，同意了关东军提出的满铁公司需要将上述“委托经营”的铁路线收入中的“百分之五十充作营业费，百分之三十为政府收入，百分之二十为满铁收入”① 为条件的“委托”铁路协议。

---

① 吉林省社会科学院：《满铁史资料》第二卷路权篇第四分册，中华书局 1979 年版，第 1077 页。

满铁公司虽然接受了关东军的吉长、吉敦等铁路线的“委托”条件接手经营和管理吉长、吉敦铁路并负责敦图铁路修筑，但对于东北其他地区的原东北地方政府经营和管理的铁路线“委托”进展并不顺利。最初引起关东军和满铁之间争执的铁路为哈尔滨对岸的呼兰县经绥化至海伦为终点的呼海铁路的“委托”经营问题。1932 年年初，关东军占领黑龙江省省会齐齐哈尔继而入侵黑龙江北部地区后便占领了该段铁路。关东军占领该段铁路后，曾计划按照吉长和吉敦铁路模式同满铁签署合同，将呼海铁路“委托”给满铁公司经营，“因各种情况迟迟未获进展”①。关东军短时间内未能与满铁公司签署“委托”经营呼海铁路协议，因文献资料所限无法还原当时关东军司令部和满铁公司对此段线路出于何种原因未能签署“委托”经营协议。按照一般的推测，可能是关东军出于对该段铁路毗邻苏联边境的国防考虑等原因或满铁公司对关东军“委托”经营该段铁路提出了满铁公司不能满足的条件等原因。

关东军和满铁公司间关于呼海铁路线问题的相互僵持一直到 1932 年 2 月间才有了一点转机。同年 2 月，在关东军的秘密策划下，关东军从天津挟持了废帝溥仪准备成立傀儡政权伪满洲国情况下，关东军有鉴于“有必要改变事变后当时所采取的关于满蒙铁路政策的方针，使之适应新的形势”，为此，提出了“现在满洲国即将成立，对满蒙全部铁路必须树立明确之方针”。就被关东军占领的原东北地方铁路而言，摆在关东军和满铁公司面前的无非三种政策选择。其一就是将“满洲全部铁路（满铁线除外）统由军部自己经营。其二就是通过设立新的特殊公司并委托其经营。其三就是直接委托满铁公司经营。② 显然，上述三种方案本身就是对此前关东军提出的东北地方铁路由关东军直接实行军事管制的一种否定，对于关东军而言从国际关系考虑这种方案已经被日本陆军中央军部所否定。而第二种方案需要筹集资金和人力，这样不仅需要时间，而且从资金筹集上当时尚未摆脱金融危机的日本国内而言也不是

① 满铁公司：《满洲事变后国有铁道处理经过报告概要》，转引自吉林省社会科学院《满铁史资料》第二卷路权篇第四分册，中华书局 1979 年版，第 1077 页。

② 满铁公司：《满洲事变后国有铁道处理经过报告概要》，转引自吉林省社会科学院《满铁史资料》第二卷路权篇第四分册，中华书局 1979 年版，第 1077—1078 页。

短期内所能解决的。这样，对于关东军而言，无论是资金还是对外关系的考量，具有现实性的剩下的唯一选择就是将呼海铁路及原东北地方铁路线继续“委托”给满铁公司。为此，关东军司令部于同年 2 月 25 日指令司令部参谋板垣征四郎面见满铁公司理事，就被关东军占领的原东北地方政府经营的东北铁路的经营方案展开讨论。关东军在与满铁公司人员会面中提出此前与满铁公司达成的“委托”吉长、吉敦等铁路线的条件为“‘满洲事变’爆发当时的临时决定，现在满洲国即将成立，有必要从根本上重新考虑铁路问题”，实际上等于终止了此前与满铁公司达成的“委托”满铁公司经营吉长、吉敦铁路的几个条件，并暗示满铁公司此次会面是将吉长铁路和吉敦铁路与其他东北铁路一并列入新的铁路经营方案计划。为此关东军提出了“委托”满铁公司经营的几个条件，第一，“委托经营所得的利益，应充作支付借款本息以及供担任维护伪满洲国国防治安的日本军作经费之用；第二，在“国防”上，军部认为必要时得以变更委托经营合同；第三，今后关于铁路事宜由关东军司令部参谋后宫大佐为主任处理之”①。

显然，满铁公司从自身的经济利益出发，对于关东军提出的“委托经营所得的利益，应充作支付借款本息以及供担任维护伪满洲国防卫治安的日本军作经费之用”，而全然没有考虑到满铁公司的经济利益而表示不满。为此，在经过其后的几次关东军与满铁公司的负责人进行的商议中，关东军最终同意将东北地区的“港湾、河川（包含附属事业）委托满铁经营”，但满铁公司“应以从委托经营铁路所获得的收益及可认为是应委托经营而获得的利益，作为担当维护满洲国国防及治安的日本军队的费用”。由此，满铁公司虽然将“委托”铁路的收入交给关东军成为关东军的军费，而经营“港湾和河川”的收入则成了补偿满铁公司“委托”经营铁路的收益费用。至此，1932 年 3 月 12 日，关东军与满铁公司签署了“委托”满铁公司经营原东北铁路的协议备忘录。该备忘录的主要内容兹收录如下。

---

① 满铁公司：《满洲事变后国有铁道处理经过报告概要》，转引自吉林省社会科学院《满铁史资料》第二卷路权篇第四分册，中华书局 1979 年版，第 1078 页。

第一，关东军将满洲国的铁路、港湾、河川（含附属事业）委托给满铁经营。满铁应按照法令及本协定的规定进行经营。

第二，有关满洲国铁路事宜，关东军司令官得以指挥、监督满铁总裁。

第三，满铁公司应以从委托经营铁路所获得的收益及可认为是因委托经营而获得的收益，作为担当维护满洲国国防及治安之日军的费用。

第四，关东军聘任满铁总裁为最高顾问，并聘请满铁公司中担任铁路业务之负责人为关东军顾问。

第五，满铁公司委托经营铁路的期限为50年。①

从上面备忘录的内容中除了前述的关东军与满铁公司的妥协下达成的满铁公司“委托”经营东北地区的港湾、河川及委托经营铁路收益需要移交给关东军外，还明确规定了在原东北地方铁路经营上满铁公司总裁要接受关东军司令官的指挥和监督。由此我们可以看出，原有的满铁公司同关东军之间的由于分属不同领域所形成的对等关系在经过九一八事变后发生了微妙的变化。换而言之，以满铁公司总裁在一定条件限定下开始接受关东军司令官的指挥监督为象征，满铁与关东军之间的关系从原来的形式上对等逐渐演变成了追随关东军的侵略步伐，成了关东军的附庸或变相的军事运输部。

关东军虽然私相授受将原东北地方政府经营的铁路线交给了满铁公司进行“委托”经营，但作为关东军扶植的傀儡政权，为了应付国际舆论，还是要通过“民族自决”的东北民意而成立的“主权独立的国家”伪满洲国政府层面上的手续。为此，早在关东军和满铁公司私相授受原东北铁路经营权的前日，伪满洲国执政溥仪还有模有样地复函关东军，将东北的铁路、港湾、水路、航空等的管理和新线建设权一股脑儿地委

① 满铁公司：《满洲事变后国有铁道处理经过报告概要》，转引自吉林省社会科学院《满铁史资料》第二卷路权篇第四分册，中华书局1979年版，第1079页。

托给了日本或日本的指定机关。

取得伪满洲国执政的认可并不等于日本政府对关东军和满铁公司之间私相授受的备忘录的认可。为此，关东军和满铁公司又联合致函日本政府向日本政府进行了汇报。同年 3 月 16 日和 4 月 10 日，在日本陆军省的主持下，日本内阁下辖的相关各省厅举行了次官级联席会议讨论关东军和满铁公司私相授受的原东北地方政府铁路和东北地区港口、航空的满铁“委托”权问题。日本内阁省厅次官级的联席会议除了将委托铁路的收益按照百分之五的比例留给满铁公司外，基本上同意了关东军和满铁之间达成的委托协议。4 月 11 日，日本内阁举行会议以内阁阁议的形式通过了关东军和满铁之间所达成的委托备忘录。继而在同月 19 日满铁公司总裁和关东军司令官正式签署了将原东北地方政府管辖的铁路、港口和航空“委托”给了满铁公司经营。与此同时，为了应付国际舆论和从表面上尊重伪满洲国的“国家主权”，关东军授意伪满洲国国务院交通厅同满铁之间正式签署了“委托”满铁公司经营伪满洲国国家铁路的协议书，将伪满洲国境内的铁路、港口、水运和航空的管理以及新线建设全权委托给满铁公司。

至此，满铁公司在关东军的极力支持下，通过日本内阁的阁议和伪满洲国国务院交通厅的协议，正式接管了东北境内的原东北地方政府出资和借款修建的铁路、港口、水运及航空业务。

二　“委托”经营中东铁路和朝鲜铁路

满铁公司“委托”经营原苏联政府管理和经营的中东铁路更是在关东军和日本政府的背后支持和外交谈判下获得的。

中东铁路又被称为“东清铁路”或“东省铁路”。中东铁路系 1895 年日俄战后，沙皇俄国趁火打劫取得在东北地区的铁路筑路权后，于 1898 年 8 月动工修建的铁路线。中东铁路线经沙皇俄国的赤塔后进入我国的满洲里、扎兰屯、牙克石、昂昂溪、安达、哈尔滨和绥芬河形成了中东铁路的干线铁路，其后沙皇俄国又以哈尔滨为起点一路向南途经长春、奉天修建了一条哈尔滨至旅顺俄国军港的所谓中东铁路支线铁路。这个严重侵害中国主权、备受争议的中东铁路自 1903 年 7

月修成通车后，就成了日俄两国角逐和争夺东北势力范围的对象。1905年日俄战争结束后，沙皇俄国将长春至旅顺的铁路线“让渡”给了日本，由日本政府组建了“南满洲铁道株式会社”经营。日俄战后，日俄两国间虽然达成了将东北分为“北满”和“南满”的日俄两国势力范围的协议，但满铁公司还是处心积虑地通过向中国东北地方政府计划修建的开海铁路、长洮、四洮等铁路线提供借款和承建进而渗透到长春以北的沙皇俄国铁路势力范围内，以获取经济上和政治上的利益最大化。

另外，满铁公司也密切注视着历届中国东北地方政府在同苏联当局交涉中东铁路管理权问题。1922年2月中苏两国代表达成了中东铁路协定大纲后，满铁公司为此还专门强化了对中东铁路相关问题的情报收集，并密切关注东北地方政府和苏联远东政府在其后的交涉活动，专题举行各种大小规模的会议，会商中东铁路管理权变更后对满铁公司的影响问题。

1931年九一八事变爆发后，关东军和满铁公司就利用1918年之后逃亡到我国东北各地的白俄分子制造了“中东铁路成高子铁桥爆炸事件”和列车爆炸事件，企图制造事端，以乘机攫取中东铁路管理权。其后，日伪当局又以中东铁路西线至后贝加尔铁路间的货车运行非法为由，强行关闭了满洲里车站的铁路路轨切换器，并指使当地土匪袭击列车，绑架中东铁路苏联职员。

当时，面对着德国和日本两方面的军事政治压力的苏联出于战略考虑，为缓解来自东西两部分的压力，不仅承认了日本关东军扶植的伪满洲国，而且决定将苏联和中国共同经营的中东铁路出售给伪满洲国，以出售中东铁路缓解同日本在苏联东部地区的军事压力。为此，1933年5月在苏联外交人民委员李维诺夫的提议下，苏联派出了以驻日大使尤列涅夫、外交委员会远东部长柯兹洛夫斯基以及中东路副理事长库兹涅佐夫为谈判代表的代表团赴日本东京，与伪满洲国派出的外交部次长大桥忠一及伪满洲国驻日公使丁士源举行了会谈。这场表面上由伪满洲国代表出席实则由日本在暗地里操纵控制的会谈，一开始伪满洲国的谈判代表就秉承了日本政府的战略意图向苏联代表施压。经过近两年的讨价还价，1935年3月12日，苏联和伪满洲国代表签署了出售中东铁路的换文。根据换文，伪满洲国以1.4亿日元的价格获得了苏联中东铁路的所有权利。

而就在苏联代表和伪满洲国的代表签署转让苏联中东铁路协议换文的当日，日本内阁举行会议，做出了“北满铁路（中东铁路）应仿照满洲国国有铁路的前例，委托南满洲铁道株式会社经营”的阁议。[①] 同日，在日本的授意下，伪满洲国同满铁公司代表签署了北满铁路委托经营及借款协议书，将“北满铁路之经营委托于满铁公司”[②]。至此，在日本政府和以关东军武力为背景的威胁下，满铁公司又获得了苏联经营的中东铁路和哈尔滨至长春的中东铁路支线。

满铁公司在获得了中东铁路经营权后，实际上垄断了当时东北地区的各铁路线，又通过东北各地铁路线的垄断进而实际控制了东北各地的公路运输和内河运输。

与此同时，满铁公司还在关东军和日本军部的支持下，接管了朝鲜半岛北部地区的铁路，获得了朝鲜半岛北部地区的铁路经营权。

满铁公司合并朝鲜铁路的设想始于第一次世界大战期间的1917年。同年3月间，日本陆军省下层军官鉴于第一次世界大战中的铁路在欧洲战场上的军事物资运送和兵员投送的方便，向陆军省上层提出了“满鲜”铁路合并，以便提高向东北北部地区投送兵力和军事物资运输速度的建议书。该项建议得到日本陆军省上层同意后，日本陆军省便会同陆军参谋本部军官向日本递信省提出了统一“满鲜”铁道的建议书。日本陆军省和递信省之间的这一动向被日本媒体报道后，引起了日本外务省的强烈不满。其中，尤以当时驻华公使林权助为代表。为此，林权助公使特意致电日本外务大臣，提出统一“满鲜铁道，会遭至中国官民的猜疑和不满。尤其是连日来中国新闻媒体的报道更是接近日本内阁内部动向”，“南满地区虽然已经纳入日本势力（范围），但毕竟尚未全面掌握。此外，以日本南满洲铁道之势力在合并了满鲜

① 转引自郭洪茂《日本收买中东铁路浅析》，《社会科学战线》1997年第2期。

② 1935年3月22日『北満鉄道ソ連ノ権利ニツキ満州国譲渡議定書』。国立公文書館蔵『公文類聚』、文書請求番号：類01916100。

铁道后也未必能够足以将势力膨胀至整个南满地区。且南满地区尚不是日本领土。尤其是满鲜铁路合并后恐引起当地之主权回收运动。日本对于满蒙应持有深远之谋略”①，明确提出了反对意见。与此同时，日本递信省的官僚也提出了各自的不同意见。在外务省和递信省的反对下，“满鲜”铁路统一方案虽然搁浅，但其后“满鲜铁道”统一方案一直是日本陆军省和陆军参谋本部的军官们梦寐以求的“进出满洲”的最佳方案。

1931年九一八事变后，日本外务省和递信省反对的条件不复存在后，当时的拓殖省在日本陆军省和陆军参谋本部的大力支持下，向日本内阁提出了“北满铁道委托满铁经营”的方案。拓务省的该项方案在1932年4月26日、5月3日和5月10日的内阁会议上反复讨论，终于于同年5月10日取得了内阁阁僚的一致同意。5月11日，日本拓务大臣秦丰助致电朝鲜总督府总督宇垣一成，向朝鲜总督通报了日本内阁的该项决议。按照日本内阁会议文件，朝鲜北部铁路中的会宁至雄基、清津至会宁、会宁至新鸡林的三条铁路委托给满铁公司经营。作为委托给满铁公司的最大理由为“吉林省敦化和图们江岸之间的铁路敷设后，可与北朝鲜的国有铁路连接。通过此等铁路及朝鲜北部终端港口的连接，可使得日满间的货物运输激增。此等铁路及终端港口将会是日满之间交通的一大干线。据此，此等铁路及终端港口之经营者以单一经营为要。亦是警备上之必需。恰如满洲铁路之经营委托满铁公司，至朝鲜北部之终端港口之铁路委托给满铁公司经营最为妥当”②。

从上面的叙述中我们可以看出，日本政府将朝鲜北部的连接会宁的三条铁路委托给满铁公司经营的最大背景就是试图通过朝鲜北部的三条铁路通过会宁同东北地区的吉林会宁间的铁路进行连接，以实现“日满”铁路货物的一体化运输。而实际上，由于朝鲜北部的上述地区人口稀少，加上当时的吉会铁路中的敦化至图们间尚需要将轻便轨改标准轨

① 1917年5月11日、林權助在中国公使館公使ヨリ満鮮鉄道統一ノ件ニツキ外務大臣宛電報。国立公文書館蔵『公文雜纂』、文書請求番号：纂01397100。

② 『北鮮鉄道委託ニツキ満鉄経営説明ノ件』。国立公文書館蔵『昭和財政史資料』、文書請求番号：平15財務00315100。

道的作业。由此，将朝鲜北部铁路委托给满铁公司经营，以实现吉会铁路与朝鲜北部铁路进行连接，对于日本政府和军方而言，更加看重的是朝鲜北部铁路与吉会铁路连接后对于日本势力进入与苏联接壤的东北北部地区的军事意义。相比较而言，满铁公司需要进行巨额的资金投入才能使得吉会铁路和朝鲜北部铁路具有商业意义。由此，满铁公司虽然从长远的经济利益考虑积极接受朝鲜北部铁路，但在接手朝鲜北部铁路后，不到三年的时间就因铁路资金问题而被迫放弃了朝鲜北部铁道的委托经营权。

至此，1931 年九一八事变后，满铁公司在日本关东军以及日本军方的协助下，先后又获得了中东铁路和朝鲜北部铁路的经营权。

第四节　小结

1931 年九一八事变是日本关东军蓄谋已久的武装占领东北的事件。为此，在九一八事变爆发前，日本关东军不仅进行了周密的各种军事调查和各种形式的军事演习，而且为此制订了周密的占领东北的军事计划。进而在 1931 年九一八事变爆发后，关东军在不到半年的时间里就武装占领了东北全境。

另外，在关东军积极策划并发动九一八事变武装占领东北全境的过程中，满铁公司不仅充当了关东军的军事运输队，为日本关东军提供兵员投送、武器运输、伤兵运送等方面的便利，而且派遣员工跟随关东军接管东北铁路，协助关东军进行军事运输。进而满铁公司还为关东军提供仓库、修桥、装甲车改装修理服务，并向关东军送去了慰问金、抚恤金以及慰问品。由此，满铁公司为关东军在东北的军事行动提供了铁路及公路运输、资金、人力和物力等各方面的支援和援助。关东军之所以能够在不到半年的时间里就武装占领了东北全境，很大程度上得益于满铁公司在资金、人力和物力上的帮助和支援。为此，满铁公司也从关东军的武装占领东北全境的军事行动后，从关东军手中获得了原东北地方政府经营的铁路、苏联经营的中东铁路及支线、京奉铁路线中的山海关至沈阳铁路以及朝鲜北部地区铁路线的委托经营权。从铁路经营权获得的角度上看，满铁公司是关东军发动九一八事变进而武装占领东北全境的最大利益获得者。继而，满铁公司也通过垄断东北全境的铁路，实际上获得了东北全境的公路、海运和水运的实际控制权。由此，满铁公司也从一个以经营长春至大连以及奉天至安东铁路线为主的铁路货运贸易公司逐渐演变成一个集铁路运输、采矿、旅馆、贸易、公路货运、战略调查等于一体的超大型日本海外综合经济殖民公司。其后，满铁公司随着日军武装占领中国地域的扩大，其势力触角也从东北地区扩张到内蒙古东部、中部进而延伸到华北、华东等地。

九一八事变期间的关东军与满铁公司之间的内在关系也充分折射出近代以来日本国内军政、军财、政商之间的错综复杂的关系。换一个角度看，如果说欧美列强势力入侵中国是传教士后跟着枪炮，进而在强大的武力背景下获得了在华特权的话，那么日本的入侵则是满铁公司后跟着关东军，在关东军强大的武力背景下，日本才获得了在中国东北部地区的特权。

第五章

全面侵华时期的关东军与满铁

1931 年九一八事变后，日本关东军武装占领东北全境后，扶植了伪满洲国以进行殖民统治。关东军不仅实际控制了伪满洲国的人事和法律政策的制定权，而且实际上控制了东北全境的军事权。由此，关东军从一个原来表面上守卫长春至大连等铁路线的铁道守备队变成了名副其实负责东北全境治安、讨伐抗日军民的侵华部队。尤其是在日本国内甚嚣尘上的对苏决战的“北进论”中，关东军成为北上抗苏和对苏进行战略制衡、“关东军特别演习”的战略部队，关东军的“守卫东北”和对抗苏联的双重使命使其从原来的与朝鲜军、台湾军并驾齐驱的殖民军变成了带有战略性质的“守备军区”或“警备军区”部队。正因如此，在 1941 年日本发动太平洋战争之后，日本将原来的关东军司令部改组为关东军总司令部。

伴随着关东军在军事职能上的地域固化，满铁公司在获得了东北全境的铁路交通和陆路及海路交通的垄断权利后，又随着关内日军侵华步伐将势力范围延伸到华北、华中乃至华东地区。由此，满铁公司开始从形式上摆脱关东军的保护，成了彻头彻尾的侵华日军的追随者，并伴随着日军的侵华步伐积极通过资本扩张将满铁公司的经营地区从东北转向了中国北方地区。

本章探讨日军全面侵华时期的关东军与满铁公司所表现出来的各种内在的和外在的相互关系，并以此为基础探讨日本发动侵华战争的目的所在。

第一节　全面侵华时期的关东军

一　扶植和控制伪满洲国

1931 年九一八事变后，日本关东军凭借满铁的大力协助，在不到半年的时间就占领了东北全境。1931 年 9 月，关东军占领沈阳任命了土肥原为伪奉天市市长后遭到了来自日本国内外的激烈反对。由此，日本关东军试图通过武装占领进行直接军事统治的意图破灭后从天津挟持了废帝溥仪来到东北长春，扶植溥仪成立了伪满洲国。

关东军实际控制伪满洲国的第一个特征也是最为突出的特征就是关东军司令官同时兼任关东厅长官和驻伪满洲国的全权大使，从而从实际上成为日本在东北地区集军权、外交、行政于一身的主宰伪满洲国的“土皇帝”。1932 年 8 月，日本陆军大将武藤信义被任命为关东军司令官后，就兼任了关东厅长官和驻伪满全权大使。在武藤关东军司令官的“内部指导”下，伪满洲国将铁路、航空、水运及矿山采矿权全权“委托”给了日本关东军。紧接着在关东军司令官的耳提面命之下，在伪满洲国“执政”的溥仪身边设立了由日本人吉冈安直担任的“皇室御用挂”，严密掌控溥仪的生活起居和一言一行。在关东军司令官和“皇室御用挂”吉冈安直的安排下，溥仪先后两次被安排赴日本东京面见日本天皇，将日本天照大神接到了东北，被奉为伪满洲国的“建国元神”。由此，伪满洲国皇帝变成了彻头彻尾的“儿皇帝”。

关东军控制伪满洲国的第二个特征就是透过所谓的书简和议定书，将关东军驻扎东北合法化，全面控制了伪满洲国的防卫与治安权。

1932 年 3 月 6 日，在关东军的扶植下赶赴长春准备就任伪满洲国的“执政”溥仪在鞍山附近的汤岗子温泉，同关东军司令部参谋板垣征四郎见面。在日本关东军的唆使下，日本关东军以溥仪和关东军司令长官本庄繁之间的信函形式，获得了驻防伪满洲国防卫和人事任命权。按照相关文献的记述，通过溥仪和本庄繁之间的信函可知：（1）溥仪将伪满洲国的防卫和治安权委任给了日本，且经费由伪满洲国负担。（2）日军在“防卫”必要时，可将原有铁路线、港湾、水路以及航空之管理及线路敷设委托给日本或日本指定之机关进行。（3）伪满洲国参议府之参议，中央及地方之各官署任用日本人，其选定及解职均需关东军司令长官之推荐和同意。[①] 继而在同年 8 月 7 日和 9 月 9 日，日本关东军又同伪满洲国“国务总理”郑孝胥分别秘密签订了关于伪满洲国的铁路、港湾、水路、航空以及矿业委托给日本经营的协定书。日本关东军和伪满洲国“国务总理”之间签署的上述协定作为同年 9 月 15 日日“满”之间签署的“日满议定书”的附属文件，成为日本关东军控制伪满洲国的主要协议文件。按照日伪之间签署的上述文件，日本关东军接受伪满洲国的“委托”，负责维护伪满洲国的防卫和治安；伪满洲国任用和解聘日本人官吏均需要关东军的事先同意。与此同时，伪满洲国的铁路、公路、航运以及矿业和森林等关涉防卫的战略物资均被日本人控制。

在关东军的主导下，日伪联合发起了对东北民众反抗活动的残酷镇压。按照学者们的研究，东北沦陷期间关东军对东北民众抗日活动的镇压可以分为 1931 年至 1933 年春、1933 年至 1936 年春、1936 年至 1941 年和 1941 年至 1945 年四个历史时期。[②] 其中，从 1931 年九一八事变爆发后至 1933 年春为日本关东军与东北军作战及反复围剿东北抗日义勇军时期。1931 年日本关东军悍然发动九一八事变的暴行，激起了广大东北军将士的强烈反抗。广大东北军将士先后在沈阳北大营、长春南岭和宽城子兵营、哈尔滨、江桥以及热河和长城沿线等地与关东军展开了激战。东北沦陷后，辽西、辽北、辽南、辽东以及吉林和黑龙江省等地的农民、矿工、山林队、大刀会、红枪会、旧东北军、青年学生等纷纷组织了各种抗日义勇队、救国军等，同关东军展开了各种形式的反抗斗争。为扑灭东北各地的东北义勇军的反日斗争，关东军先后增派了日本国内精锐部队混成第 38 旅团、第 4 旅团、第 9 旅团、第 20 师团以及第 8 师团和第 10 师团等侵入东北，制定了《平定满洲方略》和《关东军治安维持方针》，并利用伪军张海鹏、于芷山、熙洽、吉兴等部组建

① 満州国史編纂刊行会『満州国史』、国際善隣協会、1973 年、第 336 頁。

② 史丁：《日本关东军侵华罪恶史》，社会科学文献出版社 2005 年版，第 219 页。

“满洲国军”，设立伪警备区，协助关东军围剿东北抗日义勇军，企图消灭东北各地风起云涌的东北抗日义勇军。按照关东军的《平定满洲方略》的规定，关东军所部第10师团应于1932年5月中旬大体上完成“吉林东北”地区的平定任务；在上述平定工作完成后，关东军主力部队应于同年5月下旬开始，展开对黑龙江省地区的围剿工作。为此，关东军所部第8师团、第10师团自齐齐哈尔集结向黑龙江省展开进攻，以消灭“敌军根据地”[①]。与此同时，关东军所部第2师团和独立守备队在辽宁地区还发起了东边道讨伐战和针对辽西、辽北等地义勇军的兵团围剿作战。据日方资料的统计，从1931年九一八事变起至1932年9月，关东军在辽宁地区进行各种讨伐战905次，死亡日军400余名，伤875名。[②]

1933年5月31日《塘沽协定》签署后，关东军开始将主要精力集中在东北地区。为此，关东军于1933年6月8日制定了《以恢复治安为目的的用兵计划》以及《关于治安维持之一般指导方针》，即通常所说的日伪第一期“治安肃正”计划。[③] 有鉴于东北各地的抗日斗争，关东军提出了分散布置，并与伪满洲国军警密切合作以期扑灭东北地区的抗日力量。为此，日伪先后在东北各地成立了自警团以及保甲制度，以期通过武装讨伐与保甲制度相结合的“维护治安网”计划来扑灭东北民众的抗日斗争。在此基础上，关东军先后在1933年夏、1934年秋、1935年秋冬季进行了三次大规模围剿。在磐石地区、吉林和龙地区、珠河地区、黑龙江依兰地区、牡丹江地区、辽宁岫岩地区等针对杨靖宇、邓铁梅、王凤阁、赵尚志、李春润等东北人民革命军、原吉林救国军以及“东北民众反日义勇军”等部的抗日游击区进行了围剿。在关东军的“分散配置、一起讨伐”的武装讨伐和利用保甲制度维护治安的双重打击下，东北抗日义勇军的抗日活动陷入了低潮。

1936年至1941年也是关东军集中围剿东北抗日联军的时期。1936年7月，在中国共产党的倡导和积极引导下，东北各地抗日武装开始先

① 朝日新聞社『太平洋戦争への道』(資料编)、朝日新聞社、1988年、第180—181頁。
② 浅田喬二『日本帝国主義の満州支配』、時潮社、1986年、第99頁。
③ 満州国史編纂刊行会『満州国史』、国際善隣協会、1973年、第331頁。

后组建了11支东北抗日联合军（简称东北抗联）。为此，关东军在参谋部第一课长绫部橘树的主持下，于1936年2月制定了为期三年的《满洲国治安肃正计划大纲》，以期扑灭抗联的抗日斗争。按照该计划大纲的设想，关东军的“治安肃正”分为治标和治本两个方面。所谓“治标”就是武力讨伐，而所谓“治本”就是通过宣传安抚、保甲制度以及设立“集团部落”来收买人心，从而根绝东北民众与东北抗联的联系来达到维持“满洲治安”的目的。其中，通过收缩分散的日军兵力集中据点，在第一年中以一日行程以内的地区为讨伐对象，第二年则以关东军能够在两三日行程以内的地区作为讨伐对象，进而在第三年争取达到确保伪满洲国的国内治安。在关东军达成以上目的后，伪满洲国的治安交由伪满洲国的军警进行专项负责。[①] 同月27日，按照关东军“治安肃正计划大纲”，关东军司令部向所辖陆军师团下达作战命令，命令第3师团于“3月上旬，大约一个月的时间在三江省尤其是其西半部进行治安肃正。为军事联络方便之联络用飞机两架，自动车二十辆，于3月10日前归入勃利之第3师团长指挥。同时，关东军野战兵器厂于3月5日前将15式无线电台，八七式无线电充电机两台交付第3师团；在哈尔滨及佳木斯卫戍医院应于3月5日前分别派出看护兵及军医归入第3师团长指挥”[②]。与此同时，关东军还动员了关东宪兵司令部在各地所设立的宪兵队、警务局警察队以及伪满洲国军配合作战，开始了长达三年的所谓的“治安肃正”工作。关东军先后对辽宁和吉林东部地区的“东边道”、三江地区以及通化、吉林等东北东南部地区进行了数次的关东军“独立”大讨伐和日伪联合混编的联合大讨伐。

在日伪联合大讨伐下，活跃在东北各地的抗联部队遭到了毁灭性打击，东北抗联的著名将领杨靖宇、魏拯民、邓铁梅等先后殉国，东北抗联大部被迫转移退入苏联境内。

关东军通过“治安肃正”基本上完成了东北抗联的武力讨伐后，又将目光对准了长城以北原热河地区，也就是当时日伪所称的伪满洲国西

① 満州国史編纂刊行会『満州国史』、国際善隣協会、1973年、第316頁。

② 1936年2月7日関東軍命令ノ件（作戦第775号）、防衛研究所戦史研究室図書資料室蔵『陸満密大日記』、文書請求番号：陸満密大日記－S11－3－35。

南地区的伪热河省和锦州省地区活跃的八路军第 4 纵队。起先，关东军配合关内日军曾于 1938 年 9 月制定了《西南防卫地区治安肃正计划》，并组织关东军和伪满洲国的军警对上述地区进行了数十次的“扫荡”。1941 年，关东军结束了东北地区的“治安肃正”计划后，于同年 12 月制定了《西南肃正大纲》。该项大纲主要包括以下几点。第一，强化讨伐机关的一元化体制，成立了“西南防卫委员会”，并由日伪军警宪特等各机构协调关东军进行“治安肃正”。第二，强化“治标工作”，增加日伪军警力量进行大规模武装讨伐。第三，强化“治标”工作。按照《西南肃正大纲》，关东军的“治标”工作又分成了三部分。其中：（1）实行所谓的“匪民分离”工作，在长城沿线建立“集团部落”，制造“无人区”，以防止和切断中国民众对八路军的支援。（2）建立所谓的“国境防卫组织”，即在所谓“国境”沿线，以日伪军为主构筑“防卫据点”，并与“集团部落”相结合，形成所谓的“军警民”联防体系。（3）强化道路交通以及通讯设施建设，从而保证“肃正”工作的后勤补给及通信联络。①

由此我们可以看出，关东军以所谓接受伪满洲国的“委托”负责维护伪满洲国的防卫和治安为名，残酷镇压东北民众组织的抗日义勇军、抗日联军和八路军在东北地区和河北北部地区的抗日活动，成为镇压中国民众抗日活动的罪魁祸首。

关东军控制伪满洲国的第三个表象特征就是通过总务厅控制了伪满洲国官吏的人事任命权和政策决策权。

伪满洲国设立之初，日本关东军就在伪国务院之下设立了“总务厅”，掌控伪满洲国政策制定，是负责伪满洲国高层官吏任免，配合关东军对伪满洲国进行“内部指导”的权力核心部门。“总务厅”长官由关东军推荐的日本人担任，除一名中国人担任名义上的次长外，下辖的人事处、弘报处、企划处、主计处、法制处、地方处、统计处的处长和课长均由日本人出任。不仅如此，“总务厅”中下辖的人事处掌管着伪满洲国“中央政府”荐任官以上所有人员的推荐、升迁、任免、奖惩等人事权限。而关东

① 史丁：《日本关东军侵华罪恶史》，社会科学文献出版社 2005 年版，第 299 页。

军正是通过总务厅人事处掌控了伪满洲国重要职位和重要人员的人事任命权。弘报处则是日本关东军掌控伪满洲国思想、文化、报刊等新闻出版的文化宣传控制机构，掌控了伪满洲国所有的文化宣传政策的制定和实施。此外，法制处则完全掌控了伪满洲国的法律法规的起草和制定，而地方处则完全掌控了伪满洲国各省、市等地方政府的行政事务。由此可见，“总务厅”不仅掌控了伪满洲国中央官吏的人事任免，而且还掌控了伪满洲国的立法权和地方行政控制权。进而，“总务厅”长官通过处理伪国务总理的政务，成为实际上的“国务总理”。①

总务厅体制贯穿于日伪长达 14 年的殖民统治之中，成为日本关东军控制伪满洲国“中央”政府、各地方政府的权力运行中心。在伪满洲国的 14 年统治中，虽然伪满洲国的统治体制再三调整或裁撤，但伪总务厅体制一直存在于伪满洲国的统治中枢之中。起先，伪满洲国在国务院之下设立了“总务厅”后，又在“国务院”下辖的各部之下设立了总务司长（或次长），进而在伪满洲国下辖的各地方政权中又普遍设立了各省的总务厅长（或省次长）。日本关东军通过“中央”各部的总务司长和各省的总务厅长的设置牢牢地掌控了伪满洲国“中央”和地方政府的政策决策权和人事任免权，事实上成为凌驾于各部部长、各省省长之上的“中央”部委和地方政府的实际掌控者。伪满洲国的历任总务长官，先后由驹井德三、坂谷希一、远藤柳作、长岗隆一郎、大达茂雄、星野直树、武部六藏等人担任。这些日籍历任总务厅长不仅秉承了关东军的旨意控制了伪满洲国的“中央”人事任命和法律政策的制定，而且通过所谓的“国务会议”，实际上控制了伪满洲国的“内阁会议”，完全架空了伪满洲国“皇帝”溥仪，使之成为名副其实的政权傀儡。

另外，关东军还通过推荐和任命日籍官吏任职伪满洲国“中央”政府和各地方政府，实际上垄断和控制了伪满洲国和各地方政府的政权运行。

---

① 中央档案馆等：《日本帝国主义侵华档案资料选编》（第三卷），中华书局 1994 年版，第 306 页。

1932年伪满洲国设立之初，在伪国务院总理之下设立了民政、外交、军政、财政、实业、司法以及交通等7个部[①]及总务厅、法制局、兴安局和资政局等4个伪国务院内局。在这些伪国务院下辖的部和直属内局中，除部长、局长大多由中国人担任外，伪国务院下辖的各权力部门的次长、局长、司长等几乎全部由日籍人员出任。1932年至1935年伪满洲国国务院下辖的各部局中日籍官员任用情况如表5－1所示。

表5－1　1932年至1935年伪满洲国国务院部局日籍官员统计

部局及职务	日籍官员姓名
总务长官（厅长）	驹井德三、坂谷希一、远藤柳作、长冈隆一郎
总务厅次长	坂谷希一、大达茂雄
民政部总务司长	中野琥逸
民政部警务司长	甘粕正彦、长尾吉五郎
外交部次长	大桥忠一
外交部总务司长	大桥忠一、神吉正一
财政部总务司长	坂谷希一
财政部税务司长	源田松三
财政部理财司长	田中恭
实业部农矿司长	牧野克己、松岛鉴
实业部税务司长	藤山一雄、高桥康顺、岸信介
交通部总务司长	森田成之、竹内德亥、平井出贞三
司法部总务司长	阿比留乾二、古田正武
司法部法务司长	栗山茂二
文教部次长	上村哲弥
兴安总署次长	菊竹实藏、依田四郎

① 1933年日伪将原伪国务院民政部下辖的负责文化教育的部门分离，独立设立了文教部，伪国务院合计下辖8个部。

续表

部局及职务	日籍官员姓名
资政局局长	笠木良明
恩赏局局长	荒井静雄（代理）、藤山一雄
法制局局长	松木侠（代理）、三宅福马、远藤柳作、大达茂雄
国道局局长	藤根寿吉、直木伦太郎
营缮需品局局长	大达茂雄
大陆科学院院长	大河内正敏、直木伦太郎
大同学院院长	驹井德三、远藤柳作、井上忠也

资料来源：本表根据东北沦陷十四年史总编室等《伪满洲国的真相》（社会科学文献出版社 2010 年版）统计。

表 5－1 中所示日籍官员虽然来自日本本土各“中央”省厅和地方都道府县，但均受命于关东军，并在关东军的推荐下就任伪满洲国的官吏。此外，像伪满洲国的参议院、法院以及军政部中也派有关东军推荐的日籍官员担任伪满洲国参议院、法院以及军政部中的要职。

关东军不仅通过推荐直接控制了伪满洲国“中央”各部厅局的人事权，并通过日籍官吏的任命直接掌控了伪满洲国的政策决策权，而且在各省及下辖的县、旗中直接任用了日籍官吏。在省级地方伪政权中，日本关东军除了各省次长由日籍官吏出任外，在日伪控制下的伪黑河省、牡丹江省、东安省以及伪间岛省省长的人事任命中，直接任用了日籍官员担任各省的伪省长。

日本直接统治东北人民的殖民机关，当属在日本关东军的直接干预下在东北各地设立的县、旗等地方机构。九一八事变后，关东军为了欺骗世界舆论先后在东北各地设立了自治指导部，以指导所谓的“满洲民众实现自治”。在关东军的直接授意下，日本满洲青年联盟和大雄峰会以及满铁公司派出的职员分别担任了东北各地自治指导员。1932 年伪满洲国先后颁行《县官制》和《旗官制》，在东北各地设立伪县公署和旗公署后，原在东北各地的自治指导员改称为参事官。按照日伪公布的

《县公署暂行处务规则》的规定，日籍县参事官不但可以代理伪县长的职务，而且在县政上“遇到重要或疑难事项”之时，需要伪县长同日籍参事官共同“裁决”，且“机要事项”则专有参事官负责办理，伪县长不得干预。[①] 按照近代以来日本确立的文官体系和官僚制度，参事官只是作为行政长官的幕僚，辅助长官处理政务和参与特定行政事项的决策。由此可以看出，伪满洲国时期东北地区各县所设置的日籍参事官不仅被赋予了超越伪县长的法律地位和职权，而且实际上也成了凌驾于伪县长之上的“县长”。日籍参事官制度在1932年确立后，也构成了日伪在东北进行长达14年殖民统治的地方行政制度中的最基本特征。由此，从1932年该项制度被确立后，东北境内各地的县级、旗一级地方制度中逐渐得到了普及。统计数据表明，日籍参事官从1933年7月的辽吉黑三省的224名一度扩大到1937年东北198个各县、旗级单位，人数规模1千余名。进而至1944年8月日伪在东北推行《革新强化地方行政》条例后，增设日籍“主查”参事官后，东北各地的日籍参事官人数达到了高峰期，近乎东北各地县级伪公署的参事官全部由日籍人士担任。由此，日籍参事官不仅从数量上囊括了东北各地基层的县级政权，成为日伪时期掌控东北各地地方政权的核心，而且日伪还通过日籍参事官的强力干预，将殖民统治的触角进一步延伸到了东北的各个乡村和城镇。

二　关东军与“东方马奇诺防线”的修筑

从上面的论述中我们可以看出，自九一八事变后，关东军不仅扶植成立了伪满洲国，还以接受伪满洲国委托的形式，负责伪满洲国的防卫安全和剿灭伪满洲国内的抗日部队。关东军的势力范围不仅从南满铁路扩展到了伪满洲国全境，而且成了主宰和控制伪满洲国的主要日本代表势力。按照战前日本军制的惯例，驻防日本国内各师团司令部管区和驻防在东北地区的关东军虽然有国内外之别，但是在军事功能上只负责维持各自管区内或特定的铁路线路和区域的治安。而九一八事变后，关东军将伪满洲国划分成东、西、南、北、中、东北、东

① 笠木良名『満州国参事官職の重要性』、大亜細亜建設社、1960年、第56頁。

南、西北、西南9个防卫地区，并分别派驻了关东军的师团、旅团以及伪满洲国军，设立防卫司令部。由此，关东军从原来的特定铁路线路和辽东半岛租借地的区域防守“警备军”，蜕变成了负责伪满洲国“国防”，以剿灭东北抗日武装和防卫苏联为目的的“野战军”。关东军的这种事实上在军事职能上的转变直到1942年10月1日，才被日本陆军军方以军令甲80号将关东军司令官改称为关东军总司令官①的方式所认可。

体现关东军在性质上的这种变化的当属关东军在“反苏防赤”的“北进论”战略构想下，从1934年开始在“满苏国境”线上所修筑的“东方马奇诺防线”。

1931年关东军通过九一八事变武装占领东北全境，进而将势力渗透到中苏边境的国境线周边后，日苏的关系开始变得紧张起来。一方面，苏联开始在东西两线面对着反苏势力的压迫。另一方面，由来已久的日本军部内部的“北进论”所代表的反苏势力也借由关东军势力毗邻苏联远东地区的国境线而逐渐变得活跃起来。当然，日本陆军中央军部和关东军对苏联的态度也有一个渐变的过程。

1931年九一八事变后，尤其是关东军武力进攻黑龙江后的初期作战中，日本陆军中央军部以及关东军对苏联的动向判断极为慎重，深恐苏联出兵干涉。而后，随着日本关东军攻陷黑龙江省省会齐齐哈尔，关东军对苏联的形势做出了判断，“苏联在北满作战上采取了旁观的态度愈发明显。东支铁路的当地机关表面上也对日军作战采取了合作的态度。由此，帝国陆军及参谋本部对苏联之动向无需多虑”。为此，日本陆军军部和关东军提出“日苏间悬案之今日，应同苏联就不可侵犯之协议进行商议。与此同时，有关东支铁路的转让问题，亦应从战略的角度从速开始进行协商”②。

日本陆军中央和关东军的这种对苏态度在进入1933年之后就迅速

---

① 秦郁彦『日本陸海軍総合事典』、東京大学出版会、2005年、第348頁。

② 陸軍省ヨリ作成した『満州事変及ビ支那事変重要時期ノ対ソ（対支）情勢判断』。防衛研究所戦史研究室図書資料室蔵『陸軍一般史料』、文書請求番号：中央—戦争指導及其他–9。

发生了变化。从日本陆军和关东军的“满苏”边境兵力对比的视野看，从1933年起是苏联在远东地区增强兵备时期。对此，关东军认为“苏联虽然在日本关东军进攻北满时期采取了战略和政略上的极力避免纷争的态度。但是随着北满作战末期，从马占山军、李杜、丁超等抗日军退入苏联境内后的1932年底开始，苏联在西伯利亚以西地区开始进行大规模军事运输和军事调动”。继而，“苏联利用退入境内的抗日军进行对日游击战。不仅如此，1933年夏季以来，苏联还在满苏国境线构筑了战略性坚固要塞”。在苏联的频繁军事调动下，“至1933年夏季以来，苏联红军在远东地区的兵力中其阻击部队约有九个师团，骑兵旅团两个，并增设了飞机及机械化部队各三百左右”。日本关东军的军事侦察情报显示，苏联在远东地区的军事部署在要塞、道路、桥梁及飞机场等修建方面都有显著变化。由此，日本陆军中央做出判断，认为“苏联至1936年前后将会是最危机之时”，“届时，苏联之国力将会具备进行军事行动的能力”，“在满蒙已经掌握在我势力之情况下，对苏作战几乎是不可避免的。（对苏作战）亦是压制北支，进而终结中支排日活动的手段”。①

从上述这篇约成文于1943年11月中美英开罗会议之后的日本陆军参谋本部的《满洲事变及支那事变重要时期中的对苏（对支）形势判断》可以看出，尽管在1931年日本关东军武装占领东北之后，苏联为避免东西两线作战，采取了承认伪满洲国，转让中东铁路，进而于1941年4月同日本签订了《日苏互不侵犯条约》，对日妥协以集中兵力对付苏联西部边境线上的德国，但日本陆军中央军部及日本关东军从一开始就采取了戒备苏联、敌视苏联的政策，并针对苏联提出了“对苏作战不可避免”的“北进”苏联的战略目标。

在日本陆军中央军部和关东军这样一种战略思想指导下，日本关东军于1933年4月起草了《对苏作战纲领》，开始在所谓的“满蒙”和“满苏”国境线上修建了一条西起海拉尔东至东宁的“国防边境要塞”。

---

① 陸軍省ヨリ作成した『満州事変及ビ支那事変重要時期ノ対ソ（対支）情勢判断』。防衛研究所戦史研究室図書資料室蔵『陸軍一般史料』、文書請求番号：中央—戦争指導及其他－9。

按照学者们的研究，关东军“满苏”国境线要塞的修建大体上可以分为三个时期。[①] 其中，第一期系日本关东军在东宁、绥芬河、虎头、瑷珲、黑河以及海拉尔等地构筑的“国境”要塞阵地。在第一期工程中的第一段从 1934 年开始，至 1937 年工程竣工，耗时三年。第二段工程完工于 1937 年同年年底。至此，关东军修建了一条东起东宁，沿乌苏里江、黑龙江直至内蒙古海拉尔的编号为 1 至 8 序号的“国境”要塞阵地。为此，关东军还组建了分别由 8 支国境守备队组成的关东军和日伪部队分别驻守 8 个要塞阵地群。从 1937 年稍晚些时候开始的第二期“国境”要塞阵地修建工程中，主要是关东军基于日本陆军中央的意图，对上述“国境”要塞阵地之外的所谓的战略要地所进行的增设工程。第三期则始于 1940 年之后。这一时期，关东军的“国境”要塞工程主要是在松花江右岸的富锦、乌尔古力山以及小兴安岭进行。[②] 从关东军耗时近 13 年之久所修建的“国境”要塞位置看，其中关东军在东北东部地区所修建的珲春、东宁、佳木斯、密山、虎林、抚远等地要塞，其目标直指苏联的沿海地区以及伯力等地。而在东北的北部地区日本关东军以瑷珲和孙吴等地为建设重点所修建的要塞及附属军事设施，其军事目标则直指黑龙江对岸的苏联阿穆尔州等地。[③] 由此可见，关东军在“满蒙”和“满苏”国境线所修筑的要塞阵地其目标都是针对苏联和苏蒙联军而修筑的。截至 1945 年日本战败投降前夕，日本关东军在“满蒙”及“满苏国境”沿线先后修筑了东宁、虎头、孙吴、绥芬河、东兴、珲春等 17 处要塞群。这些要塞群大多由纵深三道阵地组成。其中第一阵地群纵深约为 10 千米，由“国境”线构筑的要塞和阵地支撑点组成。第二阵地纵深约为 5 千米，由炮兵阵地和堡垒等组成。第三阵地纵深约为 4 千米，由堡垒阵地和后勤军需物资仓库、医院等组成。事实上，这个号称“东方马奇诺防线”的东北要塞所起的军事作用有限。1945 年 8 月 9 日在苏

---

① 肖炳龙：《日本关东军“满”苏国境阵地与对苏战备研究初探》，《齐齐哈尔师范学院学报》1995 年第 5 期。

② 肖炳龙：《日本关东军“满”苏国境阵地与对苏战备研究初探》，《齐齐哈尔师范学院学报》1995 年第 5 期。

③ 王希亮：《日伪统治时期的“北边振兴计划”及大型军事要塞群的修筑》，《溥仪研究》2016 年第 1 期。

联红军由步兵精锐、坦克和飞机组成的四路装甲铁流的立体攻击下，日本关东军精心构筑的所谓东北要塞被迅速攻破。

关东军花费巨资修筑东北要塞表明，关东军在 1931 年九一八事变后就处心积虑地从一个武装侵略东北的主力军，变成了防卫苏联并试图以“北进”苏联作为作战目标的“先遣军”。1938 年 2 月，日本关东军在《战争准备指导计划》的基础上，又制定了《关于国境方面国防建设要求事项》，提出了完成“对苏作战的各种准备，北满开发重要方面的国防方法和国防建设，应从日满共同防卫的立场出发”，“考虑到在满日本军队的强化，对苏作战的各种准备及其他军事要求，以在满各机关的积极合作为原则，军、官、民一体”，“对积极合作推进建设事业的各种措施实行一元化领导”①，明确提出了苏联为战略上的敌人，并为此要求日伪政权建立军、民、官一体化领导的动员体制。继同年 8 月和第二年 9 月关东军先后同苏联红军发生了张鼓峰事件和诺门罕（又称哈拉哈河战役）军事武装冲突后，关东军以苏联为战略上的敌人的所谓“北进论”走向了甚嚣尘上的高峰期。

1941 年，当苏德之间的战争议题从暗地里的猜测变得越发具有现实性的同时，作为德国协约国的日本，围绕是否协同德国进攻苏联远东地区的议题在日本国内的中央高层之间，尤其是日本中央军部之间产生了意见分歧。其中，在传统的日本陆海军对立情况下，以日本海军省和海军军令部为代表的日本海军中央军部则主张趁苏德开战引起德国与苏联以及英法全面对决的情况下，一举南下攻陷东南亚地区，夺取石油、橡胶等战争所需战略资源，并以此来解除英法等国对中国的军事援助，彻底切断中国与欧洲各国的联系以早日解决与中国的战争问题。而以日本陆军省和陆军参谋本部为代表的日本陆军中央则主张趁苏德开战之际，出兵苏联的远东地区，以从东线对苏作战的形式配合德国，并以此攫取苏联在远东地区的战略资源。当然，日本陆军内部也不是铁板一块。在日本陆军中央内部原有的“北进”对苏开战论为主的论调下，日本陆军

① 转引自王希亮《日伪统治时期的“北边振兴计划”及大型军事要塞群的修筑》，《溥仪研究》2016 年第 1 期。

内部也出现了趁苏德开战，苏联在远东地区势力削弱的时机，日本应武力南下以此解决日本战略物资问题（即北守南进论）以及暂时不介入苏德战争也不介入对英战争的条件下加强日本军事实力的主张。[①] 为了能够在对立的日本陆海军意见中寻找平衡点，日本政府决定采取以苏美为战争对象的南北两个方面进行战争准备的所谓“南北准备论”的军事计划。为此，同年6月18日日本陆军参谋本部还特意制定了南北准备战争方案[②]。

在日本政府同日本军方所达成的南北备战这样一种前提下，1941年7月7日，时任日本陆军大臣的东条英机向关东军下达了“关特演”计划。日本陆军参谋本部根据事前对苏联远东地区的秘密军事侦察认为，苏联在远东地区的陆军约为30个师，70万人。此外，苏联远东红军尚有飞机、坦克数千辆。尤其是在张鼓峰和诺门罕等两次战役中，日本陆军参谋本部深知苏联红军的作战能力。据此，日本陆军参谋本部提出了进攻苏联远东地区，至少要动员25个日本陆军师团的兵力。按照这样一种设想，日本陆军参谋本部计划在原有14个驻防在伪满洲国和朝鲜半岛的陆军师团的基础上，尚需要从日本本土等地调动11个陆军师团以应付苏联在远东地区的军事压力。

从上述内容看，日本政府意在通过苏德开战使得苏联战力削弱，或在远东地区的苏联红军西调后，动员以关东军、朝鲜军等地的共计25个陆军师团进攻苏联远东地区。然而，苏德战争的事态并没有按照日本政府的想象方面发展。从德国的闪电战中醒悟的苏联红军经过顽强抵抗，苏联不仅没有出现溃败迹象，而且在远东地区的红军也没有丝毫的调动迹象。苏联红军扭转战局的战斗使得日本政府不得不放弃趁火打劫式的对苏战争计划。

日本虽然放弃了以“关特演”为代表武装进攻苏联计划，转而在同年12月8日发动了珍珠港事变，向美英宣战，但关东军也因“关特演”计划后东北地区在与苏联红军的武装对峙中的重要作用而备受日本中央

① 服部卓四郎：《大东亚战争史》第一卷，辽宁大学日本研究所译，商务印书馆1984年版，第145页。

② 李凡：《“关特演”计划述评》，《军事历史》1992年第2期。

军部的重视，1942 年 10 月 1 日，日本陆军省以军令甲 80 号将关东军司令官改称关东军总司令官，从而从事实上承认了关东军在东北地区的从“点”到“面”的事实变化。由此，关东军从一个卫戍满铁公司铁路线的“警备部队”和“警备区”变成了一个负责东北全境和“满苏”国境的“战区部队”和“战区”。

三 731 部队的罪行

正因为关东军在性质上发生了如此重大的变化，所以在 1931 年九一八事变后，尤其是 1937 年七七卢沟桥事变爆发后，作为实质性的“战区”的关东军并没有像一些研究者所说的那样，以关东军的名义派出部队参加华中、华东等地的作战。究其原因就在于作为“战区”的关东军，虽然关东军有日本陆军精锐师团，但这些陆军师团一旦从关东军所辖地调入日军其他方面军的防区，他们与关东军就不存在从属性质的指挥和监督关系了。

与上述情况有所不同的是，日本陆军 731 部队作为关东军司令部直属部队，其部队的隶属关系上一直属于关东军所辖。731 部队不仅违反国际法在东北地区进行人体实验、活体解剖和制造生化武器，而且还被派往中国内地进行了“实战”，犯下了永世不可饶恕的战争罪行。

731 部队的原名为关东军防疫给水部队，为保密起见对外称呼为“满洲 731 部队”①。提起 731 部队首先应该提到的当属 731 部队的创建人石井四郎。石井四郎出身于日本千叶县，1920 年京都大学医学部毕业后，先后就职于近卫师团、京都卫戍医院、陆军军医学校、防疫研究所等地担任军医和防疫部教官等职，专门研究用于细菌战的细菌武器。1932 年 8 月，在日本陆军省高层的支持下，石井四郎等人在哈尔滨市不远处的五常县背荫河镇秘密设立了细菌研究所，1936 年石井又将细菌研究所迁到了哈尔滨南郊的平房地区。经过石井等人的“苦心”经营，731 部队从最初的位于背荫河的细菌研究所发展到位于哈尔滨的平房地区的“防疫给水部队”，从

① 731 部队为保密起见，先后有几次改换部队秘密称呼。其中在 1933 年前后对外称为“加茂部队”，后对外改称“东乡部队”“石井部队”和“奈良部队”等。从 1941 年起，该部队被改称为“满洲 731 部队”，至 1945 年 5 月又更名为“满洲 2520 部队”。

最初几十人规模的细菌实验人员逐步扩张到了拥有其派出机构遍及林口、牡丹江海林、孙吴、海拉尔等地的近千名从事细菌和生化武器实验的大规模细菌和生化武器部队。其中，在731部队最繁盛的1944年前后，仅731部队本部就内设了使用战俘和普通民众进行淋巴腺鼠疫、霍乱、炭疽病、伤寒以及肺结核活体实验的细菌实验部（第一部）、研究生化武器在战场上运用的第二部、研究生化武器运输的第三部、研究和生产各种生物战剂的第四部以及总务、训练、装备等部门。731部队为了进行生化武器和细菌武器的实验和实战，残忍地将抓捕的无辜的中国民众、战俘、苏联人和朝鲜人秘密运输到731部队，用活体进行各种生化和细菌实验。从近年黑龙江省和吉林省等地档案馆公开的部分关东宪兵司令部的"特别运输"档案中，就有近3000名无辜的中国民众和抗日军民死于731部队的各种活体解剖实验和各种生化细菌实验中。

从目前最新收集到的相关文献看，731部队不仅有针对性地研究和开发了用于战场上的实战的细菌和生化武器，而且先后在1939年的诺门罕战役以及浙赣铁路沿线、湖南省以及浙赣战役中，配合日军的军事作战组织"远征队"，向上述地区的无辜平民以及战场上散布了细菌和生化武器。

发生于1939年5月11日至9月16日的诺门罕战役系关东军在统治和控制伪满洲国期间，日军与苏蒙军之间围绕所谓的"满苏蒙"国境线的诺门罕以西至哈拉哈河的三角地区的归属问题而引发的战争。同年5月11日，日本关东军为了实行蓄谋已久的"北进"计划，在"满蒙苏"的前沿哈拉哈地区制造入侵苏联的战略跳板，派出了伪兴安警备骑兵第3连伪军士兵向蒙军开枪，随后，关东军派出了所部第23师团骑兵、装甲兵、第24陆军飞行队以及关东军汽车队向哈拉哈河以东高地上的蒙军发动了奇袭战。诺门罕战役开始后，苏联派出了以苏联红军著名将领朱可夫担任苏联红军第57军军长指挥作战。至此，苏日双方在诺门罕和哈拉哈河之间展开了阵地拉锯战。苏联红军凭借技术先进的飞机、坦克以及各种火炮和装甲车辆及高地上的有利地形，数次击败日本关东军所组织的敢死队的自杀式进攻。为了挽回战场上的败局，关东军秘命当时在哈尔滨平房研制和制造生化武器和细菌武器的731部队组成了由200余名731部队骨干人员组成的“防疫给水班”赶赴诺门罕前线。为此，石井四郎制订了三个细菌战方案计划，即（1）将炭疽菌装入炮弹，发射到苏蒙军阵地；（2）将鼠疫跳蚤或感染了细菌的小动物、食品装入土陶制炸弹，并运用飞机投到苏蒙军阵地；（3）组织敢死队将细菌撒到苏蒙军驻地附近的哈拉哈河中。[①]对此，关东军批准了石井四郎制订的选用了组织敢死队潜入苏蒙军阵地附近的哈拉哈河，进行人工播撒计划。同年7月12日，经过一番缜密的阵地侦察，关东军所部731部队组织了以碇常重军医少佐为首的22名敢死队员，携带22余千克重的伤寒、霍乱、鼠疫等细菌乘坐皮筏潜入苏蒙军阵地附近的哈拉哈河西岸，并将各种细菌偷偷撒入哈拉哈河中，企图利用伤寒、霍乱和鼠疫细菌感染大规模破坏苏蒙军的战斗力。731部队先后三次在苏蒙军驻地附近所进行的播撒细菌的作战并没有收到如期的效果，反而因雨季的哈拉哈河上游河水泛滥等原因，关东军前线作战部队的士兵感染了细菌，死伤达1340余名，而731部队派出的200余名细菌战队员中有40余名亡命于细菌感染。

死亡近五分之一的731部队不思反省，竟然置国际法于不顾，又接着在浙赣铁路沿线以及湖南省等地发动了细菌战使得我浙江、湖南、江西等地无辜百姓死于日军731部队所播撒的细菌和生化武器之中。

日军自1937年7月发动全面侵华战争以来攻城略地先后攻陷了北京、上海、南京等华北和华东的大部分地区后，一方面扶植了汪伪政权实行“以华制华”的战略，另一方面在中国沿海和腹地实行了战略骚扰政策，以期切断中国与海外的联系，并阻碍中国大后方的物资供应系统。为此，1940年日军特意调用了731部队和日军华北方面军所辖“荣”字1644细菌部队[②]一起联合组建了细菌“远征”部队，将浙江省杭州日军陆军飞行基地作为大本营，利用飞机将带有细菌的跳蚤、老鼠

① 转引自陈致远《1939年731部队“诺门罕细菌战”》，《武陵学刊》2010年第5期。

② 原为日军“华中派遣军”所辖防疫给水部，对外称为“多摩部队”。1939年9月随着日军“华中派遣军”改编为“华北方面军”，该部被改称为“华北方面军防疫给水部”。“华北方面军防疫给水部”同731部队一样表面上是为日军提供干净水源部队，实际上实验和制造生化细菌武器部队。“华北方面军防疫给水部”本部位于南京，原南京陆军中央医院，并在上海、岳阳、荆门以及宜昌等地派驻了12个支队。

等的细菌炸弹先后投放到了浙江省的宁波、金华、衢州、上虞、汤溪等地，造成了上述地区无辜民众不幸染上霍乱、鼠疫而死于非命。原731部队飞行员松本正一参与了此次关东军731部队组织的针对浙江省民众的“细菌作战”。松本正一在后来的回忆录中回忆：1940年秋，松本正一“受命赶赴浙江省的杭州。原731部队航空班的增田班长等班员大概三分之二，20余名班员均参加了此次行动，负责细菌武器的山口班以及宪兵、翻译等也从731部队出发赶赴杭州。731部队航空班甚至动用了九七式重型轰炸机。因（该飞机）坐席不足，余下的士兵只好席地而坐”①。松本等人与从南京“荣”1644部队人员会合后，编成了由120余名士兵组成的临时部队“奈良部队”，并接受了细菌攻击浙江省的衢州和宁波等地的军事行动命令。经过一番周密且化装准备，松本等人在班长增田等人的指挥下，驾驶飞机飞往浙江省的衢州上空，并向衢州撒播了“装满两个箱子的鼠疫”。其中，一个箱子在衢州上空如期投放，另一个箱子因故障没有打开。初次“细菌作战”失败后，731部队又改进细菌投放容器，将细菌箱体积改小，增修流线型箱体，并添设了箱体探知板。经过改进，由731部队和“荣”1644部队联合，“远征队”又先后几次在衢州、宁波等地进行了低空撒播细菌“作战”。② 日军731部队在浙江省宁波等地的几次“细菌作战”给宁波等地的民众带来了一生都难以抚平的灾难和创伤。

宁波市何祺绥一家原本靠着宁波市商业街的一个叫作元泰酒店的饭庄养活一家老小。饭店虽然不大，但依靠商业街上川流不息的人群，日子过得倒也算悠然自得。但这一切都被1940年秋一场突如其来的灾难所毁灭。1940年10月27日午后2点左右，正好在放学回家路上的何祺绥看到了“天空中挂着红色太阳旗的日军飞机在低空盘旋，撒着橙色粉状的东西”。何祺绥做梦也没有想到一场灾难正降临在他的家乡和他的家人身上。在这场由日本731部队所主导的细菌作战中，何祺绥一家加

---

① 西里扶甬子：《在刺刀和藩篱下——日本731部队的秘密》，王铁军等译，沈阳出版社2017年版，第344—345页。

② 西里扶甬子：《在刺刀和藩篱下——日本731部队的秘密》，王铁军等译，沈阳出版社2017年版，第345—346页。

上饭店学徒共 14 口人中，除何祺绥和一个饭店伙计躲过了这场瘟疫外，其余 12 口人全部死于这场细菌鼠疫当中。[①] 根据事后的统计，1940 年 10 月 27 日日军 731 部队播撒带有细菌的跳蚤、小麦的数日后，宁波当地就有 50 余名市民无辜地死于这场由带有细菌的跳蚤所带来的鼠疫之中。幸运的是，由于当地政府迅速采取了全市停课歇业和设立临时隔离医院的措施，才使得这场鼠疫没有蔓延到周边乡村和其他城市。与宁波相比，浙江省衢州地区则没有那么幸运。1940 年 10 月 4 日，日本 731 部队向衢州上空播撒带有细菌的小麦、谷子和黑麦以及老鼠后，这些被细菌污染的食物大部分落在了衢州城内的柴家巷附近。十几天后，衢州城内以柴家巷为中心突然出现了大量的老鼠尸体，并随之暴发了鼠疫疫情，仅仅几天时间，就有 24 名居民死于鼠疫疫情。其间虽然当地政府派出了由细菌专家组成的防疫人员进行鼠疫防疫，但由于日军轰炸机的频繁轰炸，市民四处逃难，使得迅速蔓延到衢州周边乡村的这场鼠疫直到 1941 年 12 月底才宣告平息。根据事后的统计，在衢州地区的这场鼠疫中，有近 274 名无辜市民死于这场鼠疫之中，殃及衢州及周边地区近 300 万人口。

除此之外，日本关东军 731 部队伙同“荣”1644 细菌部队还一起先后在湖南以及浙赣铁路线中的江西等地进行了罪恶的细菌战，致使许多中国平民无辜地死于细菌战中。

大量的史料表明日军 14 年侵华战争期间，作为警备苏联的日本国家战略部队虽然派出了所辖部队参加日军华北地区的军事作战，但并没有派出陆军步兵参与对华南、华东等地的对华军事作战，但关东军所辖 731 部队以一种“极为特殊”的形式配合在华南和华东的日军部队，对浙江、湖南、江西等地进行了罪恶的生化和细菌战，致使当地无辜居民死于鼠疫和霍乱之中，侥幸存活者终生备受这些病痛所折磨，犯下了为近代国际社会和国际法所不齿的战争罪行。

---

① 西里扶甬子：《在刺刀和藩篱下——日本 731 部队的秘密》，王铁军等译，沈阳出版社 2017 年版，第 354—356 页。

第二节　全面侵华期间的满铁公司

在日军发动的长达14年的侵华战争中，尤其是从1937年日本发动全面侵华战争以来，满铁公司作为这场侵华战争的最大受益者，不仅从日本关东军手中获得了在东北地区的铁路、道路、海运以及矿业等方面的巨大的经济特权，而且满铁公司也随着日军发动的全面侵华战争，将势力触角进一步延伸到华北、华中乃至华东地区，成为一个经营领域从东北地区扩张到华北、华中乃至华东地区的巨型国策公司。

一　满铁公司华北事务局的设立

满铁公司在华北地区的第一个事务所为1918年1月在北京设立的满铁公司北京公所。显然，对于满铁公司而言，在当时中国的政治中心的北京没有任何铁路运输业务，却设立铁路公所其目的不言自明。满铁公司借在北京的派出机构，不仅收集了来自当时中国政治中心的北京北洋政府上层的相关信息和情报，为满铁公司在东北地区的铁路权益和其他经济权益扩张提供支持，而且为当时日本同中国北洋政府进行“二十一条”交涉提供重要情报源。1931年日本关东军发动九一八事变后不久，满铁公司又将满铁公司北京公所升格为北平事务所。1935年，满铁公司又调整机构，在天津设立了满铁公司天津事务所，将北平事务所作为分所，并向河南、山东、山西、内蒙古等地派出了驻在员。

在1931年至1937年卢沟桥事变爆发前这一时期，满铁公司在华北地区设立的这些机构的主要目的仍然是秉承了满铁公司北京公所的一贯做法，将主要业务锁定在了对地区的各种经济调查上。1933年12月，满铁公司按照日本关东军的要求制定了《对华经济调查机关设立计划案》，成立了以满铁公司为主的遍及华北、华中和华南等地区的经济调查会分支机构。为此，满铁公司重新调整了在华北地区的机构，设立了天津事务所并在满铁经济调查会中新设了第六部，开始对华北地区的港湾、矿藏、交通、贸易，尤其是对华北地区的棉花、畜产、石油、铁矿以及盐业等进行了系统的详尽调查。这些调查报告对于其后日军发动对华北地区的武装侵略和占领政策的制定起到了至关重要的作用。

1937年日军发动七七卢沟桥事变后，满铁公司为配合日本关东军向关内进行军事运输和掠夺军需资源，又在天津事务所的基础上成立了华北事务局。华北事务局整合了满铁公司天津事务所、北平事务分所等原满铁公司在华北地区的分支机构后，下设了企划局以及总务、人事、运输、经理、调查、水运、工作、工务、警务等部门外还专门设立了一个输送委员会，负责华北地区水陆交通的经营。①

日军先后占领了华北大部地区后，满铁公司华北事务局还先后接管了被日军占领下的北平至包头铁路间平包线及附属支线、天津至南京浦口间津浦铁路的天津至晏城段、北平至汉口平汉铁路的丰台至顺德段及大部支线。1938年随着日军占领地的扩大，满铁公司华北事务局又先后接收了津浦铁路线的晏城至徐州段、平汉铁路的顺德至新乡段、京古铁路、正太铁路、胶济铁路、同浦铁路的榆次至原平段和大同至朔县段、陇海铁路的徐州至开封段等。② 满铁公司所“接收”的平汉铁路、津浦铁路、胶济铁路、陇海铁路、正太铁路、同浦铁路以及平绥铁路等铁路线均为当时华北连接华东、华南、华中以及西北和东北的重要铁路线。其中如津浦铁路自天津出发沿途经由华北、华东重要城市后抵达当时首都南京的长江北岸浦口地区。而平汉铁路则自当时的北平出发沿线经由华北和华中重要城市后抵达武汉三镇的长江北岸城市汉口。由此可见，满铁公司“接管”上述铁路线就等于将满铁公司原有的经营范围从东北扩张到了华北大部地区，并通过控制东北和华北地区的铁路运输进而实际上控制了东北和华北地区通往华中、华东、华南乃至大西北的铁路交通要道。由此，满铁公司通过和依靠日军的武装侵略和武装占领成了一个垄断整个中国北部地区的铁路交通的巨型铁路公司。

二　满铁公司在华北地区的资源掠夺

满铁公司不仅通过日军获得了华北地区的铁路交通垄断权，而且通

① 苏崇民：《满铁史》，中华书局1990年版，第747—748页。

② 苏崇民：《满铁史》，中华书局1990年版，第749—750页。

过和依靠日军的武装占领攫取和获得了华北地区的矿业、农业等各种资源。

兴中公司原为1935年由满铁公司成立的以“统制对华经济工作”，并实现“对华经济工作应由直接实行机构采取直接方法实施”为目的的国策公司，得到了日本外务省、大藏省以及日本华北驻屯军等的支持，并先后在大连、天津、济南、上海、广东等地设立了办事处。兴中公司虽然作为日本的国策公司得到了日本军方和日本政府的支持，但起初的业务主要限于经营华北地区对日的盐业出口等业务，其业务的扩张是在1937年日军发动卢沟桥事变之后。

1937年10月，日本陆军参谋本部行文日本外务省，向日本外务省提出了在华北地区进行重要“国防”产业开发的提案。在该份提案中日本陆军参谋本部认为“根据1935年9月所制定之北支经济开发指导要纲，并鉴于我国防资源状况，应对北支地区（之资源）有所期待。下列之资源开发为国防上不可缺少（资源），应从速进行之。第一关于铁矿。河北省之诸铁矿应交由兴中公司实施，满铁公司提供协助。矿石是否有输出之必要，或是否有炼铁上输出之必要可依企业者之成本核算自由选择。第二关于煤炭。为获得北支地区之炼铁事业（含石景山寺之炼铁）及内地炼铁用焦炭，应开发齐堂煤矿或井陉煤矿。其事业之经营可由日支合办”[①]。此外，日本陆军参谋本部在行文中还对华北地区的食用盐、棉花、液体燃料以及羊毛等产业提出了所谓指导性提案。该份提案意在通过日军的武力占领掠夺华北地区日军所需的煤炭、棉花以及石油等国防资源。其中，日本陆军参谋本部通过该份文件将华北地区的煤炭采掘权交给了兴中公司。在日本陆军的极力支持下，兴中公司不仅掠夺了河北省的井陉煤矿和齐堂煤矿，而且在日军的大力支持下，掠夺了河北省的正丰煤矿、磁县煤矿，山西省阳泉、孝义、介休煤矿，河南省焦作、常口煤矿，山东省枣庄和大汉口煤矿以及江苏省铜山柳泉煤矿的采掘和管理权。通过日军的“委托”和“委任”，满铁公司还获得了河北省保

① 陸軍参謀本部ヨリ『北支地区ニ置ケル重要国防産業開発要綱』。外務省外交史料館蔵『戦前期外務省記録』、文書請求番号：A－1－1－10－006。

定和石家庄、河南省新乡和开封、山西省太原、大谷以及江苏省徐州等地的电灯厂的经营和管理权。[①]

满铁公司在华北地区的全资公司——兴中公司一家独大，也引起了日本国内财阀企业的不满。为此，日本内阁于1938年11月24日做出决定，将兴中公司旗下的企业和土地进行拆分。按照同日日本内阁会议的决定，设立“北支那开发株式会社”和“中支那开发株式会社”。其中，兴中公司作为“北支那开发株式会社”的子公司，兴中公司应连同兴中公司所持有的“北支棉花株式会社”股份、“北支产金株式会社”股份以及“北支磨土矿业所”的股份全资转让给“北支那开发株式会社”。[②]至此，兴中公司脱离了满铁公司成了“北支那开发株式会社”的子公司。

满铁公司在失去兴中公司的控制权后，原接受华北日军“委托”所经营的华北地区的铁路线也在1939年转由日伪成立的伪华北交通会社经营。虽然满铁公司先后失去了兴中公司的控制权和在华北地区的铁路，但仍然通过山东矿业株式会社和大同炭矿株式会社控制了山东省和山西省内的主要煤矿的采掘权和经营权。另外，满铁公司还通过其控制的国际运输株式会社控制了华北大部地区的水路和公路运输。满铁公司所属国际运输株式会社成立于1926年8月。1937年后，满铁公司以天津为据点，先后在张家口等北平至包头间的铁路沿线，设立了营业所，配合日本关东军军事作战需要将业务扩张到了内蒙古的绥远等地。

三　满铁调查部的对华战时调查

满铁公司不仅在铁路运输上配合日军的军事作战，而且通过对华北、华中等地的战时经济资源调查，为日军侵华提供了极其重要的可资参考的信息数据。

有关满铁公司在日军侵华战争期间的对华调查议题有许多相关的研究。其中，我们依据满铁公司的战时对华调查内容可以将调查分为战时

① 苏崇民：《满铁史》，中华书局1990年版，第759—762页。

② 1938年11月24日内閣ヨリ『興中公司処置ノ件』。国立公文書館蔵『公文類聚』、文書請求番号：類021641。

对华的经济调查和对中共等中国抗日政治的综合调查等。在满铁公司的战时对华经济调查中，其调查主要是由满铁公司所辖的满铁调查部以及满铁经济调查会来完成的。其中，满铁公司调查部的调查一般是指满铁公司内设的满铁调查部和满铁公司在东京、长春、上海等地所设立的支社、事务局、事务所等内设调查室等专门的调查机构所进行的调查。

严格意义上讲，满铁公司调查部的对华战时经济调查虽然是从 1931 年前后就已经开始，尤其是在 1933 年以来日本势力进入华北地区后，满铁公司调查部就曾在日本关东军的强烈“建议”和要求下对河北地区北部进行了道路交通、产业、矿藏、农产品、物价等方面的综合调查。1937 年 7 月日军发动全面侵华战争后，满铁公司内部开始酝酿调查部的扩充和改组问题。为此，在 1938 年 11 月奉天大和旅馆举行的满铁公司董事会上，通过了由满铁公司总裁室文书课起草的关于满铁公司所辖调查部的扩充和改组提案。按照此次董事会上满铁公司总裁室文书课提交的《调查关系职制改正说明》中满铁调查机关扩充理由，满铁公司调查部的扩充皆在“此次事变为契机，在全东亚建设中最不可缺少之对全东亚的科学且综合之认识。即对全东亚社会、政治、经济等诸般科学且综合之研究为基础，方可为对全东亚建设之方策”。在此情况下，作为“在大陆进行开拓性调查并有其丰富经验之满铁调查机关，实系日本唯一之机构。故此应负起日本刻下之要求，肩负起国家之义务”。尤其是“满铁公司企业中尤以开拓性交通企业可为国家担负起使命，应比其他诸企业在社会经济具有更为广泛之视野进行综合有机之判断”。为此，“满铁公司调查机关应不是一般政策之实施者，而应是在政策树立运用中给予基础性的且与政策实施机关有着密切联系的严正客观之调查研究。同时，作为东亚建设枢纽之交通企业担当者的调查机关，应将会社之运营密切联系，以达成进行东亚建设中作为交通企业所具有之指导性先驱性使命之调查和研究”①。从这份扩充改组理由书可以看出，此次改组和扩充，满铁公司调查部及所属调查机构更多地被赋予了完成日本国家“建设大东亚”的目标。

① 野間清『滿鉄調查部総合調查報告集』、亜紀書房、1982 年、第 179—180 頁。

在满铁公司的积极推动下，满铁公司调查机构扩充和改组方案得到了日本官方和军部的认可。经过改组和扩充，满铁调查机构不仅扩充了满铁调查部本身的调查人员的数量，而且将原属满铁公司总裁室或满铁公司其他部门所辖的大连图书馆、“满洲资源馆”、北满经济调查所、“北支经济调查所”、张家口经济调查所和中央试验所等归入了满铁公司调查部所辖。同时，满铁公司在伪满洲国的铁道总局、满铁公司东京支社、“新京支社”以及上海事务所等地新设或改组了调查室、调查局，业务上通归满铁公司调查部管辖。经过改组和扩充，满铁公司调查机构拥有专职调查人员 1731 名。

改组和扩充后的满铁公司调查机关首要的业务就是对华进行综合的战时经济调查。从我们目前所能收集到的文献看，这一时期满铁公司调查机构的调查成果有围绕“日满支”经济区内通货膨胀对策专题调查以及战时经济调查。其中，“日满支”经济区内通货膨胀议题调查始于 1939 年，具体实施于 1940 年。主要调查成果有满铁公司“新京”支社调查室《满铁通货膨胀调查报告》、满铁公司“北支经济调查所”《北支通货膨胀发展阶段及特征》及《北支通货膨胀对策之基本方向》、满铁公司上海事务所调查室《日元经济区内通货膨胀一个契机的中南支日元货币圈问题》等。满铁公司调查机构所实施的战时经济调查计划制订始于 1941 年，至 1945 年日本战败投降，时间跨度约为 5 年。由于这一时期满铁公司围绕战时经济调查成果繁多，且调查内容涉及广泛，限于篇幅不能一一列举。按照 1941 年满铁公司调查部起草的《战时经济调查大纲》的规定，满铁调查机构需要在每预算年度制定调查重点，并在制定具体调查大纲的基础上，满铁公司调查部所辖各调查机关还要根据调查部制订的年度调查计划进行具体调查计划方案。而实际上满铁公司调查部的这项要求并没有得到贯彻始终。其中，如 1941 年满铁公司调查部确定的同年度的战时经济调查重点为《关于为确立高度国防力而进行日满支经济再编成条件分析及基本方向调查》。而同年满铁公司“新京”支社调查室以及“北满经济调查所”的调查重点则为《日本战时重工业自立性调查》。换而言之，满铁公司调查部所制订的年度调查计划由于当时满铁公司自身陷入了财政预算不足以及调查部内部出现的“反战事件”而调查人员遭到检举的情形下，很难能够统一不属于满铁调查部管辖的其他满铁事务局、事务所等内设的调查室。这样，在这一时期里满铁公司调查部虽然每年度均制订了年度调查计划重点，但实际上满铁公司的调查机构所进行的调查选题或议题并不是完全相同的。其中像满铁公司上海事务所调查室重点调查了战时日本重工业自立的条件；而满铁公司“新京”支社调查室则重点调查了“满洲战时经济”。

在满铁公司调查部及满铁公司所属支社、事务局、事务所进行所谓的战时对华经济调查的同时，满铁公司还专门设立了以调查部部长为委员长，以满铁调查部、“北支”经济调查所、上海事务所调查室等部门组成的“支那抗战力调查委员会”。为此，“支那抗战力调查委员会”还专门下设了“满洲分科会”“北支分科会”和“中支分科会”分别进行各地的综合调查。“支那抗战力调查委员会”先后于1939年10月25日至28日、1940年3月25日至28日和1940年5月30日至31日举行了三次规模不等的“中间”调查报告会，分别就日军占领地区的长江流域与内地经济、占领地与非占领地之间的物资交流、上海地区的抗战体系、围绕日军侵华战争的国际关系、美苏国内经济贸易、战时交通、中国财政、占领地区货币情况、八路军现有配置状况、华中占领地区的经营问题等进行了“极具价值的深入且广泛之调查”。由此，这份被称为《支那抗战力调查报告》的报告书集中了当时满铁公司以满铁调查部为主的所有调查机构的力量而撰写的大型的综合调查报告书。

这份报告分为5篇10个分册，主要由当时的中国政治军事、战时经济政策（含交通、商业、贸易、农业、矿业）、外援等三部分调查内容组成。其中，在该部调查书中的政治篇的第二册最引人注目。在该篇中，满铁调查部采用专题对中国共产党所领导的八路军和新四军进行了专题调查。

日军侵华时期，满铁公司对中国共产党的早期调查可以追溯到1931年九一八事变后的1933年前后，满铁公司配合日本陆军调查班对东北地区中国共产党的地下组织及所领导的抗日武装的调查。从目前所能收集到的文献看，满铁公司配合日本陆军调查班于1933年编纂了一部题为《在满洲之共产党》的调查报告。在该份调查报告中，满铁公司和日本陆军调查班除了对东北地区的苏联和朝鲜共产党组织进行了所属组织、活动进行了调查外，对中国共产党所领导的北满、南满、东满以及大连特委和商埠地委员会等组织、成员人数、主要活动及所辖抗战组织进行了详细调查。①

满铁公司调查部对中国共产党及所领导的八路军和新四军的专题调查主要由当时就职于满铁公司上海事务所调查室的中西功等人负责进行。中西功本人原属日本左翼进步人士，日本共产党秘密党员，其后因佐尔格事件受到检举而被捕入狱。在狱中中西功还撰写了《中国共产党史》一书。中西功等人在该篇的调查报告中，将中国共产党领导的抗日武装分为“八路军的发展阶段和游击根据地的概况”和“新四军活动状况”两部。第一部将八路军的发展分成了三个发展阶段，并对八路军在晋察冀边区、河北省和山东省的抗日活动进行了调查和分析。第二部详细调查和分析了新四军的发展及活动区域、游击战争的意义等情况。

第三节　关东军指挥下的满铁公司

满铁公司利用关东军的侵略扩张将势力渗透到华北地区，并试图垄断所谓的日本在华北地区的国防资源后，也遭到了日本国内垄断财阀和企业主和资本家的强烈反对。有关这一方面，解学诗在其《满铁与华北经济（1935—1945）》中有详细研究。按照解学诗的研究，1937 年日军发动七七卢沟桥事变后，满铁公司凭借“经营大陆三十年来之经验”，一直试图通过关东军夺取日本在华北地区的经济垄断权。起先，在满铁公司跟随关东军进入关内后，凭借关东军和军部的保护，攫取了京汉、津浦铁路华北地区段等铁路线以及煤矿、棉花和盐业的经营权。据此，野心勃勃的满铁公司总裁松冈洋右以满铁公司“经营大陆三十年来之经验”，提出了意在垄断华北铁路、煤矿的《华北产业开发公司设立纲要草案》。松冈洋右的这份意在实行统制和垄断日本在华北地区经济资源

① 陸軍省調查班『在滿州の共産党』、1933 年 9 月、第 16—19 頁。

的提案，遭到了来自日本国内财阀、金融和企业界人士的强烈反对。对此，时任日本银行总裁结城丰太郎认为“华北的经济开发，满洲的做法是失败的”。日本钟纺公司社长津田信吾在拜会近卫首相时也表示，棉业统制“如从原料到产品加工均进行统制，恐怕各部门之间必将产生摩擦。因此，在华北经济工作上，如果移用目前日本内地所实行的统制方针，是违背经济开发的”。此外，竞相派人视察华北的日本大阪商工会议所、政治经济研究会、“日满”实业协会等也从各自的经济利益出发，要求排斥像日本在“伪满洲国”那样建立高度的经济统制，主张私人资本自由活动。[①] 为此，在1937年12月制定的《华北事变处理要纲》中，日本内阁明确提出了日本占领的华北地区，其交通、通信等不应由“一个会社统一经营”的方针。实际上等于彻底否定和排除了此前满铁公司总裁松冈洋右提出的意在满铁公司垄断日本占领的华北地区资源的议题。

在日本政府主导下，日军在华北占领区先后成立了伪华北开发会社，其发行的股份中除日本政府以实物出资外，日本国内各大垄断财阀成为其股东。自此，满铁公司只是作为伪华北开发会社的持股会社之一，退出了此前垄断华北重要铁路交通线和煤矿的经营。

1937年日军发动全面侵华战争后，满铁公司不仅在华北地区的势力扩张受限，在东北和朝鲜等地的势力扩张也受到了来自日本国内垄断财阀的挑战。1937年10月29日，关东军秉承日本内阁的决议，发表了《满洲国重工业确立要纲》。该份《要纲》计划通过关东军扶植伪满洲国，并将东北作为日本的大后方，统合东北地区丰富的煤矿和铁矿资源建立日本军事发展所需重工业，设立“满洲重工业株式会社”。满铁公司得知该份计划后，传闻其总裁松冈洋右就是因日本政府拟在东北地区设立“满洲重工业株式会社”（简称“满重”）而愤然辞职。由此可见，日本在东北地区设立“满重”对满铁公司经营层的打击有多么大。“满重”设立后，不仅将位于本溪地区的本溪湖制铁所纳入其中，而且在当

① 解学诗：《满铁与华北经济（1935—1945）》，社会科学文献出版社2007年版，第116—119页。

时的奉天，“满重”还设立了“满洲飞机株式会社”、军工厂、“满洲工作机械株式会社”等机械制造企业，为日本军事工业提供机械加工的工作机床等设备。“满重”的设立也使得满铁公司在东北地区的机械制造受到限制。

另外，一直对朝鲜铁路抱有极大兴趣的满铁公司在接受日本军方的“委托”，经营朝鲜半岛北部的部分铁路线路后也被朝鲜总督府大部收回了铁路的“委托”经营权。

1931 年九一八事变后，关东军出于对日本国内经由朝鲜半岛铁路进行东北军事运输的需要，提出了“满鲜铁路一体化”的方案。在关东军所主张的“满鲜铁路一体化”构思中，率先实行“满鲜铁路一体化”的铁路线当属吉林至会宁铁路线展修至朝鲜半岛铁路线，进而实现“满洲”铁路连接朝鲜半岛与日本内地相通的构想。1931 年九一八事变后，关东军武装占领了吉林至会宁的各段铁路线后，责令满铁公司对吉林至会宁的各段铁路进行展修和扩修。经过满铁公司的施工，1932 年 5 月，吉林至会宁段铁路线中的敦化至图们之间的北延线，即敦化至朝鲜北部的南阳之间的铁路线率先开通，并投入运营。同年 8 月，该段铁路全线通车运行。其后，在关东军的直接指挥下，满铁公司又先后修建了吉林至敦化之间铁路线与朝鲜北部铁路的联络线，从而使得吉林至会宁的铁路通过同朝鲜北部铁路的连接，实现了吉会线与图们线、清津至会宁线、雄基至罗津之间铁路和港口的互联互通。1933 年 9 月，在日本拓务大臣的直接指挥下，朝鲜总督府与满铁公司签订了朝鲜半岛铁路委托满铁公司经营的委托协议，朝鲜总督府将朝鲜总督府所辖的咸镜线、输城至会宁间铁路、清津线、会宁煤矿铁路专线、图们线委托给了满铁公司。其后满铁公司又于 1936 年 5 月，同朝鲜总督府签订协议，将朝鲜半岛的清津港和雄基港纳入了其经营范围内。①

然而，满铁公司在朝鲜半岛的铁路委托经营时间并不长。转变的契机就是其后发生在“满苏”边境线上的张鼓峰事件和其后发生的诺门罕

① 小林英夫『近代日本と満鉄』、吉川弘文館、2000 年、第 265—266 頁。

战役。在苏联红军绝对优势下连续两次挑起事端的关东军虽然没有得到任何便宜，但总结起教训倒是非常认真。1938 年张鼓峰事件结束后，关东军针对“张鼓峰事件爆发后，罗津港因当地铁路的破坏，运输中断及港口码头搬运工人逃跑致使罗津港发生了物资搬运大幅延缓的情况”，认为“罗津港、雄基港虽然是因军事运输等原因受到直接影响，但本事件亦是对上述两港的最初的军事历练。上述港口毗邻日、满、苏国境，如果说其使命大半为军事性质的话，那么本次事件亦显示了朝鲜北部的三个港口之将来的重要性”①。

关东军对上述铁路线和港口的军事运输表示不满，更具意义的是暗示着需要从军事运输的效能意义上对该段铁路和港口的运输体制进行重新调整。为此，在关东军的要求下，满铁公司秉承关东军的意愿，于 1940 年 7 月同朝鲜总督府重新签订了朝鲜铁路的委托经营协议书，对满铁公司所委托经营的朝鲜半岛铁路进行了大幅调整。按照该份协议，满铁公司将朝鲜西海岸铁路线的上三峰至清津港、会宁至新鸡林铁路及清津港的经营权交还给了朝鲜总督府。此外，雄基和上三峰之间的铁路线及雄基港由满铁公司委托经营制改为满铁公司租赁制。

至此，在进入了日军全面侵华战争之后，满铁公司虽然从最初接受关东军的“委托”，开始涉足华北地区的重要铁路线、煤矿和棉花，甚至接受朝鲜总督府的委托将势力延伸到了朝鲜半岛。但随着关东军的北撤和战略调整，满铁公司在华北、朝鲜甚至在东北地区的发展受到了限制。由此，我们从满铁公司试图摆脱关东军的控制和指挥，将势力渗透到华北和朝鲜半岛地区，到最后不得不回到关东军所控制的势力范围内的过程中可以看出，满铁与关东军之间的相互依存的关系已经被日本当局进行了区域分工性的固定，满铁公司虽然在日军全面侵华战争中得到了空前发展，但终归是和关东军命运相连，结成了战略利益上的共同体。

---

① 南满州鉄道株式会社鉄道総局『昭和十四年一月港湾ガ軍事使用結果集計』。防衛研究所戦史研究室図書資料室蔵『陸満密大日記』、文書請求番号：S14 －8。

代结语

满铁与关东军关系的历史定位

满铁、关东军和日本奉天总领事馆，素来被学者们称为日本在东北的“三大殖民统治机关”。但作为“三头政治”或“四头政治”中的满铁和关东军，是否在其东北殖民统治中相互对等，担负其各自经济和军事殖民的统治机构，尚有许多值得商榷的地方。换言之，日本自 1906 年以来在东北所设立的满铁、关东军等所构筑的“三头政治”中，满铁和关东军从各自成立一开始，虽然从日本政府职能划分中分别从属于日本的铁道省和陆军省或外务省，但两者之间历来就不是相互对等、互不从属的关系。从 1906 年开始，关东军为满铁提供铁路线路的武装保护和以武力为后盾为满铁公司进行东北权益扩张的这种保护和被保护之间所彰显的两者之间的关系，应该说虽然是关东军为满铁公司保驾护航，但这一时期，满铁公司在两者之间占据主导地位。另外，作为让关东军保驾护航的代价，满铁公司会定期为关东军提供资金支持和高级军官在满铁商业设施中的种种待遇。关东军和满铁公司的这种保护和被保护之间的关系虽然持续到 1945 年关东军和满铁公司的解体，但是到了 1931 年关东军发动九一八事变后，满铁在关东军使用武力占领东北全境后，尤其是满铁公司凭借关东军的“开疆拓土”几乎垄断了东北的经济资源，进而随着关东军入侵关内，满铁公司开始接手华北地区的煤矿、铁路等资源，关东军与满铁公司之间的关系悄然发生了变化。满铁和关东军之间的关系主要体现在满铁公司开始接受关东军的“愿望”和“要求”进行军事运输和防卫物资的掠夺，关东军开始凌驾于满铁公司之上，事实上成了满铁公司的发号施令者。

满铁与关东军之间前后的这种主从关系的变化，不仅仅根源于两者在东北地区的政治和经济力量上的变化，更多地体现了日本国内的政治经济环境。究其背景有以下几个方面。

第一，满铁公司和关东军之间的关系体现了自明治维新以来，日本逐步确立的国家垄断资本主义下的政商、军商关系。

1868 年日本依靠西南诸藩的中下级武士成功取得了明治维新的成功后，确立了“殖产兴业”“富国强兵”以及“文明开化”等内政外交政策。在为实现“富国强兵”的“殖产兴业”中，明治政权先后采取了国家投资兴建工厂或购买运输设备，再行转让给资本家的方式以扶植本国资本主义的发展。这种依靠国家干预和直接投资而兴起的国家垄断资本主义在后进式的资本主义国家发展中，确实起到了引领和扶植日本资本主义迅速发展的作用；同时，其政商之间、军政之间所体现的相互复杂关系也显现出来。其中，如战前日本所形成的十大财阀和日本政治家、军人乃至于日本职业文官之间一直保持着这种相互利用、相互作用的关系。战前日本这种政商之间的错综复杂的相互关联甚至在战后的日本政坛仍有所体现。

作为日本在东北的国策公司的满铁和作为日本陆军省下辖的关东军之间的相互关联、相互利用正是战前同一时期里日本国内的这种政商、军政之间所存在的相互关联关系的体现。一方面，关东军为满铁公司在东北的铁路经营和掠夺东北经济权益提供保护；另一方面，作为回报，满铁公司定期为关东军提供特别活动经费，并为关东军高级军官提供旅行和餐饮上的方便。

第二，满铁公司与关东军的主从关系变化也是战前日本国内各种政治势力主导日本政局的最为直接的反映。

明治维新以来，在“尊皇倒幕”运动中起到主导作用的山口藩和萨摩藩的中下级武士逐渐成了日本的政治家、军人、官僚，左右明治维新政府政策、人事和法律制定以及政局，开始了明治初中期的所谓“藩阀政治”。明治宪法颁布后，虽然明治宪法体制下日本确立西方的立法、司法、行政三权分立体制，但明治宪法是建立在“藩阀政治”基础之上的君主立宪制度。一方面，作为天皇“辅弼”机构的日本立法、司法和行政相对独立，但其重要的人事权和法律制定权实际上掌控在由萨长藩阀的所谓明治维新功勋元老所组成的“元老院”手中。其中，如作为天皇“辅弼”机构的行政机构的内阁总理大臣，在天皇亲任前是直接交由明治维新元老物色并决定人选的。另一方面，作为天皇“辅弼”机构的陆海军军令机构的陆军参谋本部、海军军令部独立于日本的内阁政府之外，并掌握有单独的“帷幄上奏权”。不仅如此，日本陆海军中央军部还通过推荐内阁陆海军大臣之权，实际上掌控了内阁的命运。

在“元老院”掌控了日本内阁、高等裁判所、国会以及陆海军中央军部的相互关系条件下，日本对内完成了军队、金融、土地、企业等行业的近代化转型，对外则通过发动中日甲午战争、日俄战争、第一次世界大战出兵山东等攫取了中国台湾地区及朝鲜、南洋群岛、库页岛南部等海外殖民地。

从 1906 年起，满铁公司和关东军就是在这样一种环境下，形成了初、中期的关系。在儿玉源太郎等萨长藩阀和日本元老的制度安排下，满铁公司作为满铁与关东军之间关系的主导者，关东军为满铁公司提供铁路线路的保护，满铁公司为关东军提供定期活动经费。

另外，当日本最后的元老山县有朋、井上馨等人先后离世也标志着明治初期所建立的“藩阀政治”的解体。表现在日本政局中最为明显的动向就是日本的政党领袖逐渐取代了藩阀人士，开始担任日本内阁总理大臣或内阁大臣。尤其是在 1918 年日本政友会党首原敬出任日本内阁总理大臣后更是标志了日本“藩阀政治”的解体和政党政治的开始。

这一时期，日本虽然实现了明治初期在野士族和政党人所梦寐以求的政党政治，但政党政治的弊端也开始出现在日本的中央政府、地方政府、官僚体系、官商甚至波及日本在海外的殖民地的朝鲜、中国台湾等地。政党内阁的频繁更迭导致日本政局不稳，政党人买官猎官和贪污腐化成为当时日本社会的顽疾和不治之症。日本国内的政党政治波及满铁公司后，满铁公司高层动荡，走马灯式地人事更迭导致满铁公司在 1919 年之后开始出现经营萎靡和经营政策不确定的动向。

日本政党政治所引起的政局动荡加速了日本经济的低迷，尤其是加剧了日本农村的绝对贫困化人口的增加。由日本政党政治所直接导致的日本农村贫困化的加剧，直接引起了以农村出身居多的日本中高级青年军人的不满。日本军人甚至提出了“昭和维新”的口号迫切要求改变日本政党政治所引起的日本政局动荡局面。至此，日本军人通过发动九一八事变等国内外的政变式的动作，加速了日本政党政治的解体和开始了日本军人左右日本政治的局面。

从满铁公司和关东军的情况看，1931 年九一八事变后，关东军利用军事上的武装占领东北实际上掌控了其所扶植的伪满洲国的政治外交和军事决策，同时，满铁公司也作为其在东北地区垄断交通经济的企业纳入了日本关东军的直接控制之下。至此，此前所存续的满铁公司和关东军之间的“满铁主，关东军从”的关系开始向“关东军主，满铁从”的关系转变。

第三，满铁公司与关东军的关系是战前日本逐渐确立的殖民统治构筑的直接体现。1895 年日本通过中日甲午战争攫取了台湾及附属岛屿后，先后又攫取了朝鲜与中国南洋群岛、库页岛南以及辽东半岛租借地作为其进行海外殖民统治的殖民地。在海外殖民地的统治体制构筑中，虽然根据所攫取的海外殖民地的经纬、土地人口的多寡而设定了不同的殖民机构规模以及殖民地官僚的等级，但日本基本上沿袭了殖民地军政机构向殖民地军政分离的模式和方式。其中，在日本占据台湾初期，日本在台湾设立了台湾总督府统辖在台湾的军事和民政，实现了军政殖民统治体制。在日本攫取了朝鲜的殖民统治权后，日本在朝鲜设立了朝鲜总督府以管辖在朝鲜的日本军队和朝鲜民政，同样实行的也是军政统治。1906 年日本从沙皇俄国手中承继了辽东半岛租借地后，也照搬了日本在台湾的经验设立了“关东都督府”以管辖铁道守备队并设立了管辖辽东半岛租借地的民政部门。1919 年原敬内阁实行海外殖民地统治机构改革后，在朝鲜和中国台湾、辽东半岛租借地的总督府、都督府均实行了军政分离的殖民统治政策。其中，在台湾的日本驻军从台湾总督府中独立出去，成立了台湾军司令部，朝鲜和中国辽东半岛也先后实现了军政分离，先后设立了朝鲜军司令部和关东军司令部。随着日本海外殖民地的军政分离，日本在朝鲜和中国台湾、辽东半岛等日本海外殖民统治中，军事、政治、经济的殖民体制分工越发明显。其中日本在朝鲜和中国台湾、辽东半岛租借地先后设立的台湾拓殖株式会社、朝鲜拓殖株式会社和“南满洲铁道株式会社”在各自的经济领域中的垄断作用开始显现。就满铁公司和关东军的相互关系而言，两者更多地体现的是近代日本在东北设立的分别负担军事功能和经济垄断功能的军事和经济殖民机构。从这样一种角度看，无论是关东军还是满铁公司，均为日本在东北地区设立的从事军事殖民和经济殖民的机构。

主要参考文献

一　档案文献类

日本外务省外交史料馆藏：《外务省记录》。

日本防卫省防卫研究所战史图书室藏：《陆军省大日记》。

日本国立公文书馆藏：《公文类纂》《公文别录》。

《现代史资料——满铁》，MISUZU 书房，1979 年。

吉林省社会科学院：《满铁史资料》（路权篇），中华书局 1979 年版。

吉林省档案馆等：《关东军文件集》，吉林大学出版社 1995 年版。

辽宁省档案馆：《“九一八”事变前后的日本与中国东北——满铁秘档选编》，辽宁人民出版社 1991 年版。

王铁崖：《中外旧约章汇编》，生活·读书·新知三联书店 1959 年版。

南满洲铁道株式会社：《满洲事变与满铁》，原书房，1969 年版。

满铁调查部：《综合调查报告集》，亚纪书房，1982 年。

后藤新平纪念馆：《后藤新平相关文书》。

日本陆军省写真班：《满洲事变写真帖》，1933 年。

王彦威等：《清季外交史料》，书目文献出版社 1987 年版。

日本陆军省：《明治三十七八年满洲军政史》，1917 年。

日本外务省：《日本外交年表并主要文书》，原书房，1976 年。

日本外务省：《日本外交文书》，日本国际联合协会，1959 年。

秦郁彦：《战前期日本官僚制的制度、组织和人事》，东京大学出版会，1981 年。

秦郁彦：《日本陆海军综合事典》，东京大学出版会，2005 年。

日本内阁府：《官报》。

原奎一郎：《原敬日记》，福村出版社，1965 年。
南满洲铁道株式会社：《南满洲铁道株式会社十年史》，1917 年。
吉林省档案馆藏：《日伪档案全宗》。
满铁公司调查部：《支那抗战力调查报告》，1939 年。

二　专著类

苏崇民：《满铁史》，中华书局 1990 年版。
解学诗：《满铁与华北经济（1935—1945）》，社会科学文献出版社 2007 年版。
王铁军：《近代中国东北铁路与中日交涉》，辽宁人民出版社 1999 年版。
小林英夫：《近代日本与满铁》，吉川弘文馆，2000 年。
史丁：《日本关东军侵华罪恶史》，社会科学文献出版社 2005 年版。
《小村外交史》，原书房，1966 年。
栗原健：《对满蒙政策史的一个侧面》，原书房，1966 年。
王芸生：《六十年来中国与日本》，生活·读书·新知三联书店 1980 年版。
江口圭一：《日本帝国主义史论》，青木书店，1975 年。
楳本舍三：《关东军秘史》，袁韶莹译，上海译文出版社 1992 年版。
横山臣平：《秘录石原莞尔》，芙蓉书房，1996 年。
本庄繁：《本庄日记》，原书房，1979 年。
西里扶甬子：《在刺刀与藩篱下——日军 731 部队的秘密》，王铁军等译，沈阳出版社 2017 年版。
日本“满洲国史编纂刊行会”：《满洲国史》，国际善邻协会，1973 年。
浅田乔二：《日本帝国主义在满洲的统治》，时潮社，1986 年。
服部卓四郎：《大东亚战争史》，辽宁大学日本研究所译，商务印书馆 1984 年版。

三　论文类

川岛淳：《日俄战后殖民地统治机构的相克——关东都督府官制制定经纬再考》，日本东亚近代史学会《东亚近代史》，2014 年第 7 期。

王亚琴：《华兴利煤矿公司与抚顺煤矿公司的创立》，《兰台世界》2000年第12期。

张国辉：《甲午战争后日本资本掠夺、经营抚顺、烟台煤矿》，《中国经济史研究》1996年第4期。

韩狄：《民国初内蒙古王公与日本第一次满蒙独立运动》，《日本研究》2016年第2期。

王韧：《关东军对东北的军事调查研究》，硕士学位论文，辽宁大学，2015年。

王铁军：《日本关东都督府的东北调查》，《日本研究》2013年第1期。

王玉琨：《辽阳满铁附属地和“九一八”事变》，《城建档案》2001年第6期。

曲晓范：《满铁附属地与近代东北城市空间及社会结构的演变》，《社会科学战线》2003年第1期。

赵郎：《日本在满铁附属地的鸦片贩毒罪行》，《理论学刊》2013年第7期。

程亚娟：《郭松龄事件中日张关系述略》，《辽宁教育行政学院学报》2012年第2期。

潘喜廷：《日本东方会议与炸死张作霖》，《黑河学刊》1986年第2期。

川田稔：《“九一八”事变与日本一夕会》，《日本研究》2018年第1期。

花谷正：《满洲事变是这样策划的》，沈阳政协委员会《沈阳文史资料》第2辑，1982年。

肖炳龙：《日本关东军“满”苏国境阵地与对苏战备研究初探》，《齐齐哈尔师范学院学报》1995年第5期。

王希亮：《日伪统治时期的“北边振兴计划”及大型军事要塞群的修筑》，《溥仪研究》2016年第1期。

李凡：《“关特演”计划述评》，《军事历史》1992年第2期。

陈致远：《1939年731部队“诺门罕细菌战”》，《武陵学刊》2010年第5期。